Dicho y hecho

BEGINNING SPANISH

Dicho y hecho

BEGINNING SPANISH

Fourth Edition

Laila M. Dawson
University of Richmond

Albert C. Dawson
University of Richmond

John Wiley & Sons, Inc.

New York • *Chichester* • *Brisbane* • *Toronto* • *Singapore*

ACQUISITIONS EDITOR / Mary Jane Peluso

MARKETING MANAGER / Carolyn Henderson

PRODUCTION SUPERVISOR / Elizabeth Austin

DESIGNER / Kevin Murphy

MANUFACTURING MANAGER / Andrea Price

COPY EDITING SUPERVISOR / Marjorie Shustak

PHOTO EDITOR / Jennifer Atkins

PHOTO RESEARCH DIRECTOR / Stella Kupferberg

ILLUSTRATION COORDINATOR / Anna Melhorn

ILLUSTRATIONS / Laura Meadows

DEVELOPMENTAL EDITOR / Kris Swanson

CARTOGRAPHY / Vivian MacDonald

COVER DESIGN / BB&K Design, Inc.

CULTURAL MATERIAL / María Cristina Mabrey

REVIEW MATERIAL / Betty Whitehurst

This book was set in Optima by Waldman Graphics and printed and bound by Von Hoffmann Press. The cover was printed by Phoenix.

Recognizing the importance of preserving what has been written, it is a policy of John Wiley & Sons, Inc. to have books of enduring value published in the United States printed on acid-free paper, and we exert our best efforts to that end.

Library of Congress Cataloging in Publication Data:

Dawson, Laila M., 1943–
    Dicho y hecho : beginning Spanish / Laila M. Dawson, Albert C. Dawson. — 4th ed.
        p.   cm.
    Includes indexes.
    Summary: A textbook for first-year Spanish students which emphasizes communication and
provides a cultural exploration of the Hispanic world.
    ISBN 0-471-57385-X
    1. Spanish language—Textbooks for foreign speakers—English.
2. Spanish language—Grammar—1950– [1. Spanish language—
Grammar.] I. Dawson, Albert C., 1939– . II. Title.
PC4129.E5D38   1992
468.2'421—dc20   92-32154
                                                                            CIP

Printed in the United States of America
10 9 8 7 6 5 4 3 2 1

To ERIC AND SHEILA

Preface

¡Bienvenidos! Welcome to the new edition of *Dicho y Hecho*! To those of you who are familiar with this book, welcome back. To those of you who are new to *Dicho*, we hope you'll enjoy it as much as the many instructors who have used it over the years and whose comments have inspired and shaped the exciting new features in this, its fourth edition.

Dicho y Hecho is a student-oriented, user-friendly text whose first three editions have been enthusiastically praised by teachers and students alike. Its straightforward, easy-to-implement approach makes teaching and learning Spanish a successful experience, while its lively, classroom-tested exercises and activities ensure that it is also an enjoyable one.

In addition to its classroom appeal, *Dicho* is also a carefully organized textbook that is built around key topics and concepts, providing a unified, progressive, and communicative approach to learning Spanish. Its clear, uncomplicated presentation of information about the Hispanic world provides an immediate context for language use, and its emphasis on using the language right from the start helps students develop proficiency in the four skills: listening, speaking, reading, and writing. The culminating activity and self-test at the end of each chapter synthesize new material for students, while at the same time helping them gain confidence as they see how far they have progressed.

Dicho offers you these special features

Fundamentals of the program

- Exercises designed to maximize opportunity for direct interaction between student and teacher.

- A creative array of exercises and application activities presented to maintain a good pace and rhythm to classroom activity by varying interaction—teacher to student, student to student (pair work), and small groups of students.

- A visual component that uses a cast of identifiable characters to allow the student to relate and react to situations that reflect the theme, vocabulary, functions, and structures of each chapter.

- Step-by-step confidence-building techniques that move the student from controlled to creative response and ultimately to self-expression within the context of a particular theme or idea.

- Vocabulary that becomes active by means of multiple and progressive phases of application, ranging from identification in the introductory drawings to personal expression and situational conversations in the "Actividades."

New to this edition

- An exciting new four-color presentation that includes a variety of added features:
    - —A two-page color illustration opens each chapter and introduces contextually most of the chapter vocabulary. This illustration is also available for in-class use on a transparency *without* the vocabulary labels.
    - —Four-color photos and realia add visual excitement and cultural authenticity.
    - —All visuals (art, realia, and photos) serve a communicative function. Every visual is accompanied by a series of questions or an activity.
    - —All art-based activities have been integrated directly into each chapter and more exercises and activities involve the use of art or realia.

- A more contextualized presentation of cultural information:
    - —Chapters now include *Noticias culturales,* short readings that focus on aspects of everyday culture as it relates to chapter themes. These "slices of Hispanic life" give students cultural insights as well as additional reading practice.
    - —*Panorama cultural* sections include new themes and are enhanced by a larger number of visuals. They provide interesting factual information

about Hispanic countries and cultures around the world in order to increase students' global awareness.

—*Conversación* sections in each chapter include more natural-sounding language in a functional context that shows how culture and language are interwoven and previews the chapter's vocabulary and grammar.

—New organization of some chapter topics and a new chapter on global problems and issues makes the language presented even more functional and relevant.

- An improved organization of how presentation and practice are treated:

—Grammar is presented more functionally. Explanations are organized into functional groupings, with an added emphasis on explaining structures as they arise, rather than all at once. Additionally, structures are treated lexically wherever possible.

—The grammatical scope and sequence have been slightly modified in order to incorporate the suggestions of long-time program users.

—The first chapter has been reworked to focus on more interaction and conversation.

—More communicative exercises have been added (including the final *En resumen* activity of each chapter), and the sequencing from controlled to open-ended practice is more tightly controlled. The number of paired and group exercises and activities has been greatly increased.

Dicho y Hecho's many components give you increased flexibility

The DICHO Y HECHO complete first-year package includes:

- The main student textbook of 14 chapters.
- An Annotated Instructor's Edition with suggestions for presentation and reinforcement of material, suggested procedure for student preparation, and a sample syllabus.
- A workbook/laboratory manual composed of *Integración: ejercicios escritos*, designed to practice writing skills and to reinforce classroom activity, and *Integración: manual de laboratorio*, which coordinates with the laboratory tape program to provide practice and reinforcement of the vocabulary and grammar for each chapter as well as practice in listening comprehension.
- A laboratory tape program that coordinates with the laboratory manual, *Integración: manual de laboratorio*.

- A testing program that tests chapter structures, vocabulary, and cultural information.

- A book-specific videotape that is coordinated to the cultural, thematic, and functional content of each of the textbook chapters.

- A book-specific software program that allows students to practice the vocabulary, structures, and informational content of each of the textbook chapters.

- Accompanying transparencies of all drawings and realia used in exercises and activities, including the chapter opener illustration *without* the vocabulary labels.

- "Intensive Exercises" for use in small-group/drill practice sessions.

Chapters are organized into easy-to-teach sections

Each chapter is introduced by an overview that includes the goals for communication and the areas of cultural exploration. This is followed by the following sections (organization varies slightly in Chapter 1):

Vocabulario Each unit of vocabulary is based on a theme applicable to the student's life and to survival situations in the Spanish-speaking world. An exciting four-color, double-page illustration visually presents much of the chapter's vocabulary. Items are identified in both Spanish and English for ease of use. Introductory exercises practice vocabulary through (1) use of the illustration, (2) application of the vocabulary to areas of personal and general reference, and (3) word association and definition exercises. Vocabulary is also presented as needed throughout the chapter and is subsequently practiced and reinforced through (4) contextual use in the *Conversación*, (5) exercises and activities based on chapter grammar, and (6) in the culminating *En resumen* activity.

Conversación The purpose of this section is to provide a concise, practical, and natural context for application of some of the chapter's functions, themes, vocabulary, and grammar, without sacrificing authentic language. These short situational conversations, designed for oral practice, are followed by a brief exercise to check student retention of the content and/or by an *Actividad* designed to create "on-the-spot" situations in the classroom for immediate creative, contextual application of the vocabulary.

Noticias culturales These short readings in Spanish with minimal vocabulary glosses expand upon a cultural aspect of the chapter theme. Often they play off a topic included in the *Conversación* or are relevant to some of the items presented in the vocabulary. These reading sections are followed by a set of questions and/or a short activity to help reinforce the passage's content.

Estructura   Each segment of grammar is introduced by a label that shows for what purpose (function) it may be used when communicating in Spanish. Students first encounter a simple explanation followed by examples, charts, formulae, and other visual presentations. Each grammatical structure is presented in its most commonly used form without complex ramifications. Grammatical structures, functions, and chapter topics are integrated whenever possible and structures are reintroduced and recycled through practice in subsequent chapters.

Práctica y comunicación   These sets of practice exercises and activities follow all presentations of vocabulary and grammar. They are designed to move the student gradually from controlled to open-ended communication. Controlled practice is fast-moving and contextualized, with an emphasis on quickly mastering the mechanical use of the vocabulary or structure in preparation for more meaningful communication. More open-ended exercises and activities provide ample opportunity for student interaction in pairs and groups. Other activities provide students the opportunity to apply the vocabulary and grammar creatively in specific situations. These include mini-dramas (both prepared and spontaneous), oral activities and presentations, mime, and so on. Many exercises are designed to be done with textbooks closed, and all direction lines beyond the first half of Chapter 1 are entirely in Spanish.

En resumen   This culminating activity for the chapter serves as a synthesis of the chapter's topic, functions, grammar, and vocabulary. It usually involves a role-play or some kind of situational dramatization and gives students the opportunity to put into practice the various skills they have acquired while progressing through the chapter.

Panorama cultural   This combination of readings and four-color visuals comes at the end of each chapter and helps acquaint students with ''Big C'' Hispanic culture—the geography, history, demographics, art, music, and literature of the Hispanic world. These reading selections, which progress in length across the book and are woven around numerous photos that illustrate the reading content, are devoted to different countries and regions of the Spanish-speaking world. They are followed by comprehension exercises that help students synthesize and apply the information from the readings and photos.

Repaso de vocabulario activo   At the end of each chapter, the active vocabulary (without translations) is presented in a checklist alphabetized by parts of speech. To provide an additional context, nouns and expressions are presented in thematic subgroups.

Autoexamen y repaso   Review exercises at the end of each chapter may be used by students individually or in groups as an excellent study aid for tests. They provide a brief overview of the vocabulary and structures of the chapter. An Answer Key for the review exercises appears in Appendix II.

Reference tools At the end of the book are the following reference tools: paradigms of regular, stem-changing, orthographic-changing, and irregular verbs; answers to review exercises; Spanish–English and English–Spanish vocabularies (active vocabulary labeled by chapter); and the index.

¡Que les sirva bien y que gocen de la experiencia!

Laila M. Dawson

Albert C. Dawson

Acknowledgments

A project of this magnitude would have been impossible without the personal touch, creative insights, and efficient, hard work of Kris Swanson, our Developmental Editor. We are equally grateful to Mary Jane Peluso, Foreign Language Editor at John Wiley and Sons, for not only the breadth of her vision but her faith in us as authors.

Dr. María Cristina Mabrey and Dr. Betty Whitehurst have been invaluable colleagues in the development of specific components of the text. María brought her expansive knowledge and experience into play in creating the "Conversaciones," the "Noticias culturales," and the "Panorama cultural" of each chapter. Betty Whitehurst utilized her considerable talents and careful attention to detail in developing review exercises, test bank materials, and the Vocabulario. Their help is tremendously appreciated.

As authors we feel extremely fortunate to have been able to work with artist Laura Meadows, whom we appreciate not only for her tremendous talent but also for her ability to capture the personalities of our text "characters" and to work patiently with the specific and unique demands of the artistic dimensions of *Dicho y Hecho*. We thank personally the following students, faculty, and staff of the University of Missouri–Columbia, and friends of the artist, who served as models for our cast of characters: Eloy Montenegro-Chadez, Angélica Estévez, Glenn O. Radtke, Melanie Moore, Dan Sullivan, Susie Nuell, Bill Register, Melissa Reizian, Cindy Gendrich, Dennis Ternamian, Surran Ternamian, Jessie Ternamian, Richard Klepac, Jesie James, Marya Liberman, Erica Anne Barker, Frank James Barker, Zenní Reynolds, and Beverly Esther Meyer.

We have received from our colleagues and students at the University of Richmond observations and suggestions that have been instrumental in helping us to improve this fourth edition. For these constructive criticisms we are indebted and appreciative.

For their indispensable observations and comments, both critical and positive, we wish to thank the following reviewers from across the nation:

Nelson Arana, University of South Dakota; Franklin Attoun, College of the Desert; Carolyn Bruno, University of New Haven; Gwyn E. Campbell, Washington and Lee University; Antonio Candau, Southwest Texas State University; Sharon Cherry, University of South Carolina, Spartanburg; Daisy Defilipis, State University of New York, York College; Carole Demmy, Butler Community College; Tony Dutton, Angelo State University; Bruce Gamble, Owens Technical College; Paula Heusinkveld, Clemson University; John Lipski, University of Florida; Beth Markowitz, Brandeis University; Terry Mount, University of North Carolina, Wilmington; Joanne Olson-Biglieri, Lexington Community College; Stephen A. Sadow, Northeastern University; Candido Tafoya, Eastern New Mexico University; Robert M. Terry, University of Richmond; Mirtha Toledo, Valparaiso University; Aida Toplin, University of North Carolina, Wilmington; David Torres, Angelo State University; Robert Valero, George Washington University; Carmen Vidal-Lieberman, University of Maryland, College Park; Ann S. White, Michigan State University; Jeanne Yanes, University of Missouri, Kansas City.

L.M.D.

A.C.D.

Contents

Capítulo 2
La familia /43

Capítulo 3
La comida /77

Capítulo 4
El cuerpo y las actividades /113

Capítulo 5
La ropa /145

Capítulo 6
En la ciudad /181

Capítulo 7
El campo y la naturaleza /219

Capítulo 8
En el hogar /255

Capítulo 9
La vida diaria y la residencia de estudiantes /289

Capítulo 10
La estación de servicio y la carretera /321

Capítulo 11
En el aeropuerto /357

Capítulo 12
En el hotel /395

Capítulo 13
La comunicación: el correo y las llamadas telefónicas /431

Capítulo 14
El mundo de hoy /467

Appendix 1
Verbs /A-1

Appendix 2
Answers to review exercises /A-11

Pronunciation

La pronunciación

The sounds of Spanish

Note

The contents of this section are recorded on a separate tape labeled **La pronunciación.**

▶ I. A sampling of Spanish you already know

Can you give the Spanish pronunciation of these Spanish/English words?

patio burro fiesta siesta amigo taco enchilada burrito adiós
loco matador tequila hacienda adobe vista
rodeo Del Monte Fresca Frito Chiquita
Toro Colorado Nevada California Florida Arizona
San Francisco Los Ángeles Amarillo San Antonio Las Vegas
Río Grande Linda Teresa María Dolores Margarita

➤   II.   Cognates: a sampling of words identical or similar in Spanish and in English

Practice the pronunciation of the following cognates.

> **hospital   hotel   teléfono   rancho   chocolate   dentista**
> **doctor   general   presidente   millonario   piano   tractor**
> **animal   mosquito   elefante   inteligente   estúpido**
> **ignorante   famoso   honesto   popular   importante   inferior**
> **superior   extraordinario   interesante   romántico   fantástico**
> **ridículo   sentimental   terrible   responsable   pesimista**
> **optimista   idealista   realista   generoso   independiente**
> **tímido   dinámico   invitar   visitar   comunicar   preferir**

➤   III.   Vocales (Vowels)

Unlike English vowels, each Spanish vowel has only one basic sound, even though there may be slight variations created by its position within a word or phrase. Spanish vowels are short and clipped, never drawn out.

Listen carefully and repeat each sound as it is pronounced. (The English equivalents in italics are only approximations.)

a	*bah*	**ama, fama, lana, mapa, lata**
e	*Betty, let*	**nene, bebe, leche, fe, ese**
i	*bikini*	**mi, si, sin, fin, Fifi**
o	*more*	**loco, coco, toco, foco, mono**
u	*flu*	**tu, su, Tulum, Lulú**

EJERCICIO A

Repeat the following children's verse, focusing on the vowel sounds.

> a   e   i   o   u
> Arbolito del Perú
> Yo me llamo _____.
> ¿Cómo te llamas tú?

EJERCICIO B

Repeat the following sounds, and then pronounce them on your own, gradually increasing your speed.

ama	eme	imi	omo	umu
aba	ebe	ibi	obo	ubu
ala	ele	ili	olo	ulu
afa	efe	ifi	ofo	ufu

EJERCICIO C

Pronounce the following words, concentrating on the vowel emphasized.

a	patio taco fantástico	**o** famoso Dolores rosa
e	Teresa teléfono médico	**u** estúpido pluma uno
i	Linda ridículo disco	

IV. Diptongos (Diphthongs)

In Spanish, a diphthong is a combination of two vowels—either a combination of two weak vowels (**i, u**) or a combination of a strong vowel (**a, e** or **o**) and a weak vowel (**i** or **u**). Diphthongs are pronounced as a single syllable.

c**ui**dado   ag**ua**   b**ie**n

EJERCICIO D

Pronounce the vowel combinations as found in the following sounds and words.

ai	aire	baile	**iu**	triunfo	viuda
au	auto	Laura	**oi**	oigo	heroico
ei	seis	veinte	**ua**	cuatro	Guatemala
eu	Europa	seudo	**ue**	bueno	Venezuela
ia	piano	Diana	**ui**	Luisa	ruina
ie	fiesta	diez	**uo**	cuota	mutuo
io	adiós	idiota			

V. Consonantes problemáticas (Problem consonants)

b   The consonants **b** and **v** are identical in pronunciation. Initial **b** and **v** (and after **m** and **n**) are pronounced by closing the lips and then releasing the air as in the English *b* in *boy.*

> **bueno   bien   vista   violeta   sombrero**

In other positions **b** and **v** are pronounced by allowing air to pass between the lips. This sound has no English equivalent.

> **lobo   favor   jueves   adobe**

c   In Spanish America, **c** before **e** or **i** has the English *s* sound as in *sister.*

> **cero   cinco   gracias   centro**

In most regions of Spain **c** before **e** or **i** is pronounced with a *th* sound as in *thanks*.

cero   cinco   gracias   centro

Before **a**, **o**, **u**, or consonants, **c** has the English *k* sound as in *cat*.

como   cama   clase   criminal

d   At the beginning of a phrase or sentence (after a pause), or after **n** or **l**, **d** is pronounced by putting the tongue against the back of the upper teeth producing a sound similar to the English *d* in *door*.

día   dos   cuando   caldo

In other positions, particularly between vowels and at the end of a word, **d** has a slight *th* sound as in *this*, or *brother*.

médico   todo   Santo Domingo   sed

g   Before **e** or **i**, **g** has the English *h* sound as in *help*.

generoso   inteligente   gitano   mágico

In other positions (except between vowels where it is slightly softened) it is hard as in *goat*.

gracias   gusto   tango   amigo

In the combinations **gue** and **gui**, **u** is silent as in *guest*.

guitarra   guerra   guía

h   Not pronounced; silent as in *honest*.

hotel   hospital   honor   alcohol

j   Approximates the pronounced *h* sound of English as in *help*.

jueves   jardín   junio   ejercicio

ll   Approximates the English *y* sound as in *yes*.

llamar   calle   silla   llevar

ñ   Is similar to the *ny* sound in *canyon*.

señor   niño   mañana   año

q   Occurs only in the combinations **que** and **qui**, which have a silent **u**.

   que   chiquita   queso   quince

r   If not initial, the single **r** approximates the sound of *tt* as in *Betty likes butter better* or *dd* as in *Eddy*.

   tres   tarea   escriba   oración

rr   Has a trilled sound as in mimicking a motorcycle; initial **r** has the same sound.

   perro   pizarra   roto   Rodolfo

   Try the following verse:

   Erre con erre cigarro
   erre con erre barril.
   Rápido corren los carros
   carros del ferrocarril.

z   In Spanish America **z** is pronounced the same as *s*.

   zapato   Arizona   paz   lápiz

   In most regions of Spain **z** is pronounced with a *th* sound as in *thanks*.

   zapato   Arizona   paz   lápiz

EJERCICIO E

Practice the following consonants.

ca	que	qui	co	cu		lla	lle	lli	llo	llu
ca	ce	ci	co	cu		ña	ñe	ñi	ño	ñu
ga	gue	gui	go	gu		va	ve	vi	vo	vu
ga	ge	gi	go	gu		ba	be	bi	bo	bu
ha	he	hi	ho	hu		za	ze	zi	zo	zu
ja	je	ji	jo	ju		sa	se	si	so	su

▶ **VI.   El alfabeto (The alphabet)**

The Spanish alphabet has a total of thirty letters, three of which are two-letter groups **(ch, ll, rr)**. The other letter not in the English alphabet is **ñ**. The letters **k** and **w** have been adopted from other languages.

The letters and their names in Spanish are:

a (a)	**f** (efe)	**k** (ka)	**ñ** (eñe)	**rr** (erre)	**w** (doble ve)
b (be)	**g** (ge)	**l** (ele)	**o** (o)	**s** (ese)	(doble uve)
c (ce)	**h** (hache)	**ll** (elle)	**p** (pe)	**t** (te)	**x** (equis)
ch (che)	**i** (i)	**m** (eme)	**q** (cu)	**u** (u)	**y** (i griega)
d (de)	**j** (jota)	**n** (ene)	**r** (ere)	**v** (ve) (uve)	**z** (zeta)
e (e)					

EJERCICIO F

Spell the following words using the Spanish alphabet.

1. rancho
2. general
3. hotel
4. señorita
5. ejercicio
6. yo
7. amarillo
8. quince
9. terrible
10. examen
11. voz
12. gusto

VII. Acentuación (Accents and stress)

A. In Spanish if a word has a written accent mark (called in Spanish **acento**), the accented syllable is stressed.

tímido   dinámico   ridículo

B. In words without a written accent the following rules apply.

1. The next to the last syllable is stressed if the word ends in a vowel, a diphthong, or in **n** or **s**.

adobe   patio   repitan   lunes

2. The last syllable is stressed if the word ends in a consonant other than **n** or **s**.

animal   doctor   libertad

EJERCICIO G

Pronounce the following words, stressing the correct syllable.

1. pro/fe/sor
2. den/tis/ta
3. es/tú/pi/do
4. ge/ne/ral
5. pre/si/den/te
6. u/ni/ver/si/dad
7. vi/si/tar
8. per/so/nal
9. te/lé/fo/no
10. lla/mo
11. ro/mán/ti/co
12. cla/se

Capítulo 1

A conocernos: Getting to know each other

Estudiantes universitarios. Barcelona, España

Goals for communication

- To meet and greet Spanish-speaking persons
- To state where you are from and learn the origin of others
- To communicate and work in a Spanish classroom
- To say where you are going on campus
- To identify days of the week and count to 30
- To tell time

Cultural focus

- Greeting each other in the Hispanic world
- The Spanish language and the Hispanic world

Formal (used in last-name basis relationships)
1. Allow me to introduce. . .(name).   2. Pleased to meet you.   3. The pleasure is mine.   4. What's your name?
5. My name is. . . . And yours?

Informal (used in first-name basis relationships)

6. I want to introduce. . .(name).   7. Pleased to meet you.   8. Nice meeting you, too.   9. What's your name?
10. My name is. . . . And yours?

Práctica y comunicación

A.   Nuestros personajes *Our characters*

In this exercise you will become acquainted with some of the principal characters whose activities you will follow throughout this text. Answer the questions referring to the drawings on pages 8–9.

1.   ¿Cómo se llama la profesora?
     ¿Qué dice la profesora Andrade? (*What does Professor Andrade say?*)
     ¿Qué dice Inés?
     ¿Cómo responde Martín?

2.   ¿Qué dice Alfonso?
     ¿Cómo responde Carmen?

3.   ¿Qué dice Javier?
     ¿Qué dice Natalia?
     ¿Cómo responde Pepita?

4.   ¿Qué dice Linda?
     ¿Cómo responde Manuel?

B.   Las presentaciones

Refer back to the expressions presented in the introductory drawings as needed.

1.   Moving about the classroom, learn the names of at least five of your classmates (**¿Cómo te llamas?**) and your professor (**¿Cómo se llama?**), and say that you are happy to meet them.

2.   Can you identify your classmates? Respond to the professor's inquiries.

   Modelo   ¿Cómo se llama?
              Se llama George.

3.   Now, moving about the classroom in pairs, introduce a classmate to the professor (**Permítame. . .**) and then to other classmates (**Quiero. . .**). Each party should respond to the introduction as appropriate.

▶   I.   IDENTIFICATION AND TELLING WHERE YOU ARE FROM: **Los pronombres personales** y *ser* + *de*

Subject pronouns are used to identify a person without using the person's name. Here is a list of the Spanish subject pronouns with corresponding forms of the verb **ser** *(to be) in the present tense.*

A. Los pronombres personales + el verbo **ser** (*to be*)

I	**yo**	**soy**	(Yo) **soy** de México.
you	**tú**	**eres**	¿**Eres** (tú) de los Estados Unidos?
you	**usted**		¿**Es** (usted) de California?
he	**él**	**es**	(Él) **es** de España.
she	**ella**		(Ella) **es** de Puerto Rico.
we	**nosotros**	**somos**	(Nosotros) **somos** de San Antonio.
we	**nosotras**		(Nosotras) **somos** de Miami.
you	**vosotros**	**sois**	¿**Sois** (vosotros) de Madrid?
you	**vosotras**		¿**Sois** (vosotras) de Sevilla?
you	**ustedes**		¿**Son** (ustedes) de San Francisco?
they	**ellos**	**son**	(Ellos) **son** de Los Ángeles.
they	**ellas**		(Ellas) **son** de Chile.

Note

1. Subject pronouns are often omitted in Spanish when the reference to the subject is clear from context or from the conjugated verb form. However, they may be used for purposes of clarity, stress, or emphasis.

2. **Tú** (*you, singular*) and **vosotros** (*you, plural*) indicate informal, first-name basis relationships. **Usted** (*you, singular*) and **ustedes** (*you, plural*) indicate formal, last-name basis relationships. It should be noted, however, that the **vosotros** form is used almost exclusively in Spain. In Spanish America, **ustedes** is used for both formal and informal *you, plural* relationships.

3. **Usted** is often abbreviated to **Ud.** or **Vd. Ustedes** is often abbreviated to **Uds.** or **Vds.** The abbreviated forms are always capitalized.

4. Spanish does not have a subject pronoun equivalent to *it*. The verb alone is used to convey this idea.
   Es mi radio.   *It's my radio.*

B. Ser + de (*to be from*)

One use of the verb **ser** (*to be*) *is to ask about or to express origin (where the subject is from). Observe the following questions and answers.*

¿De dónde es usted?	*Where are you from?* (formal)
Soy de Arizona.	*I'm from Arizona.*
¿De dónde eres tú?	*Where are you from?* (informal)
Soy de Colorado.	*I'm from Colorado.*

Práctica y comunicación

C.   ¿De dónde eres? ¿De dónde es usted?

1.   Learn the origin of at least five of your classmates (**¿De dónde eres?**) and your professor (**¿De dónde es usted?**).

2.   The professor will ask you where some of your classmates are from. Report back what you discovered.

> *Modelo*   ¿De dónde es *(name)*?
> ***(Name)* es de *(place)*.**

D.   ¡Somos de Chicago!

Move about the classroom asking your classmates once again where they are from (**¿De dónde eres?**) and as you do so, group yourselves according to places of origin (cities/states/countries). Then answer your instructor's questions:

1.   ¿De dónde son ustedes? **Nosotros somos de. . .**

2.   ¿De dónde son ellos/ellas?

3.   ¿De dónde es él/ella?

4.   ¿De dónde es usted?

A conocernos
Los saludos, el bienestar, la despedida y las expresiones de cortesía

A.   Los saludos y el bienestar (*Greeting each other and inquiring as to well-being*)

FORMAL
—**Buenos días, señorita.**   —*Good morning, Miss.*
   (Buenas tardes, señora).   *Good afternoon, Ma'am (Mrs.).*
   (Buenas noches, señor).   *Good evening, Sir (Mr.).*
—**¿Cómo está usted?**   —*How are you?*
—**Muy bien, gracias, ¿y usted?**   —*Very well, thanks. And you?*
—**Regular, así así.**   —*Fair (so-so).*

INFORMAL
—**Hola,** *(name).*   —*Hello, hi (name).*
—**Hola,** *(name).*   —*Hello, hi (name).*

—¿Cómo estás? (¿Qué tal?) (¿Cómo te va?)	—How are you? (How's it going?)
—Muy bien, gracias, ¿y tú?	—Very well, thanks. And you?
—Bastante bien.	—Well enough.
—¿Qué hay de nuevo?	—What's new?
—Nada de particular.	—Nothing much.

> You may have noticed that Spanish has two verbs expressing *to be*: **ser** (which you have just used—**Soy de México.**) and **estar** (¿Cómo **está** usted?). You will study **estar** and the differences between **ser** and **estar** in Chapter 2.

B. La despedida (*Farewell*)

Adiós.	*Goodbye.*
Hasta luego.	*See you later.*
Hasta mañana.	*See you tomorrow.*
Chao.	*Bye (so long).*

C. Las expresiones de cortesía (*Expressions of courtesy*)

Muchas gracias.	*Thank you very much.*
De nada.	*You are welcome.*
Sí, por favor.	*Yes, please.*
No, gracias.	*No, thank you.*
Perdón.	*Pardon me, excuse me* (to get someone's attention or to seek forgiveness).
Con permiso.	*Pardon me, excuse me* (to seek permission to pass by someone or to leave).

Práctica y comunicación

E.   Saludos y expresiones

Give a logical response to each statement or question.

1. Buenos días, señorita (señora/señor).

2. ¿Cómo está usted?

3. Permítame presentarle a *(name)*.

4. Señor (señorita/señora). . . , tengo (*I have*) un dólar para usted.
5. Hola, (*name*). ¿Cómo estás? (¿Qué tal?/¿Cómo te va?)
6. ¿Qué hay de nuevo?
7. Muchas gracias por los chocolates.
8. Adiós.

F.   ¿Sí, por favor (o) no, gracias?

You are having a meal at the home of a Spanish-speaking friend. When your host asks: **¿Desea usted. . . ?** (*Do you want, desire. . . ?*), how do you respond?

Modelo   ¿Desea usted un yogur?
No, gracias. (o)
Sí, por favor. . .¡muchas gracias!

1. ¿Desea usted rosbif?
2. ¿Desea usted coliflor?
3. ¿Desea usted una pizza de pepperoni?
4. ¿Desea usted espárragos?
5. ¿Desea usted ensalada?
6. ¿Desea usted vino (*wine*)?
7. ¿Desea usted tequila?
8. ¿Desea usted un chocolate?
9. ¿Desea usted un cigarrillo?

G.   ¿Con permiso (o) perdón?

Modelo   **¿Qué dice usted?** (*What do you say?*)
. . .cuando (*when*) usted necesita pasar enfrente de una persona en la cafetería.
Con permiso.

¿Qué dice usted?

1. . . .cuando usted necesita interrumpir una conversación.
2. . . .cuando usted necesita salir (*to leave*) de la clase.
3. . . .cuando usted necesita la atención del profesor o de la profesora.
4. . . .cuando usted necesita pasar enfrente de una persona en la clase.
5. . . .cuando usted hace (*make*) un error muy grande.
6. . . .cuando usted causa un problema muy serio.
7. . . .cuando usted necesita la atención de su amigo o amiga.
8. . . .cuando usted necesita pasar entre (*between*) dos personas.

H. Conversaciones formales e informales

1. Imagine that you are talking with a Spanish-speaking friend of your parents. Greet him/her and inquire as to his/her well-being. Work in pairs using the formal greetings.
2. Greet one of your classmates and inquire as to his/her well-being. Say goodbye and proceed to greet others. Use the informal greetings.

Noticias culturales

Maneras de saludar en el mundo hispano

Dar la mano

to shake hands

Se da la mano para acompañar las frases ''Mucho gusto'', ''El gusto es mío'', ''¿Qué tal?'', ''¿Cómo estás?'', etc. Los hispanos *tienen* la costumbre de dar la mano *siempre que se encuentran con* sus amigos.

have

whenever / they meet

¿Qué dicen los estudiantes *(What do the students say)* al darse la mano?
México

Dar un beso

to kiss

Las *mujeres* tienen la costumbre de dar un beso en la *mejilla* cuando se encuentran con sus amigas. (En España, en la Argentina y en otros países se da un beso en *cada* mejilla.) También es costumbre dar un beso *suave* en la mejilla *en vez de* dar la mano cuando dos mujeres son presentadas.

women / cheek

each / light

instead of

¿Cuál es la costumbre de las mujeres en vez de dar la mano? España

Abrazar

to embrace

Los *hombres* que *no se han visto por cierto tiempo* tienen la costumbre de abrazarse o *darse palmadas* en la *espalda*.

men / haven't seen each other / for some time / pat each other / back

¿Qué gesto usan los hombres para saludarse? México, D. F.

ACTIVIDAD

¿Pueden (*Can*) ustedes demostrar las maneras de saludar indicadas en las fotografías?

1. (dos personas)
   —**¿Cómo estás?**
   —**Bien, ¿y tú?**
   (Dar la mano)

2. (dos personas)
   —**Mucho gusto.**
   —**El gusto es mío.**
   (Dar la mano)

3. (dos mujeres)
   —**Hola,** *(name).* **¿Qué tal?**
   —**Bien, ¿y tú?**
   (Dar un beso)

4. (dos mujeres)
   —**Mucho gusto.**
   —**Igualmente.**
   (Dar un beso)

5. (dos hombres)
   —**Hola,** *(name).* **¿Cómo te va?**
   —**Bastante bien, ¿y tú?**
   (abrazar, darse palmadas en la espalda)

Vocabulario

En la clase de español

Personas en la **clase de español**	*Spanish class*
el **profesor**/la **profesora**	*professor, teacher* (m./f.)
el **estudiante**/la **estudiante**	*student* (m./f.)
el **alumno**/la **alumna**	*student* (m./f.)
La **sala de clase**	*classroom*
la **puerta**	*door*
la **ventana**	*window*
la **mesa**	*table*
la **silla**	*chair*
la **pizarra**	*blackboard*
la **tiza**	*chalk*
el **escritorio**	*desk*
el **pupitre**	*desk (student)*
el **lápiz**	*pencil*
el **bolígrafo**	*ballpoint pen*
el **cuaderno**	*notebook*
el **papel**	*paper*
el **libro**	*book*
la pluma	FOUNTAIN pen

El libro y la clase

el **capítulo**	*chapter*
la **lección**	*lesson*
la **página**	*page*
el **ejercicio**	*exercise*
la **oración** fRase	*sentence*
la **palabra**	*word*
la **pregunta**	*question*
la **respuesta**	*answer*
la **tarea**	*homework, assignment*
el **examen**	*exam, test*
la **nota**	*grade*
¿Cómo se dice. . . ?	*How does one say. . . ?*

Práctica y comunicación

I. Juego de palabras (*word game*)

¿Qué palabra o palabras asocia usted con cada (*each*) una de las siguientes (*following*) referencias?

Modelo   la respuesta
         la pregunta

1. la pizarra
2. el bolígrafo
3. el examen
4. la profesora
5. la puerta
6. la nota
7. la pregunta
8. el libro
9. el cuaderno
10. el escritorio
11. la mesa
12. el estudiante

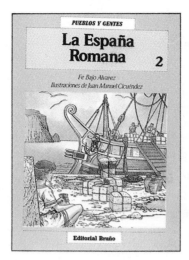

En su opinión, ¿cuál (*which*) de los libros es más interesante?

Vocabulario

Instrucciones para la clase de español

abra el libro	*open* (singular formal command—to one person). . .
abran el libro	*open* (plural formal command—to more than one person). . .
cierre(n) la puerta	*close*. . .
complete(n) el ejercicio	*complete*. . .
conteste(n) la pregunta	*answer*. . .
escriba(n) la respuesta	*write*. . .
con lápiz, **en** el cuaderno	*with*. . . , *on*. . .
estudie(n) el vocabulario	*study*. . .
lea(n) en voz alta	*read aloud*
repita(n) la palabra	*repeat*. . .
siénte(n)se en el sofá	*sit down*. . .
traduzca(n) la oración	*translate*. . .
pase(n) a la pizarra	*go to*. . .

Práctica y comunicación

J.   Las instrucciones en acción

Sigan (*follow*) las instrucciones del profesor (de la profesora).

1. Cierren los libros.
2. Abran los libros.
3. Abran los cuadernos.
4. Con bolígrafo o con lápiz, escriban la palabra **ejercicio** en el cuaderno.
5. Repitan la palabra **pupitre.**
6. Traduzcan la palabra **pizarra.**
7. Lean las instrucciones del ejercicio número 9 en voz alta.
8. (*Nombres de estudiantes*), pasen a la pizarra.
9. Escriban una pregunta en la pizarra.
10. Contesten las preguntas.
11. Gracias. Siéntense.

K. Las instrucciones

Imagínese que usted es el profesor o la profesora. Indique a la clase las instrucciones que corresponden a los dibujos (*drawings*).

Modelo **Lea el libro.**
(o)
Cierre el libro.

 II.   IDENTIFYING GENDER AND NUMBER: Artículos y sustantivos

A.   Artículos definidos e indefinidos

All nouns in Spanish, even those referring to nonliving things, are either masculine or feminine (gender) and singular or plural (number). Consequently, the definite article (the) or indefinite article (a, an) that accompanies each noun must also be either masculine or feminine and singular or plural to agree with the noun.

Artículos definidos: el, la, los, las = *the*

	singular	*plural*
masculino	**el** alumno	**los** alumnos
femenino	**la** alumna	**las** alumnas

Artículos indefinidos: un, una = *a, an;* **unos, unas** = *some*

	singular	*plural*
masculino	**un** alumno	**unos** alumnos
femenino	**una** alumna	**unas** alumnas

B.   Sustantivos (*Nouns*) masculinos y femeninos

1.   *Most nouns that end in* **-o,** *as well as nouns referring to male beings, are masculine.*

> **El alumno** necesita **un cuaderno.**
> **El padre** (*father*) necesita **un libro.**

2.   *Most nouns that end in* **-a,** *and* **-ción,** *as well as nouns referring to female beings, are feminine.*

> **La profesora** necesita **una silla.**
> Lea **la oración.**
> **Una mujer** (*woman*) entra en **la cafetería.**

3.   *All other nouns must be memorized as masculine or feminine.*

> **El lápiz** está en **el pupitre.**
> **La clase** tiene **un examen** por (*in*) **la tarde.**

Study hint

Always learn a new word by saying the article with the noun.

Note

> The definite article (**el, la, los,** *or* **las**) is used with titles [**señor, señora, señorita, doctor, profesor(a),** etc.] when not addressing the person directly.
>
> > **La** señora Ramírez es de Cuba.
> >   but
> > Buenos días, señor Ramírez. ¿Cómo está usted?

C.   Sustantivos en el plural

1.   *Nouns ending in a vowel add* **-s** *to form the plural.*

> **Los ejercicios** están en la página dos.
> **Las preguntas** están en la pizarra.
> **Los estudiantes** están en la clase.

2.   *Nouns ending in a consonant add* **-es** *to form the plural.*

> **Los profesores** están en la clase.
> **Las oraciones** están en la pizarra. (Note that words ending in **-ción** lose the accent in the plural.)
> **Los lápices** están en el escritorio. (Note the spelling change of **z** to **c.**)

Práctica y comunicación

L.   ¡Lea!

¿Qué necesitamos leer (*to read*)? Use el artículo definido **el** o **la.**

Modelo   libro
             Lea el libro.

Lea. . .

1. pregunta	**5.** página	**9.** lista de vocabulario
2. respuesta	**6.** capítulo	**10.** palabra
3. ejercicio	**7.** lección	
4. oración	**8.** diálogo	

M.   ¿Qué es?

Identifique el objeto usando (*using*) el artículo indefinido.

Modelo   silla
             Es una silla.

1. mesa	**5.** cuaderno	**9.** ventana
2. escritorio	**6.** lápiz	**10.** puerta
3. pupitre	**7.** libro	
4. bolígrafo	**8.** examen	

N.   ¿Qué necesita el profesor (la profesora)?

En la clase, el profesor (la profesora) no necesita una de las cosas (*things*) indicadas; necesita varias (*several*). Cambie (*change*) la palabra al plural.

Modelo   el libro
             Necesita los libros.

Necesita. . .

1. el cuaderno	**5.** la nota	**9.** el lápiz
2. el examen	**6.** la oración	**10.** el bolígrafo
3. la pregunta	**7.** el papel	
4. la respuesta	**8.** el ejercicio	

Modelo: un libro
Necesita unos libros.

11.   un lápiz

12.   un bolígrafo

13.   un cuaderno

14.   una silla

15.   un pupitre

16.   una mesa

► **III.**   GOING PLACES: **Ir + a +** *destino*

To state where you are going, use a form of the verb **ir** *(to go)* + **a** *(to)* + *your destination.*

    Study the present-tense forms of the verb **ir** *along with the sample sentences.*

ir (to go)

yo **voy**	*I go, do go, am going*	**Voy** a la clase.
tú **vas**	*you go, do go, are going*	**¿Vas** a la clase?
usted **va**	*you go, do go, are going*	**¿Va** usted a la oficina?
él **va**	*he goes, does go, is going*	Él **va** a la cafetería.
ella **va**	*she goes, does go, is going*	Ella **va** a la residencia.
nosotros **vamos**	*we go, do go, are going*	**Vamos** al concierto.
vosotros **vais**	*you go, do go, are going*	**¿Vais** al concierto?
ustedes **van**	*you go, do go, are going*	**¿Van** ustedes a San Juan?
ellos **van**	*they go, do go, are going*	Ellos **van** a San Diego.
ellas **van**	*they go, do go, are going*	Ellas **van** a Santa Bárbara.

Vocabulario

¿Adónde (*where*) vamos?

Vamos. . .

a la universidad	*to the university*
a la cafetería	*to the cafeteria*
a la residencia	*to the residence hall, dorm*
al cuarto	*to the room*
al centro estudiantil	*to the student center*
al gimnasio	*to the gym*
a la librería	*to the bookstore*
a la biblioteca	*to the library*
a la oficina del profesor (de la profesora)	*to the professor's office*
a casa	*home*

Vamos a la clase de. . .

español
inglés
literatura
biología
física
química
matemáticas
  (álgebra, cálculo)
computación   *computer science*
arte
música
religión
filosofía
historia
(p)sicología
economía
ciencias políticas

un edificio
dedicado al libro

librería
CER-
VAN-
TES

ARTES Y LETRAS
ENSEÑANZA MEDIA
★ RELIGION ★ ★
LIBRERIA GENERAL
MEDICINA ★ DERECHO
CIENCIA Y TECNICA ★
MATERIAL PEDAGOGICO
PAPELERIA ★ ★ ★

azafranal, 11 y 13

37002 SALAMANCA

¿Adónde vamos?
¿Qué tipo de libros venden *(do they sell)*?

Note

1. Observe in the previous list that **a** combined with the masculine article **el** becomes **al.** **a** + **el** = **al**

   Vamos **al** cuarto. *but* Vamos **a la** cafetería.

2. In addition you can see that **de** (from, about, of) combined with **el** becomes **del.** **de** + **el** = **del**

   Vamos a la oficina **del** profesor. *but* Vamos a la oficina **de la** profesora.

Eric está en Guadalajara, México. ¿Adónde va con frecuencia?

Práctica y comunicación

O. ¿Adónde van?

Indique quién va a los lugares (*places*) indicados.

Modelo   Yo. . .la clase de español.
Voy a la clase de español.
(el gimnasio)
Voy al gimnasio.

1. Yo. . .la librería. (el cuarto)
2. (*Nombre de estudiante en la clase*). . .la biblioteca. (la cafetería)
3. (*Nombre de estudiante*). . .la oficina de la profesora. (el gimnasio)

4. Los estudiantes. . .la clase de literatura. (la residencia)

5. Nosotros. . .el cuarto. (el laboratorio)

6. (*Nombres de estudiantes*). . .el centro estudiantil. (a casa)

P. ¿Adónde vas después de (*after*) la clase de español?

1. Andando por la clase, háganse la pregunta y contéstense. (*Walking about the classroom, ask each other the question and then answer it.*)

> *Modelo*   **¿Adónde vas después de la clase?**
> **Voy a la clase de biología,** etc.

2. Conteste las preguntas de la profesora (del profesor).

> *Modelo*   ¿Adónde va (*nombre*) después de la clase?
> **Va a la clase de biología,** etc.

IV. INDICATING DAYS OF THE WEEK: Los días de la semana

¿Qué día es hoy? (What day is it today?)

abril						
1	2	3	4	5	6	7
lunes	martes	miércoles	jueves	viernes	sábado	domingo
(Monday)						

el día*   el fin de semana

la semana

> *Note*

---

1. The word **día,** though ending in **-a,** is masculine.
2. The days of the week are generally not capitalized in Spanish.
3. All the days of the week are masculine. The definite article **el** or **los** is used with the day of the week to indicate *on*.

   el lunes *on Monday*   **los miércoles** *on Wednesdays*

Práctica y comunicación

Q. Días especiales

Indique:

1. los días favoritos de los estudiantes
2. el día menos (*least*) favorito de los estudiantes
3. un día bueno para (*for*) fiestas.
4. un día bueno para ir a la catedral, a la iglesia (*church*), a la sinagoga
5. los días de la clase de español
6. los días de **no** ir a la clase de español

La semana tiene **5** vuelos a **EUROPA** por Aeroméxico

Lunes, martes, miércoles, jueves y viernes a las 12:00 horas en punto.

¿Qué días es posible ir a Europa por Aeroméxico?

R. Los días académicos

1. Escriba en el cuaderno una lista de sus (*your*) clases.

 Modelo **la clase de química**
 la clase de matemáticas (etc.)

2. En parejas (*in pairs*), háganse preguntas y contéstense según (*according to*) el modelo.

 Modelo **¿Qué días vas a la clase de química?**
 Voy los lunes, los miércoles y los viernes.

> **V.** COUNTING FROM 0–30: Los números (*numbers*) de 0 a 30

cero	**0**	**diez y seis (dieciséis)**	**16**
uno	**1**	**diez y siete (diecisiete)**	**17**
dos	**2**	**diez y ocho (dieciocho)**	**18**
tres	**3**	**diez y nueve (diecinueve)**	**19**
cuatro	**4**	**veinte**	**20**
cinco	**5**	**veinte y uno (veintiuno)**	**21**
seis	**6**	**veinte y dos (veintidós)**	**22**
siete	**7**	**veinte y tres (veintitrés)**	**23**
ocho	**8**	**veinte y cuatro (veinticuatro)**	**24**
nueve	**9**	**veinte y cinco (veinticinco)**	**25**
diez	**10**	**veinte y seis (veintiséis)**	**26**
once	**11**	**veinte y siete (veintisiete)**	**27**
doce	**12**	**veinte y ocho (veintiocho)**	**28**
trece	**13**	**veinte y nueve (veintinueve)**	**29**
catorce	**14**	**treinta**	**30**
quince	**15**		

Práctica y comunicación

S. **¿Cuántos hay? (*How many are there?*)**

Vamos a contar (*Let's count*).

1. estudiantes en la clase: **1, 2,** . . .
2. alumnas en la clase:
3. alumnos en la clase:
4. pupitres en la sala de clase:
5. ¿otras cosas? *(other things?)*

¿Cuál es el número de la rifa?

T. **El Índice de las Páginas Amarillas (*yellow*) de Laredo, Texas.**

¿En qué páginas de las Páginas Amarillas podemos (*can we*) encontrar (*find*)
las referencias indicadas? (Las palabras nuevas son similares a las equivalentes
en inglés, ¿no?)

Modelo   Autobuses—alquiler y charter
            Página 10

1. aviación—líneas de
2. bicicletas
3. boutique—artículos al por menor
4. automóviles—equipos de aire acondicionado y servicio
5. computadoras—software y servicios

6. condominios
7. automóviles—nuevos—vendedores
8. copiadoras—máquinas y accesorios
9. automóviles—usados-vendedores
10. automóviles—reparación y servicio

©1989 APS Communications, Inc.   **ÍNDICE   77**

**AUTOBUSES -ALQUILER Y
CHARTER**
Buses -Charter & Rental **10**
AUTOBUSES -LINEAS
Bus Lines **10**
AUTOMOVILES -ALARMAS
Automobile -Alarms **10**
**AUTOMOVILES -EQUIPOS DE
AIRE ACONDICIONADO Y
SERVICIO**
*Automobile Air Conditioning Equipment &
Service* **11**
**AUTOMOVILES -EQUIPOS
ELECTRICOS**
Automobile Electric Equipment **11**
**AUTOMOVILES -LAVADO Y
PULIDO**
Car Washing & Polishing **11**
**AUTOMOVILES -NUEVOS
-VENDEDORES**
Automobile Dealers -New **12**
**AUTOMOVILES
-RECONSTRUCCION DE
MOTORES**
Automobile Motor Rebuilding **12**
**AUTOMOVILES -REPARACION
Y SERVICIO**
Automobile Repairing & Service **13**
**AUTOMOVILES -SERVICIO
ELECTRICO**
Automobile Electric Service **15**

**AUTOMOVILES -TALLER DE
CARROCERIAS -EQUIPOS Y
ACCESORIOS**
Automobile Body Shop -Equipment & Supplies
....**15**
**AUTOMOVILES -TALLERES
MECANICOS -SERVICIO**
Automobile Machine Shop Service **15**
**AUTOMOVILES -USADOS
-VENDEDORES**
Automobile Dealers -Used Cars **15**
**AVIACION -AGRICULTURAL,
SIEMBRA Y RIEGO**
Agricultural Aviation, Seeding & Spraying
....**16**
AVIACION -LINEAS DE
Airline Companies **16**
**AVION -SERVICIO DE CARGO
Y PAQUETERIA**
Air Cargo & Package Express Service **16**
BELLEZA -SALONES DE
Beauty Salons **19**
**BELLEZA SALONES -EQUIPO Y
ACCESORIOS**
Beauty Salons -Equipment & Supplies **19**
BICICLETAS
Bicycles -Dealers **19**
**BOUTIQUE -ARTICULOS -AL
POR MENOR**
Boutique Items -Retail **21**
**BRONCEADO -SALONES
-EQUIPO Y**
Tanning Salons -Equipment & Supplies **21**

**COMPUTADORAS
-ACCESORIOS Y PARTES**
Computers -Supplies & Parts -Retail **25**
**COMPUTADORAS -SERVICIO Y
REPARACION**
Computers -Service & Repair **25**
**COMPUTADORAS -SOFTWARE
Y SERVICIOS**
Computers -Software & Services **25**
**COMPUTADORAS
-VENDEDORES**
Computers -Dealers **26**
CONDOMINIOS
Condominiums **27**
**CONSERJES -EQUIPOS Y
ACCESORIOS**
Janitors Equipment & Supplies **27**
CONSERJES -SERVICIOS
Janitor Service **27**
**CONSTRUCCION EN GENERAL
-CONTRATISTAS**
General Contractors **27**
**COPIADORAS -MAQUINAS Y
ACCESORIOS**
Copying Machines & Supplies **28**
**CORTADORAS DE CESPED
-AFILADURA Y REPARACION**
Lawn Mowers -Sharpening & Repairing ...**28**
**CORTINAS -HECHAS A LA
MEDIDA -AL POR MENOR**
Draperies & Curtains -Retail & Custom Made
....**28**

> **VI.** TELLING TIME: ¿Qué hora es?

Study the following clocks.

¿Qué hora es?   *What time is it?*

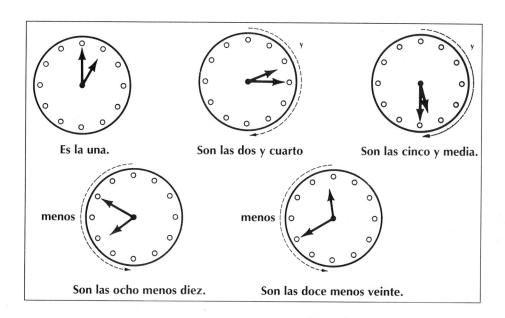

Es la una.   Son las dos y cuarto   Son las cinco y media.

menos   Son las ocho menos diez.   menos   Son las doce menos veinte.

The most common structure for telling time in Spanish is:

Es + **la** + **una y/menos** *(minutos)*
Son + **las** + *(hora)* **y/menos** *(minutos)*

1. *Use* **Es la una** + minutes *only to tell time between one and one-thirty.*
2. *During the first thirty minutes after the hour, give the hour just past plus* **(y)** *the number of minutes.*
3. *After thirty minutes, give the next hour less* **(menos)** *the number of minutes to go before the coming hour.*

Note

For commercial or business purposes (transportation schedules, movie times, and the like) the 24-hour clock is often used. The time on the 24-hour clock is formed by adding the P.M. time (2:00 P.M., for example) to the number twelve (14:00). All A.M. times are the same in both systems.

11:00 P.M. = **23 horas**   11:00 A.M. = **11 horas**

Vocabulario

La hora

¿Qué hora es?	*What time is it?*
¿A qué hora. . . ?	*At what time. . . ?*
cuarto	*a quarter*
media	*half*
de la mañana	*A.M. (in the morning)*
de la tarde[1]	*P.M. (in the afternoon)*
de la noche	*P.M. (in the evening)*
Es (el) mediodía.	*It's noon.*
Es (la) medianoche.	*It's midnight.*

Práctica y comunicación

U.   ¿Qué hora es?

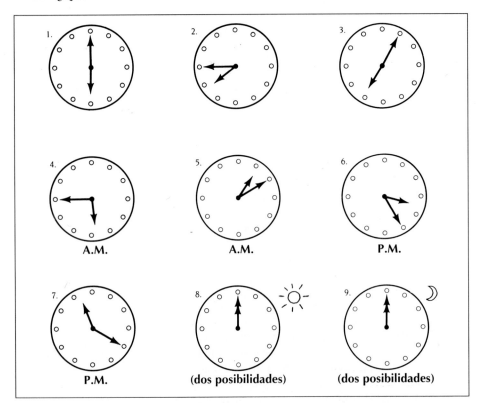

1.
2.
3.
4.   A.M.
5.   A.M.
6.   P.M.
7.   P.M.
8.   (dos posibilidades)
9.   (dos posibilidades)

---

[1]In most Spanish-speaking countries, "afternoon" extends until 7:00 or even 8:00 P.M.

V. El horario (*schedule*) académico

Escriba una lista de sus (*your*) clases los lunes y los martes.

los lunes   **los martes**

. . .   . . .

En parejas, háganse preguntas para aprender la hora de cada (*each*) clase.

Modelo   **la clase de química**
              (estudiante #1)   **¿A qué hora es tu clase de química?**
              (estudiante #2)   **Es a las nueve y veinte.**

¿Qué programas quiere usted ver (*do you want to see*) de este teleguía? ¿A qué hora son los programas?

13:00 CARICATURAS.
13:30 PLAZA SESAMO.
14:00 LAS AVENTURAS DE TOM SAWYER.
      Dibujos animados.
14:30 CONNAN, EL NIÑO DEL FUTURO.
      Dibujos animados.
15:00 SNORKELLS.
15:30 DESAFIO. Concursos.
16:00 CORRE GC, CORRE.
16:30 XE ¡AH RADIO AVENTURA!
17:00 MI PEQUEÑO PONY.
17:30 LOS VERDADEROS CAZAFANTAS-
      MAS. Dibujos animados.
18:00 LOS PEQUEÑOS MUPPETS.
18:30 KARATE KID.
18:45 PARTIDOS POLITICOS.
19:00 EL CONDE PATULA.
19:30 LOS PICAPIEDRA.
20:00 LAS TORTUGAS NINJA.
20:30 MI IDENTIDAD SECRETA.
21:00 MAC GYVER.
22:00 MISION IMPOSIBLE.
23:00 FUTBOL RAPIDO. Primer torneo
      abierto metropolitano.
24:00 NOTIVISA.
00:30 ESPECIAL DE R.T.C.
01:00 TELEOPORTUNIDADES.

En resumen

Con un(a) compañero(a) de clase, soliciten la información indicada y escriban las respuestas en el formulario.

- ¿Cómo te llamas?
- ¿De dónde eres?
- ¿Cómo estás?
- ¿Adónde vas después de la clase de español?
- ¿Cuál (*What*) es tu (*your*) número de teléfono?
- ¿Cuál es tu clase favorita? ¿Qué días vas a la clase?
- ¿A qué hora es la clase?

Nombre _____
Origen _____
Bienestar _____
Destinación _____
Teléfono _____
Clase favorita _____
   Días _____
            _____
   Hora _____

Panorama cultural

El mundo hispano[1]

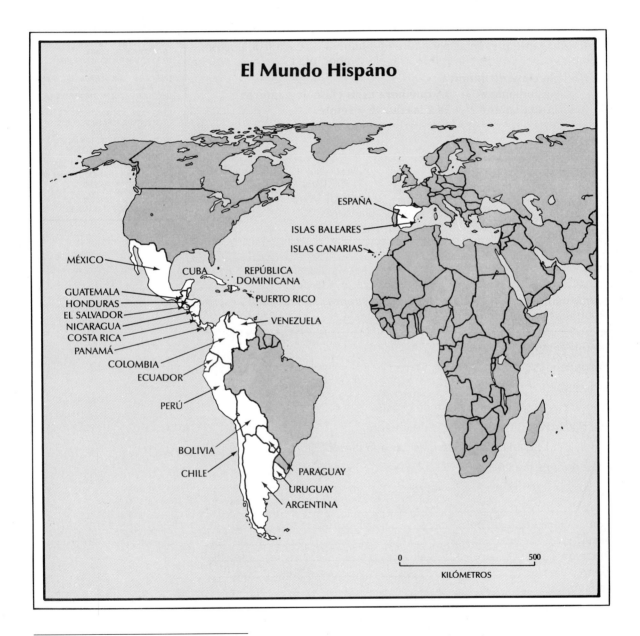

[1]**Hispano,** used as an adjective, describes all that pertains or relates to Spain and the nations of Spanish America.

La lengua española

language

Origen de la lengua española: El latín (*Otras* lenguas romances derivadas del latín son el francés, el italiano, el portugués y el catalán.)

other

Importancia: Entre las cinco lenguas más importantes del mundo.

Difusión: España y 19 países en el hemisferio oeste: México, Guatemala, Nicaragua, El Salvador, Honduras, Costa Rica, Panamá, Cuba, Puerto Rico, La República Dominicana, Colombia, Venezuela, el Ecuador, el Perú, Chile, Bolivia, la Argentina, el Uruguay y el Paraguay, y unos 20 millones de personas en los Estados Unidos.

Pronunciación y vocabulario: De país a país la pronunciación y el vocabulario del español son variables, pero la gramática española es igual para todos los países de habla española.

La población hispana

Las personas de *habla española* representan una población muy diversa: de origen español, indio, mestizo (combinación de indio y español), negro, mulato (combinación de negro con europeo o indio) e inmigrantes europeos de varios países (principalmente Italia, Alemania y Portugal). En las fotos que *siguen* observe esta diversidad.

Spanish-speaking

follow

En su opinión, ¿cuál es el origen de cada (*each*) persona?

COMPRENSIÓN

Según la lectura (*reading*)

1. El origen del español es. . .
2. Otras lenguas romances son. . .
3. El español se habla (*is spoken*) en. . .países en total.
4. La población hispana es muy diversa. Es de origen. . .

Según el mapa en la página 34

5. ¿En cuántos países de la América Central se habla español? ¿y de la América del Sur?
6. ¿En qué país muy grande (*large*) de la América del Sur no se habla español?

Repaso de vocabulario activo

SALUDOS Y EXPRESIONES COMUNES

Buenos días, señorita (señora, señor).
Buenas tardes.
Buenas noches.
Hola.
¿Cómo está usted? ¿Cómo estás?
¿Qué tal? ¿Cómo te va?
Muy bien, gracias. Bastante bien.
¿Y tú?
Regular. Así, así.
¿Qué hay de nuevo?
Nada de particular.
Permítame presentarle a. . .(*name*).
Quiero presentarte a. . .(*name*).
Mucho gusto.
Igualmente.
El gusto es mío.
¿Cómo se llama usted? ¿Cómo te llamas?
Me llamo. . .(*name*).
¿De dónde es usted? ¿De dónde eres?
Soy de. . .(*place*).
¿Cómo se dice. . .?
Muchas gracias.
De nada.

Sí, por favor.
No, gracias.
Perdón.
Con permiso.
Adiós.
Hasta luego.
Hasta mañana.
Chao.
Vamos a casa.

EN LA CLASE DE ESPAÑOL

la alumna	la oración	la tiza
el alumno	la página	la ventana
el bolígrafo	la palabra	
el capítulo	el papel	abra(n)
el cuaderno	la pizarra	cierre(n)
el ejercicio	la pregunta	complete(n)
el escritorio	el profesor	conteste(n)
el (la) estudiante	la profesora	escriba(n)
el examen	la puerta	estudie(n)
el lápiz	el pupitre	lea(n)
la lección	la respuesta	repita(n)
el libro	la sala de clase	siénte(n)se
la mesa	la silla	traduzca(n)
la nota	la tarea	pase(n)

EN LA UNIVERSIDAD

la biblioteca	el cuarto	la oficina
la cafetería	el gimnasio	la residencia
el centro estudiantil	la librería	

LA CLASE DE. . .

álgebra	economía	literatura
arte	español	matemáticas
biología	filosofía	música
cálculo	física	química
ciencias políticas	historia	religión
computación	inglés	sicología (psicología)

DÍAS DE LA SEMANA

el día	viernes
¿Qué día es hoy?	sábado
lunes	domingo
martes	la semana
miércoles	el fin de semana
jueves	

NÚMEROS

cero	diez	veinte
uno	once	veinte y uno (veintiuno)
dos	doce	veinte y dos (veintidós)
tres	trece	veinte y tres (veintitrés)
cuatro	catorce	veinte y cuatro (veinticuatro)
cinco	quince	veinte y cinco (veinticinco)
seis	diez y seis (dieciséis)	veinte y seis (veintiséis)
siete	diez y siete (diecisiete)	veinte y siete (veintisiete)
ocho	diez y ocho (dieciocho)	veinte y ocho (veintiocho)
nueve	diez y nueve (diecinueve)	veinte y nueve (veintinueve)
		treinta

LA HORA

¿Qué hora es?	de la mañana/tarde/noche
¿A qué hora?	Es (el) mediodía.
cuarto	Es (la) medianoche.
media	

ARTÍCULOS

el	las	unos
la	un	unas
los	una	

PRONOMBRES PERSONALES

yo	ella	ellos
tú	nosotros(as)	ellas
usted	vosotros(as)	
él	ustedes	

VERBOS

ir	ser

Autoexamen y repaso # 1

I.   Saludos y expresiones comunes

Complete la conversación con el saludo, la pregunta o la expresión de cortesía que es necesario. Hay más de (*There is more than*) una respuesta posible.

1. PROFESORA: Buenos días. ¿Cómo está usted?

           PEPITA: _____. ¿Y usted?

    PROFESORA: _____.

2. PROFESORA: ¿_____?

           PEPITA: Me llamo Pepita.

3.   CARMEN: ¡Hola, Pepita! ¿_____?

           PEPITA: Regular. ¿Y tú?

       CARMEN: _____.

4.   PEPITA: Profesora, permítame presentarle a Carmen Martínez.

    PROFESORA: _____.

       CARMEN: _____.

5.   PEPITA (A

     MANUEL): ¿Cómo te llamas?

      MANUEL: _____. ¿Y tú?

           PEPITA: _____.

      MANUEL: Mucho gusto, Pepita.

           PEPITA: _____.

6. PROFESORA: Vamos a casa. Hasta luego.

           PEPITA: _____.

       CARMEN: _____.

II. Pronombres personales y el verbo **ser**

Indique la forma correcta del verbo **ser.**

Modelo yo/de México
         Yo soy de México.

1. ella/de Panamá   **4.** tú/de Colombia

2. ellos/de Chile   **5.** usted/de El Salvador

3. nosotras/de México   **6.** vosotros/de Sevilla

III. Instrucciones para la clase

¿Qué instrucciones para la clase (**abra, cierre,** etc.) asocia usted con las siguientes palabras? Hay más de una respuesta posible.

1. el ejercicio   **5.** la pregunta

2. el libro   **6.** la puerta

3. la palabra   **7.** en el sofá

4. a la pizarra   **8.** en voz alta

IV.   Artículos y sustantivos

A.   ¿Qué necesitamos escribir? Siga (*follow*) el modelo.

Modelo   ejercicio
            Escriban el ejercicio.

1. ejercicios
2. oración
3. respuestas
4. preguntas
5. tarea
6. vocabulario

B.   ¿Qué necesita el profesor? Siga el modelo.

Modelo   un libro
            Necesita un libro.

1. bolígrafo
2. computadora
3. cuaderno
4. papeles
5. pizarra
6. sillas

C.   ¿De dónde son las personas? Siga el modelo.

Modelo   El profesor es de España.
            Los profesores son de España.

1. La alumna es de Washington.
2. El estudiante es de Nicaragua.
3. El profesor es de Guatemala.
4. La profesora es de San Antonio.

V.   ¿Adónde vamos?

Con las palabras indicadas, escriba adónde van las personas.

Modelo   yo/iglesia/domingo
            Yo voy a la iglesia el domingo.

1. nosotros/universidad/lunes
2. ellos/cafetería/martes
3. ella/librería/miércoles
4. vosotras/biblioteca/jueves
5. ustedes/centro estudiantil/viernes
6. usted/gimnasio/sábado

VI.   Números; días de la semana

A.   Complete.

Modelo   Dos bolígrafos y tres bolígrafos son _____ _____.
Dos bolígrafos y tres bolígrafos son **cinco bolígrafos.**

1. Un cuaderno y cuatro cuadernos son _____ _____.
2. Nueve lápices y seis lápices son _____ _____.
3. Veintidós libros y tres libros son _____ _____.
4. Ocho páginas y once páginas son _____ _____.
5. Siete alumnas y siete alumnos son _____ _____.

B.   Complete.

1. Vamos a las clases los lunes, _____ _____, _____ _____, _____ _____ y los viernes.
2. El fin de semana es el viernes, _____ _____ y _____ _____.

VII.   La hora

A.   ¿Qué hora es?

1. Es la _____ de la _____.
2. Son las _____.
3. _____.
4. _____.

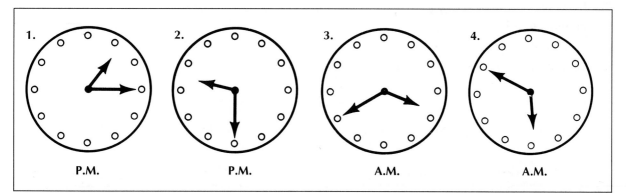

| 1. | 2. | 3. | 4. |
| P.M. | P.M. | A.M. | A.M. |

B.   ¿A qué hora?

Modelo   (8:00 A.M.) Vamos a la clase de español. . .
   Vamos a la clase de español a las ocho de la mañana.

1.   (7:40 A.M.) Vamos a la cafetería. . .
2.   (1:30 P.M.) Vamos al laboratorio de biología. . .
3.   (6:45 P.M.) Vamos al gimnasio. . .

VIII.   Repaso general del Capítulo 1

A.   Conteste.

1.   ¿Cómo te llamas?
2.   ¿Cómo estás?
3.   ¿De dónde eres?
4.   ¿Qué día es hoy?
5.   ¿Cuál es tu clase favorita?

B.   Traduzca al español.

1.   What is the teacher's name? Her name is Mrs. Pérez.
2.   She is from Venezuela.
3.   We are going to the bookstore on Monday.
4.   Antonio goes to the library on Saturdays.
5.   I am going to algebra class at 9:20.

Note

The answer key to the AUTOEXAMEN Y REPASO can be found in Appendix II.

Capítulo 2

La familia

Una familia mexicana

Goals for communication

- To talk about the family
- To describe people and things
- To indicate nationality
- To indicate location
- To describe conditions
- To count from 30 to 100
- To express possession with *to have* and to tell age

Cultural focus

- The Hispanic family
- Hispanics in the United States

1. grandmother   2. grandfather   3. father   4. mother   5. baby (m. or f.)   6. uncle   7. aunt   8. daughter   9. son   10. dog   11. house   12. car

1. el novio
2. la novia
3. el esposo
4. la esposa

Andrés y Julia

Andrés y Julia

5. la nieta
6. el nieto

Elena, Noé y Juanito

7. el primo
8. la prima

Juanito con Ricardo y Tere

9. la hermana
10. el hermano

Elena y Juanito

1. boyfriend   2. girlfriend   3. husband   4. wife   5. granddaughter   6. grandson   7. cousin (m.)   8. cousin (f.)   9. sister   10. brother

Vocabulario

. . . continuado del dibujo

La **familia**	*family*

los **parientes**	*relatives*
los **padres**	*parents*
la **madrastra**	*stepmother*
el **padrastro**	*stepfather*
el **hermano**/la **hermana mayor**	*older, oldest brother/sister*
el **hermano**/la **hermana menor**	*younger, youngest brother/sister*
el **sobrino**/la **sobrina**	*nephew/niece*

Otras **personas**	*persons, people*

el **hombre**/la **mujer**	*man/woman*
el **niño**/la **niña**	*child* (m./f.)
el **muchacho**/la **muchacha**	*boy/girl*
el **chico**/la **chica**	*boy/girl*
el **amigo**/la **amiga**	*friend* (m./f.)
el **compañero de cuarto**/ la **compañera de cuarto**	*roommate* (m./f.)

Algunas profesiones y vocaciones

el **abogado**/la **abogada**	*lawyer* (m./f.)
el **ama de casa**	*homemaker* (f.)
el **camarero**/la **camarera**	*waiter/waitress*
el **dependiente**/la **dependienta**	*store clerk* (m./f.)
el **enfermero**/la **enfermera**	*nurse* (m./f.)
el **hombre**/la **mujer de negocios**	*businessman/woman*
el **ingeniero**/la **ingeniera**	*engineer* (m./f.)
el **médico**/la **médica**	*doctor* (m./f.)

Otra palabra útil:

hay	*there is, there are*

Note

1. Even though **ama** is a feminine word, it requires the article **el**. Words *in the singular* with a stressed **a** or **ha** use the article **el**. However, in the plural **las** is used rather than **los**.

   el ama de casa *but* **las amas de casa**

2. To refer to a group that includes both males and females, use the masculine form.

   los hermanos   *the brothers and sisters*
   los hijos   *the sons and daughters, children*

3. When simply stating a person's profession or vocation without further qualifiers or description, the indefinite article **un** or **una** is omitted. When an adjective is added, the indefinite article is used.

   Mi madre es **abogada.**
       but
   Mi madre es **una abogada** estupenda.

4. **Hay** is a special, impersonal form of the verb **haber** and denotes existence, not location.

   ¿Hay un médico aquí? *Is there a doctor here?*
   Sí, **hay** dos. *Yes, there are two.*

Práctica y comunicación

A. La familia

Identifique según las fotografías de la familia en las páginas 44–45.

En la fotografía grande...

1. ¿Cómo se llama el padre? **Se llama...**
2. ¿Cómo se llama la madre?
3. ¿Cómo se llama la bebé?
4. ¿Cómo se llama el perro?
5. ¿Quién (*who*) es Lucía?

6. ¿Quién es Noé?

7. ¿Quién es Antonio?

8. ¿Quién es Elisa?

9. ¿Quién es Elena?

10. ¿Quién es Juanito?

11. ¿Es la casa colonial o contemporánea?

12. ¿Qué tipo de vehículo hay en la fotografía?

13. ¿Cuántas (*how many*) personas hay en la familia en total?

*En las fotografías pequeñas (*small*) de la familia. . .*

14. (foto #1) Si (*if*) Andrés es el novio, ¿quién es Julia?

15. (foto #2) Si Julia es la esposa, ¿quién es Andrés?

16. (foto #3) Si Noé es el abuelo, ¿quién es Elena? ¿y Juanito?

17. (foto #4) Si Ricardo es el primo de Juanito, ¿quién es Tere?

18. (foto #5) Si Elena es la hermana, ¿quién es Juanito?

B. Solicitando información sobre (*about*) la familia

En parejas, háganse preguntas y contéstense.

1. ¿De dónde es tu (*your*) padre? **Mi** (*my*) **padre. . .** ¿Cómo se llama?

2. ¿De dónde son tus abuelos? **Mis abuelos. . .**

3. ¿Cuántas (*how many*) personas hay en tu familia?

4. ¿Tienes (*Do you have*) hermanos o hermanas? **Sí, tengo. . .**
   No, no tengo. . .

5. ¿Tienes un hermano mayor o una hermana mayor? ¿Cómo se llama?

6. ¿Tienes un hermano menor o una hermana menor? ¿Cómo se llama?

7. ¿Cuántos hermanos (hermanos y hermanas) tienes en total?

Refrán (*saying*): **De tal palo** (*stick*), **tal astilla** (*splinter*).
                    De tal padre, tal hijo.

¿Cuál es el refrán equivalente en inglés? ¿Se aplica en su familia?

Conversación

La visita de Juan a la clase de español

Juan es un estudiante mexicano. Es de Monterrey, una ciudad grande y moderna que está situada en el norte de México. Juan está visitando una clase de español en los Estados Unidos y los estudiantes de español le hacen preguntas.

LINDA   Me llamo Linda y soy de Nueva Jersey. ¿De dónde eres, Juan?

JUAN   Soy de Monterrey, en México.

TERESA   Me llamo Teresa. ¿Dónde está tu familia, Juan?

JUAN   Mi familia está en Monterrey. Mi hermano, Luis, que es médico, está ahora en la Ciudad de México. Tengo también unos tíos que viven en Acapulco.

TERESA   ¡Acapulco! ¡Qué fantástico! Tienes un hermano. . . ¿y hermanas?

JUAN   Sí, dos. Son más jóvenes que yo y están en la secundaria en Monterrey.

DANIEL   Yo soy Daniel. ¿Cómo son tus padres? ¿Cuál es su profesión?

JUAN   Mi madre es morena y bonita. Mi padre es alto y serio. Es abogado. Mi madre es ama de casa y enfermera.

TRACY   Me llamo Tracy. ¿Van a visitar tus padres los Estados Unidos?

JUAN   Sí. Mis padres van a visitarme durante las vacaciones de otoño.

Juan is a Mexican student. He is from Monterrey, a large, modern city, which is located in the north of Mexico. Juan is visiting a Spanish class in the United States and the Spanish students are asking him questions.

LINDA   My name is Linda and I'm from New Jersey. Where are you from, Juan?

JUAN   I'm from Monterrey, in Mexico.

TERESA   My name is Teresa. Where is your family, Juan?

JUAN   My family is in Monterrey. My brother, Luis, who is a doctor, is now in Mexico City. I also have an aunt and uncle who live in Acapulco.

TERESA   Acapulco! How fantastic! You have a brother. . .do you have sisters?

JUAN   Yes, two. They are younger than I am and are in high school in Monterrey.

DANIEL   I'm Daniel. What are your parents like? What is their profession?

JUAN   My mother is dark-haired and pretty. My father is tall and serious. He's a lawyer. My mother is a homemaker and a nurse.

TRACY   My name is Tracy. Are your parents going to visit the United States?

JUAN   Yes. My parents are going to visit me during fall break.

COMPRENSIÓN

1. Juan es: (a) de Acapulco, (b) de la Ciudad de México, (c) de Monterrey.
2. Juan tiene: (a) dos hermanos, (b) un hermano y dos hermanas, (c) un hermano.
3. La madre de Juan es: (a) abogada, (b) ama de casa y enfermera.
4. El hermano de Juan: (a) es médico, (b) es abogado, (c) está en la secundaria.
5. El padre de Juan es: (a) muy cómico, (b) serio.

Noticias culturales

La familia hispana

La familia extendida

A diferencia de la familia estadounidense, la familia hispana es extendida. La familia estadounidense es nuclear: padre, madre e hijos. La familia hispana extendida tiene muchos miembros. En la casa *viven* los padres (esposa y esposo) y los hijos (hermanos y hermanas), pero *también* los otros parientes tienen un *lugar* importante en la casa y en las decisiones de la familia. Primero, los abuelos, que generalmente viven con uno de sus hijos mayores, son muy importantes en el contexto familiar. El abuelo en muchas familias es como un patriarca y los miembros de la familia consultan con él *antes de tomar* decisiones importantes. También la abuela tiene mucha importancia en la educación de sus nietos y nietas.

live
also
place

before making

¿Cuántos niños hay en la familia?
Reunión de una familia hispana. Los Estados Unidos

Celebraciones familiares

Los tíos y las tías, los primos y las primas son parientes que visitan con frecuencia a la familia y se reúnen en ocasiones importantes *como cumpleaños*, *bautizos*, comuniones y *bodas*. En el mundo hispano la religión católica tiene una gran importancia y el calendario festivo se organiza *alrededor de* las fiestas de la iglesia.

like / birthdays / baptisms / weddings
around

¿Qué tipo de celebración es?

PREGUNTAS

1. La familia hispana es: ¿(a) nuclear, o (b) extendida?

2. En las decisiones familiares, los abuelos: ¿(a) toman parte en las decisiones, o (b) no tienen un lugar importante en la casa?

3. La familia extendida: ¿(a) se reúne para cumpleaños, bautizos, comuniones y bodas, o (b) no visita mucho a la familia nuclear?

4. En el mundo hispano: ¿(a) la religión católica no tiene mucha importancia, o (b) el calendario festivo se basa en las fiestas de la iglesia católica?

▶ **I.** MAKING NEGATIVE STATEMENTS: Declaraciones negativas

To make a negative statement, place **no** *before the verb. In answering a question with a negative statement, repeat the* **no**.

El profesor **no** es de España.
¿Es María de Costa Rica? **No, no** es de Costa Rica.

Práctica y comunicación

C.   ¿Sí o no?

En parejas, háganse preguntas y contéstense.

Modelo   ¿Eres de Alabama?
Sí, soy de Alabama.
              o
No, no soy de Alabama.

1.   ¿Eres de Vermont? ¿de Montana? ¿de Oregón? ¿de California? (¿De dónde eres?)
2.   ¿Es tu madre ama de casa? ¿mujer de negocios? ¿enfermera? ¿secretaria?
3.   ¿Es tu padre abogado? ¿policía? ¿ingeniero? ¿profesor?
4.   ¿Es tu tío médico? ¿mecánico? ¿carpintero?
5.   ¿Eres tú camarero(a)? ¿hombre/mujer de negocios?

II.   DESCRIBING PEOPLE AND THINGS: Los adjetivos descriptivos

Adjectives are words that describe, limit, or qualify a noun or pronoun. Adjectives in Spanish agree in gender (masculine or feminine) and number (singular or plural) with the nouns or pronouns they modify.

A.   Formación de los adjetivos

1.   *Adjectives ending in* **-o** *have four possible forms (masculine or feminine, singular or plural) to indicate agreement.*

	singular	*plural*
masculino	Él es **honesto.**	Ellos son **honestos.**
femenino	Ella es **honesta.**	Ellas son **honestas.**

Observe how the **-o** *changes to* **-a** *to agree with the feminine singular pronoun.*
Observe the addition of **-s** *to the vowel (* **-o** *and* **-a** *) to form the plural.*

2.   Adjectives ending in **-e, -ista,** *or a consonant have only two possible forms (singular or plural) to indicate agreement. (Adjectives of nationality that end in a consonant are one exception. See Indicating Nationality, page 57.)*

singular	*plural*
Él/Ella es **excelente.**	Ellos/Ellas son **excelentes.**
idealista.	**idealistas.**
sentimental.	**sentimentales.**

Observe the addition of **-es** *to the consonant to form the plural.*

B. Posición de los adjetivos

1. *In Spanish descriptive adjectives most commonly follow the noun.*

Marta es una estudiante responsable.
Martha is a responsible student.

2. *Adjectives of quantity (limiting adjectives) precede the noun, as in English.*

Tres estudiantes son de Nuevo México.
Muchos (*Many*) estudiantes van al concierto.

Vocabulario

Palabras descriptivas

The following descriptive adjectives are most commonly used with the verb **ser**
*to indicate characteristics or qualities that are considered natural to the person
or thing described.*

Características físicas

gordo(a)/flaco(a)	*fat/skinny*
delgado(a)	*slender*
alto(a)/bajo(a)	*tall, high/short, low*
fuerte/débil	*strong/weak*
grande/pequeño(a)	*large, big/small, little*
moreno(a)/rubio(a)	*brunette, dark skinned/blonde*
guapo(a)/feo(a)	*good-looking, handsome/ugly*
hermoso(a)	*beautiful*
bonito(a)	*pretty*
viejo(a)/joven	*old/young* (plural = **jóvenes**)

Otras características descriptivas

nuevo(a)	*new*
bueno(a)/malo(a)	*good/bad*
rico(a)/pobre	*rich/poor*
inteligente/tonto(a)	*intelligent/dumb, silly*
amable	*kind, nice*
simpático(a)/antipático(a)	*nice/disagreeable, unpleasant (persons)*
divertido(a)/aburrido(a)	*amusing, funny/boring*
perezoso(a)/diligente	*lazy/hardworking, diligent*
serio(a)	*serious*
difícil/fácil	*difficult, hard/easy*

Otras palabras útiles

muy	*very*
y/e	*and* (**y** becomes **e** before words beginning with **i** or **hi**.)
o/u	*or* (**o** becomes **u** before words beginning with **o** or **ho**.)
pero	*but*

Note

The adjectives **bueno** and **malo** can be placed before a noun. If the noun is masculine and singular, **bueno** becomes **buen**, and **malo** becomes **mal**.

Es un **buen** estudiante.
pero
Es una **buena** profesora.

Práctica y comunicación

D. Las características

Describa cómo son las personas indicadas.

Modelo   *Mi hermana* es muy seria. (mis hermanos)
Mis hermanos son muy serios.

1. Mi hermano menor es divertido. (mi compañero o compañera de cuarto, mis primos)
2. Mi madre es simpática. (mi padre, mis abuelos)
3. Mi tío es guapo. (mi hermana mayor, mis sobrinos)
4. Mis amigos son amables. (yo, mi amiga)
5. Mi hermano menor es tonto. (mi hermana menor, mis hermanos)
6. Mi tío es muy joven. (mi tía, mis tíos)
7. Mi abuelo es muy viejo. (mi abuela, mis abuelos)
8. Mis padres son muy inteligentes. (mi novio o novia, mis amigos)

E.   ¿Cómo son?

Describan a las personas o cosas (*things*) según los dibujos.

Modelo   **El coche #1 es viejo.**
El coche #2 es nuevo.

el coche #1 el coche #2

Martín   Pepita

Javier   Alfonso

Juanito   Noé

Esteban   Natalia

Esteban   Natalia

el vagabundo   Martín

el ogro   Inés   el ogro   Camila   la casa   la casita

F.   Preguntas personales

En parejas, háganse las preguntas y contéstense.

Modelo   (estudiante #1)   **¿Eres una persona muy seria?**
           (estudiante #2)   **Sí, soy una persona muy seria.** (o)
                             No, no soy una persona muy seria.
                             ¿Y tú?

1. ¿Eres muy amable?

2. ¿Eres muy inteligente?

3. ¿Eres muy romántico(a)?

4. ¿Eres perezoso(a)?

5. ¿Eres una persona muy
       diligente y responsable?

6. ¿Eres una persona muy curiosa?

7. ¿Eres muy atlético(a)?

8. ¿Eres muy paciente?

9. ¿Son tus (*your*) padres muy generosos? ¿flexibles?

10. ¿Es tu compañero(a) de cuarto
        divertido(a)? ¿perezoso(a)?

G.   Descripción

Describa a las siguientes personas y los objetos usando adjetivos apropiados.

Modelo   Nosotros somos. . .
           Nosotros somos jóvenes e inteligentes.

1. Yo soy. . .

2. Mi padre es. . .

3. Mi madre es. . .

4. Mi hermano(a) es. . .

5. Mi novio(a) es. . .

6. Mi compañero(a) de cuarto es. . .

7. Mis amigos son. . .

8. Los médicos (en general) son. . .

9. Mi profesor(a) de español es. . .

10. Mis clases son. . .

H. ¡Personalidades interesantes!

As you have seen in previous exercises, in Spanish there are many adjectives that are very similar to their counterparts in English and therefore are easily recognizable. In this exercise you will find a more extensive list.

¿Qué características describen las personalidades indicadas?

moral	modesto(a)	famoso(a)
inmoral	tranquilo(a)	atlético(a)
pesimista	sincero(a)	arrogante
idealista	ambicioso(a)	cruel
práctico(a)	independiente	responsable
generoso(a)	curioso(a)	irresponsable
dinámico(a)	lógico(a)	honesto(a)
enérgico(a)	organizado(a)	deshonesto(a)
exótico(a)	disciplinado(a)	tolerante
cómico(a)	egoísta	intolerante
grosero(a)		INTERESANTE

1. Mr. Rogers	**6.**	Whoopi Goldberg
2. Jacques Cousteau	**7.**	Kevin Costner
3. Madonna	**8.**	Saddam Hussein
4. Dr. Ruth	**9.**	los criminales
5. Mr. Spock de Star Trek	**10.**	yo

I. ¿Quién es?

En parejas, escriban una descripción de un alumno o de una alumna en la clase. Después, la clase va a tratar de (*try to*) identificar a la persona.

> **III.** INDICATING NATIONALITY: Adjetivos de nacionalidad

Most adjectives of nationality have four possible forms (masculine or feminine, singular or plural) to indicate agreement.

	singular	*plural*
masculino	Él es **español.**	Ellos son **españoles.**
femenino	Ella es **española.**	Ellas son **españolas.**

*Observe that for adjectives of nationality, **-a** is added to the final consonant to agree with the feminine singular noun. Adjectives of nationality are used with the verb **ser.***

Vocabulario

Las nacionalidades

americano(a)　　　ruso(a)　　　　　　　　inglés/inglesa
chino(a)　　　　　alemán/alemana (*German*)　japonés/japonesa
italiano(a)　　　　español/española　　　　portugués/portuguesa
mexicano(a)　　　francés/francesa

Note

Alemán, chino, español, inglés, italiano, japonés, portugués, and ruso in the masculine form also function as the name of the language. They are not capitalized.

Práctica y comunicación

J.   ¿De qué nacionalidad son?

1. Mao Tse Tung
2. La Princesa Diana y el Príncipe Carlos
3. Tolstoy y Dostoevsky
4. Julio Iglesias
5. Pancho Villa y Emiliano Zapata
6. Joan of Arc
7. Oprah Winfrey
8. El Rey (*king*) Juan Carlos y Sofía
9. Los coches Honda y Toyota
10. El coche Volkswagen
11. El coche Ferrari
12. Los coches Peugeot y Renault
13. La cámara Yashica

Y. . .en tu familia

14. tu madre
15. tu padre
16. tus abuelos
17. tus bisabuelos (*great grandparents*)

IV.   INDICATING LOCATION: *Estar* + localización

Study the forms of the present tense of the verb **estar** as well as the sample sentences.

estar	*to be*	
yo **estoy**	*I am*	(Yo) **estoy** en la universidad.

tú **estás**	*you are*	¿**Estás** (tú) en España?
usted **está**	*you are*	¿**Está** (usted) en Miami?
él **está**	*he is*	(Él) **está** en Acapulco.
ella **está**	*she is*	(Ella) **está** en Puerto Rico.
nosotros **estamos**	*we are*	(Nosotros) **estamos** bien.
vosotros(as) **estáis**	*you are*	¿**Estáis** (vosotros) bien?
ustedes **están**	*you are*	¿**Están** (ustedes) mal?
ellos **están**	*they are*	(Ellos) **están** muy pálidos.
ellas **están**	*they are*	(Ellas) **están** muy enfermas.

The verb **estar** *is used with the preposition* **en** *to indicate* location *(telling where the subject is).*

Estamos en la sala de clase.

Vocabulario

¿Dónde (*where*) están?

aquí/allí /alla	*here/there* / yonder
en el campo/en la ciudad	*in the country, field/in the city*
en las montañas	*in the mountains*
en la playa	*at the beach*
en la escuela	*at school*
la escuela primaria	*elementary school*
la escuela secundaria	*high school*
en la universidad	*at the university*
en casa	*at home*
en el trabajo	*at work*

Note

La escuela primaria in the Hispanic world normally includes grades 1–8. **La escuela secundaria** (also referred to as **el colegio, la preparatoria,** or **el liceo**) normally includes grades 9–12.

Práctica y comunicación

¿Dónde (*where*) están?

K.   Fotografías de una visita a México

Usted y un amigo o una amiga visitan a unos parientes en México. En las fotos, indique a un compañero o a una compañera de clase dónde están las personas.

Modelo   En esta (*this*) foto. . .
Mi primo Ricardo está en la escuela.

Ricardo

yo

mi amigo y yo

yo

nosotros

mis tíos

mi tía

L. ¿Dónde están?

En parejas, indiquen dónde (probablemente) están en este momento las personas indicadas.

Modelo   tu amigo
       Mi amigo está en la librería.

1. tu madre

2. tu padre

3. tu hermano(a) menor

4. tu compañero(a) de cuarto

5. tu tío(a) favorito(a)

6. tus abuelos

7. tu novio(a)

8. los estudiantes los lunes por la noche

V.   DESCRIBING CONDITIONS: *Estar* + condición

Estar *is used with descriptive words to indicate the mental or physical condition in which the subject is found at a given time.*

Vocabulario

¿Cómo están?

bien/mal	*well/bad, badly, sick*
enfermo(a)	*sick*
contento(a)/triste	*happy/sad*
cansado(a)	*tired*
aburrido(a)	*bored*
enojado(a)	*angry*
nervioso(a)	*nervous*
preocupado(a)	*worried, concerned*
cerrado(a)/abierto(a)	*closed/open*

Práctica y comunicación

M. Circunstancias y condiciones

En las circunstancias indicadas, ¿en qué condición están las siguientes personas?

1. Cuando (*nombre de estudiante*) recibe una A en un examen de español, está. . .
2. Cuando (*nombre de estudiante*) recibe una F en un examen de cálculo, está. . .
3. Cuando hay un examen muy, muy difícil, los estudiantes están. . .
4. Cuando hay un examen, los libros están. . .
5. Cuando no hay examen en la clase, los libros están. . .
6. Cuando los estudiantes están en la clase de matemáticas, están muy. . .
7. Cuando ustedes reciben malas notas, sus padres están. . .
8. Los lunes los estudiantes están. . .
9. Los viernes los estudiantes están. . .
10. Yo no estoy bien hoy; estoy. . .

N. ¿En qué condición están las personas?

Indique cómo están las personas según los dibujos.

Rubén

Camila

Alfonso

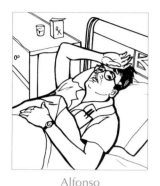

Alfonso

Carmen

Linda   Manuel

O. Tú y yo

En parejas, háganse las preguntas y contéstense.

Modelo   bien o mal
   ¿Estás bien o mal?
   Estoy bien, gracias. ¿Y tú?

1.   contento(a) con tus clases aquí en la universidad
2.   contento(a) con la vida (*life*) social aquí
3.   aburrido(a) con la vida social o académica
4.   aburrido(a) en la clase de español
5.   cansado(a) los lunes
6.   enfermo(a)
7.   enojado(a) con tu novio(a)
8.   enojado(a) con tu compañero(a) de cuarto
9.   preocupado(a) de tus notas en cálculo (álgebra) (historia) (español)

VI.   DESCRIBING PEOPLE, PLACES, AND THINGS: *Ser* y *estar*

A.   Origen en contraste con localización

1.   *Ser* tells where the subject is from (origin).

   ¿De dónde es?
   Él es de Chile.

2.   In contrast, **estar** denotes location by telling where the subject is.

   ¿Dónde está?
   Está en casa.

B.   Características en contraste con condiciones

1.   **Ser** (a) identifies who or what the subject is and (b) tells what the subject is like.

   (a)   Who or what the subject is = vocation, profession, religion, nationality

   > **Ella es abuela.**
   > **Él es profesor.**
   > **Yo soy católico.**
   > **Ella es chilena.**

   (b)   What the subject is like = descriptive characteristics and qualities (physical or personality traits) inherent to the person or thing described.

   > ¿Cómo **es** tu padre? *What is your father like?*
   > **Es alto** y **moreno.**
   > Mi madre **es inteligente** y muy **simpática.**

2.   In contrast, **estar** tells in what condition the person or thing is at a given time, for example, how the subject feels, looks, appears, etc.

   > **¿Cómo está él?** *How is he?*
   > **Está** muy **preocupado.**
   > Su esposa **está enferma.**

C.   **Ser** y **estar** con ciertos adjetivos

Observe how the use of **ser** and **estar** with certain adjectives can change those adjectives' meaning. With **ser**, the adjective denotes an inherent characteristic or trait; with **estar**, it reflects a condition at a particular moment.

Diego **es pálido.**	*Diego is pale.* (has a pale complexion)
Teresa vio un fantasma y **está pálida.**	*Teresa saw a ghost and she looks pale.*
El profesor **es monótono** y **aburrido.**	*The professor is monotonous and boring.*
Los alumnos **están aburridos.**	*The students are bored.*
Carmen **es** muy **bonita.**	*Carmen is very pretty.*
Pepita **está** muy **bonita** hoy.	*Pepita looks very pretty today.*
La fruta **es** muy **buena.**	*The fruit is very good.* (general quality)
La fruta **está buena** hoy.	*The fruit looks good today.* (condition today)

Práctica y comunicación

P. **¿De dónde son y dónde están ahora?**

Completen en parejas.

Modelo   James Bond/Inglaterra/Monte Carlo
James Bond es de Inglaterra pero ahora está en Monte Carlo.

Nombre	*Origen*	*Localización*
1. Julio Iglesias	España	Los Estados Unidos
2. Manuel Noriega	Panamá	la Florida
3. Madre Teresa	Los Estados Unidos	la India
4. La Princesa Diana	Inglaterra	El Canadá
5. mi profesor(a) de español	. . .	. . .
6. mi compañero(a) de cuarto	. . .	. . .
7. mi madre	. . .	. . .
8. mi abuelo(a)	. . .	. . .

Q. Mi profesor(a)

Describa al profesor (a la profesora). Use **ser** o **estar** según las indicaciones.

Modelo   (*Nombre del profesor o de la profesora*). . .inteligente.
Es inteligente.

(Nombre del profesor o de la profesora)

1.   . . .profesor(a)
2.   . . .(nacionalidad)
3.   . . .alto(a)/bajo(a)
4.   . . .moreno(a)/rubio(a)
5.   . . .joven/viejo(à)
6.   . . .guapo(a)
7.   . . .fuerte
8.   . . .en la clase de español
9.   . . .honesto(a)
10.   . . .diligente
11.   . . .buen(a) profesor(a)

12.   . . .bien hoy
13.   . . .contento(a)
14.   . . .bilingüe
15.   . . .muy responsable

pero en este momento. . .

16.   . . .un poco nervioso(a)
17.   . . .un poco preocupado(a)
18.   . . .enojado(a) con los estudiantes
19.   . . .frustrado(a)
20.   . . .enfermo(a) ¡Qué triste!

R.   Una breve presentación

Dé (*Give*) una descripción completa de una persona muy importante en su vida (*life*).

- ¿Cómo se llama?
- ¿De dónde es?
- ¿Quién es? (profesión, etc.)
- ¿Cómo es? (características físicas y de personalidad)
- ¿Cómo está? (probablemente)
- ¿Dónde está en este momento?

Ahora presente su descripción a la clase o a otro(a) (another) estudiante en la clase.

VII.   COUNTING FROM 30 to 100: Los números de 30 a 100

treinta	30	**sesenta**	60
treinta y uno	31	**setenta**	70
treinta y dos	32	**ochenta**	80
cuarenta	40	**noventa**	90
cincuenta	50	**cien**	100

Note

Uno, even when part of a higher number, becomes **un** or **una** to agree with a masculine or feminine noun.

veinti**ún** libros	*21 books*
setenta y **una** mujeres	*71 women*

Práctica y comunicación

S.   Teléfonos de emergencia

In Spanish-speaking areas, seven-digit phone numbers are commonly divided as follows: *5-98-36-52.* Six-digit phone numbers commonly found in some less populated areas of the Spanish-speaking world are divided in pairs: *18-27-21.*

Teléfonos de Emergencia

	BOMBEROS*	POLICIA	AMBULANCIA
Laredo	722-1221	726-2800	722-1221
Encinal	879-3041	879-3041	879-3041

OTROS NÚMEROS TELEFÓNICOS DE EMERGENCIA

Alguacil Mayor
Laredo..**722-1793**
Encinal (Cotulla) **879-3041**

FBI (Departamento Federal de Investigación)
Laredo..**723-4021**
Si no contestan (San Antonio) 512 225-6741
Encinal (San Antonio)........................... 512 225-6741

*firemen

Estamos en Texas. ¿Qué números de emergencia necesitamos bajo (*under*) las circunstancias indicadas?

1. Su hermano tiene un accidente en la ciudad de Laredo.
2. Su abuela tiene una emergencia médica en la ciudad de Encinal.
3. Hay un incendio (*fire*) en la casa de sus tíos en Laredo.
4. Hay un problema o un incidente político en Laredo.
5. Hay un problema muy serio de drogas que ocurre entre Laredo, Texas y Monterrey, México.
6. Hay otro problema internacional muy serio en Encinal (San Antonio).

T. ¿Cuál es tu número de teléfono? *What's your phone number?*

1. Andando por la clase háganse preguntas para aprender (*learn*) los números de teléfono de cinco personas en la clase. Escriban los nombres (*names*) de las personas y sus (*their*) números de teléfono en un papel.

   Modelo   ¿Cuál es tu número de teléfono?
              Es el *5-98-36-52*

2. Ahora (*now*) respondan a las preguntas de la profesora (del profesor):

   ¿Cuál es el número de teléfono de. . . ?
   ¿y de. . . ?, etc.

> **VIII.** EXPRESSING POSSESSION AND TELLING AGE WITH **TENER:**
> *tener* y *tener. . .años*

The verb **tener** *can be used to show possession. Study the forms of the verb* **tener** *in the present tense as well as in the sample sentences.*

A. Tener *to have*

yo **tengo**	**Tengo** un coche nuevo.
tú **tienes**	**¿Tienes** una computadora?
usted ⎤	**¿Tiene** usted una casa en Miami?
él ⎬ **tiene**	Él/Ella **tiene** una bicicleta.
ella ⎦	
nosotros(as) **tenemos**	**Tenemos** un perro enorme.
vosotros(as) **tenéis**	**¿Tenéis** muchos primos?
ustedes ⎤	**¿Tienen** ustedes un televisor?
ellos ⎬ **tienen**	Ellos/Ellas **tienen** muchos amigos cubanos.
ellas ⎦	

B. Tener. . .años *to be. . .years old*

In contrast to English, which uses the verb to be *to tell age, Spanish uses the verb* **tener**. *To inquire about age, the question* **¿Cuántos años. . . ?** *is used.*

¿Cuántos años tienes?	*How old are you?*
Tengo veintiún **años.**	*I am twenty-one.*
Mi padre **tiene** cincuenta y un **años.**	*My father is fifty-one years old.*

Práctica y comunicación

U. ¿Qué tienen ustedes?

En parejas, háganse preguntas y contéstense para aprender (*learn*) si (*if*) tienen o no tienen los artículos indicados.

Modelo   tú/una radio
     (estudiante #1)   **¿Tienes una radio?**
     (estudiante #2)   **Sí, tengo una radio.** (o)
                No, no tengo una radio.

1. tú/una computadora
2. tú y tu compañero(a) de cuarto/un televisor
3. tus padres/un estéreo
4. tú/un coche

5. tu compañero(a) de cuarto/un coche
6. tú y tu compañero(a) de cuarto/un refrigerador
7. tus abuelos/una casa en el campo
8. tu familia/un perro

V. ¿Cuántos años?

Andando por la clase, háganse preguntas para aprender cuántos años tienen las personas indicadas.

Modelo   tu hermano(a)
              (estudiante #1)   **¿Cuántos años tiene tu hermano o hermana?**
              (estudiante #2)   **Tiene. . .años.**

1. tú   4. tu padre
2. tu compañero(a) de cuarto   5. tu abuelo o tu abuela
3. tu madre   6. el profesor o la profesora de español

En resumen

Usando como modelo la conversación en la página 49, preparen usted y un(a) compañero(a) de clase un diálogo en el cual (which) ustedes hablan de sus familias y de cómo son sus varios parientes.

Helpful hints for reading

Up to this point you have been reading very short selections in Spanish whose content you have been able to understand with the help of glossed words and your recognition of cognates (words similar to their English equivalents). In order to read longer, more comprehensive prose selections effectively, you should follow several general guidelines.

1. Read the entire passage quickly to get a general idea of content.
2. Then read each sentence for details, checking the glossed words and guessing the meaning of new words within the context of the sentence. It is not necessary to know the meaning of every word in order to understand the central idea of the sentence.
3. Select important words and phrases from each section to be used as keys for reviewing and restating essential ideas.

Panorama cultural
Los hispanos en los Estados Unidos

La comunidad de origen hispano *toma cada* día más importancia en la *vida*, la   *takes / each / life*
cultura y la historia estadounidenses. Hay más o menos unos 22.4 millones de
personas de origen hispano en los Estados Unidos.

*Estudie el mapa e identifique los estados con mayor concentración hispana
(más del 5.1%).*

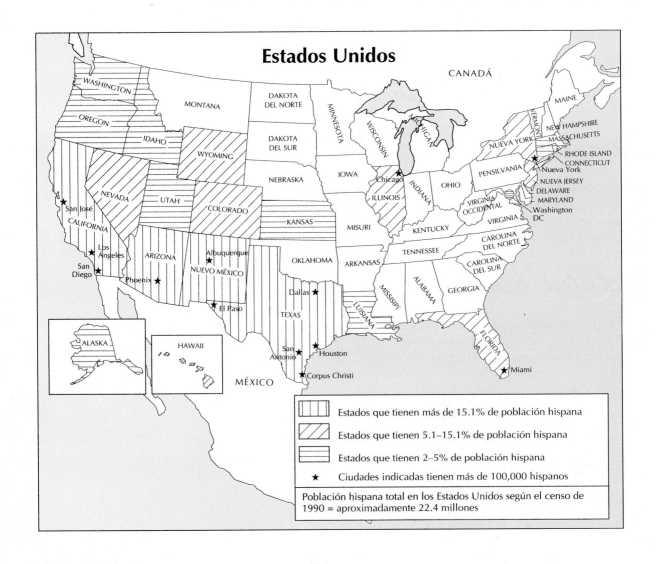

Estados Unidos

	Estados que tienen más de 15.1% de población hispana
	Estados que tienen 5.1–15.1% de población hispana
	Estados que tienen 2–5% de población hispana
★	Ciudades indicadas tienen más de 100,000 hispanos

Población hispana total en los Estados Unidos según el censo de
1990 = aproximadamente 22.4 millones

Origen histórico:

Los españoles exploran y colonizan parte de los Estados Unidos en los *siglos* 16, 17, y 18. En *estos* territorios fundan ciudades importantes *como* San Agustín, Florida; Santa Fe, Nuevo México; San Antonio, Texas; y Los Ángeles, California. Es interesante notar que los *nombres* españoles de los estados comúnmente reflejan las características geográficas de los territorios, por ejemplo, **Montaña** = *mountain*, **Florida** = *florid*.

En los siglos 18 y 19, los exploradores y colonizadores norteamericanos *llegan* a las *tierras* colonizadas por los españoles y pronto *desean* obtener todo el territorio *entre* el río Misisipí y el Pacífico. En 1836 Texas obtiene la independencia de México y en 1848, para *poner fin* a la *guerra* con los Estados Unidos, México concede las tierras que *hoy* forman los estados de Texas, Nuevo México, Arizona y parte de California, Nevada, y Colorado. En ese momento histórico los mexicanos de *esos* territorios se convierten en *ciudadanos* de los Estados Unidos.

centuries
these / like

names

arrive
lands / want
between
to end / war
today

those / citizens

Origen actual:

present day

La inmigración de origen hispano a partir del siglo 20 está formada *en su mayoría* por grupos *procedentes* de México, de Puerto Rico, de Cuba y más recientemente de países centroamericanos. De Puerto Rico, un Estado *Libre* Asociado de los Estados Unidos, los puertorriqueños llegan *después de* la Segunda Guerra Mundial (1945). Los cubanos llegan a los *EEUU* en los años sesenta después de la revolución cubana originada por Fidel Castro. El presidente John F. Kennedy promete asilo político a los cubanos que desean emigrar a los Estados Unidos. Los centroamericanos, en su mayoría procedentes de Nicaragua, El Salvador y Guatemala, *buscan* escape de la violencia política y de los graves problemas económicos que dominan sus países.

for the most part
coming
Free
after
United States

seek

¿Cómo se manifiesta la fusión de la cultura hispana y la norteamericana en esta escena?
Miami, Florida

¿La presencia de qué cultura es evidente en esta *(this)* misión?
Misión San Antonio de Padua, California

¿En qué estado de los Estados Unidos se celebra la "Fiesta San Antonio"?

COMPRENSIÓN

1. Los españoles exploran y colonizan parte de los Estados Unidos en los siglos. . . .

2. Fundan ciudades importantes como. . . .

3. Los norteamericanos desean obtener el territorio entre el río Misisipí y. . . .

4. En 1836 Texas obtiene la independencia de. . . .

5. En 1848 México concede las tierras que hoy forman los estados de. . . .

6. La inmigración de origen hispano en el siglo veinte está formada por grupos de. . . .

7. Los cubanos llegan a los Estados Unidos después de la revolución cubana originada por. . . .

8. Los centroamericanos en los Estados Unidos son en su mayoría de. . . .

9. La población hispana total en los EEUU es aproximadamente. . . .

Y según (*according to*) **su experiencia. . .**

10. Los mexicanos-americanos residen principalmente en los estados de. . . .

11. Ciudades con una gran concentración de mexicanos-americanos son. . . .

12. La ciudad y el estado con la población puertorriqueña más grande es. . . .

13. La ciudad con la población cubana más grande es. . . .

Repaso de vocabulario activo

ADJETIVOS

abierto(a)	delgado(a)	grande	perezoso(a)
aburrido(a)	difícil	guapo(a)	pobre
alto(a)	diligente	hermoso(a)	preocupado(a)
amable	divertido(a)	inteligente	rico(a)
antipático(a)	enfermo(a)	joven	rubio(a)
bajo(a)	enojado(a)	malo(a)	serio(a)
bonito(a)	excelente	mayor	simpático(a)
bueno(a)	fácil	menor	tonto(a)
cansado(a)	feo(a)	moreno(a)	triste
cerrado(a)	flaco(a)	nervioso(a)	viejo(a)
contento(a)	fuerte	nuevo(a)	
débil	gordo(a)	pequeño(a)	

ADVERBIOS

allí	mal
aquí	muy
bien	

CONJUNCIONES

y/e
o/u
pero

NACIONALIDADES

alemán/alemana	español/española	italiano(a)	portugués/portuguesa
americano(a)	francés/francesa	japonés/japonesa	ruso(a)
chino(a)	inglés/inglesa	mexicano(a)	

NÚMEROS

treinta	cincuenta	ochenta
treinta y uno. . .	sesenta	noventa
cuarenta	setenta	cien

SUSTANTIVOS

La familia

la abuela	el hermano	el nieto	el primo
el abuelo	la hija	el padrastro	la sobrina
la esposa	el hijo	el padre	el sobrino
el esposo	la madrastra	los padres	la tía
la familia	la madre	el pariente	el tío
la hermana	la nieta	la prima	

Otras personas

la abogada	la compañera de cuarto	la ingeniera	la niña
el abogado	el compañero de cuarto	el ingeniero	el niño
el ama de casa	la chica	la médica	la novia
la amiga	el chico	el médico	el novio
el amigo	la enfermera	la muchacha	la persona
el/la bebé	el enfermero	el muchacho	
la camarera	el hombre	la mujer	
el camarero	el hombre de negocios	la mujer de negocios	

Cosas (*things*) y lugares (*places*)

el auto	el perro	la escuela primaria	el trabajo
el carro	el campo	la escuela secundaria	la universidad
la casa	la ciudad	la montaña	
el coche	la escuela	la playa	

VERBOS Y EXPRESIONES VERBALES

estar	hay
tener	tener. . .años

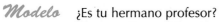

Autoexamen y repaso #2

I.   ¿Sí o no?

Conteste las preguntas.

Modelo   ¿Es tu hermano profesor?
            Sí, es profesor. (No, no es profesor.)

1. ¿Es tu padre médico?
2. ¿Es tu madre abogada?
3. ¿Eres tú débil?
4. ¿Es muy divertida la clase de español?

II.   El verbo *ser*

Indique que la descripción no es correcta. Siga el modelo.

Modelo   yo/viejo(a)
          No soy viejo(a). Soy joven.

1. yo/tonto(a)
2. tú/feo
3. nosotros/débiles
4. ellas/altas
5. Carlos/rubio
6. vosotros/pobres
7. usted/gordo
8. las clases/difíciles

III.   El verbo *estar*

Indique que la información no es correcta. Siga el modelo.

Modelo   yo/bien
          No estoy bien. Estoy mal.

1. yo/triste
2. tú/enfermo
3. nosotros/mal
4. mis hermanos/en la ciudad
5. el coche/aquí
6. las puertas del coche/abiertas

IV.   *Ser* en contraste con *estar*

Describa a la familia, etc., usando la forma correcta de **ser** o **estar** según las indicaciones (*according to the cues*).

1. grande/la casa
2. viejo/el coche
3. jóvenes/los padres
4. ingeniero/el padre
5. muy simpática/la hija
6. muy contenta/la familia
7. en la Florida/los abuelos
8. de la Florida/los tíos

V.   El verbo *tener*

Use la forma correcta del verbo **tener.**

1.   Yo _____ una computadora nueva.

2.   Muchos estudiantes _____ autos.

3.   ¿_____ tú mucho trabajo?

4.   Mi hermano menor _____ quince años.

5.   Ustedes _____ una casa muy bonita.

6.   Nosotros _____ muchos amigos.

VI.   Repaso general del Capítulo 2

A.   Conteste en oraciones completas.

1.   ¿Cómo es usted?

2.   ¿Cómo es su madre?

3.   ¿Cómo son sus amigos?

4.   ¿Están usted y sus amigos contentos aquí?

5.   ¿Tiene usted muchas clases?

6.   ¿Tienen ustedes clases los sábados?

B.   Traduzca al español.

1.   The daughter of the professor is eighteen years old.

2.   She is rich, intelligent, and beautiful.

3.   The door is closed, and the children are in the house.

4.   There are seven children in the family.

5.   Are you tired? (you = **usted**)

6.   No, I'm not tired. I'm bored.

Capítulo 5

La comida

Mercado público. Oaxaca, México

Goals for communication

- To buy and talk about food (in a market, restaurant, etc.)
- To talk about actions in the present
- To ask for specific information
- To express likes and dislikes

Cultural focus

- Foods of the Hispanic world
- Hispanic culture in the mainstream of U.S. life

1. FRUTAS
2. las piñas
3. las uvas
4. las bananas, los plátanos (Esp.)
5. las manzanas
6. las naranjas
7. los limones
8. las cerezas
9. las peras
10. los duraznos, melocotones (Esp.)
11. las fresas
12. las sandías
13. el pescado
14. la langosta
15. los camarones
16. MARISCOS

1. fruits   2. pineapples   3. grapes   4. bananas   5. apples   6. oranges   7. lemons   8. cherries   9. pears   10. peaches   11. strawberries   12. watermelon   13. fish   14. lobster   15. shrimp   16. seafood

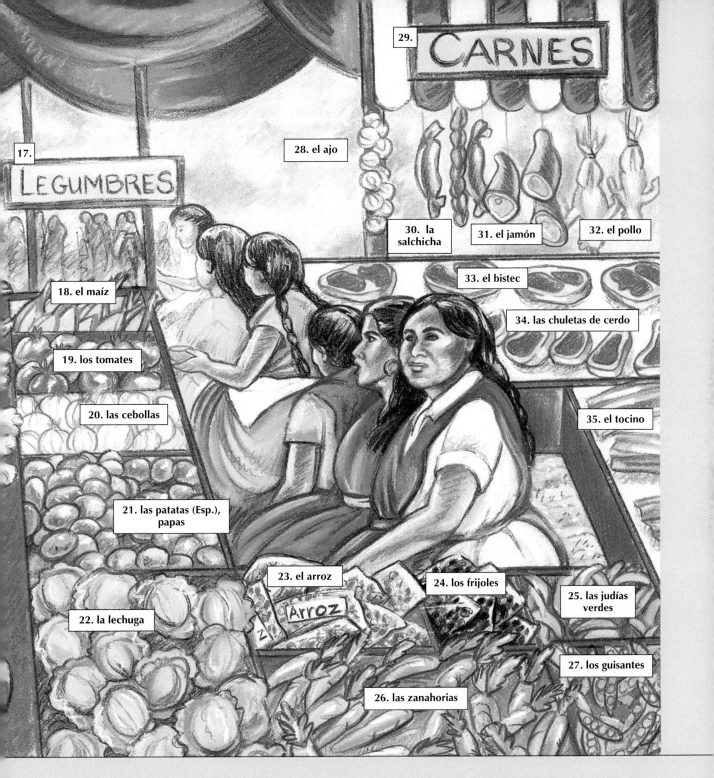

29. CARNES

28. el ajo

17. LEGUMBRES

30. la salchicha

31. el jamón

32. el pollo

33. el bistec

18. el maíz

34. las chuletas de cerdo

19. los tomates

20. las cebollas

35. el tocino

21. las patatas (Esp.), papas

23. el arroz

24. los frijoles

25. las judías verdes

22. la lechuga

Arroz

27. los guisantes

26. las zanahorias

17. vegetables (f.) 18. corn 19. tomatoes 20. onions 21. potatoes 22. lettuce 23. rice 24. beans 25. green beans 26. carrots
27. peas 28. garlic 29. meats (f.) 30. sausage 31. ham 32. chicken 33. steak 34. pork chops 35. bacon

Vocabulario

. . . continuado del dibujo

En el **mercado. . .**   *market*

¿Cuánto(a) quiere?	*How much do you want?*
¿Cuántos(as) quiere?	*How many do you want?*
mucho/poco (adv.)	*much, a lot/little* (quantity)
mucho(a)/poco(a)	*much, a lot/little* (quantity)
muchos(as)/pocos(as) (adj.)	*many/few*
más/menos	*more/less*

Note

Mucho and **poco** as adverbs of quantity do not change in gender and number.

Como **mucho/poco.**
   versus
Como **muchas** legumbres y **poca** carne.

Práctica y comunicación

A.   Vamos al mercado.

Conteste en español según el dibujo inicial en las páginas 78–79.

1. ¿Qué frutas venden (*do they sell*) en el mercado? **Venden. . .**
   ¿Cuál es su (*your*) fruta favorita? **Mi fruta favorita. . .**
   ¿Cuál es su fruta menos favorita?

2. ¿Qué mariscos venden?
   ¿Cuál es su marisco favorito?

3. ¿Qué legumbres venden en el mercado?
   ¿Cuál es su legumbre favorita?
   ¿Y su legumbre menos favorita?

4. ¿Qué carnes venden en el mercado?
   ¿Cuál es su carne favorita?

B.   ¿Qué sirven (*do they serve*) en la cafetería de la universidad?

1.   En la cafetería, ¿sirven mucho pollo?
Sí, sirven. . . (o) **No, no sirven. . .**

¿muchas chuletas de cerdo?
¿mucho jamón?
¿mucho bistec?
¿camarones?
¿langosta?
¿pescado?

2.   En la cafetería, ¿sirven normalmente muchos o pocos camarones en las porciones?

¿muchos o pocos frijoles?
¿muchas o pocas patatas?

3.   Por la mañana (*morning*), ¿qué carnes sirven?

4.   ¿Qué legumbres sirven con frecuencia?

5.   ¿Qué frutas sirven con más frecuencia? ¿con menos frecuencia?

¿Qué frutas puede usted identificar en este supermercado?
México

Conversación

En el mercado público

En un mercado hispano hay muchos vendedores diferentes. Los clientes preguntan por las carnes, legumbres, pescados y mariscos antes de comprar. Doña Rosa, cliente en el mercado, habla con Doña María, vendedora de frutas y legumbres.

DOÑA ROSA	Buenos días, Doña María. ¿Tiene buenas legumbres? Necesito un kilo de judías verdes y un kilo de tomates para salsa.
DOÑA MARÍA	Tengo legumbres frescas de hoy y tomates duros y blandos. Para hacer salsa, son mejores los blandos.
DOÑA ROSA	¿Qué frutas tiene hoy?
DOÑA MARÍA	Tengo fresas, mangos, piña, manzanas y peras. No tengo naranjas.
DOÑA ROSA	¿Cuánto cuestan las fresas?
DOÑA MARÍA	Cuestan cien pesos el kilo.
DOÑA ROSA	Quiero un kilo de fresas, un kilo de tomates blandos, dos kilos de judías verdes y lechuga.
DOÑA MARÍA	Aquí tiene. ¿Qué tal está su esposo?
DOÑA ROSA	Está muy bien hoy, gracias. Las fresas le gustan mucho y éstas son excelentes. Adiós, Doña María, tengo prisa.

Note

1. **Doña** is a title of respect given to a married woman, used before the first name only. **Don** is the masculine equivalent.
2. 1.00 kilo (kilogram) = 2.20 pounds
3. **Peso** = monetary unit used in Mexico, Colombia, Chile, Uruguay, Cuba and the Dominican Republic.

At a Hispanic market there are many different vendors. The customers ask about the meats, vegetables, fish and seafood before buying. Doña Rosa, a customer at the market, speaks with Doña María.

DOÑA ROSA	Good morning, Doña María. Are your vegetables good today? I need a kilo of green beans and a kilo of tomatoes for sauce.
DOÑA MARÍA	I have fresh vegetables that were picked today and firm and soft tomatoes. For making ''salsa'', the soft ones are best.
DOÑA ROSA	What fruits do you have today?

DOÑA MARÍA	I have strawberries, mangos, pineapple, apples and pears. I don't have oranges.
DOÑA ROSA	How much do the strawberries cost?
DOÑA MARÍA	They cost 100 pesos per kilo.
DOÑA ROSA	I'd like a kilo of strawberries, a kilo of soft tomatoes, 2 kilos of green beans, and lettuce.
DOÑA MARÍA	Here they are. How's your husband doing?
DOÑA ROSA	He's very well today, thanks. He likes strawberries a lot and these are excellent. Good-bye, Doña María, I'm in a hurry.

COMPRENSIÓN

1. Doña Rosa necesita. . .

2. Doña María tiene. . .

3. Hoy Doña María no tiene. . .

4. Las fresas le gustan mucho a. . .

ACTIVIDAD

En parejas, preparen una conversación similar entre el cliente (usted) y uno de los otros vendedores en el mercado, tal vez (*perhaps*) Don Luis, vendedor de mariscos, o Doña Clara, vendedora de carnes.

Noticias culturales

Productos del Nuevo Mundo al viejo

¿Sabe (*Do you know*) que el Nuevo Mundo contribuyó al viejo mundo los siguientes productos?

patata	papaya
batata (*sweet potato*)	mango
tomate	piña
maíz	cacao o chocolate
pimiento	vainilla
calabaza (*squash*)	chicle
frijol	tabaco
cacahuete (*peanut*)	
pavo (*turkey*)	

PREGUNTAS

¿Cuáles de estos (*these*) productos son sus favoritos? En su opinión, ¿qué producto de la lista es el más desagradable?

I.   TALKING ABOUT ACTIONS IN THE PRESENT: El presente de los verbos regulares -**ar**, -**er**, -**ir**

A.   Formación del presente

All verbs in Spanish fall into three groups:

1.   Verbs with infinitives ending in **-ar**, for example, **estudiar** (*to study*)
2.   Verbs with infinitives ending in **-er**, for example, **vender** (*to sell*)
3.   Verbs with infinitives ending in **-ir**, for example, **escribir** (*to write*)

As you can see, the Spanish infinitive corresponds to the English infinitive form to + action, *for example,* to study = **estudiar**.

To form the present tense of regular **-ar, -er, -ir** *verbs, the infinitive ending is replaced by endings which correspond to the subject of the sentence. In contrast to irregular verbs such as* **ir, ser** *and* **estar,** *which have been studied separately, the forms of regular verbs follow a set pattern.*

	hablar *to speak* hablar>habl-	**comer** *to eat* comer>com-	**vivir** *to live* vivir>viv-
yo	habl**o**	com**o**	viv**o**
tú	habl**as**	com**es**	viv**es**
Ud./él/ella	habl**a**	com**e**	viv**e**
nosotros(as)	habl**amos**	com**emos**	viv**imos**
vosotros(as)	habl**áis**	com**éis**	viv**ís**
Uds./ellos/ellas	habl**an**	com**en**	viv**en**

Note

Regular **-er** and **-ir** verbs have identical endings except in the **nosotros** and **vosotros** forms.

The present tense in Spanish is used to talk about actions that occur in the present or immediate future, or that commonly reoccur. The present tense in Spanish corresponds to four possible forms in English.

La profesora habla español.	{ *The professor* **speaks** *Spanish.* (in general) *The professor* **is speaking** *Spanish.* (right now) *The professor* **does speak** *Spanish.* (emphatic)	
La profesora habla esta tarde.	*The professor* **will speak** *this afternoon.* (near future)	

B. Verbos regulares **-ar, -er, -ir**

Verbos **-ar**

comprar	*to buy*	**Compro** mis libros en la librería.
estudiar	*to study*	Eva **estudia** en la biblioteca.
hablar	*to speak, talk*	¿**Hablan** ustedes italiano?
llegar	*to arrive*	La profesora **llega** el lunes.
preparar	*to prepare*	**Prepara** la lección.
tomar	*to take, drink*	¿**Tomas** cálculo? ¿**Toma** la profesora café durante la clase?
trabajar	*to work*	Esteban **trabaja** en el centro estudiantil.
desear	*to want, desire*	¿**Deseas** ir a la fiesta?
necesitar	*to need*	**Necesitamos** estudiar esta noche.

Verbos **-er**

aprender	*to learn*	**Aprendemos** los verbos fácilmente.
comer	*to eat*	¿**Comes** en la cafetería?
beber	*to drink*	¿Qué **beben** ustedes?
vender	*to sell*	¿**Venden** chicle en la librería?

Verbos **-ir**

asistir a	*to attend*	**Asistimos a** la Universidad de Wisconsin.
escribir	*to write*	¿**Escribes** los exámenes con lápiz o con bolígrafo?

Note

When two consecutive verbs are used together, only the first is conjugated.

¿**Deseas** ir a la fiesta?

Práctica y comunicación

C. Las actividades de los estudiantes

¿En qué actividades participan los estudiantes?

Modelo   asistir a una clase de arte/yo
Asisto a una clase de arte.

1. asistir a una clase de historia/yo
asistir a una clase de francés/Antonio
asistir a una clase de computación/nosotros

2. estudiar en la biblioteca/yo
estudiar en la residencia/mis amigos
estudiar en el cuarto/Isabel

3. comer en la cafetería/nosotros
comer en restaurantes/el profesor
comer en casa/mis hermanos

4. beber mucha Coca-Cola/yo
beber mucha Pepsi-Cola/Leonardo
beber mucho café/mis hermanos

5. comprar fruta en el mercado/yo
comprar pollo/mi compañero(a) de cuarto
comprar tacos y salsa/nosotros

6. vivir en una residencia/mi amigo(a) y yo
vivir en un apartamento/mis hermanas
vivir en casa/Carmen

D. La vida académica

Indique las actividades en que ustedes, los estudiantes, participan.

Modelo   Yo. . .hablar español.
Hablo español.

1. yo. . .asistir a la Universidad de. . .
   vivir en la residencia
   tomar muchas clases
   estudiar en la biblioteca
   escribir muchas composiciones
   aprender español
   trabajar en la librería
   comer en la cafetería
   ir a muchas fiestas

2. nosotros. . .asistir a la Universidad de. . . , etc.

3. (*nombre de estudiante*). . .asistir a la Universidad de. . . , etc.

4. (*nombres de estudiantes*). . .asistir a la Universidad de. . . , etc.

E.   Tú y yo

En parejas, háganse preguntas y contéstense según el modelo.

 estudiar todas las noches
            ¿Estudias todas las noches?
            Sí, estudio todas las noches. (o)
            No, no estudio todas las noches.

1. estudiar los fines de semana
2. necesitar estudiar mucho
3. desear estudiar mucho
4. preparar bien la tarea
5. llegar a las clases tarde
6. escribir los exámenes con lápiz
7. aprender mucho en la clase de español
8. hablar español con tu compañero(a) de cuarto
9. vivir en un apartamento
10. trabajar en la ciudad
11. asistir a los conciertos de ''rock''
12. asistir a los conciertos de música clásica
13. comprar pizza de Domino's
14. comer mucha pizza
15. beber más Pepsi o más Coca-Cola

Vocabulario

¿Cuándo (*When*)?

hoy/mañana	*today/tomorrow*
ahora/más tarde	*now/later*
temprano/tarde	*early/late*
a tiempo	*on time*
esta mañana/tarde	*this morning/afternoon*
esta noche	*tonight*
todo el día	*all day*
toda la mañana/tarde/noche	*all morning/afternoon/night*
todos los días	*every day*
todas las mañanas/tardes/noches	*every morning/afternoon/night*
por la mañana/tarde/noche	*in the morning/afternoon/evening,* *at night*

Práctica y comunicación

F. Un día académico

En parejas, háganse las preguntas y contéstense.

1. Normalmente, ¿estudias por la mañana, por la tarde o por la noche?
2. ¿Necesitas estudiar esta noche?
3. Normalmente, ¿estudias en la biblioteca o en tu cuarto por la noche?
4. Cuando tienes un examen final muy importante, ¿normalmente estudias toda la noche?
5. ¿Estudias español un poco todos los días? ¿Necesitas estudiar más?
6. ¿Cuántas clases tienes hoy? ¿Tienes más o menos clases mañana?
7. Normalmente, ¿llegas a las clases tarde, temprano o a tiempo?
8. ¿Tienes un laboratorio u otra (*another*) clase esta tarde?
9. Cuando no tienes clases por la tarde, ¿tomas una siesta normalmente?

G. Muchas actividades

¿Qué actividades son posibles en los lugares (*places*) indicados? Indique varias.

Modelo   en la librería
   En la librería venden libros.
   Los estudiantes compran cuadernos y lápices.

1. en la cafetería
2. en la biblioteca
3. en la clase de español
4. en la universidad
5. en el mercado
6. en el centro estudiantil
7. en la librería

PSSST EL EGG NOG LLEGA LA PROXIMA SEMANA

¿Cuándo llega el eggnog?

Vocabulario

Más comida y las bebidas

8. el cereal
7. la mermelada
6. la pimienta
5. la sal
4. la leche
2. el pan
1. los huevos
3. la mantequilla

11. la crema
12. el jugo
10. el azúcar
9. el café
13. el té

---

1. eggs   2. bread   3. butter   4. milk   5. salt   6. pepper   7. jam   8. cereal   9. coffee   10. sugar
11. cream   12. juice   13. tea

16. la aceituna
17. el vinagre
18. el aceite
15. la ensalada
14. la sopa

22. el refresco
21. el bocadillo (Esp), el sandwich
19. la hamburguesa
20. las papas fritas

26. la cerveza
25. el hielo
24. el agua
23. el vino

28. las galletas
30. el pastel
29. el helado
27. la torta
31. el queso

14. soup   15. salad   16. olive   17. vinegar   18. oil   19. hamburger   20. French fries   21. sandwich
22. soft drink   23. wine   24. water   25. ice   26. beer   27. cake   28. cookies   29. ice cream
30. pie, pastry   31. cheese

Vocabulario

. . . continuado de los dibujos

la **comida**	*food, main meal*
el **desayuno**	*breakfast*
el **almuerzo**	*lunch*
la **merienda**	*afternoon snack*
la **cena**	*supper, dinner*
la **bebida**	*drink, beverage*
la **botella**	*bottle*
el **postre**	*dessert*
el **agua mineral** (**con gas, sin gas**)	*mineral water (carbonated, uncarbonated)*
los **huevos revueltos**	*scrambled eggs*
frito(a)/asado(a)	*fried/roasted*
caliente/frío(a)	*hot/cold*
con/sin	*with/without*
tener (mucha) hambre	*to be (very) hungry*
tener (mucha) sed	*to be (very) thirsty*

Note

1. **Agua** is feminine even though it uses the article **el**, for example, **el agua fría**. The plural form is **las aguas**.

2. **Caliente** refers to temperature, not spiciness.

3. Spanish uses the preposition **de** (of) to join two nouns for the purpose of description.

helado de vainilla	*vanilla ice cream*
torta de chocolate	*chocolate cake*
jugo de naranja	*orange juice*
sandwich de jamón y queso	*ham and cheese sandwich*

Noticias culturales

Las *tiendas* de especialidades   *stores*

En el mundo hispano, *se ven* frecuentemente tiendas pequeñas donde se vende   *one sees*
un artículo o producto especial. Por ejemplo, una tienda donde venden leche o
productos de la leche se llama una lechería, o donde venden pan, una panadería.
¿Cómo se llaman las tiendas en que venden pasteles? ¿carnes? ¿tortillas? ¡Pastelería, carnicería y tortillería!

¿Qué pueden tomar las señoras en esta tienda?
España

Práctica y comunicación

H.   ¡Vamos a comer!

¿Asocia usted las siguientes comidas con el desayuno, el almuerzo o la cena?

Modelo   huevos fritos
el desayuno

1. pan tostado con mantequilla y mermelada
2. sopa y ensalada
3. pastel de manzana con helado de vainilla
4. un coctel de camarones
5. huevos revueltos con tocino
6. jugo de naranja
7. un bocadillo de jamón y queso
8. arroz con pollo, pan y vino
9. café caliente con crema y azúcar
10. una hamburguesa con papas fritas

I. Juego de palabras

¿Qué palabras relacionadas con la comida asocia usted con las siguientes referencias?

Modelo el cereal
la leche, el azúcar, las frutas, etc.

1. el café
2. el pan
3. la ensalada
4. el hielo
5. el bocadillo o el sandwich
6. los huevos
7. la sopa
8. el helado
9. asado
10. frito

J. ¡Vamos al supermercado!

Usted y su amigo(a) viven en Miami, Florida y leen (*read*) los anuncios (*ads*) en un periódico para determinar los precios de las cosas que necesitan.

dólar = *dollar*
centavos = *cents*
$1.39 = **un dólar treinta y nueve centavos**

1. ¿Deseamos los muslos de pollo Perdue o el bistec club sin hueso? ¿Cuánto cuestan (*cost*) por libra?

2. Necesitamos helado. ¿Cuánto cuesta medio galón?

3. ¿Deseamos el jugo de naranja puro o el jugo de manzana C-Town? ¿Cuánto cuestan? ¿Hay mucha diferencia de precio?

4. ¿Necesitamos aceite de maíz? ¿Cuánto cuesta una botella de un galón?

5. ¿Necesitamos leche, café o limonada? ¿Cuánto cuestan?

6. Esta noche, ¿deseamos espagueti con salsa Ragú o macarrones Ronzoni? ¿Cuánto cuestan los macarrones?

7. ¿Necesitamos sopas Chunky Campbells? ¿Qué tipos deseamos? ¿Cuánto cuestan dos latas?

8. Para las hamburguesas, ¿necesitamos salsa de tomate Heinz? ¿Cuánto cuesta una botella de 32 onzas?

9. ¿Deseamos fruta? ¿Cuánto cuestan las naranjas Valencia?

K. Tú y yo

En parejas, háganse preguntas y contéstense.

 tomar/crema en el café
¿Tomas crema en el café?
Sí, tomo crema en el café. (o)
No, no tomo crema en el café; tomo azúcar.

1. tomar/azúcar en el té

   hielo en el vino
   aceite y vinagre en la ensalada
   la hamburguesa con o sin cebollas
   la comida con mucha sal o poca sal
   mucha pimienta en la comida

2. beber/mucha cerveza

   muchos refrescos (¿qué tipo?)
   mucha leche
   mucho café
   jugo de tomate
   vino

3. comer/mucho ajo

> mucho pan
> muchas aceitunas
> muchos perros calientes
> mucho helado
> muchos postres (¿qué tipo?)

4. desear/los huevos fritos o revueltos

> el jugo de manzana o el jugo de naranja
> una sopa caliente o una sopa fría
> el pollo frito o el pollo asado
> el helado de fresa o el helado de chocolate
> el pastel de manzana o el pastel de limón

Con la Leche Mi Vaca Descremada, tienes un alimento completo, con todas las proteínas y el sabor de la leche de la mejor calidad, baja en calorías y con sólo el 1% de contenido graso. Además, su práctico envase lo puedes llevar a todas partes sin refrigeración.

Mi VACA

¿Qué ventajas *(advantages)* tiene la leche descremada?
¿Toma usted leche descremada?

L.   Cuando tienes mucha hambre o mucha sed. . .

En parejas, háganse las preguntas y contéstense.

1. En este momento, ¿tienes mucha hambre? (¿Qué deseas comer?)

2. ¿Tienes sed ahora? (¿Qué deseas beber?)

3. Cuando estás en una fiesta y tienes mucha sed, ¿qué bebes?

4. Cuando estás en tu casa y tienes mucha sed, ¿qué bebes?

5. Cuando estás en tu casa y tienes mucha hambre, ¿qué comes?

6. Cuando estás en la residencia por la noche y tienes mucha hambre, ¿qué comes?

7. Cuando estás en McDonald's y tienes mucha hambre, ¿qué comes?

8. Cuando estás en un restaurante muy elegante y tienes mucha hambre, ¿qué comes?

M.   En el restaurante TropiBurger

Conteste según el anuncio que se encuentra en la página 97.

1. ¿Cuáles *(what)* son los ingredientes de la hamburguesa ''El Guapo''?

2. ¿Qué ingrediente extra tiene el ''tociburger''?

3. ¿Qué es el ''Granjero''?

4. Es el almuerzo. Usted está en el restaurante TropiBurger. ¿Qué desea usted para comer? ¿y para beber?

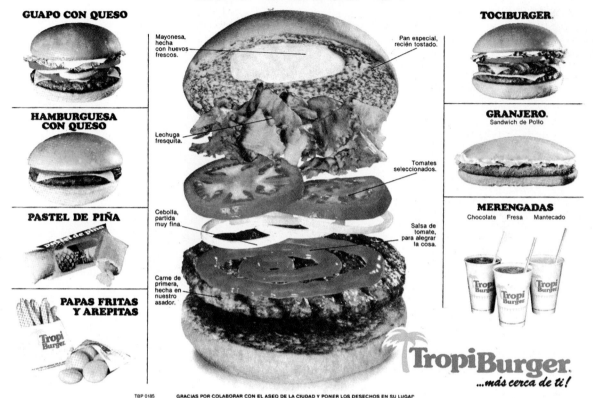

Noticias culturales

La comida hispana

La comida hispana es *rica*, interesante y muy variada. Representa los muchos países situados en tres continentes y *también* las influencias de varias culturas: la india, la negra y la europea. *Vemos* la variedad de comida comparando algunos de los *platos* hispanos más típicos[1].

Los **churros** (España): *masa* de *harina* cilíndrica frita. Frecuentemente se sirven con café con leche o con chocolate caliente.

delicious
also
we see
dishes
dough / flour

---

[1]These dishes, though commonly associated with a particular country or countries, are often enjoyed throughout the Spanish-speaking world.

¿Qué toma la señorita?
España

¿Qué ingredientes hay en
esta paella deliciosa?
España

La **paella** (España): plato de arroz *sazonado* con *azafrán*, con carnes (pollo, *chorizo*, etc.) y/o una gran variedad de mariscos, y con legumbres (guisantes, cebolla, etc.).

seasoned / saffron
sausage

El **flan** (España, México, etc.): un postre de huevos, leche, azúcar y vainilla, *cocido al horno* en un molde con un *almíbar* de caramelo.

baked / syrup

La **tortilla** (México, la América Central): de origen indígena, torta *plana* de maíz. Acompaña el desayuno, el almuerzo y la cena. La base de platos famosos mexicanos como enchiladas y tacos. (A diferencia de la tortilla mexicana, la tortilla española es como un omelete que contiene huevos, patatas y cebollas.)

flat

El **asado** (la Argentina): carne asada. Frecuentemente a la *parrilla*, *se adoba* con varias horas de anticipación con sal, pimienta, ajo, aceite y vinagre.

grill / marinated

La **empanada** (España, la Argentina, Chile, Cuba, etc.): masa de harina *rellena* generalmente con carne, cebollas, huevos, aceitunas, etc. Frita u *horneada*.

stuffed
baked

Posiblemente, ¿qué ingredientes tienen
estas empanadas?

PREGUNTAS

1. Ustedes están en Madrid y es la hora del desayuno. ¿Qué desean tomar con los churros?

2. Ustedes están en un restaurante internacional. ¿Desean la paella española o el asado argentino? ¿Desean la paella con carne o con una variedad de mariscos?

3. Es la hora de la cena y ustedes tienen mucha hambre. ¿Desean tortillas con frijoles o desean empanadas?

4. De postre, ¿desean ustedes el flan o helado? ¿Tiene el flan mucho colesterol? ¿Por qué?

¿Qué bebidas tomamos con ''La mejor paella?
¿Cuántos pesos cuesta para adultos?
¿Y para niños

N. Mini-dramas: En el restaurante

En grupos de tres estudiantes, preparen diálogos orales entre dos clientes y el camarero (*waiter*) o la camarera en un restaurante.

Temas: (a) el desayuno
       (b) el almuerzo o la comida
       (c) la cena

Posibles preguntas del camarero o de la camarera:

- ¿Qué desea usted para el desayuno? ¿para el almuerzo? ¿para la cena? ¿unos platos típicos del mundo hispano?
- ¿Qué desea usted para beber?

- ¿Qué desea usted de postre?
- ¿Qué más desea usted?
- ¿Desea usted la cuenta (*bill*)?

Recuerden las expresiones de cortesía, por ejemplo: **por favor, gracias, de nada.**

> **II.** ASKING FOR SPECIFIC INFORMATION: Palabras interrogativas

¿Qué?	*What?*	**¿Qué** frutas tienen hoy?
¿Cómo?	*How?*	**¿Cómo** están las fresas hoy?
¿Cuándo?	*When?*	**¿Cuándo** llegan las piñas?
¿Por qué?	*Why?*	**¿Por qué** no hay mariscos hoy?
¿Quién? ¿Quiénes?	*Who?*	**¿Quién** va a comprar la carne?
¿Cuál? ¿Cuáles?	*Which one?* *Which ones?*	**¿Cuál** deseas? **¿Cuáles** son tus favoritos?
¿Cuánto? ¿Cuánta? **¿Cuántos? ¿Cuántas?**	*How much?* *How many?*	**¿Cuánto** es en total? **¿Cuántos** tomates necesitas?
¿Dónde?	*Where?*	**¿Dónde** está el vendedor?
¿Adónde? **¿De dónde?**	*(To) where?* *From where?*	**¿Adónde** va? **¿De dónde** es?

Note

> 1. **Qué** is used to obtain a definition or explanation; in front of a noun **qué** is used to seek a choice.
>
>   **¿Qué** es?
>   **¿Qué** postre deseas?
>
> 2. **Cuál/Cuáles** is used exclusively to ask for a choice and is used in front of a verb or preposition.
>
>   **¿Cuál** es tu favorito?
>   **¿Cuál** de los dos deseas?

Without written accents, some of the words listed previously change meaning slightly and are used to connect two separate thoughts within a statement.

que *that, which, who*

El mercado **que** está en la plaza vende mariscos.
The market that's in the plaza sells seafood.

lo que *what, that which*

Compro **lo que** necesito.
I buy what I need.

cuando *when*

Cuando tengo hambre voy a Pizza Hut.
When I'm hungry, I go to Pizza Hut.

porque *because (written as one word)*

Deseo muchos espaguetis **porque** tengo mucha hambre.
I want a lot of spaghetti because I'm very hungry.

Práctica y comunicación

O. Para aprender más acerca de (*about*) la profesora (del profesor)

Su profesor(a) da (*gives*) información. Haga preguntas usando las palabras interrogativas para solicitar más información.

Modelo   París no es mi ciudad favorita.
           ¿Cuál es su ciudad favorita?
           Es Madrid.

1. No soy del Paraguay.
2. No tengo diez y nueve años.
3. No tengo tres hijas.
4. No vivo en una residencia en la universidad.
5. No trabajo en la oficina por la noche.
6. No como en la cafetería.
7. No tomo cerveza con la comida.
8. La música "rock" no es mi música favorita.
9. *Tom Sawyer* y *Huckleberry Finn* no son mis novelas favoritas.

P.   La entrevista (*interview*)

Usted necesita solicitar información de una persona en la clase en una entrevista oral. Use las palabras interrogativas. Posible informacion:

- nombre (*name*)
- origen
- años
- domicilio

- la familia
- comidas/bebidas favoritas
- estudios
- etc.

Prepárese para presentar la información a la clase.

Noticias culturales
La importancia de la comida en el mundo hispano

Las comidas	¿Cuándo?	¿En qué consiste? (Ejemplos)	
1. el desayuno	temprano por la mañana	pan con mantequilla o mermelada, café con leche	
2. la comida (el almuerzo)	entre la 1:00 y las 3:00 de la tarde	tres *platos* —sopa o ensalada —legumbres, arroz o pasta —carne o pescado con patatas y postre: fruta o helado o flan	*courses*
3. la merienda	entre la comida y la cena	pequeños bocadillos o tortilla española o café con leche y pasteles o tortas	
4. la cena	entre las 8:00 y las 10:00 de la noche	más frugal que la comida, normalmente de dos platos	

La comida es muy importante en el mundo hispano porque la comida es un *placer*, como *charlar*, beber o *hacer* amigos. "La comida" es un término general, pero indica también la comida más importante del día: el almuerzo. *pleasure / conversing / making*

Para los hispanos la hora de la comida tiene un carácter *casi sagrado*. Es un momento especial para la familia que también se *comparte* con amigos o parientes. La comida es *larga—dura* más o menos dos horas—y consiste en tres platos y el postre. *almost sacred* *is shared* *long / it lasts*

Una parte importante de la comida es "la sobremesa". Este término define la

charla *después de* la comida. Es cuando se toma el café, a veces *seguido* de
brandy (coñac), y cuando los hispanos *discuten asuntos* serios o triviales.

after / followed
discuss / issues

PREGUNTAS

1. En el mundo hispano, normalmente ¿cuántas comidas hay durante el día?

2. ¿Qué contrastes hay entre el típico desayuno hispano y el norteamericano?

3. Para los hispanos, ¿cuál es la comida principal del día? ¿Y para los norteamericanos?

4. ¿Qué contrastes hay entre el típico almuerzo hispano y el norteamericano?

5. Normalmente, ¿a qué hora toman el almuerzo en el mundo hispano? ¿y a
qué hora toma usted el almuerzo?

6. Normalmente, ¿a qué hora cenan en el mundo hispano? ¿y a qué hora
cena su familia?

7. ¿Qué ocurre durante "la sobremesa"? ¿Pasa su familia mucho tiempo de
sobremesa?

III.   EXPRESSING LIKES AND DISLIKES: *Gustar*

Gustar, *meaning* to be pleasing *(to someone) is used in a special construction to
express the English* to like.

Spanish	English	literal translation
Me gusta el helado.	*I like ice cream.*	*(Ice cream is pleasing to me.)*
No le gusta tomar vino.	*He doesn't like to drink wine.*	*(Drinking wine isn't pleasing to him.)*
Nos gustan las fresas.	*We like strawberries.*	*(Strawberries are pleasing to us.)*

Gustar *is always used with indirect object pronouns, which indicate to whom
something is pleasing:*

me	*(to me)*	**nos**	*(to us)*
te	*(to you)*	**os**	*(to you)*
le	*(to you/him/her)*	**les**	*(to you/them)*

Gustar *is most commonly used in the third person singular or plural* (**gusta/
gustan**). *Notice that you use* **gusta** *with singular items and* **gustan** *with plural
items. Activities expressed as an infinitive are always considered singular and
thus are used with* **gusta**.

Reference to person or persons	+	**gustar**	+	things or things liked

me
te   **gusta** + **el/la** + thing liked
le   **gusta** + activity liked
nos   (or)
os   **gustan** + **los/las** + things liked
les

Note

Because **le** and **les** have multiple meanings (*to him, to her, to you*, etc.), a clarification may be necessary.

(A usted)
(A él)
(A ella)   le gusta comer.
(A José)

(A ustedes)
(A ellos)
(A ellas)   no les gusta estudiar.
(A mis hermanos)

Práctica y comunicación

Q. ¿Qué hay para la cena?

Usted pregunta, **"¿Qué hay para la cena?"** y su mamá o papá dice lo que hay para comer. ¿A usted le gusta o no le gusta la comida mencionada?

Modelo   bistec
            ¡Ah! Me gusta el bistec. (o)
            ¡Ay! No me gusta el bistec.

¿Qué hay para la cena?

1. langosta
2. chuletas de cerdo
3. guisantes
4. pescado
5. camarones

6. frijoles
7. coliflor
8. hamburguesas
9. perros calientes
10. sopa de cebolla

R. Tú y yo

En parejas, háganse preguntas y contéstense.

Modelo la universidad
¿Te gusta la universidad?
Sí, me gusta. (o)
No, no me gusta.

1. estudiar
2. hablar español
3. asistir a los conciertos de ''rock''
4. ir a museos de arte
5. la comida italiana (china) (mexicana)
6. la pizza de Domino's
7. las papas fritas de McDonald's

8. las cebollas
9. las aceitunas
10. la leche
11. la cerveza
12. el vino

S. ¿Qué les gusta?

En grupos de tres estudiantes, indiquen lo que en general les gusta o no les gusta a las personas indicadas.

Modelo En general, a los profesores de español. . .
A los profesores de español les gusta la comida española.
No les gusta hablar inglés en la clase. (etc.)

En general. . .

1. a los niños. . .
2. a los estudiantes. . .
3. a nosotros en las fiestas. . .
4. a nosotros en la clase de español. . .

5. a mi compañero(a) de cuarto. . .
6. a mi hermano(a). . .
7. a mi madre. . .
8. a mi padre. . .

En resumen

Usted y dos amigos(as) están haciendo los preparativos (making plans) *para una cena especial a la cual desean invitar a la profesora (al profesor). Hablen de:*

- ¿cuándo?
- ¿el día de la cena?/¿la hora?
- ¿dónde?

- lo que le gusta o no le gusta a ella/él
- ¿el menú?
- lo que necesitan comprar para la cena

Panorama cultural

La cultura hispana—parte integrante de los Estados Unidos

Ser "latino" es importante para una gran población de hispanos que viven en los EEUU como *ciudadanos*. Algunos emigraron en *este siglo*: sus hijos no hablan español. Otros trazan sus *raíces* a la colonización española del territorio al norte del Río Grande, y otros más recientemente escapan de la represión política y de la pobreza de sus países en Centro y Sudamérica. *Vienen* a los EEUU *buscando* un oasis: unos el asilo político, otros una *vida mejor* para ellos y para sus hijos. *Hasta* los años más recientes, los hispanos, considerados una minoría, no *han tenido* suficientes oportunidades de *mostrar* su personalidad, su herencia cultural y sus modos de expresión artística. Afortunadamente para el enriquecimiento de la cultura norteamericana, el impacto de los hispanos es más fuerte *cada* día en muchos aspectos de la vida estadounidense. Figuras de origen hispano *empiezan* a *hacer un cruce* entre culturas; son *reconocidas* por su *propio* grupo étnico y *además* por la *corriente* cultural de todo el país.

citizens / this / century
roots

they come / seeking
better life
Until / haven't had
show

each

begin / to crossover / recognized / own / in addition / mainstream

La política

En la política podemos reconocer los nombres de César Chávez, organizador del sindicato para los *obreros* agrícolas mexicanos-americanos, Henry Cisneros y Federico Peña, ex-*alcaldes* de San Antonio y de Denver respectivamente. Otros hispanos famosos en la política son:

workers
mayors

Esteban Torres: miembro del Congreso (California)
E. "Kika" de la Garza: miembro del Congreso (Texas)
Henry B. González: miembro del Congreso (Texas)
Antonia Novello: Surgeon General
Manuel Luján: Secretary of the Interior
Catalina Villalpando: Treasurer of the U.S.

¿Qué posición importante tiene Antonia C. Novello?

La música popular

En la cultura popular de la música "rock" y la música "pop", *vemos* los nombres del legendario Carlos Santana, Los Lobos (famosos por su rendición de "La Bamba"), Rubén Blades, Gloria Estefan y The Miami Sound Machine, Juan Luis Guerra, Vicki Carr, y muchos más.

we see

Melodías como el merengue, la salsa y la rumba de los países del Caribe son el resultado de la fusión de melodías africanas y españolas y contribuyen a formar ritmos como el "reggae", que son populares hoy en la música moderna de los EEUU.

¿Le gustan a usted las canciones de Gloria Estefan? ¿Con qué grupo canta ella?

El cine

En el cine una de las primeras actrices famosas es Rita Moreno, *estrella* de "West Side Story", film de *amor* y danza que cuenta la saga de los puertorriqueños de un *barrio* de Nueva York. La historia de Tony y María es el modelo del "dirty dancing" de los años ochenta.

star
love
neighborhood

¿Reconoce usted los nombres de los siguientes actores y actrices hispanos?

Edward James Olmos: *Miami Vice, Stand and Deliver,*
         The Ballad of Gregorio Cortez
Jimmy Smits: *L.A. Law*
Raúl Julia: *Kiss of the Spider Woman, Romero, Tequila Sunrise*
Andy García: *The Untouchables, Internal Affairs, Dead Again*
Julie Carmen: *The Milagro Beanfield War, Fright Night II*
Elizabeth Peña: *Down and Out in Beverly Hills,*
         Batteries Not Included, La Bamba
Emilio Estévez: *The Breakfast Club, Repo Man*
Charlie Sheen: *Platoon, Wall Street*

¿Por qué es famoso el actor Edward James Olmos?

El arte

El talento artístico hispano se manifiesta *no sólo* en las *obras* de arte de pintores famosos como Martín Ramírez, Luis Jiménez, Frank Romero y Arnaldo Roche, *sino* también en los murales del barrio. En distritos de Los Ángeles, Chicago, San Francisco y otras ciudades de población hispana, los murales, grandes y frecuentemente de colores muy vivos, simbolizan el *alma*, las frustraciones y las aspiraciones del *pueblo* latino.

not only/works

but

soul

people

¿Qué observa usted en este cuadro, ''*The Closing of Whittier Boulevard*''? (Frank Romero, 1990.)

¿Qué problemas se observan en este mural?
Nueva York

La moda

fashion

Elegancia, colores, líneas y *diseños* evocan el estilo latino de la *alta costura*. *Diseñadores* famosos como Adolfo, Óscar de la Renta y Carolina Herrera trazan su estilo al legendario diseñador español Cristóbal Balenciaga. Diseñadores jóvenes de hoy continúan la tradición y la *sensibilidad* de la moda latina.

designs / high fashion
designers

sensitivity

¿Le gusta a usted este vestido de Carolina Herrera?

Los deportes (sports)

En los deportes dominan nombres latinos como Roberto Clemente, el legendario beisbolista de los Pittsburgh Pirates, Fernando Valenzuela de los LA Dodgers, Benito Santiago de los New York Yankees, José Canseco de los Oakland A's y muchos más.

COMPRENSIÓN

1. El impacto de la cultura hispana es cada día más importante en. . .
2. En las ciudades de población hispana, la expresión artística del pueblo (*people*) se manifiesta en. . .
3. Algunas personas famosas de origen hispano son:

en la política. . .	en el arte. . .
en la música popular. . .	en la moda. . .
en el cine. . .	en los deportes. . .

Repaso de vocabulario activo

ADJETIVOS

asado(a)	frito(a)	mucho(a)	pocos(as)
caliente	más	muchos(as)	
frío(a)	menos	poco(a)	

ADVERBIOS Y EXPRESIONES ADVERBIALES

más	esta mañana/tarde	toda la mañana/tarde/noche	más tarde
menos	esta noche	todo el día	a tiempo
mucho	hoy	todas las mañanas/tardes/noches	temprano
poco	mañana	todos los días	tarde
	por la mañana/tarde/noche	ahora	

CONJUNCIONES Y PRONOMBRES RELATIVOS

cuando WHEN	porque
lo que	que

PALABRAS INTERROGATIVAS

¿Adónde?	¿Cuándo?	¿De dónde?	¿Qué?
¿Cómo?	¿Cuánto(a)?	¿Dónde?	¿Quién(es)?
¿Cuál(es)?	¿Cuántos(as)?	¿Por qué?	

PREPOSICIONES

con
sin

SUSTANTIVOS

Las comidas del día

el almuerzo	el desayuno
la cena	la merienda

Las legumbres en el mercado

el arroz	los guisantes *PEAS*	el maíz	la patata
la cebolla	las judías verdes	la papa	el tomate
los frijoles	la lechuga	las papas fritas	la zanahoria *CARROT*

Las frutas

la banana	el limón	la pera *PEAR*	la uva
la cereza	la manzana *APPLE*	la piña	
el durazno *PEACH*	el melocotón *peach*	el plátano	
la fresa	la naranja	la sandía	

Las carnes y los mariscos

el bistec	la hamburguesa	el pescado	el tocino
el camarón	el jamón	el pollo	
la chuleta de cerdo	la langosta	la salchicha	

Las bebidas

el agua	el café	la leche	el vino
la botella de agua mineral con gas (sin gas)	la cerveza	el refresco	
	el jugo	el té	

Los postres

la galleta	el pastel
el helado	la torta

Otras comidas y condimentos

el aceite *OIL*	la crema	la mermelada	el sandwich
la aceituna *OLIVE*	la ensalada	el pan	la sopa
el ajo *GARLIC*	el hielo *ICE*	el pan tostado	el vinagre
el azúcar	el huevo	la pimienta	
el bocadillo *SANDWICH*	los huevos revueltos	el queso	
el cereal	la mantequilla	la sal	

VERBOS Y EXPRESIONES VERBALES

aprender	desear	llegar	vender
asistir (a)	escribir	necesitar	vivir
beber	estudiar	preparar	
comer	gustar	tomar	tener (mucha) hambre
comprar	hablar	trabajar	tener (mucha) sed

Autoexamen y repaso #3

I.   Los verbos **-ar**, **-er**, **-ir**

Sustituya el verbo para indicar opciones diferentes.

1.   *Compra* frutas todos los días. (necesitar, vender, desear)
2.   *Desean* comida mexicana. (preparar, comprar, vender)
3.   ¿*Trabajas* aquí? (estudiar, comer, vivir)
4.   *Estudio* todos los ejercicios. (aprender, escribir, preparar)
5.   *Hablamos* mucho en la clase. (estudiar, aprender, escribir)

II.   Palabras interrogativas

Haga una pregunta para solicitar la información según el modelo. Hay más de una respuesta posible.

Modelo   No comemos en la cafetería.
          ¿Dónde comen?

1. No bebo vino.
2. Ana no come en la cafetería.
3. La chuleta de cerdo no es mi carne favorita.
4. Elena no va al mercado.

5. Alberto no trabaja por la mañana.
6. No soy de Buenos Aires.
7. Eduardo no tiene veinte años.
8. ¡No se llama Lucinda!

III. ¿Le gusta o no le gusta?

Conteste las preguntas. Use la forma correcta del verbo **gustar**, y use el pronombre que corresponde.

Modelo ¿A su hermano le gustan las legumbres?
Sí, le gustan las legumbres. (No, no le gustan. . .)

1. ¿A sus padres les gusta tomar café?
2. ¿A ustedes les gusta el bistec?
3. ¿A su abuelo le gustan los camarones?
4. ¿A ustedes les gusta tomar el desayuno temprano?
5. ¿A usted le gustan los huevos revueltos?

IV. Repaso general del Capítulo 3

A. Conteste en oraciones completas.

1. ¿Come usted mucho o poco en el almuerzo?
2. ¿Qué come usted en el desayuno?
3. ¿Cuál es su postre favorito?
4. ¿Qué frutas venden en el mercado?
5. ¿De dónde es usted?
6. ¿Dónde vive usted?
7. ¿Cuándo estudia usted?
8. ¿Necesita usted estudiar más?
9. ¿Llega usted a clase a tiempo todos los días?
10. ¿Aprenden ustedes el español? ¿el ruso?
11. ¿Asisten ustedes a la clase de español todos los días?
12. ¿Adónde va usted esta noche?

B. Traduzca al español.

1. Do you need the cream and the sugar? (you = **tú**)
2. We are buying fruits and vegetables at the market today.
3. How many eggs do they want to buy?
4. They sell seafood every day.
5. My aunt likes shrimp.
6. Where are you going tonight? (you = **ustedes**)

Capítulo 4

El cuerpo y las actividades

Iluminada Concepción, campeona cubana de tenis

Goals for communication

- To identify parts of the body and talk about ailments
- To talk about a wider variety of activities
- To state preferences and obligations
- To make future plans
- To indicate possession

Cultural focus

- Sports and pastimes of the Hispanic world
- Spain—geography, civilization, and history

1. esquiar

2. nadar

3. pintar

5. besar

6. los labios

7. abrazar

8. los brazos

4. las manos

9. cantar

10. la boca

11. tocar la guitarra

12. los dedos

13. caminar

14. los pies

1. to ski 2. to swim 3. to paint 4. hands 5. to kiss 6. lips 7. to hug 8. arms 9. to sing 10. mouth 11. to play (instruments); to touch 12. fingers 13. to walk 14. feet

15. fumar
16. descansar
17. escuchar música
18. las orejas
19. los ojos
20. leer
21. los hombros
22. jugar al tenis
23. hacer ejercicios
24. la espalda
25. el estómago
26. el pelo
27. correr
28. las piernas

15. to smoke   16. to rest   17. to listen to (music)   18. ears   19. eyes   20. to read   21. the shoulders   22. to play tennis   23. to exercise, to do exercises   24. the back   25. the stomach   26. hair   27. to run   28. legs

Vocabulario

. . . continuado del dibujo

Otras partes del **cuerpo**	*body*
la **cabeza**	*head*
la **cara**	*face*
la **nariz**	*nose*
los **dientes**	*teeth*
la **lengua**	*tongue*
el **pecho**	*chest, breast*

¿Está usted enfermo(a)? ¿**Tiene** usted. . . ?

dolor (m.) **de garganta**	*sore throat*
dolor de estómago	*stomach ache*
dolor de cabeza	*headache*
un **resfriado**	*cold*
tos (f.)	*cough*
fiebre (f.)	*fever*

Más actividades y **deportes**	*sports* (m.)
bailar	*to dance*
cocinar	*to cook*
limpiar	*to clean*
buscar	*to look for*
mirar	*to look (at)*
manejar, conducir	*to drive (a car)*
usar	*to use*
amar	*to love*
llamar	*to call*
jugar al básquetbol, baloncesto (Esp.)	*to play basketball*
jugar al béisbol	*to play baseball*
jugar al fútbol	*to play soccer*
jugar al fútbol americano	*to play football*
jugar al voleibol	*to play volleyball*

Otras palabras útiles	
para	*for, in order to*
también	*also, too*

Note

Whenever a person is the direct object of a verb (for example, in this chapter, the verbs **amar, mirar, buscar, llamar, besar** and **abrazar,** as well as other verbs you will learn later), Spanish uses the ''personal **a**''. The ''personal **a**'' emphasizes that a *person,* not a thing, *receives the action* of the verb. It has no equivalent in English.

Martín busca **a** Eva.
Martín busca **al** profesor. (Remember: **a** + **el** = **al**)
   but
Martín busca el número de teléfono.

The ''personal **a**'' is also used with **quién** or **quiénes** to ask the question *whom?*

   ¿A quién amas?   *Whom do you love?*

The ''personal **a**'' is not normally used after **tener.**

   Tengo dos compañeros de cuarto.

Práctica y comunicación

A. Los sábados en el parque

Indique según los dibujos iniciales en las páginas 114–115 las actividades de las personas en el parque.

Modelo   Esteban. . .en los esquís
        Esquía en los esquís.

1. Alfonso. . .en el agua
2. Camila, la artista, . . .
3. Linda. . .a Manuel
4. Manuel. . .a Linda
5. Rubén. . .una canción (*song*)
6. Rubén. . .la guitarra
7. Inés. . .en el parque
8. El vagabundo. . .un cigarrillo
9. El vagabundo. . .en el parque
10. Natalia. . .la música
11. Natalia. . .la novela
12. Javier no juega al básquetbol. Él. . .
13. Martín. . .ejercicios
14. Pepita. . .muy rápido

B.   Las partes del cuerpo

Según los dibujos de las páginas 114–115, ¿cuáles son las partes del cuerpo que cada persona usa en su actividad?

Modelo   Para esquiar, Esteban. . .
Esteban usa los brazos, las piernas, etc.

1.   Para nadar, Alfonso usa. . .
2.   Para pintar, Camila usa. . .
3.   Para besar a Linda, Manuel usa. . .
4.   Para abrazar a Manuel, Linda usa. . .
5.   Para cantar, Rubén usa. . .
6.   Para tocar la guitarra, Rubén usa. . .
7.   Para caminar, Inés usa. . .
8.   Para fumar, el vagabundo usa. . .
9.   Para escuchar música, Natalia usa. . .
10.   Para leer, Natalia usa. . .
11.   Para jugar al tenis, Javier usa. . .
12.   Para hacer ejercicios, Martín usa. . .

C.   Los gustos de los estudiantes en la clase

- ¿"Deportes Mérida" de Venezuela vende artículos deportivos para qué deportes?
- ¿Qué más venden?

Conteste las preguntas del profesor (de la profesora).

Modelo   [profesor(a)]   ¿A quiénes les gusta jugar al voleibol? [Los estudiantes que contestan "sí" levantan (*raise*) la mano.]
[un(a) estudiante]   **A. . .le gusta jugar al voleibol.** (o)
A. . .y a. . .les gusta jugar al voleibol.

1.   ¿A quiénes les gusta jugar al tenis?
2.   ¿A quiénes les gusta esquiar?
3.   ¿A quiénes les gusta hacer ejercicios?
4.   ¿A quiénes les gusta nadar?
5.   ¿A quiénes les gusta cantar? ¿bailar?
6.   ¿A quiénes les gusta tocar un instrumento musical?
7.   ¿A quiénes les gusta leer?
8.   ¿A quiénes les gusta cocinar?

D.   Tú y yo

En parejas, háganse las preguntas y contéstense.

Modelo   cocinar bien o mal
¿Cocinas bien o mal?
Cocino bien (mal).

1. bailar bien o mal
2. cantar bien o mal
3. tocar la guitarra (el piano) (el violín) (la trompeta) (el clarinete)
4. nadar bien o mal
5. correr casi (*almost*) todos los días
6. jugar al tenis   **¿Juegas. . . ? Sí, (No, no) juego. . .**
7. jugar al básquetbol (al béisbol) (al fútbol)
8. mirar la tele por la tarde
9. llamar a tus padres los fines de semana
10. limpiar tu cuarto con frecuencia

Y ahora con respecto a la salud (*health*). . .

11. tener dolor de garganta (de estómago) (de cabeza)
12. tener un resfriado (tos) (fiebre)
13. tomar vitaminas todos los días

E.   Preguntas muy personales

Conteste la pregunta **¿A quién** (*whom*). . . ? usando la **a** personal.

1. ¿A quién o a quiénes besa usted con más frecuencia?
2. ¿A quién o a quiénes abraza usted con más frecuencia?
3. ¿A quién o a quiénes ama usted?
4. ¿A quién llama usted por teléfono con mucha frecuencia?
5. ¿A quién escucha usted más? ¿a su madre o a su padre?
6. ¿A quién en la clase mira usted con mucho interés?

Conversación

Pasatiempos favoritos

Pepita y Linda son compañeras de cuarto. Hablan de sus pasatiempos favoritos.

PEPITA   A mí me gusta mucho jugar al tenis. Juego frecuentemente.
LINDA   A mí también me gusta jugar.
PEPITA   ¡Qué bien! ¿Quieres ir a jugar al tenis esta tarde?
LINDA   ¡Claro que sí! ¿Adónde vamos para jugar?

PEPITA   ¿Te gustan las canchas de la universidad?

LINDA   Sí, son muy buenas.

PEPITA   ¿A qué hora prefieres ir?

LINDA   ¿Qué te parece las 4:00 de la tarde? Después de jugar podemos ir a cenar.

PEPITA   ¡Fantástico! También me gusta comer. Es otro de mis deportes favoritos.

Pepita and Linda are roommates. They are talking about their favorite pastimes.

PEPITA   I really like to play tennis. I play frequently.

LINDA   I like to play too.

PEPITA   Wonderful! Do you want to play tennis this afternoon?

LINDA   Of course! Where are we going to play?

PEPITA   Do you like the university courts?

LINDA   Yes, they're very good.

PEPITA   What time would you like to go?

LINDA   What about 4:00 in the afternoon? After playing we can go have dinner.

PEPITA   Great! I also like to eat. It's another of my favorite sports.

COMPRENSIÓN

Conteste brevemente.

1. ¿Quiénes son Pepita y Linda?
2. ¿De qué hablan?
3. ¿A qué deporte juega Pepita?
4. ¿Cuándo van a jugar Pepita y Linda?
5. ¿Adónde van para jugar?
6. ¿A qué hora prefieren jugar?
7. ¿Qué van a hacer?
8. ¿Cuál es otro deporte favorito de Pepita?

ACTIVIDAD

En parejas, preparen una conversación sobre (*about*) sus deportes y actividades preferidos.

Ejemplos: **jugar al básquetbol, esquiar, nadar, etc.**

Noticias culturales
Tres deportes populares en los países hispanos

El fútbol: muy popular en todos los países hispanos. El fútbol se juega en todas partes—en los *barrios*, en las escuelas, en los clubes. Tiene *fanáticos* que asisten a los *partidos* de *liga*. Los jugadores de fútbol como Pelé (del Brasil) y Maradona (de la Argentina) son auténticos héroes *mundiales*.

neighborhoods / fans
games / league
world

El béisbol: popular en Puerto Rico, Cuba, la República Dominicana y Venezuela. Muchos jugadores de estos países son contratados por los *equipos* estadounidenses por su habilidad y *destreza*.

teams
dexterity

Los toros: popular en España, México y otros países de Sudamérica. Hay una gran controversia sobre los toros. Unos afirman que es un deporte o una competición entre hombre y bestia. Pero, para muchos aficionados, la corrida es un arte. Es el arte *de matar* al animal con elegancia de un solo *golpe.*

of killing
blow

¿Le gusta a usted el espectáculo de la corrida de toros?
México

PREGUNTAS

1. ¿Cuáles son tres deportes muy populares en el mundo hispano?
2. ¿Cuáles son los tres deportes más populares en los Estados Unidos?
3. En su opinión, ¿son las corridas de toros un arte o un deporte?

> **I.** TALKING ABOUT A WIDER VARIETY OF ACTIVITIES (IN THE PRESENT):
> Verbos con la forma *yo* irregular

The following verbs are regular in the present tense, except for the **yo** *form.*

hacer	*to do, to make*	**Hago** ejercicios.
poner	*to put, place*	**Pongo** los esquís allí.
salir (de)	*to leave, go out*	**Salgo** con mis amigos.
traer	*to bring*	**Traigo** mi raqueta.
conducir	*to drive*	**Conduzco** al centro.
traducir	*to translate*	**Traduzco** el poema.
saber	*to know (facts, information)*	**Sé** donde vive.
	to know how to (skills)	**Sé** jugar al tenis.
conocer	*to know, be acquainted with (persons, places, things)*	**Conozco** a María. **Conozco** Chicago bien.

Note

> **Salir** is followed by **de** when the subject is leaving a stated place.
> Salen **del** gimnasio.

The verbs **oír, dar**, *and* **ver** *also have an irregular* **yo** *form + additional minor irregularities.*

oír	*to hear:*	**oigo, oyes, oye,** oímos, oís, **oyen** (note the **y**)
dar	*to give:*	**doy,** das, da, damos, dais, dan (no accent in **dais**)
ver	*to see:*	**veo,** ves, ve, vemos, veis, ven (no accent in **veis**)

Práctica y comunicación

F.   Yo no soy como Felipe.

Felipe es un alumno **muy** malo. Usted, estudiante bueno(a), **no** hace lo que hace él.

Modelo   Felipe trae Coca-Cola a la clase.
            Yo no traigo Coca-Cola a la clase.

1. Felipe trae comida a la clase.
2. Felipe hace la tarea durante (*during*) la clase.
3. Felipe da respuestas tontas e incorrectas.
4. Felipe pone los pies en el escritorio del profesor.
5. Felipe sale de la clase temprano.
6. Felipe conduce rápidamente.

G. ¿Qué hace?

Describa según los dibujos lo que hace Pepita y lo que hace usted. Ustedes hacen la misma (*same*) acción.

Pepita/oír. . .
Yo. . .

Use the appropriate transparency to complete this exercise.

Modelo   (Estudiante #1) **Pepita oye la música.**
           (Estudiante #2) **Yo oigo la música también.**

Pepita/hacer. . .
Yo. . .

Pepita/traer. . .
Yo. . .

Pepita/poner. . .
Yo. . .

Pepita/saber. . .
Yo. . .

TRADUZCAN

RESFRIADO
TOS
FIEBRE

Pepita/ver. . .
traducir. . .
Yo. . .

Pepita/salir. . .
Yo. . .

H.   *Saber* y *conocer*

Indique lo que usted **sabe** o **no sabe, conoce** o **no conoce,** según las referencias.

¿Sabe usted o no sabe usted. . . ?

1. jugar al fútbol americano (al tenis)
2. tocar el piano (la guitarra)
3. nadar bien
4. cocinar bien
5. hablar español bien
6. todo el vocabulario del Capítulo 4
7. los verbos nuevos

¿Conoce o no conoce usted. . . ?

8. al (a la) presidente de la universidad
9. a todos los chicos en la clase de español
10. a todas las chicas en la clase de español
11. la música de los Beatles
12. el arte de Salvador Dalí
13. el Museo Guggenheim
14. la ciudad de Nueva York (Tijuana) (El Paso) (Santa Fe)

Y ahora, complete de una manera original y personal. . .

15. Yo sé. . .
16. Yo conozco. . .
17. Mi madre (Mi padre) sabe. . .
18. Mi madre (Mi padre) conoce. . .

I.   Tú y yo

En parejas, háganse preguntas y contéstense. Indique varias posibilidades cuando sea posible.

Modelo   qué/hacer por la noche
¿Qué haces por la noche?
Hago la tarea.
Miro la televisión. etc.

1. a qué hora/ salir de la residencia por la mañana
2. qué cosas/ traer a la clase
3. a quién/ conocer muy bien en la clase de español
4. qué cosas/ poner en el escritorio del (de la) profesor(a)
5. en este momento/ oír la voz del (de la) profesor(a)
6. a quién/ ver frecuentemente en el centro estudiantil
7. qué/ hacer los sábados por la tarde (por la noche)
8. conducir/ al centro de la cuidad con frecuencia

Ahora. . . ¿Eres muy generoso(a)?

>**9.** a veces (*sometimes*)/ dar dinero (*money*) a Habitat for Humanity (a las causas religiosas) (a otras causas)

Noticias culturales

El ciclismo

A los hispanos también les gusta practicar otros deportes como el ciclismo, la *natación* y el esquí. El ciclismo es muy popular en España y en varios países latinoamericanos.

swimming

La Vuelta Ciclista a España es tan popular en Europa como el Tour de Francia o el Giro de Italia. Los ciclistas se preparan para estas *pruebas* en los Pirineos o en la Sierra Nevada. Los fines de semana es común ver grupos de ciclistas *subiendo* una montaña.

races

climbing

PREGUNTAS

>**1.** ¿Dónde es muy popular el ciclismo?
>**2.** ¿Es el ciclismo popular donde Ud. vive? ¿Le gusta?

➤ **II.** TALKING ABOUT A WIDER VARIETY OF ACTIVITIES (IN THE PRESENT): Verbos con cambios en la raíz

A. La formación de verbos con cambios en la raíz

Stem-changing verbs have the same endings as regular **-ar, -er** *and* **-ir** *verbs. However, they differ from regular verbs in that a change occurs in the stem (***e > ie, o > ue*** or* **e > i***) in all persons except* **nosotros** *and* **vosotros***. Observe the pattern of change in the following model verbs.*

querer *to want, to love* **e > ie**		**dormir** *to sleep* **o > ue**		**pedir** *to ask for* **e > i**	
qu**ie**ro	queremos	d**ue**rmo	dormimos	p**i**do	pedimos
qu**ie**res	queréis	d**ue**rmes	dormís	p**i**des	pedís
qu**ie**re	qu**ie**ren	d**ue**rme	d**ue**rmen	p**i**de	p**i**den

B.   Verbos con cambios en la raíz

querer (ie)	to want, to love	No **quiero** estudiar.	e → ie
preferir (ie)	to prefer	**Prefiero** jugar al golf.	
entender (ie)	to understand	¿**Entienden** las instrucciones?	
venir (ie)	to come	¿**Vienen** aquí más tarde?	e → i
dormir (ue)	to sleep	¿**Duermes** bien normalmente?	
poder (ue)	to be able, can	¿**Puedes** salir esta noche?	
jugar (ue)	to play	Pepita **juega** al tenis.	
pedir (i)	to ask for, request, order	¿Qué **pide** ella?	
decir (i)	to say, to tell	¿Qué **dice** el instructor?	

Note

1. The verbs **venir** and **decir,** like **tener,** have an irregular **yo** form in addition to the stem change:
   vengo, vienes, viene, venimos, venís, **vienen**
   digo, dices, dice, decimos, decís, **dicen**
2. The verb **jugar** is unique because **u** changes to **ue.**

Refranes: **Querer es poder.**
   Quien mucho tiene más quiere.
   Decir y hacer son dos cosas y la segunda es la dificultosa.

¿Cómo puede usted explicar estos refranes en español?

Práctica y comunicación

J.   ¿Sí o no?

Indique si (*if*) usted hace o no hace las siguientes cosas (*things*).

Modelo   decir mentiras (*lies*)
   (estudiante #1)   **Sí, digo mentiras.** (o) **No, no digo mentiras.**
   (estudiante #2)   **Él/ella dice (no dice) mentiras.**

1. dormir tarde los sábados (los domingos)
2. jugar al tenis (al voleibol)
3. pedir pollo frito de KFC los fines de semana
4. pedir cerveza en los restaurantes o bares
5. venir a la clase de español temprano
6. venir a la clase de español con tarea
7. entender a la profesora (al profesor)
8. entender los Panoramas Culturales

K. Tú y yo

En parejas, háganse las preguntas y contéstense.

1. preferir comer en la cafetería o en un restaurante
2. qué comidas/pedir en los restaurantes generalmente
3. qué bebidas/pedir
4. poder salir esta noche
5. con quién o con quiénes/querer salir este sábado por la noche
6. qué/preferir hacer normalmente los fines de semana
7. cuántas horas/dormir generalmente
8. dormir con la ventana abierta o cerrada
9. poder estudiar toda la noche sin dormir
10. qué deportes/jugar más en la universidad
11. qué clases/querer tomar el próximo semestre
12. querer estudiar más español

III. STATING PREFERENCES AND OBLIGATIONS: ***Tener ganas de. . .*** y ***tener que. . .*** y más

A.   Para expresar preferencias

Verbs and expressions that indicate preference, several of which you already know, are:

desear	*to desire, to wish, to want*
preferir (ie)	*to prefer*
querer (ie)	*to want, to wish*
tener ganas de + *infinitive*	*to feel like. . .*

B.   Para expresar obligaciones

Verbs and expressions which indicate obligation are:

necesitar	*to need*
deber	*ought to, should*
tener que + *inifinitive*	*to have to. . .*

Tengo ganas de ir a la playa esta tarde pero no puedo.
I feel like going to the beach this afternoon but I can't.
Tengo que trabajar todo el día.
I have to work all day.

Práctica y comunicación

L.   Preferencias

Imagínese que es el sábado por la mañana. ¿Tiene usted ganas o no de hacer las cosas indicadas?

Modelo   estudiar
No, no tengo ganas de estudiar. (o)
Sí, tengo ganas de estudiar un poco.

1.	dormir tarde	**6.**	jugar al tenis
2.	trabajar	**7.**	ir al laboratorio
3.	ir al centro comercial (*mall*)	**8.**	escuchar la radio
4.	limpiar el cuarto	**9.**	salir con amigos
5.	hacer la tarea para la clase de español		

Y ahora. . .

10.   En este momento, ¿qué tiene usted ganas de hacer?

11.   ¿Qué tiene usted ganas de hacer esta noche?

M.   Obligaciones

En su casa, ¿**tiene** usted **que hacer** las tareas (*chores*) indicadas o no?

Modelo   limpiar su cuarto
(posible respuesta) **Sí, tengo que limpiar mi cuarto.**

1.	limpiar la casa	**5.**	ir al supermercado
2.	hacer las camas (*beds*)	**6.**	preparar las comidas
3.	lavar (*to wash*) el coche	**7.**	poner (*to set*) la mesa
4.	lavar la ropa (*clothes*)	**8.**	lavar los platos

En su opinión, ¿quién en su familia **debe** hacer las tareas indicadas?
(Repita 1–8)

. . .y ahora, personalmente. . .

9. ¿Qué necesita usted hacer después de (*after*) la clase?
10. ¿Qué tiene usted que hacer esta noche?
11. ¿Qué debe usted hacer este fin de semana?

N. Preferencias y obligaciones

Describa las preferencias o las obligaciones de las personas indicadas según
los dibujos. Después (*then*) indique sus propias (*own*) preferencias u obligaciones personales.

Modelo   (estudiante #1)   **Martín quiere esquiar.**
            (estudiante #2)   **Yo no quiero esquiar.**
                              Quiero ir a la playa.
                                        (o)
                              Yo quiero esquiar también.

Martín/querer. . .
Yo. . .

Manuel y Linda/querer. . .
Yo. . .

Inés/preferir. . .
Yo. . .

Javier/tener que. . .
Yo. . .

Alfonso/preferir. . .
Yo. . .

Camila/tener ganas de. . .
Yo. . .

Esteban/querer. . .
Yo. . .

(*Continued*)

Carmen/deber. . . Natalia/tener ganas de. . . Rubén/tener que. . .
Yo. . . Yo. . . Yo. . .

O. Mini-drama: En el consultorio del médico (de la médica)

En parejas, preparen un diálogo que ocurre entre un(a) paciente y un(a) médico(a). Incluyan en el diálogo:

- los saludos
- los problemas y los síntomas que tiene el (la) paciente (tos, fiebre, etc.)
- lo que no puede hacer el (la) paciente
- lo que tiene ganas o no tiene ganas de hacer el (la) paciente
- la diagnosis del médico (de la médica)
- lo que debe o tiene que hacer el (la) paciente para recuperarse
- la despedida

Palabras útiles:

la **diarrea,** *la* **gripe** *(*flu*), un* **virus,** *los* **problemas digestivos,** *los* **problemas (p)sicológicos, vomitar, estar embarazada (encinta)** *(*to be pregnant*),* **aspirina,** *los* **antibióticos,** *el* **líquido**

 IV. MAKING FUTURE PLANS: *Ir + a + infinitive*

To talk about plans and actions yet to occur, use a form of the verb **ir + a +** infinitive.

¿Qué **van a hacer** este fin de semana?	*What are you going to do this weekend?*
Vamos a jugar al golf.	*We are going to play golf.*

Note

Vamos a + infinitive, used affirmatively, can also mean *let's.*

¡Vamos a comer!   *Let's eat!*

Práctica y comunicación

P. **¿Qué vamos a hacer (*to do*)?**

En parejas, expresen las posibles actividades de las personas indicadas.

Modelo   Voy a la oficina del profesor.
         (posibles actividades) **Voy a hablar con el profesor.**
                          Voy a tomar un examen.

1. Vamos al parque. **Vamos a**. . .
2. (*Nombre de estudiante*) va a la biblioteca.
3. Voy a la residencia.
4. Vamos a la playa.
5. (*Nombres de estudiantes*) van a casa.

Q. **¿Qué vas a hacer este fin de semana?**

1. Andando por la clase, haga la pregunta a cuatro o cinco personas diferentes.

    Modelo   **¿Qué vas a hacer este fin de semana?**
                     Voy a esquiar. (etc.)

2. Después, indique a la clase lo que van a hacer algunos estudiantes.

    Modelo   (*Nombre*) **va a estudiar español todo el fin de semana.**

V. INDICATING POSSESSION: Posesión con *de*

1. *Where English uses an 's with a noun to show possession, Spanish uses* **de** *plus a noun.*

    Juanito es **el hermano de** Elena.
    Juanito is Elena's brother.
    Es **el hijo del** profesor. (Remember: **de + el = del**)
    He is the professor's son.

2. *To express the equivalent of the English* whose?, *Spanish uses* **¿de quién?**

    ¿De quién es la guitarra?   *Whose guitar is it?* (or)
                                To whom does the guitar belong?
    Es de Rubén.   *It's Ruben's.*

Práctica y comunicación

R.   ¿Quién tiene los artículos?

Durante los días finales del semestre los estudiantes necesitan saber quién tiene los artículos indicados.

Modelo   el bolígrafo/Alfonso
¿Quién tiene el bolígrafo de Alfonso?

1. los cuadernos/Alfonso
2. los libros/el profesor Serra
3. la raqueta de tenis/Pepita
4. los cassettes/Manuel

5. el vídeo/la profesora Andrade
6. el voleibol/Javier
7. las fotografías/el profesor Rojas
8. la guitarra/Rubén

S.   ¿De quién es?

El profesor (la profesora) quiere saber de quién son los artículos que él (ella) señala (*points out*).

Modelo   el lápiz
(estudiante #1 pregunta):   **¿De quién es el lápiz?**
(estudiante #2 contesta):   **Es de** (*nombre de estudiante de la clase*).

1. el suéter
2. la mochila (*bookbag*)
3. la chaqueta
4. los cuadernos

5. el bolígrafo
6. el libro de español
7. la gorra (*hat*) de béisbol
8. el reloj (*watch*)

> **VI.**   INDICATING POSSESSION: Los adjetivos posesivos

Possessive adjectives show ownership or a relationship between people.
Observe the varying forms of the possessive adjectives in the chart below.

mi tío, **mis** tíos	*my*
tu hermana, **tus** hermanas	*your* (informal)
su abuelo, **sus** abuelos	*his, her, its, your* (formal)
nuestro amigo, **nuestros** amigos ⎫ **nuestra** amiga, **nuestras** amigas ⎭	*our*
vuestro primo, **vuestros** primos ⎫ **vuestra** prima, **vuestras** primas ⎭	*your* (informal)
su profesor, **sus** profesores	*their, your* (formal)

The possessive adjectives **mi, tu** and **su** have only singular and plural forms. **Nuestro** and **vuestro** have singular and plural as well as masculine and feminine forms.

In Spanish, possessive adjectives agree with the thing possessed, not with the possessor.

Mi amigo no tiene **nuestras** raquetas de tenis.

Note

Su or **sus** can have multiple meanings (*his, her, its, your, their*) which most commonly are clarified by context.

El profesor va a **su** oficina.

The professor is going to his office.

If the context is unclear, clarify in the following manner:

Es **su** oficina. = Es la oficina $\begin{cases} \textbf{de él.} \\ \textbf{de ella.} \\ \textbf{de usted.} \\ \textbf{de ellos.} \\ \textbf{de ellas.} \\ \textbf{de ustedes.} \end{cases}$

Práctica y comunicación

T.   ¿Qué van a vender los estudiantes?

Ustedes son parte de un grupo de estudiantes que va a estudiar en México durante el próximo semestre. Para tener suficiente dinero ustedes deciden vender unos artículos. En este momento están anunciando lo que van a vender.

Modelo   yo/bicicleta
Voy a vender mi bicicleta.

1. yo/libro de matemáticas	6. Rubén/libros de música
2. yo/calculadora	7. mi compañero(a) de cuarto y yo/computadora IBM
3. tú/radio	8. mi compañero(a) de cuarto y yo/estéreo
4. tú/cassettes	9. Linda y Pepita/sofá viejo
5. Rubén/guitarra	10. Linda y Pepita/escritorio

U. ¿Cuál es tu favorito?

En parejas, háganse las preguntas y contéstense.

Modelo ¿Quién es tu artista favorito?
Mi artista favorito es Picasso. (Miró, Rembrandt, etc.)

1. ¿Cuál es tu programa de televisión favorito?
2. ¿Cuáles son tus vídeos favoritos?
3. ¿Quién es tu actor favorito (actriz favorita)?
4. ¿Cuál es tu grupo musical favorito?
5. ¿Cuáles son tus novelas favoritas?
6. ¿Cuáles son tus clases favoritas?
7. ¿Cuál es tu equipo (*team*) favorito de béisbol? ¿y de fútbol americano? ¿y de básquetbol?
8. ¿Cuál es el programa de televisión favorito de tu padre? ¿y de tu madre?
9. ¿Cuáles son las comidas favoritas de tu padre? ¿y de tu madre?
10. ¿Cuáles son las actividades favoritas de tu compañero(a) de cuarto?

En resumen

El señor o la señora "C"

1. Un(a) alumno(a) pasa a la pizarra y dibuja (*draws*) una caricatura basada en la letra "C".
2. Ahora la clase debe dar mucha información respecto al señor (a la señora) "C". ¡Usen la imaginación!
   - ¿De dónde es?
   - ¿Cómo es? (características) **Es. . . Tiene. . .**
   - ¿Cómo es su familia?
   - ¿Cuántos años tiene?
   - ¿Qué le gusta hacer?
   - ¿Qué probablemente no puede hacer?
   - ¿Dónde está ahora?
   - ¿Qué tiene que hacer?
   - ¿Qué tiene ganas de hacer?

Panorama cultural

España

España—situación geográfica

Preguntas basadas en el mapa

1. ¿Cuál es la capital de España?
2. ¿Cuáles son dos ciudades importantes de la costa este?
3. ¿Cuáles son tres ciudades importantes en el sur (*south*) de España (no en la costa)?
4. ¿Cómo se llaman las montañas que están entre España y Francia?
5. ¿Cómo se llaman las islas que están en el Mar Mediterráneo?
6. ¿Qué otro país forma la península ibérica?
7. ¿Cómo se llama el estrecho que separa España de Marruecos?

¿A qué partes de España corresponden estas fotos? Vea las referencias en la página 137.

1

2

3

4

—''Pueblo Blanco'' y olivos
Ronda, España

—Valle de Arán
Pirineos, Lérida, España

—Molinos de viento *(windmills)*
La Mancha, España

—Faro *(Lighthouse)* del Cabo Formentor
Isla de Mallorca, España

España—civilización e historia

Mire el siguiente *cuadro* y observe los diferentes *pueblos* que *han prestado* su cultura, su arte, su lengua y sus conocimientos al país ibérico.

chart / peoples / have contributed

Año	Pueblo	Contribuciones	
Prehistoria	iberos y celtas	*edad* de los metales, *pastoreo*	*age / shepherding*
1100 *A.C.*–654 A.C.	fenicios, griegos, cartagineses	comercio, artesanía de los metales (*plata*), conservar el pescado	*B.C.* *silver*
218 A.C.–409 *D.C.*	romanos	lengua (el latín), *ley* (derecho romano), arquitectura e ingeniería (*puentes*, acueductos, canales, *caminos*), arte	*A.D. / law* *bridges* *roads*
507–711	visigodos	*sentido* de unidad nacional	*feeling*
711–1492	moros	filosofía, arte y literatura, arquitectura (palacios, *mezquitas*, bibliotecas), astronomía, medicina	*mosques*
1492	Isabel y Fernando	unificación de España (lengua, religión y dirección política)	
1492	Colón	exploración del Nuevo Mundo, conocimiento de culturas indígenas	
1519	Carlos I[1]	*empieza* el imperio español: colonias en América, posesiones en Europa y en el Mar Mediterráneo y en África	*begins*
[1898–España *pierde* Cuba y las Filipinas; fin del imperio español]			*loses*

---

[1]Charles I of Spain was also Charles V of the Holy Roman Empire.

COMPRENSIÓN

¿Con qué pueblos o personas asocia usted las siguientes referencias?

1. arquitectura (palacios, mezquitas, bibliotecas)
2. comercio
3. lengua (el latín)
4. arquitectura (puentes, acueductos, caminos)

5. filosofía

6. medicina

7. unificación de España

8. empieza el imperio español

9. exploración del Nuevo Mundo

10. 218 A.C.–409 D.C.

11. 711–1492

12. 1492

1

2

3

4

(*Continued*)

5

¿Puede usted identificar las fotos según la información?

—Palacio/Fortaleza de la Alhambra, construida por los moros
   Granada, España

—Columnas y arcos de la Mezquita
   Córdoba, España

—Arquitectura interior de la Alhambra

—Castillo/Alcázar medieval
   Segovia, España

—Acueducto romano
   Segovia, España

Repaso de vocabulario activo

ADJETIVOS POSESIVOS

mi (-s)
tu (-s)
su (-s)
nuestro (-a, -os, -as)
vuestro (-a, -os, -as)
su (-s)

ADVERBIO

también

PREPOSICIÓN

para

PRONOMBRES DE COMPLEMENTO INDIRECTO

me	nos
te	os
le	les

SUSTANTIVOS

El cuerpo

la boca *mouth*	la espalda *back*	la nariz *nozo*
el brazo *arm*	el estómago	el ojo *eye*
la cabeza *head*	la garganta *throat*	la oreja *ear*
la cara *face*	el hombro *shoulder*	el pecho *chest*
el cuerpo *body*	el labio *lip*	el pelo *hair*
el dedo *finger*	la lengua *tounge*	el pie *foot*
el diente *tooth*	la mano *hand*	la pierna *toe*

Los deportes

el baloncesto	el deporte	el fútbol americano
el básquetbol	el ejercicio	el tenis
el béisbol	el fútbol	el voleibol

Las condiciones físicas

el dolor de cabeza	la fiebre *fever*
el dolor de estómago	el resfriado *cold*
el dolor de garganta	la tos *cough*

VERBOS Y EXPRESIONES VERBALES

abrazar *embrace*	deber *ought*	llamar *call*	salir (de) *leave*
amar	decir (i) *say*	manejar *drive*	tocar *touch*
bailar	descansar *rest*	mirar *look at*	traducir
besar	dormir (ue) *sleep*	nadar *swim*	traer *bring*
buscar	entender (ie) *know*	oír *hear*	usar
caminar *walk*	escuchar	pedir (i) *ask*	venir (ie) *come*
cantar *sing*	esquiar	pintar	ver *see*
cocinar *cook*	fumar	poder (ue) *can*	
conducir *drive*	hacer *to do, make*	poner *put*	ir a. . . *go*
conocer *know*	jugar (ue)	preferir (ie)	ir de compras
correr *run*	leer	querer (ie)	tener ganas de. . . *to feel like*
dar *give*	limpiar *clean*	saber *know*	tener que. . . *to have to*

Autoexamen y repaso #4

I. La *a* personal

¿Cuándo usamos **a?** Escriba oraciones completas.

1. Veo. . .(mi amigo, la casa, los muchachos)
2. Conozco. . .(la señorita, el señor Lorca, la ciudad de Nueva York)

II. Verbos con la forma *yo* irregular en el presente

Indique quién o quiénes participan en las actividades.

Modelo   bailar bien / yo, usted
            Bailo bien. Baila bien.

1. oír la música / yo, tú
2. traer la guitarra / yo, ella
3. no hacer errores / yo, vosotros
4. poner los papeles en la mesa / yo, nosotros
5. ver a los amigos / yo, ustedes
6. traducir las instrucciones / yo, usted
7. saber jugar al tenis / yo, ellas
8. salir a la una / yo, nosotros
9. conocer al director de deportes / yo, tú

III. Los verbos con cambios en la raíz

Hágale preguntas a sus amigos y escriba sus respuestas. Siga el modelo.

Modelo   entender el ejercicio
            ¿Entienden ustedes el ejercicio?
            Sí, entendemos el ejercicio. (No, no entendemos. . .)

1. dormir en la clase
2. entender bien el español
3. querer estudiar esta noche
4. venir a la clase mañana
5. preferir descansar

6. tener mucha sed
7. pedir un refresco
8. jugar al béisbol
9. poder nadar bien
10. decir la verdad

IV. **Ir + a +** *infinitivo*

Indique lo que las personas van a hacer (*to do*) esta noche. Haga oraciones con las palabras indicadas.

1. yo / preparar la comida
2. mi hermano / escuchar música
3. Teresa y Linda / bailar con nosotros
4. nosotros / buscar a nuestros amigos
5. tú / descansar

V. La posesión con *de*

Indique quiénes son las personas.

Modelo   el hijo (la señora López)
            Es el hijo de la señora López.

1. la hija (el señor Martínez)   **3.** la novia (Felipe)
2. el esposo (Elena)   **4.** la prima (Carlota)

VI. Los adjetivos posesivos

¿Qué tienen los estudiantes? Siga el modelo.

Modelo   Paco / cuaderno
            Tiene su cuaderno.

1. yo / libros para las clases
2. tú / bolígrafos
3. Raúl / guitarra
4. mi compañero(a) de cuarto y yo / estéreo
5. vosotros / computadoras
6. ustedes / escritorio grande

VII. Repaso general del Capítulo 4

A. Conteste en oraciones completas.

1. ¿Qué tiene que hacer usted mañana?
2. ¿Qué tiene ganas de hacer?
3. ¿Qué va a hacer usted esta noche?
4. ¿Dónde están sus libros de español?

5.   ¿De quién son los libros que están aquí?

6.   ¿A qué hora salen ustedes de la clase de español?

7.   ¿Usted y su compañero(a) de cuarto prefieren jugar al fútbol o al básquetbol?

B.   Traduzca al español.

1.   I feel like dancing tonight.

2.   My friends and I are going to play volleyball this afternoon.

3.   We ought to study; we want to listen to music.

4.   Do you (*tú*) know Mario? He knows how to play the guitar.

5.   I have a cold and cannot play tennis today.

6.   We like our Spanish class.

Capítulo 5

La ropa

De compras en la Zona Rosa. México, D. F.

Goals for communication

- To purchase and discuss clothing
- To point out things and persons
- To indicate and emphasize possession
- To talk about the weather and the seasons
- To indicate dates
- To indicate that an action has been going on for a period of time
- To describe an action in progress

Cultural focus

- Style and clothing in the Hispanic world
- Spain today

1. la blusa BLOUSE
2. el cinturón BELT
3. la falda SKIRT
4. las botas BOOTS
5. el suéter SWEATER
6. las medias STOCKINGS
7. el sombrero HAT
8. los pendientes, aretes EARRINGS
9. el vestido DRESS
10. el collar NECKLACE
11. la pulsera BRACELET
12. los zapatos SHOES
13. el tra de baño BATHING SU
14. el paraguas UMBRELLA
15. la bolsa PURSE
16. el impermeable RAINCOAT

1. blouse   2. belt   3. skirt   4. boots   5. sweater   6. stockings, hose   7. hat   8. earrings   9. dress   10. necklace   11. bracelet
12. shoes   13. bathing suit   14. umbrella   15. purse, bag   16. raincoat

17. la camiseta
T-SHIRT

21. las gafas de sol
SUNGLASSES

22. la camisa
SHIRT

26. el abrigo
COAT

24. la corbata
tie

30. la gorra
CAP

25. el traje
SUIT

29. la cartera
WALLET

28. el reloj
WATCH

. los pantalones
cortos SHORTS

23. los pantalones
PANTS

27. los
guantes
GLOVES

9. los calcetines
SOCKS

20. los zapatos
de tenis
TENNIS SHOES

31. la chaqueta
JACKET

32. los blujeans,
vaqueros (Esp.)

17. T-shirt, undershirt 18. shorts 19. socks 20. tennis shoes 21. sunglasses 22. shirt 23. pants 24. tie 25. suit 26. coat
27. gloves 28. watch 29. wallet 30. cap 31. jacket 32. jeans

Vocabulario

. . . continuado del dibujo

En la **tienda**   store, shop

la **ropa**   clothing
la **ropa interior**   underwear
las **joyas**   jewelry
el **anillo**   ring
las **gafas**,
     los **anteojos**   glasses
las (los) **lentes de contacto**   contact lenses
el **regalo**   gift
la **talla** *o tamaño*   size (clothing)
la **cosa**   thing
el **precio**   price

Los colores

amarillo(a)   yellow
anaranjado(a)   orange
azul   blue
blanco(a)   white
gris   gray
morado(a) *o purpura o violeta*   purple
negro(a)   black
pardo(a) *o cafe o castaño*   brown
rojo(a)   red
rosado(a)   pink
verde   green

Otras palabras y expresiones útiles

llevar   to wear, take, carry
costar (ue)   to cost
ir de compras   to go shopping
tener frío   to be cold
tener calor   to be hot
barato(a)/caro(a)   inexpensive/expensive
corto(a)/largo(a)   short/long
limpio(a)/sucio(a)   clean/dirty
otro(a)   another
otros(as)   other
casi   almost
siempre/nunca   always/never
a veces   sometimes, at times

Práctica y comunicación

A. En la tienda de ropa

Conteste en español según los dibujos en las páginas 146–147.

1. Linda entra en la tienda. ¿Qué tipo de abrigo lleva ella? ¿Qué otras cosas lleva ella?
2. ¿Qué ropa lleva la mujer-maniquí de pelo largo? ¿Qué más lleva?
3. ¿De qué color es el suéter?
4. ¿Qué colores de medias hay en el escaparate (*shop window*)?
5. ¿Qué lleva la mujer-maniquí de pelo corto? ¿Qué joyas lleva?
6. Si Linda quiere ir a la playa, ¿qué puede comprar en la tienda?
7. Manuel entra en la tienda. ¿Qué tipo de pantalones lleva él? Él tiene frío. ¿Qué lleva? ¿Qué lleva en la cabeza?
8. ¿Qué lleva el hombre-maniquí de pelo negro?
9. ¿Qué ropa lleva el otro maniquí?
10. El padre de Manuel va a Alaska. ¿Qué debe comprar Manuel para su padre?
11. Manuel va a la Florida para las vacaciones de primavera (*spring*). ¿Qué debe comprar en la tienda?
12. ¿Qué puede comprar Manuel en la tienda para guardar (*keep*) su dinero? ¿y para saber la hora?

B. ¿Es caro o barato?

Indique si en su opinión los siguientes artículos son caros o baratos.

Modelo   La camisa cuesta 55 dólares.
   ¡Es cara!

1. El impermeable cuesta 30 dólares.
2. La bolsa cuesta 98 dólares.
3. El traje cuesta 59 dólares.
4. La cartera cuesta 89 dólares.
5. Los zapatos cuestan 15 dólares.
6. Los blujeans cuestan 100 dólares.
7. La corbata cuesta 5 dólares.

¿Qué regalo recomiendan "para él"?
¿Por qué es bueno el reloj Tissot?

C. Los colores: una cuestión de gusto (*taste*)

En su opinión, ¿qué artículos de ropa van bien con el artículo de ropa indicado?

Modelo   una chaqueta azul
una corbata roja, una camisa gris, etc.

1. pantalones grises
2. una falda negra
3. una corbata amarilla
4. una blusa morada
5. pantalones cortos anaranjados
6. una camisa blanca

D. ¿Siempre, a veces o nunca?

Indique con qué frecuencia usted lleva las cosas indicadas o hace las cosas indicadas—**siempre, casi siempre, a veces** o **nunca.**

Modelo   llevar lentes de contacto
A veces (etc.)**, llevo lentes de contacto.**

1. llevar calcetines sucios
2. llevar faldas largas
3. llevar faldas cortas
4. llevar una chaqueta y corbata a la clase
5. llevar una gorra en la clase
6. llevar un impermeable cuando llueve (*it rains*)
7. llevar botas cuando llueve
8. llevar blujeans a las fiestas
9. beber cerveza
10. manejar después de (*after*) tomar bebidas alcohólicas
11. fumar

E. Tú y yo

En parejas, háganse las preguntas y contéstense.

1. qué ropa/llevar normalmente a una fiesta
2. qué joyas/llevar
3. qué ropa/llevar cuando/ir a un restaurante elegante

4. qué ropa/llevar cuando/ir a la playa
5. qué ropa/llevar cuando/tener calor
6. qué ropa/llevar cuando/tener frío
7. preferir faldas largas o faldas cortas
8. llevar lentes de contacto
9. preferir lentes de contacto o gafas
10. ir de compras frecuentemente
11. adónde/preferir ir de compras
12. qué tipo de ropa/comprar con más frecuencia

Conversación

En la tienda de ropa

Ana y Maite son amigas. Van de compras y pasean por la calle mirando varias tiendas. Maite quiere comprar un regalo de cumpleaños para su padre.

ANA	Ay, Maite, mira esa tienda. ¿Por qué no entramos a comprar el regalo para tu padre?
MAITE	Sí. Quizás podemos encontrar algo aquí.
DEPENDIENTE	Buenos días, señoritas. ¿En qué puedo servirles?
MAITE	Necesito un suéter de la talla 49. Es para mi padre—está un poco gordo. Mañana es su cumpleaños.
DEPENDIENTE	Aquí tenemos éstos en rebajas. Son de lana y también de algodón. Tenemos una gran variedad de tallas.
ANA	Mira, Maite, ¿te gusta éste?
MAITE	Sí. Es muy juvenil. Creo que le va a gustar mucho.
DEPENDIENTE	Con el veinticinco por ciento de rebaja son 8.000 pesetas.
MAITE	Aquí tiene mi tarjeta de crédito.
DEPENDIENTE	Gracias.

Note

$1.00 (U.S.A.) = approximately 106 Spanish pesetas (1992)

Ana and Maite are friends. They go shopping and stroll down the street looking at various stores. Maite wants to buy a birthday gift for her father.

ANA   Oh, Maite, look at that store. Why don't we go in to buy your dad's gift?

MAITE   Yes. Perhaps we can find something here.

CLERK   Good morning, ladies. How can I help you?

MAITE   I need a sweater in size 49. It's for my father—he's gotten a little overweight. Tomorrow is his birthday.

CLERK   We have these on sale. They are wool and also cotton. We have a nice variety of sizes.

ANA   Look, Maite. Do you like this one?

MAITE   Yes. It's very young-looking. I think that my father is going to like it a lot.

CLERK   With the 25% discount that'll be 8,000 pesetas.

MAITE   Here's my credit card.

CLERK   Thank you.

COMPRENSIÓN

1. Ana y Maite van de compras. Pasean por la calle mirando varias. . .
2. Maite quiere comprar un regalo de cumpleaños para. . .
3. Maite busca un. . .
4. El padre de Maite está un poco. . .
5. La tienda tiene suéteres de lana y de algodón en una gran variedad de. . .
6. El suéter cuesta 8.000 pesetas con una rebaja de. . .por ciento.
7. Maite usa su tarjeta de. . .

ACTIVIDAD

En parejas, preparen una conversación similar a la de Ana y Maite usando otros artículos de ropa, tallas, colores, etc., según sus preferencias individuales.

Noticias culturales

Ir a la moda   *being in style*

''Ir a la moda'' es muy importante en las ciudades hispanas. La moda generalmente viene de París, de Roma, de Nueva York o de Tokio y a los hispanos les gusta *seguir* los dictados de los *modistas* internacionales. La gente pasa mucho   *to follow / fashion* tiempo en *paseos* donde entran y salen de las *terrazas*, las cafeterías, o los bares populares. Hay una constante exhibición en *lugares* públicos y por eso la ropa es muy importante para causar buena impresión. *Aunque* es *así*, por lo general, hay grupos que no *siguen* la moda estrictamente. Los jóvenes llevan vaqueros *ajustados*, *cazadoras de cuero* y zapatos de tenis de marca internacional como Keds, Nike o Adidas, *lo mismo* que los jóvenes de todo el mundo. Es verdad, *sin embargo*, que la ropa no es tan casual como en los EEUU. Los pantalones cortos y camisetas se llevan más en las playas o en los lugares turísticos donde la vida es más informal.

designers / strolls /
sidewalk cafes / places
Although / like that
follow
closefitting / leather jackets
same as
nevertheless

¿Qué ropa y accesorios llevan estas mujeres? Barcelona, España

PREGUNTAS

1. ¿Por qué es importante en las ciudades hispanas "ir de moda"?
2. En el mundo hispano, por lo general, ¿dónde se llevan pantalones cortos y camisetas? ¿y en los Estados Unidos?
3. ¿Lleva usted ropa elegante para ir a un restaurante? ¿y al cine?
4. En su opinión, ¿cuál es la moda de hoy? ¿y qué colores se llevan esta temporada (*season*)?

➤   **I.**   POINTING OUT THINGS AND PERSONS: Los demostrativos

A.   Adjetivos demostrativos

Demonstrative adjectives are used to point out specific objects or persons. Like all adjectives, demonstrative adjectives agree in gender and number with the word they describe. The demonstrative adjective you use depends upon how close you are to the item you are pointing out.

	Near person	
Near speaker	spoken to	Over there
this **este** chico	*that* **ese** chico	*that* **aquel** chico
esta chica	**esa** chica	**aquella** chica
these **estos** chicos	*those* **esos** chicos	*those* **aquellos** chicos
estas chicas	**esas** chicas	**aquellas** chicas

Me gusta **este** suéter.
¿Te gusta **esa** corbata azul?
Vamos a comprar **esos** zapatos.
Aquella tienda va a tener lo que buscamos.

B.   Pronombres demostrativos

A demonstrative adjective becomes a demonstrative pronoun (this one, that one, those, etc.) with the addition of a written accent over the first **e**. *There is no difference in pronunciation. A demonstrative pronoun is used instead of a noun, while the demonstrative adjective is used with the noun. Compare the demonstrative adjectives and pronouns in the sentences that follow.*

Voy a comprar **esta camisa** y **ésa**.	*I am going to buy this shirt and that one.*
¿Te gustan **estos** pantalones?	*Do you like these pants?*
No. Prefiero **ésos**.	*No. I prefer those.*

Note

The demonstratives **esto** (*this*) and **eso** (*that*) are neuter and are used to refer to a whole idea, situation, or statement, or to an object that has not as yet been identified.	
¿Qué es **esto**? ¡No sé!	*What is this? I don't know!*
¿Qué quiere? ¡**Eso** es ridículo!	*What does he want? That's ridiculous!*

Práctica y comunicación

F. ¿Cuánto cuesta?

En una tienda usted quiere saber el precio de varios artículos. Usted es el cliente (la clienta) y el profesor (la profesora) es el dependiente (la dependienta). Haga preguntas sobre los artículos de ropa y el profesor (la profesora) le contesta con el precio.

Modelo   camisa
            Cliente(a):   **¿Cuánto cuesta esta camisa?**
            Dependiente(a):   Veinte y cinco dólares. (etc.)
            Cliente(a):   **¿Y ésa?**
            Dependiente(a):   Treinta dólares. (etc.)

1. pantalones *ESTOS*
2. gorra *ESTA*
3. camiseta
4. corbatas
5. calcetines

6. chaqueta
7. impermeable
8. zapatos

G. ¿Te gustan?

Dos estudiantes van de compras y miran en los escaparates (*shop windows*). En parejas, háganse las preguntas y contéstense.

Modelo   el anillo
            (estudiante #1)   **¿Te gusta ese anillo?**
            (estudiante #2)   **No, prefiero aquél** (o **ése** o **éste**).

1. los anillos
2. el collar
3. los aretes
4. el reloj
5. las pulseras
6. la cartera

7. la bolsa
8. el cinturón
9. las gafas de sol
10. el traje de baño

➤   **III.**   TALKING ABOUT THE WEATHER AND THE SEASONS: El tiempo
y las estaciones

A.   El tiempo

Observe that **hacer** *is used in Spanish to express most weather conditions.*

¿Qué tiempo hace?	*What's the weather like?*
Hace buen/mal tiempo.	*It's good/bad weather.*
Hace (mucho) frío.	*It's (very) cold.*
Hace (mucho) calor.	*It's (very) hot.*
Hace fresco.	*It's cool.*
Hace sol.	*It's sunny.*
Hace viento.	*It's windy.*
Llueve.	*It rains, it's raining.*
Está lloviendo.	*It's raining (in the act of).*
la **lluvia**	*rain*
llover (ue)	*to rain*
Nieva.	*It snows, it's snowing.*
Está nevando.	*It's snowing (in the act of).*
la **nieve**	*snow*
nevar (ie)	*to snow*
Está (muy) nublado.	*It's (very) cloudy.*

Si (*if*) la temperatura está a 40 grados Celsius, ¿hace
mucho frío o hace mucho calor?
Hoy hace fresco. El termómetro indica que la
temperatura está a 50 grados Fahrenheit. ¿Cuál es la
temperatura en centígrados?

Refranes: **Después de la lluvia sale el sol.**
       Al mal tiempo. . .buena cara.

¿Qué significan los refranes?

B.   Las estaciones (*seasons*)

el **invierno**	*winter*
la **primavera**	*spring*
el **verano**	*summer*
el **otoño**	*autumn*

Note

Be aware that the seasons of the year are reversed in the northern and southern hemispheres; for example, when it is winter in Argentina, it is summer in the United States.

EL TIEMPO

Por la mañana nublado y con un 40 por ciento de probabilidad de lloviznas. Por la tarde algo soleado. Temperaturas mínimas por los 45° y las máximas por los 60° Fahrenheit. Vientos entre 10 y 15 mph.

¿Cuáles son cuatro expresiones de tiempo que usted puede aplicar a este pronóstico (*forecast*) del tiempo?

Práctica y comunicación

K. ¿Qué tiempo hace? ¿Qué estación es?

Indique según los dibujos qué tiempo hace y qué estación es probablemente.

Modelo **Hace sol.**
Probablemente es verano.

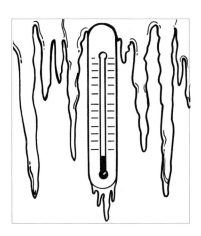

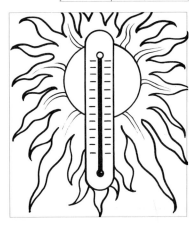

L.   Las estaciones y el tiempo

En parejas, háganse las preguntas y contéstense.

1.   ¿Cuál es tu estación favorita? ¿Por qué?

2.   ¿Te gusta el invierno? ¿Por qué?

3.   ¿Qué te gusta hacer en el verano?

4.   ¿Qué vas a hacer este (*this*) verano?

5.   ¿Qué tienes ganas de hacer cuando llueve?

6.   ¿Qué tiempo hace hoy?

7.   ¿Qué tiempo hace probablemente en Buenos Aires, Argentina? ¿en Miami, Florida? ¿en Fairbanks, Alaska? ¿y en los estados de Oregón y Washington?

8.   ¿Qué ropa llevas cuando nieva? ¿y cuando llueve? ¿y cuando hace mucho calor?

YA ES PRIMAVERA

El Corte Inglés

*Este año, hay mil posibili-
dades de combinar la moda:
Faldas, blusas, bermudas, cha-
quetas... Todo puede coordi-
narse en estilo y color. Con pocas prendas se puede cambiar
mucho, porque en Primavera
hay momentos alegres, sofisticados, serenos o deportivos...
y una sóla moda:
La de El Corte Inglés.*

Si vamos de compras a ''El Corte Inglés'' en Madrid, ¿qué cosas podemos comprar? ¿Qué podemos coordinar?

Noticias culturales

La ropa tradicional

Debido a la diversa población que compone los países que hablan español, es necesario dar énfasis a los diversos grupos que mantienen su *atuendo* tradicional en el mundo hispano. Unos ejemplos:

Due to
attire

En España es más común seguir la moda europea. Sólo en algunas regiones como Galicia y Asturias en el norte de España, en las zonas rurales, *todavía* se ve un atuendo tradicional. Por ejemplo, los zapatos típicos o *zuecos* se usan para *andar* cuando el terreno está *mojado*, lo cual es bastante frecuente a causa de la lluvia.

still
wooden shoes
walk / wet

"La guayabera" es un atuendo masculino muy popular en casi todos los países hispanos del continente americano. Es una camisa larga y *ancha* que se pone *fuera de* los pantalones y permite estar más fresco en países donde hace calor durante todo el año.

wide
outside of

En los países que tienen una gran concentración de población indígena, como Guatemala, el Perú, Bolivia y el Ecuador, se ven ponchos y otras ropas de colores *vivos* y *tejidos* a mano. Algunas *prendas* son distintivas de un grupo, como "el huipil" (vestido blanco con un *bordado* de flores de muchos colores), de origen maya.

bright / woven / articles
embroidered border

Describa los huipiles de esta mujer y su hija.
Chichén Itzá, Yucatán, México

Describa la ropa, etc. de estas mujeres.
Guatemala

PREGUNTAS

1. ¿Por qué llevan zapatos zuecos en algunas de las zonas rurales en el norte de España?

2. ¿Cómo se llama la camisa típica que llevan los hombres en los países donde hace calor?

3. ¿En qué países se ve con más frecuencia la ropa típica indígena?

4. ¿Se lleva ropa tradicional hoy en los Estados Unidos? ¿Dónde?

IV.   COUNTING FROM 100: Los números de cien a. . .

In order to buy clothing and other items it is necessary to be able to understand and work with numbers over 100. In the Hispanic world it is usual to buy items that cost hundreds and thousands of pesos, pesetas, etc.

cien	100
ciento uno(a)	101
doscientos(as)	200
trescientos(as)	300
cuatrocientos(as)	400
quinientos(as)	500
seiscientos(as)	600
setecientos(as)	700
ochocientos(as)	800
novecientos(as)	900
mil	1000
dos mil	2000
cien mil	100.000
doscientos mil	200.000
un millón (de. . .)	1.000.000
dos millones (de. . .)	2.000.000

Study hint

Review the numbers from 0 to 100 found on pages 29 and 66.

Note

1. **Ciento** is used with numbers 101 to 199.

    121 = **ciento veintiuno**

2. In Spanish there is no **y** between hundreds and a smaller number, although *and* is often used in English.

    205 (two hundred and five) = **doscientos cinco**

3. In Spanish, numbers above 1000 are never read by hundreds.

    1971 (nineteen hundred seventy one) = **mil novecientos setenta y uno**

4. In writing numbers, Spanish commonly uses a period where English uses a comma and a comma where English uses a period.

    English: $121,250.46 = *Spanish: $121.250,46*

Práctica y comunicación

M. ¿Tiene usted hambre?

Usted está en San Juan, Costa Rica. Tiene hambre y decide pedir una pizza. Estudie el menú y decida qué tipo de pizza prefiere pedir.

1. ¿Cuál es el número de teléfono?
2. ¿Desea usted la pizza ExtravaganZZa, la pizza Vegy o la pizza Deluxe?
3. ¿Usted prefiere una pizza mediana de ocho porciones o una pizza grande de doce porciones?
4. ¿Cuánto cuesta la pizza que usted pide? (C = **colón**, la moneda nacional de Costa Rica)
5. Usted decide que quiere una pizza con sus ingredientes favoritos. ¿Va a comprar la pizza mediana o la grande? ¿Cuál es el precio "base"? ¿Qué ingredientes adicionales desea? ¿Cuánto cuesta cada ingrediente? ¿Cuánto va a costar la pizza en total? Haga la suma (*Add it up*).
6. ¿Tiene usted sed? ¿Cuánto cuesta medio litro de Coca-Cola?

N. ¿Cuánto cuesta?

¿Saben ustedes cuánto cuestan los artículos indicados? ¿Qué dicen los hombres y qué dicen las mujeres? ¿Hay diferencias de opinión?

Modelo   una botella de perfume francés
             (un estudiante)   **Cuesta $20.**
             (una estudiante)   **¡No! Cuesta $80.**

1. en Bloomingdale's un suéter tejido a mano (*hand-knit*)
2. una chaqueta de cuero (*leather*) para hombres
3. un abrigo de piel (*fur*) para mujeres
4. un par de blujeans de un diseñador muy famoso
5. un collar de perlas auténticas
6. un anillo con un diamante grande de un quilate (*carat*)
7. una pulsera elegante de oro (*gold*)
8. gafas de sol muy de moda
9. un traje elegante para hombres
10. un vestido para una fiesta especial
11. un estéreo que usted espera comprar en el futuro
12. una computadora muy, muy buena
13. un coche usado del año 1991
14. un coche Rolls Royce
15. una casa de ocho cuartos en San Francisco

➤ **V.**   INDICATING DATES: ¿Cuál es la fecha? *What is the date?*

To express days of the month in Spanish, use cardinal numbers (**dos, tres, cuatro,** *etc.*) *except to express* the first, *in which case* **el primero** *is used.*
   Observe the word order for expressing dates in Spanish.

Es el cuatro de julio.
Es el primero de abril de mil novecientos noventa y tres.

Vocabulario

La fecha

Los **meses** (*months*) son:

enero	**julio**
febrero	**agosto**
marzo	**septiembre**
abril	**octubre**
mayo	**noviembre**
junio	**diciembre**

Unas fechas importantes del año son:

el **cumpleaños**	*birthday*
la **Navidad**	*Christmas*
la **Janucá**	*Hanukkah*
el **Año Nuevo**	*New Year's Day*
la **Pascua de Resurrección**	*Easter*

Práctica y comunicación

O.   ¿Cuál es el mes?

Identifique el mes o los meses.

1. los meses de la primavera
2. los meses del otoño
3. los meses del invierno
4. los meses del verano
5. el primer mes del año académico
6. los meses en que hay exámenes finales
7. el mes de las vacaciones de primavera
8. el mes del Día de Acción de Gracias
9. el mes del Día de San Valentín
10. el mes del Día de las Madres
11. el mes del Día de los Padres
12. el mes de la Janucá
13. el mes de la Pascua de Resurrección
14. el mes en que hay muchos matrimonios (*weddings*)

P.   ¿Cuál es la fecha?

1. Andando por la clase, hable con cinco o seis compañeros o compañeras de clase y el profesor (la profesora) para saber las fechas de sus
cumpleaños.

> *Modelo*   **¿Cuál es la fecha de tu cumpleaños?**
> **Mi cumpleaños es el ocho de octubre,** etc.

2. Ahora conteste las preguntas de la profesora (del profesor) para indicar la
fecha.
   a. ¿Cuál es la fecha del cumpleaños de (*nombre de estudiante*)? ¿y de
   (*nombre de estudiante*)?
   b. ¿Cuál es la fecha del cumpleaños de la profesora (del profesor)?
   c. ¿Cuál es la fecha de hoy? (día, mes, año)
   d. ¿Cuál es la fecha del Día de la Independencia de los Estados Unidos?
   e. ¿Cuál es la fecha de la Navidad?
   f. ¿Cuál es la fecha del Año Nuevo?
   g. ¿Cuál es la fecha del "Día de los Inocentes" (*April Fool's Day*)?

➤   **VI.** INDICATING THAT AN ACTION HAS BEEN GOING ON FOR A
   PERIOD OF TIME: **Hacer** para expresar tiempo

Observe the contrasts in meaning in the following pairs of sentences.

Lleva lentes de contacto.	*He wears contact lenses.*
Hace dos años que **lleva** lentes de contacto.	*He has been wearing contact lenses for two years.* (Literally: *It makes two years that he wears contact lenses.*)
Trabaja en la tienda de ropa.	*She works in the clothing store.*
Hace dos meses que **trabaja** allí.	*She has been working there for two months.* (Literally: *It makes two months that she works there.*)

*Spanish has a special construction to indicate that an action or condition has
been going on for a period of time and still is.*

---

hace + time + **que** + present tense

To ask how long an action or condition has been going on use **¿Cuánto tiempo
hace que. . . ?**

   ¿Cuánto tiempo hace que trabaja en la tienda de ropa?

Práctica y comunicación

Q.   ¿Quién en esta clase. . . ?

Conteste las preguntas del profesor (de la profesora).

1.   ¿Quién en esta clase lleva lentes de contacto? ¿Cuántos meses o años hace que usted lleva lentes de contacto?

2.   ¿Quién en esta clase lleva blujeans muy viejos hoy? ¿Cuánto tiempo hace que usted tiene esos blujeans?

3.   ¿Quién en esta clase lleva nuevos zapatos de tenis hoy? ¿Cuántos días o meses hace que usted tiene esos zapatos de tenis?

4.   ¿Quién en esta clase tiene un coche? ¿Cuánto tiempo hace que usted tiene ese coche?

5.   ¿Quién en esta clase sabe tocar un instrumento musical? ¿Cuál? ¿Cuánto tiempo hace que usted toca. . . ?

6.   ¿Quién en esta clase sabe jugar a un deporte muy bien? ¿Cuál? ¿Cuánto tiempo hace que usted juega al. . . ?

7.   ¿Quién en esta clase tiene un novio o una novia? ¿Cuánto tiempo hace que usted sale con su novio(a)?

8.   ¿Quién en esta clase sabe qué hora es? ¿Cuánto tiempo hace que estamos aquí?

R.   ¿Cuánto tiempo hace?

Estudiante #1 hace la pregunta y estudiante #2 contesta según los dibujos.

Modelo   (estudiante #1 pregunta:)   **¿Cuánto tiempo hace que Martín e Inés bailan?**
(estudiante #2 contesta:)   **Hace media hora que bailan.**

Martín e Inés/media hora

Martín/dos horas

Javier/una hora

Linda/cuatro horas

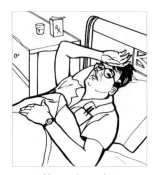

Inés/quince minutos   Pepita/cuarenta minutos   Alfonso/tres días

VII. EMPHASIZING THAT AN ACTION IS IN PROGRESS: El presente del progresivo

The present progressive stresses that an action is in progress at a given moment.

A. Formación

The present progressive is composed of two verbs and is formed as follows:

a conjugated form of **estar** + present participle

Están comprando un regalo.   *They are buying a gift.*

Regular present participles are formed as follows:

	infinitive stem	+	ending	=	present participle
-ar verbs	cantar		**-ando**	=	**cantando**
-er verbs	comer		**-iendo**	=	**comiendo**
-ir verbs	escribir		**-iendo**	=	**escribiendo**

The present participle does not change to agree with the subject, and thus always ends in **-o**. **Estar**, *however, always agrees with the subject.*
Irregular present participles include:

decir (i)	**d*i*ciendo**
pedir (i)	**p*i*diendo**
dormir (u)	**d*u*rmiendo**
leer	**le*y*endo**
oír	**o*y*endo**
traer	**tra*y*endo**

B. Función

While the present tense is used to describe actions that occur in the present or in the immediate future, the present progressive is used only *to emphasize that an action* is occurring at the very moment the person is speaking.

Trabajo todos los días.   *I work (am working) every day.*
Estoy trabajando ahora.   *I am working (right) now.*

Práctica y comunicación

S.   Actores y actrices

Diez estudiantes seleccionan diez actividades diferentes de la siguiente lista y, enfrente de la clase, presentan en forma dramática su actividad. Los otros estudiantes indican lo que sus compañeros o compañeras **están haciendo**.

1.	buscar su tarea de español	**7.**	fumar
2.	llamar a sus amigos por teléfono	**8.**	abrazar a su novio(a) imaginario(a)
3.	caminar		
4.	descansar	**9.**	hacer ejercicios
5.	manejar	**10.**	dormir
6.	tocar la guitarra		

T.   ¿Qué están haciendo?

Indique según los dibujos lo que están haciendo las personas.

Modelo   **Inés está cantando.**

Inés

Esteban

Esteban

Natalia

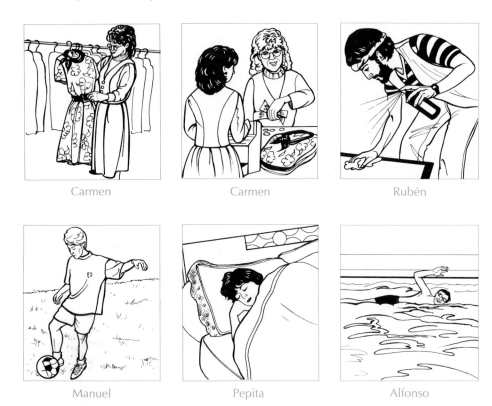

Carmen   Carmen   Rubén

Manuel   Pepita   Alfonso

U.   Probablemente están. . .

Imagine lo que las personas están haciendo en los lugares (*places*) indicados.
Indique varias posibilidades. ¡Use la imaginación!

Modelo   Doña Rosa está en el mercado público.
             Está comprando frutas y está hablando con Doña María.

1. Los novios están en el restaurante Ritz celebrando una ocasión especial.
2. Mis amigos están en la playa para las vacaciones de primavera.
3. Mi padre está en casa un viernes por la noche.
4. Mi madre está en casa el día antes de (*before*) una fiesta grande.
5. Los niños están en el parque un domingo por la tarde.
6. El profesor (la profesora) está en la biblioteca.
7. Mi compañero(a) de cuarto está en su cuarto y son las diez de la noche.
8. Es el sábado por la noche y mis amigos están en la fiesta.

En resumen

Imagínese que es invierno y es el mes de diciembre antes de (before) las vacaciones. Usted y un(a) compañero(a) de clase quieren ir de compras en el centro. Van a comprar regalos para amigos y miembros de la familia.
Hablen de:

- el tiempo muy malo de hoy (¿Qué tiempo hace?)
- cuánto tiempo hace que llueve, nieva, etc.
- la ropa que ustedes deben llevar
- quién va a manejar
- adónde van
- cuánto dinero pueden gastar (*to spend*) comprando regalos (para cada persona y en total)
- ropa y otros artículos que ustedes desean comprar
- a qué hora van a salir

DanzGear
Dance & Fitness Apparel

EL INVENTARIO MAS GRANDE, Y LOS PRECIOS MAS FABULOSOS EN ROPA PARA AEROBICOS, GIMNASIA Y DANZA

LAS MEJORES, Y MAS MODERNAS MARCAS DEL MUNDO

Gilda Mary *marika*

Y MUCHAS OTRAS
VENGA A CONOCERNOS

TAMBIEN TENEMOS ACCESORIOS Y ZAPATOS
NORTH STAR MALL (Frente al Food Court)
San Antonio, Texas

¿Dónde está la tienda DanzGear?
¿Qué tipo de ropa venden?

Panorama cultural

La España *actual*   *present day*

En el siglo XX España *ha pasado* por períodos difíciles. *Después de perder* las últimas posesiones (Cuba, en América, y las Filipinas, en Asia) el país tiene una crisis de identidad que es más dramática por los problemas económicos y políticos.

has passed / After / losing

Mire el siguiente cuadro y observe los eventos políticos y económicos que marcan la historia de España en este siglo.

Año	Evento	Resultado	
1936–39	*Sublevación* del *ejército*, dirigida por Francisco Franco, contra el gobierno republicano. Con la *ayuda* de Hitler y Mussolini, Franco *vence* a las fuerzas del gobierno.	*Guerra* civil	*Uprising / army / War* *help* *defeats*
1940	Hitler invade Polonia.	Segunda guerra mundial	
1940–75	Dictadura de Franco	Censura, represión; salida de muchos intelectuales y artistas	
1975	*Muerte* de Franco; el *Rey* Juan Carlos I toma posesión del gobierno.	Restitución de la monarquía	*Death / King*
1978	Constitución española	Establecimiento de la monarquía; elecciones libres—presidente del gobierno y parlamento elegidos por el electorado	
1986	España comienza el proceso de *entrada* en la Comunidad Económica Europea (el Mercado Común)	*Ventajas* económicas	*Advantages* *entrance*
1992	Juegos Olímpicos en Barcelona; Expo '92 en Sevilla; consolidación del proceso de entrada en el Mercado Común	Celebración de la historia y del futuro de España	

Con el *advenimiento* de la democracia y la libertad de expresión artística el país está experimentando un *renacimiento*. España es hoy uno de los países más vibrantes de Europa. Las manifestaciones artísticas van de lo popular (el carnaval, bailes folklóricos como el flamenco y grupos de danza regionales) hasta las bellas artes, el cine, el teatro y la literatura. La entrada definitiva de España en el Mercado Común permite que España sea el foco donde se centra la atención mundial; los Juegos Olímpicos y la Expo '92 lo demuestran.

return
rebirth

¿Qué guerra (*war*) representa este cuadro de Picasso? Guérnica, 1937

¿Cuáles son los años de la dictadura de Franco?

Describa a la familia real española: Cristina, Elena, Juan Carlos, Sofía, Felipe.

Durante los Juegos Olímpicos (Barcelona, 1992), ¿qué deportes observaron los espectadores en este estadio?

¿En qué ciudad ocurrió la Exposición Universal 1992? ¿Cuál es su impresión de este puente (*bridge*) que sirve de entrada a la Exposición?

Según esta foto, ¿cuál es su impresión de Madrid, la capital de España?

COMPRENSIÓN

¿Qué asocia usted con las referencias indicadas?

1. la Guerra Civil de España
2. la dictadura de Franco
3. Juan Carlos I
4. la constitución española
5. 1992

Repaso de vocabulario activo

ADJETIVOS

barato(a)	largo(a)	otros(as)
caro(a)	limpio(a)	sucio(a)
corto(a)	otro(a)	

amarillo	gris	rojo
anaranjado	morado	rosado(a)
azul	negro	verde
blanco	pardo	

ADJETIVOS DE POSESIÓN

mío(a), míos(as)	suyo(a), suyos(as)	vuestro(a), vuestros(as)
tuyo(a), tuyos(as)	nuestro(a), nuestros(as)	suyo(a), suyos(as)

DEMOSTRATIVOS

Adjetivos

este	ese	aquel
esta	esa	aquella
estos	esos	aquellos
estas	esas	aquellas

Pronombres

éste	ése	aquél
ésta	ésa	aquélla
éstos	ésos	aquéllos
éstas	ésas	aquéllas

ADVERBIOS

a veces   nunca
casi   siempre

SUSTANTIVOS

La ropa

el abrigo   la chaqueta   el sombrero
los blujeans   la falda   el suéter
la blusa   la gorra   el traje
las botas   los guantes   el traje de baño
los calcetines   el impermeable   los vaqueros
la camisa   las medias   el vestido
la camiseta   los pantalones   los zapatos
el cinturón   los pantalones cortos   los zapatos de tenis
la corbata   la ropa interior

Las joyas

el anillo   el collar   la pulsera
los aretes   los pendientes   el reloj

Otras palabras útiles

los anteojos   las gafas   el precio
la bolsa   las gafas de sol   el regalo
la cartera   las (los) lentes de contacto   la talla
la cosa   el paraguas   la tienda

Las estaciones

el invierno   el verano
la primavera   el otoño

Los meses

enero   mayo   septiembre
febrero   junio   octubre
marzo   julio   noviembre
abril   agosto   diciembre

Las fechas importantes del año

el Año Nuevo   la Janucá   la Pascua de Resurrección
el cumpleaños   la Navidad

VERBOS Y EXPRESIONES VERBALES

costar (ue)   tener frío
llevar   tener calor
ir de compras

El tiempo

¿Qué tiempo hace?   Hace viento.   Está nevando.
Hace buen/mal tiempo.   Llueve.   la nieve
Hace (mucho) frío.   Está lloviendo.   nevar (ie)
Hace (mucho) calor.   la lluvia   Está (muy) nublado.
Hace fresco.   llover (ue)
Hace sol.   Nieva.

LOS NÚMEROS

cien   seiscientos(as)   cien mil
ciento uno(a)   setecientos(as)   doscientos mil
doscientos(as)   ochocientos(as)   un millón (de. . .)
trescientos(as)   novecientos(as)   dos millones (de. . .)
cuatrocientos(as)   mil
quinientos(as)   dos mil

Autoexamen y repaso #5

I.   Los demostrativos

A.   Indique, usando los adjetivos demostrativos, lo que usted va a comprar.

Modelo   Voy a comprar el suéter que está aquí.
            Voy a comprar este suéter.

1.   Voy a comprar la corbata que está aquí.
2.   Voy a comprar los zapatos que están en esa mesa.
3.   Voy a comprar las camisetas que están en aquella mesa.
4.   Voy a comprar el regalo que está allí.

B. Indique, usando los pronombres demostrativos, cuánto cuestan las cosas.

Modelo   los calcetines/$5/$3/$1
Estos calcetines cuestan cinco dólares, ésos cuestan tres dólares y aquéllos cuestan un dólar.

1. las gafas/$38/$22/$19
2. los blujeans/$76/$63/$34
3. el impermeable/$150/$100/$90
4. la casa/$2.000.000/$1.000.000/$500.000

II.   Los posesivos

A.   Usted y sus amigos tienen su ropa en la residencia de estudiantes. Indique de quién es la ropa.

Modelo   yo: calcetines, impermeable
Los calcetines son míos. El impermeable es mío.

1. yo: abrigo, botas, guantes, gorra
2. nosotros: ropa interior, blujeans, corbatas
3. tú: blusa, vestido, camiseta, medias
4. Raúl: pantalones, cinturón, camisa, gafas de sol
5. Ana y Elena: ropa de verano, faldas, trajes de baño

B.   Indique con quiénes vienen ustedes a la fiesta. Siga el modelo.

Modelo   yo/un amigo
Vengo con un amigo mío.

1. mi padre/unos amigos
2. Viviana/un amigo
3. vosotros/unas amigas
4. mi hermana y yo/un amigo
5. yo/unos amigos

III. ¿Qué tiempo hace?

Indique qué tiempo hace en las situaciones que siguen. Hay más de una respuesta posible.

Modelo verano/Miami
Hace mucho calor. (Hace mucho sol.)

1. otoño/Washington, D. C.
2. invierno/Alaska
3. primavera/aquí en esta universidad
4. agosto/Chicago

IV. Los números de cien a. . .

El señor Trompa es muy, muy rico. Le gusta comprar regalos extraordinarios para sus dos hijos. ¿Cuánto dinero necesita para comprar dos de las cosas indicadas?

Modelo Un abrigo cuesta $200.
Dos abrigos cuestan cuatrocientos dólares.

1. Un reloj cuesta $250.
2. Un anillo cuesta $700.
3. Un coche nuevo cuesta $16.000.
4. Una casa nueva cuesta $125.000.
5. Una mansión cuesta $1.000.000.

V. **Hacer** en expresiones de tiempo

Conteste las preguntas indicando cuánto tiempo hace que usted participa en las actividades.

Modelo ¿Cuánto tiempo hace que vives aquí? (un año)
Hace un año que vivo aquí.

1. ¿Cuánto tiempo hace que trabajas aquí? (dos semanas)
2. ¿Cuánto tiempo hace que juegas al tenis? (media hora)
3. ¿Cuánto tiempo hace que conoces a tu compañero(a) de cuarto? (un año)
4. ¿Cuánto tiempo hace que llevas esas gafas? (dos meses)

VI.   El presente del progresivo

Indique lo que está pasando en este momento. Siga el modelo.

Modelo   Llueve.
            Está lloviendo.

1.   Nieva.
2.   El niño duerme.
3.   Leo una novela.
4.   Bebemos café con leche.
5.   Mis hermanos preparan la cena.

VII.   Repaso general del Capítulo 5

A.   Conteste en oraciones completas.

1.   ¿Qué ropa llevan las mujeres a un restaurante elegante? ¿y los hombres?
2.   ¿Qué ropa debe usted llevar a Alaska? ¿y a la Florida?
3.   ¿Qué tiempo hace hoy?
4.   ¿Qué está haciendo usted en este momento?
5.   ¿De quién es el coche que usted maneja?
6.   ¿Cuál es la fecha de su cumpleaños?
7.   ¿Cuánto tiempo hace que usted asiste a esta universidad?

B.   Traduzca al español.

1.   What is she doing now? She is buying a blouse. (in the act of)
2.   That shirt costs $95. It's very expensive!
3.   It is cold today. I am very cold.
4.   I am going to wear my coat, my gloves, my cap, and my boots.
5.   A friend of ours is arriving tonight.
6.   She has been studying Spanish for four years.

Capítulo 6

En la ciudad

Bogotá, Colombia

Goals for communication

- To talk about places and things in the city
- To carry out simple transactions at the bank
- To indicate impersonal or anonymous actions
- To talk about actions in the past
- To avoid repetition when referring to persons and things
- To refer to indefinite and non-existent persons and things

Cultural focus

- The plaza, heart of the Hispanic city
- The arts in Spain

1. el almacén
2. la avenida
3. el banco
4. la calle
5. la zapatería
6. la joyería
7. el restaurante
el café
8. el autobús
9. la parada de autobús
10. el taxi
11. la plaza
12. el metro

1. department store   2. avenue   3. bank   4. street   5. shoe store   6. jewelry shop   7. restaurant/café   8. bus   9. bus stop   10. taxi   11. plaza   12. metro

14. el rascacielos

13. los edificios

18. MUSEO ARTE COLONIAL

15. TEATRO COLÓN

19. la catedral

16. la película

SUPER Hombre

17. hacer cola

20. el quiosco

Av. Sur

25. la estatua

21. la revista

22. el banco

23. el periódico

24. la bicicleta

13. buildings   14. skyscraper   15. theater   16. film   17. to make a (stand in) line   18. museum   19. cathedral   20. newsstand
21. magazine   22. bench   23. newspaper   24. bicycle   25. statue

Vocabulario

. . . continuado del dibujo

¿Qué más vemos en el **centro** de la   *center, downtown*
ciudad?

el **bar**	*bar*
el **parque**	*park*
la **iglesia**	*church*
la **sinagoga**	*synagogue*
el **cine**	*movies*
el **centro comercial**	*shopping mall*
el **lugar**	*place*
la **gente**	*people*

Verbos útiles

entrar (en)	*to enter, go into*
esperar	*to wait for, to hope*
invitar a	*to invite*
pasar	*to happen, to pass, spend (time)*
pensar (ie)	*to think*
visitar	*to visit*
volver (ue)	*to return, go back*
devolver (ue)	*to return (something)*
abrir/cerrar (ie)	*to open/to close*
perder (ie)/**encontrar** (ue)	*to lose/to find*
empezar (ie)/**terminar**	*to begin/to finish*

Ministerio de Cultura
Museo Nacional del Prado

Serie J № 010268

ENTRADA GRATUITA

- ¿Sabe usted en qué país está el Museo del Prado?
- La entrada al museo, ¿cuesta o no?

- ¿Qué sistema de transporte podemos usar con este boleto (*ticket*)?
- ¿En qué ciudad?
- ¿Conoce usted esta ciudad?
- ¿Qué significa "transporte colectivo"?

- ¿En qué teatros o cines podemos ver la película "Tiburón"?
- ¿A qué horas?
- Si su hermano(a) menor tiene ocho años, ¿debe ver la película?

Note

1. **Invitar** and **empezar**, as well as **aprender**, which you learned in Capítulo 3, require the preposition **a** when used with an infinitive.

   Él **empieza a trabajar** en el restaurante esta tarde.
   He begins to work at the restaurant this afternoon.
   Ellos me **invitan a cenar** con frecuencia.
   They frequently invite me to have dinner.
   Quiero **aprender a cocinar.**
   I want to learn how to cook.

2. **Pensar** (ie) can be used in various ways.

   pensar + infinitive = *to intend*
   Pienso ir al cine esta noche.

   pensar en = *to think about (be on one's mind)*
   Pienso en mi familia frecuentemente.

   pensar de = *to think about (have an opinion of)*
   ¿Qué **piensas de** la película "Gandhi"?
   Pienso que es excelente.

Práctica y comunicación

A.   En la ciudad

Conteste en español según los dibujos en las páginas 182–183.

1.   ¿Qué tipo de tienda es Sears de las Américas?
     ¿Quiénes entran? ¿Qué van a hacer allí?
     ¿Qué venden allí probablemente?
2.   ¿En qué avenida está el almacén?
3.   ¿Qué tipo de tienda es "Calzado Las Tapias"?
4.   ¿Qué tipo de tienda es "La Joya"?
5.   ¿Cómo se llama el banco?
6.   ¿En qué calle está el restaurante/café "El Mesón"?
     ¿Qué hacen las personas que están allí?
7.   ¿Dónde está la señora que espera el autobús?
8.   ¿Cómo se llama la parada de metro?
9.   En el teatro "Colón", ¿por qué hacen cola las personas?
10.   ¿Qué tipo de arte podemos ver en el museo?
11.   ¿Qué edificio está en la Avenida Sur?
12.   ¿Qué venden en el quiosco?
13.   ¿Qué lee el hombre que está sentado (*sitting*) en el banco?
14.   ¿Qué medio de transporte usa el muchacho?
15.   ¿Qué hay en el centro de la plaza?

B.   ¿Adónde vamos?

¿A qué lugares vamos para. . . ?

1.   comprar zapatos
2.   comprar joyas
3.   comprar libros
4.   comprar pasteles
5.   ver un drama
6.   ver una película
7.   ver arte de pintores famosos
8.   participar en ceremonias religiosas
9.   depositar dinero
10.   comprar ropa
11.   encontrar una variedad de tiendas y almacenes
12.   tomar cerveza y vino
13.   descansar en el centro de la ciudad
14.   comprar revistas y periódicos
15.   comer
16.   esperar el autobús

AYER, HOY Y SIEMPRE, LA JOVEN MUJER DE HOGAR LEE UNA GRAN REVISTA...

A nuestras lectoras les fascina estar al día en todo: salud, moda, belleza, decoración, sicología, cocina, personalidades, cine, horóscopo... en fin, ¡la información más dinámica para la joven mujer de hogar!

En la revista *Buenhogar*, ¿cuál de los temas es de más interés para usted?

C. Tú y yo

En parejas, háganse las preguntas y contéstense.

1. en qué o en quién/pensar con mucha frecuencia
2. a quién/visitar con mucha frecuencia
3. con qué personas/pasar mucho tiempo
4. qué/pensar hacer este fin de semana
5. qué/pensar de la vida social de la universidad
6. ir al cine con frecuencia
7. qué tipo de películas/preferir (¿de ciencia ficción?, ¿románticas?, ¿cómicas?, ¿de horror?)
8. a qué hora/empezar las películas normalmente
9. a qué centro comercial/ir con más frecuencia
10. preferir/ir de compras en almacenes grandes o en tiendas pequeñas
11. en una ciudad grande, qué medios de transporte/preferir usar

Conversación

Me gustó la ciudad

Unos amigos conversan en la terraza de un café en la Plaza de Cataluña de Barcelona. Hablan de sus experiencias del verano después de volver de vacaciones.

MARTÍN Angélica, ¿qué tal París?

ANGÉLICA ¡Maravilloso! Los edificios, los paseos[1], las pequeñas plazas, las tiendas, las catedrales, los palacios. . . ¡todo me gustó!

ROBERTO Pero, Angélica, aquí tenemos también plazas, paseos, tiendas. ¿Cuál es la diferencia?

ANGÉLICA Bueno, París es París. Tiene un encanto especial.

ROBERTO Y Barcelona es Barcelona. Los parques, el Barrio Gótico, el teatro del Liceo, el Museo de Picasso, la catedral de la Sagrada Familia. . .todos tienen un encanto especial.

MARTÍN Para mí, todas las ciudades tienen su propia personalidad. Oye, Angélica, en París, ¿comiste en algún restaurante típico?

ANGÉLICA Sí, comí en muchos y también en los pequeños cafés. Me encantó la comida.

ROBERTO Pues, en **mi** opinión, la comida española es extraordinaria.

ANGÉLICA Roberto, tú eres **muy** español.

MARTÍN El problema de Roberto es que te envidia porque tú fuiste a París y él no.

TODOS ¡Ja, ja, ja!

Several friends are conversing in an outdoor café on the Plaza de Cataluña in Barcelona. They are talking about their summer experiences after returning from vacations.

MARTÍN Angélica, how was Paris?

ANGÉLICA Marvelous! The buildings, the avenues, the small plazas, the stores, the cathedrals, the palaces. . . . I liked everything!

ROBERTO But, Angélica, we have plazas, avenues, stores here too. What's the difference?

ANGÉLICA Well, Paris is Paris. It has a special enchantment.

---

[1]Paseo means "avenue," but has a broader connotation which includes the shops and the open space for leisurely strolls that surround the avenue.

ROBERTO	And Barcelona is Barcelona. The parks, the Gothic Quarter, the Liceo Theater, the Picasso Museum, the cathedral of the Sacred Family. . .they all have a special enchantment.
MARTÍN	To me all cities have their own personality. Listen, Angélica, in Paris, did you eat in a typical restaurant?
ANGÉLICA	Yes, I ate in many and also in the small cafés. I loved the food.
ROBERTO	Well, in **my** opinion Spanish food is extraordinary.
ANGÉLICA	Roberto, you are **very** Spanish.
MARTÍN	Roberto's problem is that he's jealous of you because you went to Paris and he didn't.
ALL	Ha, ha, ha!

COMPRENSIÓN

1. Angélica visitó la ciudad de. . .
2. Los lugares en Barcelona que tienen un encanto especial son. . .
3. En París Angélica comió en. . .
4. Roberto piensa que la comida española es. . .
5. El problema de Roberto es que. . .

ACTIVIDAD

En parejas, preparen una conversación similar sustituyendo París y Barcelona por dos ciudades que usted y su amigo(a) conocen bien.

Noticias culturales

La plaza, *corazón* de la ciudad   *heart*

La mayoría de las ciudades españoles *crecieron en torno a* una plaza. Este modelo es típico *lo mismo* en España que en Latinoamérica. La plaza es el corazón de la ciudad. Es un lugar donde hay tiendas, bares, cafés, la catedral y edificios públicos. La plaza es un lugar de reunión y un centro de la vida social hispana. En la plaza juegan los niños, charlan los adultos y algunas personas leen el periódico o juegan a las *cartas*.   *grew / around* / *as much* / *cards*

El paseo por la plaza es una parte integrante de la vida hispana. Los amigos y los novios se reúnen y *dan vueltas* a la misma plaza o a las calles que *rodean* la plaza, charlando de cosas triviales o de *asuntos* importantes, como de política, uno de los temas favoritos.   *go around / surround* / *issues*

¿Qué se puede hacer en la
famosa Plaza Mayor de
Salamanca? España

PREGUNTAS

1. ¿Por qué es la plaza un centro importante de la vida social hispana?
2. En la ciudad donde usted vive, ¿dónde tiene lugar su vida social? ¿Qué
    hace usted allí?

I. INDICATING AN IMPERSONAL OR ANONYMOUS ACTION: El **se**
impersonal y el **se** pasivo

*To say how things are done in general, i.e., not done by a specifically identified
person or persons, English uses an impersonal or anonymous reference such as
one, they, you, etc. or a simple passive structure.*

How does one say this in Spanish?
How do they say this in Spanish?
How do you say this in Spanish?
How is this said in Spanish?

In Spanish, you express these impersonal or anonymous references by using **se**
with a third person verb.

Se dice que no **se debe** fumar.   *They say that one should not smoke.*
Aquí **se habla** español.   *Spanish is spoken here.*

*If the subject is plural, **se** is used with a third person plural verb.*

¿Dónde **se venden** revistas?   *Where do they sell magazines?*
                                Where are magazines sold?

¿A que hora **se abren** las tiendas?   *When do the stores open?*

Práctica y comunicación

D.   ¿Sabe usted lo que se vende allí?

Indique lo que se vende en los lugares indicados.

Modelo   en la panadería. . .
           Se vende pan.

1. en la pastelería. . .
2. en la tortillería. . .
3. en la carnicería. . .
4. en la joyería. . .
5. en la zapatería. . .
6. en la librería. . .

7. en el almacén o boutique. . .
8. en el quiosco. . .
9. en el bar. . .
10. en el supermercado. . .

E.   A conocer la ciudad

Un(a) estudiante de México está visitando la ciudad donde usted vive y necesita información sobre (*about*) la ciudad. Trabajando en parejas, el (la) estudiante #1 (de México) hace las preguntas y el (la) estudiante #2 (de los
EEUU) contesta, dando la información solicitada.

Modelo   dónde/comprar periódicos
           (estudiante #1)   **¿Dónde se compran periódicos?**
           (estudiante #2)   **Se compran en People's Drug, en el quiosco,**
                             etc.

1. a qué hora/abrir el banco principal
   a qué hora/cerrar el banco
2. a qué hora/abrir el supermercado
   a qué hora/cerrar
3. a qué hora/abrir los almacenes
   a qué hora/cerrar
4. dónde/cambiar (*to exchange*) dinero

5. dónde/alquilar (*to rent*) vídeos
6. dónde/vender blujeans
7. dónde/vender cassettes de música
8. en qué restaurante/comer bien

Noticias culturales

Los medios de transporte

En España y otros países hispanos el transporte público es muy importante en la vida *diaria*. Para ir al trabajo, para salir con los amigos o para ir de compras, el transporte público se usa más que el *propio* coche. Es más fácil así porque el aparcamiento es un problema en las grandes ciudades. Los autobuses, micro-buses (buses más pequeños) y taxis se ven por todas partes. En algunas ciudades latinoamericanas hay "colectivos", taxis grandes que transportan a grupos de personas. También, el metro es uno de los transportes más eficientes y econó-micos en ciudades grandes como Madrid, Buenos Aires, la Ciudad de México y Caracas.

daily
one's own

PREGUNTAS

1. En general en los países hispanos, ¿usa la gente los medios de transporte público o prefiere usar su coche? ¿Por qué?

2. En los países hispanos, ¿qué medios de transporte se usan con más fre-cuencia?

3. ¿Qué medio de transporte prefiere usted usar? ¿Por qué?

➤ II. TALKING ABOUT ACTIONS IN THE PAST: El pretérito

The preterit tense in Spanish is used to talk about completed past actions.

A. La formación de verbos regulares en el pretérito

To form the preterit tense of regular **-ar, -er,** *and* **-ir** *verbs, drop the* **-ar, -er,** *or* **-ir** *from the infinitive and add the endings indicated below.*

	cerrar	**perder**	**abrir**
yo	cerr**é**	perd**í**	abr**í**
tú	cerr**aste**	perd**iste**	abr**iste**
Ud./él/ella	cerr**ó**	perd**ió**	abr**ió**
nosotros(as)	cerr**amos**	perd**imos**	abr**imos**
vosotros(as)	cerr**asteis**	perd**isteis**	abr**isteis**
Uds./ellos/ellas	cerr**aron**	perd**ieron**	abr**ieron**

The preterit tense in Spanish corresponds to two English forms, one used with questions and the other with statements.

¿Cuándo **volviste** tú?　　　　　　*When did you return?*
Volví del centro a la una.　　　　*I returned from downtown at one.*

Note

1. Verbs ending in **-ar** and **-er** with stem changes in the present tense (for example, **cerrar** and **perder** in the chart) do **not** have stem changes in the preterit. (Verbs ending in **-ir** with stem changes in the preterit will be studied on page 197.)

2. The preterit forms of **ver** (*to see*) do not use a written accent.

   ver: **vi, viste, vio, vimos, visteis, vieron**

B.　Verbos con cambios ortográficos en el pretérito

1.　*Verbs ending in **-gar, -car,** and **-zar** have spelling changes in the **yo** form of the preterit.*

g > gu	c > qu	z > c
ju**gar**: yo **jugué**	to**car**: yo **toqué**	abra**zar**: yo **abracé**
lle**gar**: yo **llegué**	bus**car**: yo **busqué**	empe**zar**: yo **empecé**

2.　*The verbs **leer** and **oír** change the **i** of the third person singular and plural endings to **y** (**-ió > -yó; -ieron > -yeron**).*

leer: leí, leíste, leyó, leímos, leísteis, leyeron
oír: oí, oíste, oyó, oímos, oísteis, oyeron

C.　Los verbos irregulares **ser** e **ir**

*The verbs **ser** (*to be*) and **ir** (*to go*) have identical but irregular preterit endings; the context generally clarifies the meaning.*

ser/ir
fui	**fuimos**
fuiste	**fuisteis**
fue	**fueron**

Fueron al centro para ver el drama. (**ir**)
La presentación **fue** excelente. (**ser**)

Vocabulario

¿Cuándo?

anoche	*last night*
ayer	*yesterday*
anteayer	*the day before yesterday*
la **semana pasada**	*last week*
el **fin de semana pasado**	*last weekend*
el **viernes** (etc.) **pasado**	*last Friday, etc.*
el **mes/año pasado**	*last month/year*

Práctica y comunicación

F.   ¿Qué pasó?

¿Participó usted o no participó en las siguientes actividades?

Modelo   Anoche. . .
              ¿Comió usted en la cafetería?
              Sí, comí en la cafetería. (o)
              No, no comí en la cafetería.

Anoche. . .

1. ¿Empezó usted a estudiar temprano?
2. ¿Estudió usted español?
3. ¿Usó usted la computadora?
4. ¿Escuchó usted la radio?

5. ¿Miró usted la televisión?
6. ¿Leyó usted el periódico?
7. ¿Comió usted una pizza?
8. ¿Terminó usted la tarea?

El fin de semana pasado. . .

9. ¿Jugó usted al tenis (al voleibol, al béisbol, etc.)?
10. ¿Salió usted con sus amigos?
11. ¿Fue usted a una fiesta?
12. ¿Tomó usted mucha cerveza?

13. ¿Bailó usted?
14. ¿Comió usted en un restaurante?
15. ¿Vio usted una película?

La semana pasada. . .

16. ¿Tomó usted un examen?
17. ¿Leyó usted un libro interesante?
18. ¿Escribió usted una composición?
19. ¿Limpió usted el cuarto?

20. ¿Llamó usted a su familia?
21. ¿Fue usted al banco?
22. ¿Compró usted un cassette de música?

G.   Fuimos al centro ayer

Ayer salimos de excursión al centro de la ciudad. Describa las actividades en
que todos nosotros participamos en nuestra excursión.

Modelo   salir a las dos de la tarde
Salimos a las dos de la tarde.

1.	caminar al centro	**10.**	beber varios refrescos
2.	ir al almacén	**11.**	ir al teatro
3.	comprar unos regalos	**12.**	escuchar la música y ver el drama
4.	entrar en un museo	**13.**	entrar en un bar
5.	ver unas obras de Dalí	**14.**	tomar una cerveza
6.	salir del museo a las cinco	**15.**	conversar
7.	ir a un restaurante	**16.**	buscar un taxi
8.	hablar con el camarero	**17.**	volver a casa a la una de la mañana
9.	comer pollo y ensalada		

Ahora describa las actividades en que sus amigos participaron.

Modelo   salir a las dos de la tarde
Salieron a las dos de la tarde.

Repita 1–17.

H.   Las actividades de Javier

Según los dibujos, describa las actividades en que participó Javier.

Modelo   **Javier pintó la casa.**

Javier/la casa

Javier/la puerta

. . . en la casa

. . . la novela

. . . la composición

. . . la manzana

. . . el refresco

. . . la televisión

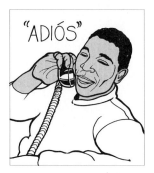

. . . con su amiga

. . . de la casa

I. Tú y yo

En parejas háganse preguntas y contéstense.

1. asistir a todas las clases ayer
2. llegar a tiempo
3. hablar con uno de tus profesores ayer (¿con quién?) (¿de qué?)
4. estudiar en la biblioteca ayer
5. ir al laboratorio ayer
6. dónde/comer anoche (qué/comer) (qué/beber)
7. a qué hora/terminar los estudios anoche
8. salir el fin de semana pasado
9. con quién/salir
10. adónde/ir
11. a qué hora/volver a la residencia
12. trabajar el verano pasado (¿dónde?)
13. ir de vacaciones el verano pasado (¿adónde?) (¿cuánto tiempo/pasar allí?)

14. qué clases/tomar el año pasado

15. comprar un coche el año pasado (¿qué tipo?)

16. dónde/vivir el año pasado

J.   Actores y actrices

Doce estudiantes seleccionan doce actividades diferentes de la siguiente lista y, enfrente de la clase, presentan en forma dramática su actividad. Los otros estudiantes indican lo que sus compañeros o compañeras **están haciendo**.

Modelo   **Diego está jugando al tenis.**

Después, los actores dejan de (*stop*) presentar su actividad y los otros indican la actividad que cada individuo presentó.

Modelo   **Diego jugó al tenis.**
           El actor (la actriz) confirma la respuesta.
           Sí, jugué al tenis.

1.	abrir/cerrar	**7.**	entrar/salir
2.	bailar	**8.**	escribir
3.	beber	**9.**	leer
4.	cocinar	**10.**	limpiar
5.	comer	**11.**	nadar
6.	correr	**12.**	pintar

III. EXPRESSING ADDITIONAL ACTIONS IN THE PAST: Verbos con cambios (*changes*) en la raíz (*stem*) en el pretérito

A. Formación

Verbs ending in **-ir** *that are stem-changing in the present tense (*o > ue, e > ie, e > i*) also change in the preterit. The change in the preterit (***o > u*** *and* ***e > i***) *occurs in the third person singular (*él/ella/usted*) and third person plural (*ellos/ellas/ustedes*) forms. This same change also occurs in the present participle.* Observe the pattern of change in the following model verbs.

dormir		**preferir**		**pedir**	
o > u		**e > i**		**e > i**	
dormí	dormimos	preferí	preferimos	pedí	pedimos
dormiste	dormisteis	preferiste	preferisteis	pediste	pedisteis
durmió	durmieron	prefirió	prefirieron	pidió	pidieron

B. Verbos con cambios en la raíz en el pretérito

dormir (ue, u)	*to sleep*	Ella **durmió** en el hotel.
morir (ue, u)	*to die*	Las plantas en el parque **murieron.**
preferir (ie, i)	*to prefer*	Ellos **prefirieron** ir al centro.
pedir (i, i)	*to ask for, request, order*	El **pidió** un taxi.
repetir (i, i)	*to repeat*	¿**Repitió** usted las direcciones?

Note

In the above verbs the first stem-change in parentheses (**ue**, for example) refers to a stem change in the present tense; the second (**u,** for example) refers to a stem change in the preterit tense **and** in the *-ing* form.
   Observe the change in the *-ing* forms below:

durmiendo   **mu**riendo   prefi**riendo**   p**i**diendo   rep**i**tiendo
¡Shhhh! Los niños están **durmiendo.**

Práctica y comunicación

K.   Varias situaciones

Complete para indicar lo que pasó según las situaciones.

Modelo   En la clase. . .
nosotros/repetir. . .
Nosotros repetimos las oraciones, los verbos, etc.

1.   En la clase. . .
el (la) profesor(a)/repetir. . .
los estudiantes/repetir. . .
yo/repetir. . .

2.   En el restaurante. . .
mis padres/pedir. . .
mi compañero(a) de cuarto/pedir. . .
yo/pedir. . .

3. En la tienda de ropa. . .
   yo/preferir. . .
   mi madre/preferir. . .
   mis amigos/preferir. . .

4. En la residencia de estudiantes la noche antes de (*before*) los exámenes finales. . .
   mi compañero(a) de cuarto/dormir. . .(¿Cuántas horas?)
   yo/dormir. . .
   muchos estudiantes/dormir. . .

5. ¡Qué tragedia! En el accidente que ocurrió en el centro. . .
   morir. . .

L.   Opciones

En parejas, hagan las preguntas y contéstenlas según los dibujos. Después, hagan las mismas preguntas y contéstenlas para dar respuestas personales según sus preferencias.

¿qué/pedir Carmen?
¿y qué/pedir tú?

Modelo   (estudiante #1)   **¿Qué pidió Carmen en la pastelería?**
           (estudiante #2)   **Pidió la torta.**
           (estudiante #3)   **¿Y qué pediste tú?**
           (estudiante #4)   **Pedí las galletas.**

¿qué/pedir Juanito y Elena?
¿y qué/pedir tú?

¿qué/pedir la madre?
¿y qué/pedir tú?

¿qué/preferir Manuel?
¿y qué/preferir tú?

¿qué/preferir Juanito y
Elena? ¿y qué/preferir tú?

¿qué palabra/repetir
Camila y Natalia?
¿repetir Esteban
correctamente?
¿repetir tú correctamente?

¿cómo/dormir Rubén y
Esteban anoche?
¿cómo/dormir Alfonso?
¿y cómo/dormir tú?

Vocabulario

El dinero y el banco

¿Qué hacemos con el **dinero**?   *money*

contar (ue)	*to count, to tell (narrate)*
ganar	*to earn, to win*
gastar	*to spend (money)*
depositar	*to deposit*
sacar	*to take out, withdraw*
ahorrar	*to save (money)*
cambiar	*to change, to exchange*
pagar	*to pay (for)*
la **cuenta**	*the bill*
recibir	*to receive*

Modos de pagar son:

el **cheque**	*check*
el **cheque de viajero**	*traveler's check*
firmar	*to sign*
cobrar	*to cash, to charge*
la **tarjeta de crédito**	*credit card*
el **efectivo**	*cash*
el **cambio**	*change, small change, exchange*
la **moneda**	*currency, money, coin*

Máquinas que se usan en el banco son: *Machines*

la **calculadora**	*calculator*
la **computadora**	*computer*
la **máquina de escribir**	*typewriter*
escribir a máquina	*to type*

- ¿Cuántas personas ahorraron y ganaron en el sorteo (*raffle*) del Banco Andino?
- ¿Se puede ganar treinta y dos o veintiséis por ciento en ahorros?

Práctica y comunicación

M. Una visita al banco

En grupos de cuatro estudiantes, describan la escena y las posibles transacciones que ocurren en el banco. Un(a) estudiante sirve de secretario(a). ¿Cuántas posibilidades pueden encontrar dentro de (*within*) un límite de seis minutos?

N. Preguntas personales sobre sus finanzas

Vamos a ver si hay diferencias en cómo ustedes gastan su dinero y controlan sus finanzas personales.

1. ¿Trabajó usted el verano pasado? ¿Dónde?
2. ¿Cuánto dinero ganó usted?
3. ¿Cuánto dinero ahorró?
4. Aquí en la universidad, ¿en qué gasta usted su dinero?
5. ¿Paga usted todos los gastos (*expenses*) de su educación?
6. ¿Quién paga los libros?
7. ¿Quién paga su cuenta de teléfono aquí en la universidad?
8. ¿Cuántas veces (*times*) por mes saca usted dinero del banco?
9. ¿Recibe usted cheques o dinero de sus padres?
10. ¿Tiene usted una tarjeta de crédito? ¿Qué tipo?

11. ¿Quién paga la cuenta de su tarjeta de crédito?

12. ¿Tiene usted una libreta de cheques?

13. Cuando usted va de compras a una tienda de ropa, ¿paga usted con tarjeta de crédito, con cheque o en efectivo?

O. Cambiando dinero

Ustedes, estudiantes de la clase de español, salen del aeropuerto en Miami con destino a varios países hispanos. Cada estudiante necesita cambiar unos cheques de viajero a la moneda nacional del país que decide visitar.

En parejas, estudiante #1 hace el papel (*plays the role*) del viajero o de la viajera y estudiante #2 hace el papel del cajero o de la cajera (*teller*) en una casa de cambio.

Hablan de: (a) la moneda nacional que usted necesita
(b) a cuánto está el cambio
(c) cuánto dinero quiere cambiar

¡Recuerden las expresiones de cortesía!

Cambio/dólar americano	$
España—Peseta	106
México—Peso	3109
Costa Rica—Colón	136
Colombia—Peso	786
Venezuela—Bolívar	70
Argentina—Peso	.99
Chile—Peso	387
Perú—Sol	1.55

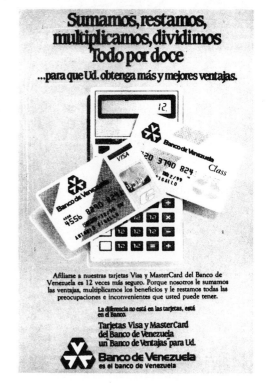

- ¿Qué significan las palabras **sumar**, **restar**, **multiplicar** y **dividir**?
- ¿Qué tarjetas de crédito ofrece el Banco de Venezuela?

IV. AVOIDING REPETITION WHEN REFERRING TO PERSONS AND THINGS: Pronombres de complemento directo

A direct object identifies the person or thing that directly receives the action of the verb and answers the question What? *or* Whom? *The direct object pronoun is used to avoid repeating the name of the person or thing.*

Example: *I saw Laurie. I saw her downtown.*
(Laurie is the direct object; *her* is the direct object pronoun.)

The following are direct object pronouns.

me	*me*	¿Por qué no **me** esperaste?
te	*you*	**Te** esperé media hora.
lo	*you (m.), him, it (m.)*	Aquí viene el autobús. ¿**Lo** ves?
la	*you (f.), her, it (f.)*	Aquí viene Carmen. Debemos esperar**la.**
nos	*us*	Ella **nos** llamó anoche.
os	*you*	¿No **os** llamó?
los	*you (m.), them (m.)*	¿Tienes los cheques? ¿Vas a cambiar**los**?
las	*you (f.), them (f.)*	¿Tienes las direcciones? ¿Estás buscándo**las**?

In Spanish, the direct object pronoun is placed immediately before a conjugated verb.

Lo compré.

Direct object pronouns may, however, be attached to infinitives and the present participle (-ing form).

Voy a invitar**la**. (or) **La** voy a invitar.
Estoy llamándo**la**. (or) **La** estoy llamando.

Note

When a pronoun is attached to the present participle, a written accent mark is added to preserve the original stress pattern.

Estoy llamándo**la**.

Práctica y comunicación

P. Carmen los invitó.

Explique que los estudiantes fueron a la fiesta para celebrar el cumpleaños de Carmen porque ella los invitó personalmente. ¿Quién fue a la fiesta?

Modelo   Linda fue. . .
           Linda fue porque Carmen la invitó.

1. Yo fui. . .
2. Manuel fue. . .
3. Tú fuiste. . .
4. Camila fue. . .
5. Nosotros fuimos. . .
6. Linda y Eva fueron. . .
7. Esteban y Alfonso fueron. . .
8. La profesora Andrade fue. . .
9. Vosotros fuisteis. . .

Q. ¿Verdad o no?

Conteste las preguntas para indicar si usted participó o no participó en las siguientes actividades.

Modelo   Usted ganó dinero el verano pasado, ¿verdad?
           ¿Depositó usted el dinero?
           Sí, lo deposité. (o) **No, no lo deposité.**

1. Usted ganó dinero el verano pasado, ¿verdad?
   ¿Contó usted el dinero?
   ¿Ahorró usted el dinero?
   ¿Depositó usted los cheques?
   ¿Gastó usted el dinero? ¿En qué?
   ¿Pagó usted las cuentas?

2. Usted sacó muchos libros de la biblioteca el semestre pasado, ¿verdad?
   ¿Usó usted los libros?
   ¿Leyó usted los libros?
   ¿Perdió usted los libros?
   ¿Devolvió usted los libros?

3. Usted perdió unas cosas el año pasado, ¿verdad?
   ¿Perdió usted su tarjeta de crédito? (¿La encontró?)
   ¿Perdió usted su cartera? (¿La encontró?)
   ¿Perdió usted su calculadora? (¿La encontró?)
   ¿Perdió usted su bolígrafo? (¿Lo encontró?)
   ¿Perdió usted sus cuadernos? (¿Los encontró?)
   ¿Perdió usted su mochila (*backpack*)? (¿La encontró?)
   ¿Perdió usted sus gafas o lentes de contacto? (¿Las/Los encontró?)

4. Usted visitó la ciudad de Nueva York, ¿verdad?
   ¿Vio usted la Estatua de Libertad?
   ¿Vio usted el rascacielos Empire State?
   ¿Visitó usted el Museo Metropolitano de Arte?
   ¿Visitó usted el edificio de las Naciones Unidas?
   ¿Visitó usted la Isla Ellis?
   ¿Visitó usted el estadio de los Yanquis?
   ¿Usó usted el metro?

R. ¿Quiere usted conocerlos?

Indique si usted quiere conocer o no quiere conocer a estas personalidades famosas.

Modelo   ¿Quiere usted conocer a. . . ?
                Harrison Ford
                Sí, quiero conocerlo.
                (¿Por qué?)
                Porque es muy buen actor.

¿Quiere usted conocer a. . . ?

1. Roseanne Barr Arnold   LA
2. Kevin Costner   Lo
3. Madonna   LA

  4. los Grateful Dead *Los*
  5. los B-52s *Los*
  6. Michael Jackson *Lo*
  7. Dan Quayle *Lo*
  8. Saddam Hussein *Lo*
  9. Michael Jordan *Lo*

  10. Darth Vader *Lo*
  11. Drácula *Lo*
  12. Liz Taylor *La*

S.   Una historia (*story*) de amor, estilo telenovela (*soap opera*)

En parejas, narren la conversación que ocurre entre "Él" (el héroe) y "Ella"
(la heroína) en la dramática y popular telenovela "Una historia de amor".

Modelo   Mi amor. . .
llamarme esta noche
(Él o ella) **Mi amor, ¿me llamas esta noche?**
(Él o ella) **Sí, te llamo.**

Mi amor. . .

  1. querer conocerme mejor (*better*)
  2. querer verme esta noche
  3. ir a invitarme a la fiesta
  4. querer llevarme a un restaurante íntimo
  5. admirarme
  6. adorarme
  7. necesitarme

  8. quererme mucho
  9. desearme
  10. amarme
  11. querer abrazarme
  12. querer besarme
  13. esperarme en el parque a la medianoche

*Ahora, una o dos de las parejas pueden presentar de una manera muy dramática
su conversación a la clase.*

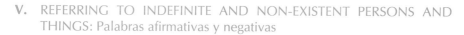

**V.   REFERRING TO INDEFINITE AND NON-EXISTENT PERSONS AND
THINGS: Palabras afirmativas y negativas**

You have previously learned some affirmative and negative words in Spanish:
también, siempre, a veces, nunca. *Here are some additional affirmative and
negative words.*

alguien	*someone, somebody*	**nadie**	*no one, nobody*
algo	*something*	**nada**	*nothing, not anything*

As you already know, in order to express a simple negative idea, **no** is placed before the verb or before a pronoun and verb combination.

¿**No** hablaste con ellos?
¿**No** los llamaste?

To express a negative idea involving something that is indefinite, a "double negative" construction is often used.

> **no** + verb + negative word

No compré **nada.**

However, some negative words can precede the verb, thereby eliminating the use of **no**.

> negative word + verb

Nadie volvió a tiempo.

Alguien and **nadie**, because they are indefinite references to a person, are preceded by the "personal **a**" when they are objects of the verb.

Yo vi **a** alguien en la calle.

> Refrán: ¡**Más vale tarde que nunca!**

¿Cuál es el refrán equivalente en inglés?

Práctica y comunicación

T. ¡**Un ladrón (***thief***) en el banco!**

Conteste las preguntas según los dibujos para saber lo que pasó en el banco.

1. ¿Ve el ladrón a alguien en el banco?
2. ¿Alguien entró en el banco con el ladrón?
3. ¿Alguien lo vio entrar?
4. ¿Busca el ladrón algo en el banco?
5. ¿Lleva algo en la mano?
6. ¿Hay algo en su bolsa?

1. ¿Alguien oyó la alarma?
2. ¿Alguien llamó a la policía?
3. Ahora, ¿hay algo en la bolsa?
4. ¿Tiene el ladrón algo en la mano?
5. ¿Dice el policía algo? ¿y el ladrón?
6. ¿Alguien conoce al ladrón?

U. Buscando información

En parejas, háganse las preguntas y contéstense.

1. ¿Compraste algo en una tienda o en un almacén la semana pasada? (¿Qué?)
2. ¿Estudiaste con alguien anoche? (¿Con quién?)
3. ¿Hablaste con alguién por teléfono anoche? (¿Con quién?)
4. ¿Saliste con alguien anoche? (¿Con quién?)
5. ¿Viste algo divertido en la tele anoche? (¿Qué?)
6. ¿Oíste algo interesante en la radio anoche o esta mañana? (¿Qué?)
7. ¿Comiste algo esta mañana? (¿Qué?)

- ¿Qué hay de interés en esta película?
- ¿Es inocente el hombre?

En resumen

Una universidad en España quiere iniciar un programa de estudios en la ciudad donde usted vive. Imagínese que usted es el (la) representante de la ciudad norteamericana. Otro(a) estudiante es el (la) representante de la universidad en España.

Él o ella hace una serie de preguntas para obtener (obtain) mucha información sobre (about) la ciudad. Conteste las preguntas de él o ella para convencerle que su ciudad es un buen lugar para estudiar inglés.

La información solicitada debe incluir:

- población de la ciudad
- lugares históricos y turísticos para excursiones (museos, etc.)

(CONTINUED)

- medios de transporte
- escuelas y universidades
- salas de concierto y teatros, restaurantes y clubs, etc. que ofrecen una introducción a la cultura norteamericana
- mejores (*best*) estaciones del año para venir
- tiempo/clima

Panorama cultural

Las artes en España

En las artes (literatura, música y pintura), España es un líder mundial. Con la muerte de Franco y al eliminarse por completo la censura, muchos artistas exiliados volvieron a España. Éstos, con toda una nueva generación de escritores, escultores, pintores, compositores y cinematógrafos forman una nueva *"ola"* de expresión artística.

wave

En todas las comunidades se ven manifestaciones artísticas de todo tipo, desde los bailes folklóricos de *tiempos antiguos* hasta la música "rock"; desde los pintores clásicos de los siglos 16 y 17 hasta Picasso, Miró y Dalí; desde el drama del *Siglo de Oro* hasta las películas más recientes.

times / ancient

Golden Age

A continuación se presentan unos pocos ejemplos de la gran variedad artística y literaria que *exponen* la cultura diversa de España.

show

ACTIVIDAD CULTURAL

A.   Literatura, música, bailes, cine

En grupos de tres:

(1)   lean las descripciones que siguen;
(2)   busquen la fotografía que corresponde a la descripción;
(3)   escriban el nombre que acompaña la fotografía en el espacio debajo de la descripción.

1.   Protagonista central de la primera novela moderna escrita por Miguel de Cervantes; *caballero andante* en busca de aventuras; símbolo del idealismo español. (Siglo XVII)

knight / errant

_____

2.   Personaje de ficción en dos dramas; hombre irrespetuoso y egoísta; gran *amante* de las mujeres; símbolo del machismo latino. (Siglos XVII, XIX)

lover

_____

(CONTINUED)

Andrés Segovia

Don Quijote y Sancho Panza
Madrid, España

Baile flamenco
Sevilla, España

Luis Buñuel: escena de "Un Chien
Andalou"

Don Juan Tenorio

Pablo Casals

Pedro Almodóvar: "Mujeres al borde de un ataque de
nervios"

(CONTINUED)

3. Combinación de baile y canto folklórico, acompañado por la guitarra española, que en movimiento y sonido presenta un lamento de amor, pasión y muerte; de origen andaluz.

_____

4. *Consiguió* hacer de la guitarra un instrumento clásico; famoso en todo el mundo por sus conciertos de guitarra, como solista y como parte de una orquesta. (Siglo XX)   *Succeeded*

_____

5. Famoso violoncelista; concertista y director de orquesta; composiciones para cello, violín, órgano, orquesta. (Siglo XX)

_____

6. Uno de los pioneros del cine mundial; colaboró con Dalí en la creación del primer film surrealista "Un chien andalou". (Siglo XX)

_____

7. Director y *guionista* de películas de fama internacional como "Mujeres al borde de un ataque de nervios"; nominado para el Óscar. (Siglo XX)   *scriptwriter*

_____

B.   El arte

En grupos de tres:

(1)   lean la breve descripción de cada artista;
(2)   estudien los cuadros que siguen;
(3)   identifiquen quién es el pintor según los temas y la técnica. (Escriban el nombre del pintor debajo del cuadro.)

1. *El Greco* (1541–1614)
   Captó el espíritu "místico" español en las caras de sus figuras e introdujo los tonos fuertes de contraste entre colores vivos y *oscuros*. Sus temas religiosos son los más abundantes.   *dark*
2. *Diego Velázquez* (1599–1660)
   Sus *obras*, famosas en todo el mundo, se encuentran en el Museo del Prado (España), en Londres, en París y en los Estados Unidos. Pintó numerosos *cuadros* de la familia *real* española y también *intentó* mostrar las deformaciones humanas. Es conocido por el realismo de sus cuadros y el uso de *luz* y perspectiva espacial.   *works* *paintings* *royal / he tried* *light*

(CONTINUED)

"La persistencia de la memoria".

"El espolio".

"El fusilamiento del 2 de mayo".

Las señoritas de Avignon".

"Las Meninas".

(CONTINUED)

3. *Francisco de Goya* (1776–1828)
    Como *testigo* de su tiempo, pintó escenas de los horrores de la guerra, de la   *witness*
    vida festiva de los madrileños y de la familia real. En sus "Caprichos" cri-
    ticaba los abusos y las supersticiones de la sociedad.
4. *Pablo Picasso* (1881–1973)
    Su pintura se identifica con la pintura abstracta. Creó el cubismo, un estilo
    pictórico basado en las formas geométricas (cubos, triángulos, cuadrados,
    etc.). Cambió de forma y de estilo durante toda su vida.
5. *Salvador Dalí* (1904–1988)
    Su pintura se identifica con el movimiento surrealista. Con mucha precisión
    de detalle sus cuadros presentan imágenes de la subconsciencia, una at-
    mósfera de *sueño*.   *dreams*

Respuestas

A.   1(b), 2(e), 3(c), 4(a), 5(f), 6(d), 7(g)
B.   1(b), 2(d), 3(c), 4(e), 5(a)

Y ahora, describan en dos o tres oraciones lo que ustedes ven en cada cuadro.

Repaso de vocabulario activo

ADVERBIOS Y EXPRESIONES ADVERBIALES

anoche
ayer
anteayer
la semana pasada

el fin de semana pasado
el. . .pasado [lunes, martes, etc.]
el mes pasado
el año pasado

PALABRAS AFIRMATIVAS Y NEGATIVAS

algo/nada
alguien/nadie

PRONOMBRES DE COMPLEMENTO DIRECTO

me
te
lo
la

nos
os
los
las

1. Yo quie

2. Nosotro

3. Ustedes

4. Mis herr

5. Mis herr

6. Pepita q

7. Tú quier

B. Su familia v
el modelo.

Modelo

1. ¿Encontr

2. ¿Firmaste

3. ¿Cambia

4. ¿Recibist

C. Conteste las
modelo.

Modelo

1. ¿Quiere

2. ¿Va a lla

3. ¿Necesit:

4. ¿Desea u

V. Palabras

Conteste en

Modelo

1. ¿Hay algo

2. ¿Hay algu

3. ¿Vio uste

4. ¿Habló u

SUSTANTIVOS

En la ciudad

el almacén	la catedral	el lugar	el quiosco
el autobús	el centro comercial	el metro	el rascacielos
la avenida	el cine	el museo	el restaurante
el banco [bank/bench]	el edificio	la parada de autobús	la revista
el bar	la estatua	el parque	la sinagoga
la bicicleta	la gente	la película	el taxi
el café	la iglesia	el periódico	el teatro
la calle	la joyería	la plaza	la zapatería

En el banco

la calculadora	la cuenta	el dinero	la moneda
el cambio	el cheque	el efectivo	la tarjeta de crédito
la computadora	el cheque de viajero	la máquina de escribir	

VERBOS Y EXPRESIONES VERBALES

abrir	empezar (ie) (a)	morir (ue, u)	terminar
ahorrar	encontrar (ue)	pagar	visitar
cambiar	entrar (en)	pasar	volver (ue)
cerrar (ie)	esperar	pensar (ie)	
cobrar	firmar	perder (ie)	escribir a máquina
contar (ue)	ganar	recibir	hacer cola
depositar	gastar	repetir (i, i)	
devolver (ue)	invitar (a)	sacar	

Autoexamen y repaso #6

I.   El **se** impersonal

Usted está en una ciudad que no conoce bien. Haga preguntas para saber dónde se hacen las cosas, y escriba una posible respuesta. Siga el modelo.

Modelo   encontrar/estatua
**¿Dónde se encuentra la estatua? Se encuentra en el parque
(en la avenida).**

1. deposit
2. tomar/a
3. compra
4. vender/

II.   El preté

Diga usted

Modelo

1. yo/traba
2. yo/emp
3. muchas
4. mi prim
5. tú/camb
6. nosotro:
7. yo/saca
8. ustedes/
9. yo/ver a

III.   El preté

Hágales preg

Modelo

1. pedir el
2. preferir e
3. dormir b

IV.   Pronom

A. El tío Anton
personas que qu

Modelo

VI.   Repaso general del Capítulo 6

A.   Conteste en oraciones completas.

1. ¿Ganó usted mucho dinero la semana pasada?
2. ¿Gastó usted mucho en el almacén el mes pasado?
3. ¿Qué pidió usted en el café?
4. ¿Visitaron ustedes la sinagoga?
5. ¿Cuántas horas durmieron ustedes anoche?

B.   Traduzca al español.

1. They did not see the bicycle in the street.
2. Someone asked for a taxi.
3. We bought something interesting at the shopping center last Thursday.
4. They invited me to visit them.
5. I am going to return the magazine to the library tomorrow.
6. I intend to learn how to type.
7. I think about my family every day.
8. Last night I ate in the cafeteria.

Capítulo 7

El campo y la naturaleza

El campo y la naturaleza. Silvia, Colombia

Goals for communication

- To talk about places and things in the countryside and to talk about nature
- To talk about additional actions in the past
- To indicate that an action took place some time ago
- To express additional likes, dislikes, and interests
- To refer to persons and things without being repetitive
- To describe how actions take place

Cultural focus

- Weekend excursions and family vacations
- Mexico, its history, and its capital city

219

1. el sol
2. el cielo
3. el pájaro
4. el valle
5. acampar
6. la tienda de campaña, carpa
7. el fuego
8. el bosque
9. el río
10. montar a caballo
11. el caballo
12. la selva
13. la vaca
14. la flor
15. la hierba
16. la choza
17. el gato
18. la serpiente
19. la gallina
20. el cerdo

1. sun 2. sky 3. bird 4. valley 5. to camp 6. tent 7. fire 8. forest 9. river 10. ride horseback 11. horse 12. jungle 13. cow 14. flower 15. grass 16. hut 17. cat 18. snake 19. chicken 20. pig

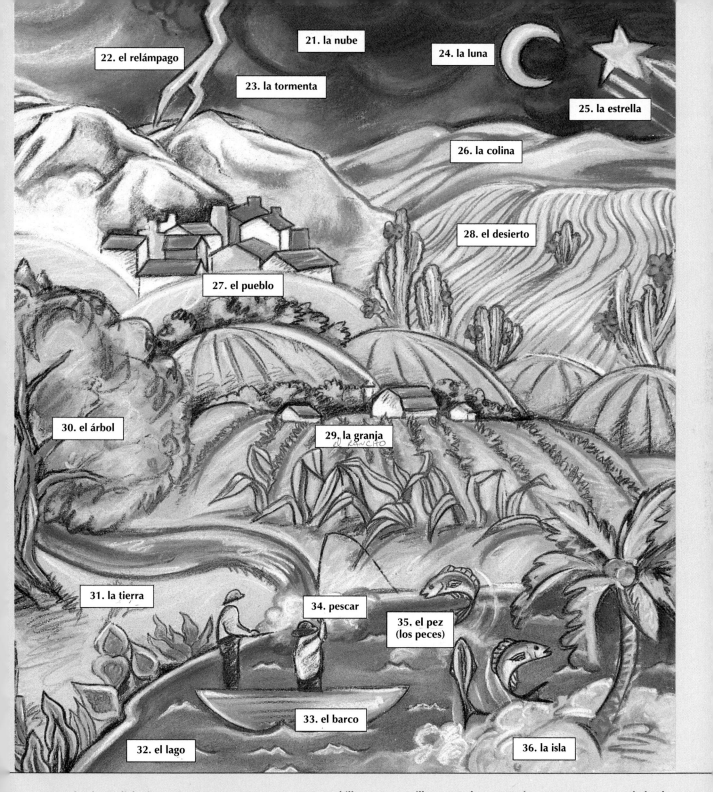

21. la nube
22. el relámpago
23. la tormenta
24. la luna
25. la estrella
26. la colina
28. el desierto
27. el pueblo
30. el árbol
29. la granja
el RANCHO
31. la tierra
34. pescar
35. el pez (los peces)
33. el barco
32. el lago
36. la isla

21. cloud   22. lightning   23. storm   24. moon   25. star   26. hill   27. town, village   28. desert   29. farm   30. tree   31. earth, land
32. lake   33. boat   34. to fish   35. fish   36. island

TRUENO = THUNDER

Vocabulario

. . . continuado del dibujo

La **naturaleza**	nature
el **océano**	ocean
el **mar**	sea
la **ola**	wave
la **arena**	sand
el **animal**	animal
el **insecto**	insect
la **araña**	spider
la **mosca**	fly
el **mosquito**	mosquito
la **mochila**	backpack
el **saco de dormir**	sleeping bag

Otras palabras y expresiones útiles

las **vacaciones**	vacation
hacer un viaje	to take a trip
viajar	to travel
andar	to go, travel along, walk
subir	to climb, go up
subir a. . .	to get on. . .
bajar	to go down
bajar de. . .	to get off. . .
tomar el sol	to sunbathe
tener miedo	to be afraid
por	for, down, by, along, through

Refranes: **El árbol se conoce por sus frutos.**
Los pájaros de la misma pluma vuelan juntos.
En boca cerrada no entran moscas.

¿Cómo puede usted explicar estos refranes en español?

Práctica y comunicación

A.   El campo y la naturaleza

¿Qué aspectos de la naturaleza en los dibujos de las páginas 220–221 corresponden a la descripción?

¿Cuál es la palabra que usamos para identificar. . . ?

1. lo que vemos en el cielo de día que es muy grande
2. los animales que vemos en el cielo
3. la tierra que vemos entre las montañas
4. donde ponemos nuestros sacos de dormir cuando acampamos
5. lo que necesitamos hacer para poder cocinar la comida cuando estamos acampando
6. el grupo de árboles que vemos al pie de la montaña
7. el agua que vemos corriendo por un canal natural
8. lo que la persona hace en el caballo
9. el lugar donde hay mucha vegetación tropical, reptiles, insectos, etc.
10. el reptil que vemos en la selva
11. el animal que está comiendo las flores y la hierba
12. la casa pequeña que vemos en el campo
13. el animal que está durmiendo
14. el animal en el dibujo que produce huevos
15. el animal que está comiendo maíz
16. lo que vemos en el cielo—están muy negras
17. la brillantez momentánea que sale de las nubes durante la tormenta
18. lo que está en el cielo de noche—hay una
19. lo que está en el cielo de noche—hay muchas
20. las montañas pequeñas que se ven en la distancia
21. la ciudad pequeña que vemos en el campo
22. la tierra donde no llueve mucho y donde vemos cacto
23. la casa de campo con tierra, animales, etc.
24. la planta muy alta que normalmente forma parte de un bosque
25. el vehículo flotante que el hombre está usando en el lago
26. los animales acuáticos que pescan los hombres en el barco
27. porción de tierra que vemos en el lago (o en el mar)

- ¿Qué producto desean vender en este anuncio?
- ¿Qué película norteamericana se usa para anunciar el producto?
- ¿Por qué es buena la Nutrileche?
- ¿Qué aspectos de la naturaleza puede usted identificar?

B. **Sus gustos, temores (*fears*) y deseos**

Conteste en oraciones completas.

¿Le gusta a usted. . . ?

1. pescar
2. nadar en los ríos ¿y en los lagos? ¿y en el mar?
3. jugar en la arena ¿y en las olas?
4. ir en barco
5. tomar el sol

6. subir las montañas altas
7. contemplar la naturaleza
8. montar a caballo
9. andar por el bosque solo(a)
10. acampar
11. andar por la playa

¿Tiene usted miedo de. . . ?

12. las arañas grandes
13. los insectos en general
14. los tigres y los leones

15. las serpientes
16. los otros reptiles del desierto
17. las tormentas grandes con muchos relámpagos

¿Tiene usted ganas de. . . ?

18. hacer un viaje al mar (¿Por qué?)
19. hacer un viaje a las montañas (¿Por qué?)
20. hacer un viaje a la selva Amazonas (¿Por qué?)

21. hacer un viaje a la luna (¿Por qué?)
22. vivir en una isla tropical
23. pasar una semana en el desierto solo(a)

C. **¿Es usted artista?**

Dibuje su escena favorita de la naturaleza. Andando por la clase, describa su escena a dos o tres personas diferentes.
 ¿Quién tiene la mejor (*best*) escena?

Conversación

Una aventura acampando

Dos amigos, Fernando y Paco, conversan una noche a las orillas de un lago, acampando en las montañas.

FERNANDO ¿Estuviste acampando en estas mismas montañas el verano pasado?

PACO Sí, y precisamente fue una aventura.

FERNANDO	¿Sí? ¡Cuéntame!
PACO	Pues, yo y unos amigos acampamos cerca de un río. Primero pusimos la tienda de campaña. Después hicimos un fuego para cocinar y calentarnos.
FERNANDO	¿Qué cocinaron?
PACO	Algo muy fácil. Calentamos latas de chili.
FERNANDO	Bueno. . .y. . .¿qué pasó?
PACO	Pues oímos un ruido. La tierra se movió.
FERNANDO	¿Y tuvieron miedo?
PACO	Muchísimo.
FERNANDO	¿Y qué hicieron?
PACO	Nada. Nos quedamos parados.
FERNANDO	¿Qué pasó después?
PACO	Apareció un animal extraño.
FERNANDO	¿Qué animal?
PACO	No supimos pero se comió el chili que calentamos porque nosotros no tuvimos valor para pararlo.
FERNANDO	¡Qué miedosos!
PACO	Sí. Tuvimos que comer chocolates esa noche.

Two friends, Fernando and Paco, are conversing one night by the lake shore, while camping in the mountains.

FERNANDO	Were you camping in these same mountains last summer?
PACO	Yes, and it was quite an adventure.
FERNANDO	Really? Tell me about it!
PACO	Well, some friends and I camped out near a river. First we set up the tent. Then we made a fire to cook and to warm up.
FERNANDO	What did you cook?
PACO	Something very easy. We heated up cans of chili.
FERNANDO	Ok. . .and. . .what happened?
PACO	Well, we heard a noise. The ground shook.
FERNANDO	Were you afraid?
PACO	Scared stiff.
FERNANDO	What did you do?
PACO	Nothing. We couldn't move.
FERNANDO	What happened afterwards?
PACO	A strange animal appeared.
FERNANDO	What animal?

PACO We didn't find out, but it ate up the chili that we heated because we were too scared to stop it.

FERNANDO What wimps!

PACO Yeah. We had to eat chocolates that night.

COMPRENSIÓN

1. Fernando y Paco acampan: (a) a las orillas de un lago, o (b) a las orillas del mar.
2. El verano pasado Paco y sus amigos acamparon: (a) cerca de un río, o (b) cerca de la playa.
3. Primero: (a) hicieron un fuego, o (b) pusieron la tienda.
4. Después, calentaron: (a) latas de frijoles, o (b) latas de chili.
5. Cuando oyeron el ruido: (a) hicieron algo, o (b) no hicieron nada.
6. Paco y sus amigos: (a) tuvieron miedo, o (b) no tuvieron miedo.
7. Paco y sus amigos: (a) comieron el chili, o (b) lo comió el animal.
8. Paco y sus amigos (a) comieron los chocolates, o (b) los comió el animal.

¿Por qué decidieron las personas acampar aquí? Puyupatamarca, Perú

I. EXPRESSING ADDITIONAL ACTIONS IN THE PAST: Otros verbos irregulares en el pretérito

*To talk about completed actions in the past, you learned in Chapter 6 how to form the preterit of regular verbs, of stem-changing verbs (**o > u, e > i**), and of the irregular verbs **ser** and **ir**. Following are additional verbs that are irregular in the preterit.*

estar	**estuv-**
tener	**tuv-**
andar	**anduv-**
poder	**pud-**
poner	**pus-**
saber	**sup-**
hacer	**hic-**
venir	**vin-**
querer	**quis-**

-e	-imos
-iste	-isteis
-o	-ieron

Ejemplo

estuve	**estuvimos**
estuviste	**estuvisteis**
estuvo	**estuvieron**

Note

The **él, ella, usted** form of **hacer** is **hizo:** hice, hiciste, **hizo** . . .

traer	**traj-**
decir	**dij-**
traducir	**traduj-**
conducir	**conduj**

-e	-imos
-iste	-isteis
-o	-eron

Ejemplo

traje	**trajimos**
trajiste	**trajisteis**
trajo	**trajeron**

Note

Observe the difference in the **ellos, ellas, ustedes** endings (**-ieron** and **-eron**) between the two groups of verbs presented above.

Observe the use of the irregular preterit forms in the sample sentences.

¿Qué **hiciste** la semana pasada?
Algunos amigos **vinieron** a visitarme.
Trajeron su canoa e **hicimos** un viaje al río.
Estuvimos allí tres días.
Dijeron que la experiencia fue fenomenal.

Note

In the preterit, the verbs **saber, querer,** and **poder** may convey a different meaning than in the present.

saber	**Supe** hacerlo.	*I found out* how to do it.
querer	**Quise** hacerlo.	*I tried* to do it.
no querer	**No quise** hacerlo.	*I refused* to do it.
poder	**Pude** hacerlo.	*I succeeded* in doing it.
no poder	**No pude** hacerlo.	*I failed* (after trying) *to do it.*

Práctica y comunicación

D. Un viaje a la playa

Linda y Natalia decidieron ir a la playa. Describa lo que pasó según los dibujos.

Natalia y Linda/poner . . .

hacer un viaje . . .

traer . . .

jugar . . .

andar por . . .

querer . . .

no poder . . .

tener que . . .

Y ahora, imagínese que usted decidió ir a la playa. Describa su día y todo lo que pasó. **Yo. . .**

E.   Tú y yo

Háganse las preguntas y contéstense.

1.   a qué hora/venir a la clase hoy
2.   qué/decir cuando/llegar
3.   qué cosas/traer a la clase
4.   dónde/ponerlas
5.   estar en la biblioteca o en la residencia anoche
6.   leer el Panorama Cultural del Capítulo 6
7.   traducirlo
8.   poder contestar las preguntas
9.   saber todas las respuestas
10.   qué más/tener que hacer anoche
11.   qué/querer hacer anoche
12.   salir anoche después de estudiar
13.   adónde/ir
14.   conducir al centro
15.   andar por la ciudad
16.   a qué hora/volver a la residencia

F.   Unos viajes extraordinarios

Divídanse en seis grupos. En cada grupo imagínense que ustedes hicieron un viaje a uno de los lugares indicados en la lista. Ahora, cada grupo debe describir sus experiencias mientras un(a) secretario(a) las escribe. Tienen cinco minutos para completar la descripción.

   Ustedes fueron. . .

1.   a la playa de. . .
2.   a las montañas de. . .
3.   a la selva de/en. . .
4.   al desierto de/en. . .
5.   a la granja de sus abuelos en. . .
6.   a la ciudad de. . .

¿Cuándo estuvieron allí? ¿Qué vieron? ¿Qué hicieron?

Al concluir, cada secretario(a) puede dar una breve presentación de las aventuras del grupo.

Noticias culturales

Ir de excursión los fines de semana

El amor a la naturaleza, salir al campo, ir a la playa los domingos con la familia o con los amigos son tradiciones *bastante* comunes por *todo lo ancho* del mundo hispano. La excursión familiar los fines de semana se practica con mucha frecuencia cuando llega la primavera o en el verano. A veces son grupos de familiares—tíos, primos, abuelos—que llegan a un lugar determinado. También los jóvenes van juntos a la playa, a las montañas a hacer *alpinismo*, o fuera de la ciudad a *relajarse* de la vida rápida de la urbe. Si es en el verano la excursión debe ser cerca del agua donde los niños y los mayores nadan, charlan y *se entretienen* con juegos de *pelota*. La gente prepara los ingredientes que van a usar en el picnic y los llevan allí. Bocadillos o sandwiches son una comida común pero también se cocina en el campo. Se prepara un fuego donde se cocina una paella, o se llevan chuletas para hacer una *parrillada*.

quite / throughout

mountain climbing
relax

entertain themselves / ball

barbecue

La familia está de excursión. ¿Dónde están y qué van a hacer? Chapultepec, México, D. F.

PREGUNTAS

1. ¿Qué hace la familia hispana con frecuencia cuando llega la primavera o el verano?

2. Cuando los jóvenes van juntos de excursión, por lo general, ¿adónde van?

3. ¿Qué tipo de comida comen en las excursiones?

4. ¿Qué comida le gusta a usted llevar cuando va fuera de la ciudad?

5. ¿A qué lugares le gusta a usted ir para hacer un picnic?

6. ¿Usted y su familia van de excursión frecuentemente?

 II. INDICATING AN ACTION THAT TOOK PLACE SOME TIME AGO:
Hacer para expresar *ago*

In order to indicate an action that took place some time ago, *use* **hace** + *the amount of time. The verb that indicates the action is most commonly in the preterit tense.*

preterit tense of action + **hace** + amount of time

Fuimos al río **hace dos semanas.**
We went to the river two weeks ago.

An alternate word order is:

Hace dos semanas que fuimos al río.

When answering a question, the verb is often omitted.

¿Cuánto tiempo hace que murió el gato? (o)
¿Cuándo murió el gato?
Hace dos semanas.

Study hint

Review in Capítulo 5 the **hace** + *time* construction used to indicate that an action has been going on for a period of time and still is.

Práctica y comunicación

G. ¿Cuándo fue la última vez (*last time*). . . ?

Conteste para indicar cuánto tiempo hace que usted participó en la actividad.

Modelo   ¿A quién en esta clase le gusta visitar a sus abuelos? . . .
¿Cuándo fue la última vez que usted visitó a sus abuelos?
Visité a mis abuelos hace tres meses, etc. (o) **Hace tres meses.**

1. ¿A quién en esta clase le gusta montar a caballo?
   ¿Cuándo fue la última vez que usted montó a caballo?

2. ¿A quién en esta clase le gusta tomar el sol?
   ¿Cuándo fue la última vez que usted tomó el sol?

3. ¿A quién le gusta pescar?
   ¿Cuándo fue la última vez que usted fue al río (lago, etc.) para pescar?

4. ¿A quién le gusta esquiar?
   ¿Cuándo fue la última vez que usted esquió en las montañas?

5. ¿A quién le gusta acampar?
   ¿Cuándo fue la última vez que usted acampó en las montañas?

6. ¿A quién le gusta viajar?
   ¿Cuándo fue la última vez que usted hizo un viaje? ¿Adónde?

7. ¿A quién le gusta ir de compras?
   ¿Cuándo fue la última vez que usted fue de compras? ¿Adónde?

8. ¿A quién **no** le gusta limpiar su cuarto?
   ¿Cuándo fue la última vez que usted limpió el cuarto?

H. Mis actividades en el pasado

1. Haga una lista de tres cosas interesantes en que usted participó en el recién pasado.

   Modelo   **Fui a Disneylandia.**
   Asistí a un concierto de Sting.
   Esquié en las montañas de Colorado.

2. En parejas, háganse preguntas y contéstense para aprender cuánto tiempo hace que ustedes participaron en las actividades.

   Modelo   (estudiante #1)   **¿Cuándo fuiste a Disneylandia?**
   (estudiante #2)   **Fui hace cinco años.** (o)
   Hace cinco años.

3. Ahora, indique a la profesora (al profesor) o a la clase cuánto tiempo hace que su compañero(a) participó en la actividad más interesante.

   Modelo   **(Nombre de estudiante) fue a Disneylandia hace cinco años.**

▶   **III.   INDICATING TO WHOM SOMETHING IS DONE:** Pronombres de complemento indirecto

An indirect object identifies the person affected indirectly by the action of the verb, thus telling to whom *(or, at times,* for whom*) something is done.*

I gave the book to her. (or) *I gave her the book.*

In contrast you will remember that the direct object receives the action directly from the verb.

I saw her yesterday.

A. Los pronombres de complemento indirecto

The following forms are used when the indirect object is a pronoun.

me	*to me*	**Me** escribieron ayer.
te	*to you*	Quiero decir**te** lo que pasó.
le	*to you* (**a usted**)	**Le** dije a usted que estoy bien.
	to him (**a él**)	**Le** dije a Pedro que estoy bien.
	to her (**a ella**)	**Le** dije a Anita que estoy bien.
nos	*to us*	**Nos** explicaron el problema.
os	*to you*	¿No **os** dijeron nada?
les	*to you* (**a ustedes**)	Estamos contándo**les** todo lo que
	to them (**a ellos**)	sabemos del
	to them (**a ellas**)	incidente.

1. *The indirect object pronoun, like the direct object pronoun, is placed immediately before a conjugated verb but may be attached to infinitives and the present participle.*

> **Nos** dijeron que el volcán es muy impresionante.
> ¿Vas a traer**me** una foto?
> ¿Estás diciéndo**le** la verdad?

2. *It is common to use the forms* **a usted, a él, a ella, a ustedes, a ellos, a ellas** *to clarify or emphasize the identity of the indirect object pronoun.*

> **Le** escribí **a ella** anoche.

It is also common to use an indirect object noun in conjunction with the third person forms **le** *and* **les**. *Even when the noun is used, however,* **le** *and* **les** *cannot be omitted.*

> **Les** escribí **a mis primos.**

B.   Verbos que frecuentemente se usan con los pronombres de complemento indirecto

Indirect object pronouns are frequently used with the following verbs. These verbs indicate, through their meaning, an action that indirectly affects a person or persons. You already know some of these verbs.

Actions of giving

dar	*to give*
regalar	*to give* (a present)
mostrar (ue)	*to show*
prestar	*to lend*
mandar	*to send*
traer	*to bring*
devolver	*to return*

Actions of asking and communicating

preguntar	*to ask, inquire*
pedir (i, i)	*to ask for, request*
decir	*to say, to tell*
contar (ue)	*to tell* (narrate)
hablar	*to speak*
explicar	*to explain*
contestar	*to answer*

Note

The verb **dar** is irregular in the preterit. It uses **-er/-ir** verb endings and like **ver** in the preterit carries no written accent marks.

dar: **di, diste, dio, dimos, disteis, dieron**

Práctica y comunicación

I.   Usted y su papá (mamá)

Vamos a explorar la relación que usted tiene con su padre o madre. Conteste para confesar si usted hace las cosas indicadas o si no las hace.

Modelo   ¿Le dice usted la verdad a su padre (madre)?
Sí, (siempre) (a veces) le digo la verdad.
¿Le dice mentiras?
No, (nunca) le digo mentiras.

1.   ¿Le pide usted dinero a su padre (madre)?
2.   ¿Le pide usted el coche?
3.   ¿Le habla usted de los deportes en la universidad?
4.   ¿Le habla usted de sus problemas personales?
5.   ¿Le muestra usted sus notas?
6.   ¿Le escribe usted?
7.   ¿Le contesta usted inmediatamente cuando él (ella) le escribe?
8.   ¿Le cuenta usted todo lo que pasa en la residencia?
9.   ¿Le cuenta usted todos los detalles de su vida social?
10. ¿Le manda regalos para su cumpleaños?

J.   La despedida (otra historia estilo telenovela)

En parejas, narren la conversación que ocurre entre "Él" y "Ella" la noche antes de la salida (*departure*) de uno de ellos para un viaje a otro país. Un(a) estudiante lee las preguntas dramáticamente y el (la) otro(a) contesta con mucha expresión.

1.   Mi amor, antes de salir. . .
¿Vas a explicarme por qué sales?
¿Vas a decirme adónde vas?
¿Vas a darme tu número de teléfono allí?
¿Vas a decirme que me amas para siempre?
¿Vas a darme un abrazo muy fuerte?

2.   Mi amor, mientras allí. . .
¿Vas a escribirme frecuentemente?
¿Vas a mandarme un telegrama?
¿Vas a contarme todo lo que estás haciendo?
¿Vas a llamarme una vez por semana?
¿Vas a comprarme un regalo muy especial?

3. Mi amor, al volver. . .
   ¿Vas a traerme mi regalo inmediatamente?
   ¿Vas a mostrarme tus fotos?
   ¿Vas a hablarme de las personas que conociste?
   ¿Vas a darme un beso muy grande?

Ahora, una o dos parejas pueden presentar de una
manera muy dramática su conversación a la clase.

Si (*if*) las flores hablan, ¿qué dicen?
¿Le manda usted flores a su madre?
¿y a su novio(a)?
¿En qué ocasiones manda usted
flores?

K.   Tú y yo

Háganse preguntas y contéstense.

Modelo   la semana pasada. . .escribirles a tus padres
  (estudiante #1)   **¿Les escribiste a tus padres la semana**
                    pasada?
  (estudiante #2)   **Sí, les escribí.** (o) **No, no les escribí.**

La semana pasada. . .

1. escribirles a tus abuelos
2. escribirle a tu hermano o hermana
3. prestarle algo a tu compañero(a) de cuarto (¿Qué?)
4. prestarle algo a un(a) amigo(a) (¿Qué?)
5. mostrarles algo interesante a tus amigos (¿Qué?)
6. contarles algo interesante a tus padres (¿Qué?)
7. contarle algo interesante a tu compañero(a) de cuarto (¿Qué?)
8. darle un poco de dinero a tu compañero(a) de cuarto (¿Cuánto?)
9. decirle algo interesante a tu novio(a) (¿Qué?)
10. regalarle algo a tu novio(a) (¿Qué?)

Hoy antes de la clase. . .

11. preguntarle al (a la) profesor(a) si hay un examen mañana (¿Qué dijo?)
12. mostrarle al (a la) profesor(a) tu tarea (¿Qué dijo?)
13. decirle algo a un(a) compañero(a) de clase (¿Qué?)
14. preguntarles a tus amigos si hay una fiesta este fin de semana (¿Qué dijeron?)

> **IV.** EXPRESSING ADDITIONAL LIKES, DISLIKES, AND INTERESTS: *Verbos similares a **gustar***

You will recall that you studied **gustar** *in Capítulo 3, page 103, in order to express likes and dislikes.*

The following verbs allow you to express additional and varying degrees of personal likes, dislikes, and interests.

encantar	*to like a lot, to love*	**Me encanta** esquiar en el lago.
fascinar	*to be fascinating to, to fascinate*	**¿Te fascinan** las tormentas?
molestar	*to be annoying to, to bother*	**Le molesta** el calor.
interesar	*to be interesting to, to interest*	**Nos interesa** la vegetación allí.
importar	*to be important to, to matter*	No **les importa** si llueve.

All of the previous verbs function like **gustar** *in that they are used with indirect object pronouns and with the third-person singular or plural form of the verb.*

Práctica y comunicación

L. Sus gustos

Exprese su reacción a las cosas y actividades indicadas usando las cuatro opciones:

   molestar   **gustar**   **fascinar**   **encantar**

Modelo   las arañas
   (posibles respuestas) **Me molestan las arañas.** (o)
   Me gustan las arañas. (o)
   Me fascinan las arañas.

1. las serpientes
2. los insectos
3. los gatos
4. la idea de vivir en el campo
5. pescar
6. ir en barco
7. tomar el sol

8. montar a caballo
9. contemplar la naturaleza
10. hacer ejercicios
11. escuchar la música clásica (¿y la música "country"?) (¿y la música "rock"?)
12. ver películas románticas (¿y de ciencia ficción?) (¿y de horror?)

Y ahora. . .hágale preguntas a un(a) compañero(a) de la clase de español:
¿Qué cosas te gustan o te encantan?
¿Qué cosas te molestan?

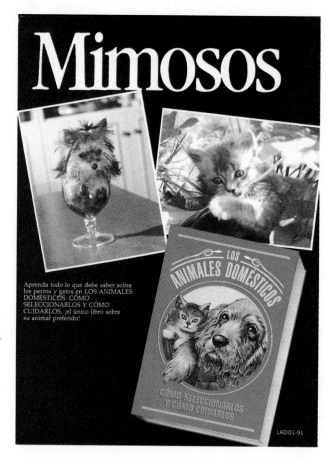

Mimosos

Aprenda todo lo que debe saber sobre los perros y gatos en LOS ANIMALES DOMÉSTICOS: CÓMO SELECCIONARLOS Y CÓMO CUIDARLOS, ¡el único libro sobre su animal preferido!

LAD/01-91

¿Qué puede usted aprender del libro *Los animales domésticos?*
¿Cuál de los animales domésticos le fascina a usted más?

M.   Sus intereses

Exprese sus intereses usando las tres opciones:

no interesar   interesar   fascinar

Modelo   la historia
(posibles respuestas) **Me fascina la historia.** (o)
Me interesa la historia. (o)
No me interesa la historia.

1. la religión
2. la filosofía
3. la música
4. las ciencias
5. la psicología
6. las matemáticas
7. el español
8. la idea de ir a la luna
9. la idea de vivir solo(a) en las montañas
10. la idea de pasar tiempo en la selva
11. la idea de viajar por todo el mundo

Y ahora. . .hágale preguntas a un(a) compañero(a) de la clase de español:
¿Qué cosas te fascinan? ¿Qué cosas te interesan? ¿Qué cosas no te interesan?

N. Sus valores (*values*)

Indique si a usted le importan o no le importan las siguientes cosas. ¡Sea sincero(a)!

Modelo   la familia
         Sí, la familia me importa mucho.

1. las cosas materiales
2. las notas escolares
3. ganar mucho dinero
4. tener una casa grande
5. tener un coche
6. tener un coche caro
7. tener un esposo rico o una esposa rica
8. tener una familia muy unida (*close*)
9. tener ropa elegante
10. pasar tiempo con amigos
11. ser miembro(a) de una fraternidad (hermandad de mujeres)
12. tener una buena educación

Y ahora. . .hágale una pregunta a un(a) compañero(a) de la clase de español:
En este momento en tu vida, ¿qué cosa te importa más?

En armonía con la naturaleza!
Sindamanoy
URBANIZACION CAMPESTRE

¿Le interesa la posibilidad de vivir en el campo?
En su opinión, ¿es posible vivir "en armonía con la naturaleza" como dice la propaganda?
¿Por qué es atractiva la Urbanización Campestre Sindamanoy? Describa las escenas.

Noticias culturales

Ir de vacaciones

El verano en los países hispanos se identifica con las vacaciones. Las vacaciones son un tiempo feliz porque le permiten a uno *sentirse* libre y sin preocupaciones. En el mundo hispano las personas *suelen* tener un mes de vacaciones. La ética del trabajo indica que lo mismo que existe el trabajo existe el descanso y uno no es posible sin el otro. Es común, sobre todo para la clase·media, pasar el mes de vacaciones en otro lugar, *alejado* de su lugar de residencia. Muchos hispanos *alquilan* un apartamento en las playas o en las montañas. Al mismo tiempo también les encanta a los hispanos salir fuera de su país y visitar otras culturas. Hoy es más fácil *ya que* los viajes aéreos son frecuentes y tienen ofertas económicas.

feel

are accustomed

far

rent

since

PREGUNTAS

1. ¿Por qué les importan a los hispanos las vacaciones?
2. ¿Cuánto tiempo tienen para las vacaciones?
3. ¿Adónde van?
4. ¿Adónde van usted y su familia de vacaciones normalmente?
5. ¿Cuánto tiempo tiene su familia para las vacaciones?
6. ¿Cuál es para usted la mejor (*best*) parte de las vacaciones?

La vida de los bosques

Una de las maravillas naturales de los Estados Unidos son sus bosques y parques nacionales, que el gobierno se encarga de proteger y mantener para disfrute de todos. Nada hay mejor que la vida natural para el bienestar del cuerpo y el espíritu, aparte de que una temporada en estos sitios (con todas las comodidades) son vacaciones ideales para toda la familia. Si desea recibir una lista de los parques nacionales que hay en su área (o en el área que quiere visitar), pídala a:

National Parks Listing
The National Park Service Office of Information.
P.O. Box 37127. Washington, DC 20013-7127

¿Cuál es una de las maravillas naturales de los Estados Unidos?
¿"La vida natural" es buena para qué?
¿Conoce usted uno de los bosques o parques nacionales en los Estados Unidos? ¿Cuál?

> **V.** ANSWERING THE QUESTIONS OF *WHAT?* AND *TO WHOM?* WITHOUT BEING REPETITIVE: Los pronombres de complemento directo e indirecto

When a verb takes both an indirect and a direct object pronoun, the indirect object pronoun always comes first.

to me it

La profesora **me lo** mostró.

When both the indirect and direct object pronouns refer to the third person, the indirect object pronoun **le** *or* **les** *changes to* **se**.

le (or) **les** +
$\begin{cases} \textbf{lo} \\ \textbf{la} \\ \textbf{los} \\ \textbf{las} \end{cases}$
= **se**
$\begin{cases} \textbf{lo} \\ \textbf{la} \\ \textbf{los} \\ \textbf{las} \end{cases}$

¿**Le** mostraste **la foto** a Esteban?
Sí, **se la** mostré.

Direct and indirect object pronouns used in combination follow the same rules for placement as single object pronouns.

Me lo explicó.
Va a explicár**melo**.
Está explicándo**melo**.

Note

When two pronouns are added to the infinitive or present participle, a written accent is added to preserve the original stress pattern.

Va a **explicármelo**.
Está **explicándomelo**.

Práctica y comunicación

O.   Estudiantes generosos

Cada estudiante le da a otro(a) estudiante un artículo (reloj, tarjeta de crédito, cartera, bolígrafo, etc.).
Se debe poner cada artículo encima del (*on top of*) pupitre. Ahora contesten las preguntas del profesor (de la profesora).

Modelo   (*Nombre de estudiante*), ¿quién le dio a usted esa chaqueta?
            (***Nombre de estudiante***) **me la dio.**

1.   (*Nombre de estudiante*), ¿quién le dio a usted. . . ?

2.   . . .etc.

Ahora, ¡devuelvan los artículos, por favor!

P.   Tú y yo, ¿somos amigos(as) fantásticos(as)?

Háganse preguntas y contéstense.

 prestarme tu computadora
¿Me prestas tu computadora?
Sí, te la presto. (o)
No, no te la presto.

1.   prestarme tu calculadora
          tu tarjeta de crédito
          tu bicicleta
          tu chaqueta
          tu coche
          cinco dólares
          cincuenta dólares

2.   explicarme la tarea
            los verbos
            la gramática
            las palabras que no entiendo

3.   mostrarme tu tarea
            tu reloj
            las fotos en tu cartera
            tu mochila
            las cosas en tu mochila
            tu revista (nombre de revista)

4.   poder regalarme ese reloj
                esa mochila
                ese suéter
                esa chaqueta
                esa camisa
                ese anillo (collar)
                esos libros

5.   ir a devolverme el libro que te presté
                la calculadora que te presté
                la bicicleta que te presté
                las gafas de sol que te presté
                el dinero que te presté

Q.   Un(a) estudiante desafortunado(a)

Un(a) estudiante se sienta enfrente de la clase. Imagínense que el (la) estudiante perdió todas sus posesiones en un incendio (*fire*). Ustedes, siendo generosos, quieren darle algunas cosas. ¿Hay voluntarios? ¿Quién quiere darle algo? Respondan según el modelo.

Modelo Estudiante generoso(a): **Quiero darle mi libro de español.**

1. Quiero darle. . .

Ahora, ya que (nombre de estudiante) tiene tantas cosas, vamos a saber quiénes se las dieron. Respondan según los modelos.

Modelo ¿Quién le dio el libro de español?
Estudiante generoso(a): **Yo se lo di.**
¿Verdad, clase?
Clase: **Sí, (*nombre de estudiante*) se lo dio.**

2. ¿Quién le dio. . . ?

R. La subasta (*auction*)

Imagínense que todas las personas en la clase están en una subasta. Algunos (*Some*) estudiantes son subastadores/subastadoras (*auctioneers*) y deciden lo que van a vender. Ustedes van a donar todo el dinero a los pobres.
   Ideas para los subastadores y las subastadoras: vender un barco en buenas condiciones, una vaca gorda, un caballo, una computadora IBM, un estéreo Sony, un anillo de oro (*gold*), etc.
   ¿Quién tiene algo para vender?

Modelo Subastador(a) #1: **Tengo un barco en buenas condiciones, blanco y azul, etc. para vender.**
Estudiante: **¿Me lo vende por $100?**
Subastador(a): **¡Absolutamente no!**
Otro(a) estudiante: **¿Me lo vende por $200?**
Subastador(a): **¡No! El barco es muy bonito.**
Otro(a) estudiante: **¿Me lo vende por $500?**
Subastador(a): **Sí, ¡se lo vendo!**

   ¿Quién más tiene algo para vender?
      Subastador(a) #2. . .

¿Cuánto dinero en total ganaron para donar a los pobres?

VI. DESCRIBING HOW ACTIONS TAKE PLACE: Los adverbios

An adverb tells how, how much, when, why, or where an action takes place. Some adverbs that you already know are: **ahora, hoy, mañana, tarde, bien, mal, aquí, allí, muy, a veces, nunca,** *and* **siempre.**

A. Formación de los adverbios

You may have observed through usage in past chapters that a number of adverbs end in **-mente,** *for example,* **normalmente, generalmente,** *etc. Such adverbs are* *formed by adding* **-mente** *(equivalent to the English -ly) to adjectives ending in* **-e** *or a consonant, or to the feminine singular form of the adjective.*

posible > **posiblemente**
personal > **personalmente**
rápido > rápida > **rápidamente**

B.   Algunos adverbios comunes son:

rápidamente	*rapidly*
lentamente	*slowly*
fácilmente	*easily*
frecuentemente	*frequently*
recientemente	*recently*
constantemente	*constantly*
inmediatamente	*immediately*
generalmente	*generally*
normalmente	*usually*
comúnmente	*commonly*
posiblemente	*possibly*
probablemente	*probably*
personalmente	*personally*

Note

Adjectives with accents maintain the accent as adverbs:

rápidamente, fácilmente, comúnmente

Práctica y comunicación

S.   Mi hermano el alpinista

Su hermano, alpinista, subió una montaña de 16.000 pies de altura. Complete las oraciones cambiando el adjetivo apropiado al adverbio para describir la aventura de su hermano.

enérgico, fácil, constante, frecuente, continuo, lento, rápido, inmediato

1.   Por la mañana, con mucho entusiasmo, empezó la subida de la montaña caminando. . .

2.   Por la tarde, un poco cansado, tuvo que subir la montaña más. . .

3.   Al llegar a la altura de 15.000 pies tuvo que descansar. . .

4. A causa de la altura y la sed tuvo que tomar agua. . .

5. A las cuatro de la tarde, una tormenta llegó. . .

6. El tuvo que bajar la montaña. . .

7. Pero a causa del viento, la lluvia y los relámpagos, no pudo bajar. . .

8. La experiencia fue tan increíble para él que ahora habla de la experiencia. . .

T. Lo que hacen normalmente

En grupos de tres, describan lo que hacen las personas según los adverbios.
¡Usen bien la imaginación!

1. los profesores/generalmente

2. mis padres/comúnmente

3. los estudiantes/frecuentemente

4. mi compañero(a) de cuarto/probablemente

5. mi novio(a)/recientemente

6. mi hermano(a)/constantemente

¿Cuál es el espectáculo cósmico incomparable?
¿Le fascina a usted la idea de ver un eclipse del sol o de la luna?
¿Ocurren frecuentemente los eclipses?

Sol y Luna
en un
espectáculo cósmico
incomparable.

En resumen

Prepare una breve (brief) presentación describiendo su aventura (real o imaginaria) en el campo, en la selva, en el desierto, en una isla, o en las montañas.
Incluya:

- adónde fue usted
- cuánto tiempo hace que hizo el viaje
- en qué mes(es)
- por cuánto tiempo estuvo allí
- con quién fue
- por qué fue

- lo que hizo
- lo que vio
- lo que visitó
- las cosas que a usted le encantaron, fascinaron, gustaron, y molestaron

Panorama cultural
México, su historia y su ciudad capital

Situado al sur de los Estados Unidos y separado de éstos por el Río Grande, *frontera* natural, México es un *puente* entre los países de la América Central y los dos grandes colosos de Norteamérica, el Canadá y los Estados Unidos. La civilización mexicana *se remonta* a los mayas que vivieron en esta región *hacia* el año 1000 A. C. Cuando Hernán Cortés llegó a las costas de México los aztecas ocupaban la mayor parte del territorio central y el sur de México; los mayas ocupaban la península de Yucatán y se extendían hasta lo que hoy es Guatemala, Belice, Honduras y El Salvador.

border / bridge

dates back to / around

Marco histórico de México

Civilizaciones indígenas

1000 A.C.–1697 D.C.	Mayas
entre 800 A.C. y 1525 D.C.	Florecen y desaparecen otras civilizaciones indígenas: olmecas, zapotecas, totonacas, teotihuacanes, mixtecas y toltecas
1325 D.C.–1521 D.C.	Aztecas

Colonización

1519	Hernán Cortés llega a Veracruz
1521	Vence y conquista a los aztecas
1521–1821	Colonización española; expansión del territorio mexicano al suroeste y oeste de los EEUU

México independiente

1821	Independencia de España
1848	EEUU reclama los territorios mexicanos al norte del Río Grande
1910	Revolución del pueblo mexicano contra los abusos del gobierno mexicano; petición de reforma agraria
1917	Constitución mexicana; principio de la industrialización de México

Nombre oficial: Estados Unidos Mexicanos
La población mexicana: 82.000.000
   56% mestizos: fusión de indígenas y europeos
   30% indios: aztecas y mayas principalmente
   14% criollos: descendientes de europeos sin mezcla india

Cuando Cortés llegó a las costas mexicanas no sabía que encontraría Tenochtitlán, la capital de un gran imperio, una ciudad urbanizada con calles, abundantes edificios, mercados, templos y palacios, con un sistema de irrigación y una agricultura *desarrollada*. Las estatuas de los dioses aztecas brillaban con *oro*, *plata* y *piedras* preciosas. La ciudad de México representaba *poder* y riqueza para Cortés y sus hombres. *Debido a* la inocencia de los aztecas que vieron a Cortés como un *dios*, no tuvo dificultad en instigar contra los aztecas a las tribus enemigas. En dos años *venció* a los últimos emperadores aztecas, Moctezuma y Cuauhtemoc, para *cobrarse* un *tesoro*: Tenochtitlán, hoy la Ciudad de México.

developed / gold
silver / stones / power
Because of
god
conquered
gain for himself / treasure

La Ciudad de México es hoy la más grande del mundo con una población de más de 18.000.000. Para los mexicanos pobres su capital representa una "meca" donde encontrar mejor fortuna. Esta filosofía es responsable por el tremendo *crecimiento* de población que proyecta ser de 30.000.000 para el año 2000. Motores de vehículos y las industrias contaminan el agua y el aire, por lo que se refiere a la Ciudad de México como un "smogopolis". No hay suficiente *empleo* para su gran población y la vivienda es un gran problema. Pero el espíritu mexicano vive allí. Los mexicanos son conocidos por su optimismo y *creen* que en el futuro los problemas económicos van a ser resueltos. En realidad la economía mexicana empieza hoy a recuperarse.

growth

employment
they believe

La revolución de 1910 era en parte una *lucha* para eliminar los abusos del gobierno mexicano y la influencia de países *extranjeros*, pero era también una lucha para *recobrar* lo auténtico mexicano. *Desde* la revolución y hoy en día los mexicanos están más *orgullosos* de su *herencia* indígena que de su herencia española.

struggle
foreign
recover / Since
proud / heritage

En *cualquier* parte de la ciudad de México aparece el *sentido* artístico de la herencia mexicana y la pasión indígena por el color: en las *fachadas* pintadas de las casas, en los diseños coloridos de las *artesanías* de cerámica y de *tejidos*, en los murales de sus artistas más famosos (Orozco, Rivera y Siqueiros), y en los *trajes* del famoso Ballet Folklórico Nacional, un incesante *remolino* de colores vibrantes.

any / feeling
facades
arts & crafts / textiles

costumes / whirlwind

¿Qué colores se ven en los trajes?

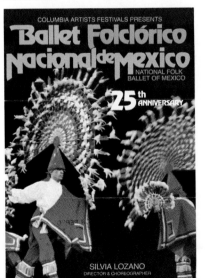

Junto a esta herencia, la capital emerge como una ciudad moderna, con tiendas, restaurantes, rascacielos. La música de los mariachis y la exquisita comida mexicana se pueden *disfrutar* en los restaurantes de moda. *Desfiles de modelos*, tiendas de joyas, conciertos y corridas de toros forman un marco único en una ciudad donde viven *a diario* tres culturas: la indígena, la europea y la nueva sociedad del futuro.

Juxtaposed to

enjoy / Fashion shows

daily

¿Qué civilización indígena representan estas ruinas en el centro de la capital de México? Templo Mayor, México, D. F.

En este mural de Diego Rivera, ¿qué aspectos de la vida precolombina puede usted describir? Palacio Nacional, México, D. F.

¿Qué aspectos de la artesanía mexicana le impresionan a usted más?

¿Qué contraste de culturas ve usted en esta fotografía de la Plaza de las Tres Culturas? Tlatelolco, México, D. F.

COMPRENSIÓN

A. Indique el año y el acontecimiento (*event*).

Columna A	Columna B
_____ 1519	(a) México pierde los territorios de Nevada, California, Utah, Nuevo México, etc.
_____ 1325–1521	(b) colonización española
_____ 1910	(c) llegada de Cortés a las costas de México
_____ 1521–1821	(d) revolución mexicana
_____ 1848	(e) imperio azteca

B. Primero, seleccione la opción (a) o la opción (b) para dar la información correcta. Después, complete la frase que sigue (*follows*).

1. Cuando Cortés llegó a Tenochtitlán encontró una ciudad: (a) pobre y primitiva, o (b) grande y urbanizada.
   A Cortés y a los españoles les impresionaron. . .

2. Cortés y los españoles vencieron a los aztecas en: (a) dos años, o (b) diez años.
   Cuando Cortés venció a Moctezuma y a Cuauhtemoc, ganó. . .

3. Para el año 2000 la población de la ciudad de México se proyecta a: (a) 16.000.000, o (b) 30.000.000.
   Algunos de los problemas en la ciudad de México de hoy son. . .

4. La revolución de 1910 fue en parte una lucha para eliminar: (a) los abusos del gobierno español, o (b) los abusos del gobierno mexicano.
    Después de la revolución los mexicanos están más orgullosos de su herencia. . .

5. La pasión mexicana por el color se ve en los murales de: (a) Orozco, Rivera y Siqueiros, o (b) Velázquez, El Greco y Goya.
    Otros ejemplos de la pasión por los colores vivos se encuentran en. . .

6. El México de hoy es un México de: (a) dos culturas,, o (b) tres culturas.
    Las ''culturas'' de México incluyen. . .

Repaso de vocabulario activo

ADVERBIOS

constantemente	generalmente	normalmente	probablemente
comúnmente	inmediatamente	personalmente	rápidamente
fácilmente	lentamente	posiblemente	recientemente
frecuentemente			

PREPOSICIÓN

por

PRONOMBRES DE COMPLEMENTO INDIRECTO

me	le	os
te	nos	les

SUSTANTIVOS

El campo y la naturaleza

el árbol	la estrella	la luna	el río
la arena	la flor	el mar	la selva
el bosque	el fuego	la nube	el sol
el cielo	la granja	el océano	la tierra
la colina	la hierba	la ola	la tormenta
la choza	la isla	el pueblo	el valle
el desierto	el lago	el relámpago	

Los animales y los insectos

la araña	el gato	el pez
el caballo	la mosca	la serpiente
el cerdo	el mosquito	la vaca
la gallina	el pájaro	

Las vacaciones

el barco	el saco de dormir
la carpa	la tienda de campaña
la mochila	

VERBOS Y EXPRESIONES VERBALES

acampar	explicar	mostrar (ue)	viajar
andar	fascinar	pescar	
bajar (de)	importar	preguntar	hacer un viaje
contestar	interesar	prestar	montar a caballo
dar	mandar	regalar	tener miedo
encantar	molestar	subir (a)	tomar el sol

Autoexamen y repaso #7

I. El pretérito: los verbos irregulares

Conteste las preguntas para indicar las actividades de las personas.

Modelo   ¿Quién estuvo en la choza? (yo)
Yo estuve en la choza.

1. ¿Quién vino anoche? (mi primo, nosotros)
2. ¿Quién tuvo que salir? (yo, usted)
3. ¿Quién no pudo ir? (ella, nosotros)
4. ¿Quién no quiso ir? (yo, mis padres)
5. ¿Quién hizo un viaje? (tú, vosotros)
6. ¿Quién anduvo por el bosque? (yo, ellos)
7. ¿Quién trajo las flores? (Carmen, mis amigos)
8. ¿Quién puso la mochila en la carpa? (yo, ustedes)

II.   Hacer para expresar *ago*

Conteste las preguntas indicando cuánto tiempo hace que usted participó en las actividades.

Modelo   ¿Cuánto tiempo hace que viste a tus padres?—una semana
Vi a mis padres hace una semana.

1.   ¿Cuánto tiempo hace que fuiste al desierto?—cinco años

2.   ¿Cuánto tiempo hace que visitaste a tus abuelos?—seis meses

3.   ¿Cuánto tiempo hace que subiste la montaña?—tres años

III.   Pronombres de complemento indirecto

Mis abuelos van a regalarnos todo lo que queremos para la Navidad. Indique usted a quiénes les van a regalar las cosas.

Modelo   Yo quiero un gato.
Van a regalarme un gato para la Navidad.

1.   Nosotros queremos un barco pequeño.

2.   Mi hermano quiere una mochila.

3.   Mis hermanas quieren un caballo.

4.   Mi madre quiere un pájaro amarillo.

5.   Yo quiero una tienda de campaña y un saco de dormir.

IV.   Verbos similares a *gustar*

Indique los gustos de las personas diferentes.

Modelo   Veo el océano. (encantar)
Me encanta el océano.

1.   Vemos los relámpagos. (fascinar)

2.   Oyen los mosquitos. (molestar)

3.   Está en el bosque. (interesar)

4.   Voy a pescar. (encantar)

V.   Dos complementos del verbo

Un amigo le hace muchas preguntas. Conteste usted, usando dos complementos del verbo.

Modelo   ¿Le mostraste *los libros* a Andrés?
          Sí, se los mostré.

1. ¿Le diste *las flores* a tu madre?
2. ¿Le explicaste *la lección* a Carmen?
3. ¿Le mandaste *el periódico* a Felipe?
4. ¿Me devolviste *el dinero*?
5. ¿Me pagaste *los cincuenta dólares*?

VI.   Adverbios

Conteste para indicar cómo lo hizo.

Modelo   ¿Cómo lo hizo? (fácil)
          Lo hizo fácilmente.

1. ¿Cómo lo hizo? (lento)
2. ¿Cómo lo explicó? (rápido)
3. ¿Cuándo lo devolvió? (reciente)
4. ¿Cuándo lo encontró? (inmediato)
5. ¿Cuántas veces lo hizo? (frecuente)

VII.   Repaso general del Capítulo 7

A.   Conteste en oraciones completas.

1. Cuando usted visitó la granja en el campo, ¿qué animales vio usted?
2. Durante la tormenta, ¿qué vio usted en el cielo?
3. Cuando usted entró en la clase, ¿qué le dijo usted al profesor (a la profesora)?
4. ¿Qué trajo usted a la clase?
5. ¿Dónde puso usted sus libros?
6. ¿Le dio usted la tarea al profesor (a la profesora)?
7. ¿Cuánto tiempo hace que usted hizo un viaje interesante?
8. ¿Qué cosas le importan a usted mucho?
9. ¿Qué le encanta a usted hacer?

B.   Traduzca al español.

1. Who translated the exercises? I translated them.
2. I found out how to do them recently.

3. Where were you last night? (you = **tú**)
4. What did you do? (you = **tú**)
5. I showed the snake to Pepe.
6. He showed it [the snake] to Ana.
7. A month ago my parents sent me a hundred dollars.
8. With that money I was able to pay all my bills.

Capítulo 8

En el hogar

Hacienda El Jacarandal. Chiapas, México

Goals for communication

- To talk about a house or an apartment and its contents
- To talk about and describe persons, things, and actions in the past
- To point out where persons and things are and when actions take place
- To state destination, purpose, cause, and motive

Cultural focus

- The urban and rural home in the Hispanic world
- Images of Mexico

255

1. el techo

2. la alcoba, recámara, el dormitorio

3. el ropero

5. el cuadro

4. la pared

6. la cama

7. la cómoda

20. el segundo piso

11. la luz

10. las cortinas

12. la lámpara

8. la chimenea

9. el sillón

13. el sofá

19. la escalera

14. el suelo

15. la alfombra

16. la sala

18. el primer piso

17. el sótano

1. roof 2. bedroom 3. closet 4. wall 5. picture, painting 6. bed 7. bureau 8. fireplace, chimney 9. easy chair 10. curtains
11. light 12. lamp 13. sofa 14. floor 15. rug 16. living room 17. basement 18. first floor, story 19. stairs 20. second floor, story

21. el baño
22. el espejo
25. la ducha
29. el estante
31. el cartel
24. la toalla
30. el televisor
27. el jabón
23. el lavabo
26. la bañera
32. hacer la cama
28. el inodoro
33. la taza
40. lavar
42. el horno de microonda
45. el garaje
34. la copa
35. el vaso
44. el refrigerador
36. poner la mesa
37. el plato
41. el fregadero
43. la estufa
38. el comedor
39. la cocina

21. bathroom **22.** mirror **23.** sink (bathroom) **24.** towel **25.** shower **26.** bathtub **27.** soap **28.** toilet **29.** bookshelf, shelf
30. television set **31.** poster **32.** to make the bed **33.** cup **34.** goblet, glass **35.** glass **36.** to set the table **37.** plate **38.** dining room **39.** kitchen **40.** to wash **41.** sink **42.** microwave oven **43.** stove **44.** refrigerator **45.** garage

Vocabulario

. . . continuado del dibujo

Cosas en la mesa:

el **tenedor**	*fork*
el **cuchillo**	*knife*
la **cuchara**	*spoon*
la **servilleta**	*napkin*

Otras palabras y expresiones útiles:

el **hogar**	*home*
el **apartamento**	*apartment*
el **jardín**	*garden, yard*
el **vecino**	*neighbor*
los **muebles**	*furniture*
el **estéreo**	*stereo*
la **radiograbadora**	*radio/tape recorder*
el **cassette**, la **cinta**	*cassette, tape*
el **disco compacto**	*compact disc*
el **disco**	*disc, record*
el **vídeo**	*video, VCR*
alquilar	*to rent*
apagar	*to turn off*
encender (ie), **poner**	*to turn on*
guardar	*to keep*
había	*there was, there were*
arriba/abajo	*upstairs, above, up/downstairs, below*
adentro/afuera	*inside/outside*
una vez	*once* (on one occasion)
muchas veces	*often* (on many occasions)

Note

Había (*there was, there were*), like **hay**, denotes existence, but in the past. It is always used in the singular.

Había tres sillones grandes en la sala.

¿Quiere usted comprar este videograbador para su apartamento?
¿Cuáles son las tres características que le interesan a usted más?

Práctica y comunicación

A. En la casa

Conteste según los dibujos en las páginas 256–257.

1. ¿Qué hay en el suelo de la sala?
    ¿Qué hay en las ventanas?
    ¿Qué otras cosas hay en la sala?
    ¿Qué está haciendo el abuelo?
    ¿Alguien encendió la luz?

2. Para subir del primer piso al segundo, ¿qué usamos?

3. El gato Rodolfo, ¿está adentro o afuera?
    ¿Está arriba o abajo?
    ¿Qué está haciendo?

4. En la alcoba, ¿dónde podemos guardar la ropa interior, los calcetines,
    etc.? ¿y los trajes y vestidos? ¿Qué hay en la pared?

5. ¿Dónde está la niña?
    ¿Qué otras cosas ve usted en el baño?

6. ¿Qué está haciendo Juanito?
    ¿Qué cosas guarda él en su estante?
    ¿Qué tiene en la pared?

7. ¿Qué está haciendo la abuela en el comedor?
    ¿Qué cosas hay en el estante?
    ¿Qué hay en la mesa?

8. En la cocina, ¿dónde lava los platos la madre? ¿Qué aparatos hay en la
    cocina?

9. ¿Dónde guarda la familia el coche?

B. Preguntas personales

En parejas, háganse las preguntas y contéstense.

1. ¿Cuántas alcobas hay en tu casa?
   ¿Cuántos baños? ¿Cuántos pisos?

2. ¿Tiene tu casa un jardín? ¿un garaje? ¿un sótano? ¿una chimenea?

3. En tu familia, ¿quién cocina generalmente?
   ¿Quién lava los platos? ¿Quién pone la mesa?
   ¿Quién hace las camas? ¿Quién limpia la casa?

4. En tu hogar, ¿cuál es tu cuarto favorito? ¿Por qué?

5. En casa, ¿qué cosas tienes en tu alcoba? ¿y aquí en la universidad?

6. En casa, ¿conoces bien a tus vecinos? ¿Te gustan?

C. Identificación

Indique la palabra que corresponde a la definición.

1. el cuarto donde preparamos la comida
2. el cuarto donde dormimos
3. el cuarto donde tomamos una ducha
4. el cuarto donde recibimos a nuestros amigos
5. lo que usamos para lavar el cuerpo
6. lo que miramos para ver el reflejo de nuestra cara
7. lo que apagamos de día y encendemos de noche
8. lo que usamos para subir y bajar de un piso a otro
9. lo que ponemos en el suelo para cubrirlo (*cover it*)
10. lo que ponemos en las ventanas

(14) Casas Ventas

CERCA DE TRANSITO, CASA COMO NUEVA, DOBLE CO-CHERA, SALA COMEDOR, CO-CINA, CUARTO DE ESTUDIO, 6 RECAMARAS, CUARTO DE SERVICIO, 2 BAÑOS Y ME-DIO, ESTANCIA AMPLIA, CUARTO DE LAVADO, PA-TIOS, ALJIBE, TEL. 17-05-13, TRATO DIRECTO.

Si usted tiene una familia grande, ¿por qué debe considerar la compra de esta casa?

D. Definición

Indique una definición que corresponde a la palabra.

1. la cómoda
2. el estante
3. el lavabo
4. el fregadero

5. la cama
6. el tenedor
7. la taza
8. el vaso

E. Mi casa o mi apartamento

Haga un dibujo de la planta (*floor plan*) de su casa o apartamento. Descríbaselo a otro(a) estudiante en la clase de español.

Conversación

Buscando un apartamento

Alicia llega a su casa cansada después de un día de ver apartamentos. Va a compartir un apartamento con su amiga Maite el próximo año académico. Ahora está charlando con su hermano Pepe.

PEPE	Alicia, pareces cansada. ¿Qué tal te fue hoy? ¿Encontraste algún apartamento interesante?
ALICIA	Vi uno que tenía una vista fabulosa al Parque Central, en la Avenida Pinillas.
PEPE	¿Cómo eran los cuartos?
ALICIA	La cocina era pequeñísima y no tenía refrigerador.
PEPE	¿Y las recámaras?
ALICIA	Una grande, pero la otra más pequeña. Maite quiere un dormitorio grande y yo también.
PEPE	¿Por qué no llamas a la Agencia Zamora? Por medio de ellos mi amigo Raúl encontró un apartamento magnífico cerca del metro.
ALICIA	Creo que tienes razón. Voy a consultar con un agente de bienes raíces. En la agencia pueden localizar el apartamento que yo quiero: dos alcobas grandes, una cocina completa con refrigerador, estufa y lavaplatos, y un cuarto de baño grande. La sala no necesita ser demasiado grande y además. . .
PEPE	¡Buena suerte!

Alicia gets home tired after a day of looking at apartments. She is going to share an apartment with her friend Maite the coming academic year. Now she is chatting with her brother Pepe.

PEPE	Alicia, you seem tired. How did it go for you today? Did you find an interesting apartment?
ALICIA	I saw one that had a fabulous view of Central Park, on Pinillas Avenue.
PEPE	What were the rooms like?
ALICIA	The kitchen was extremely small and didn't have a refrigerator.
PEPE	And the bedrooms?
ALICIA	One large one but the other smaller. Maite wants a large bedroom and so do I.
PEPE	Why don't you call the Zamora Agency? Through them my friend Raúl found a wonderful apartment near the subway.

ALICIA   I think you're right. I'm going to consult a real estate agency. At the agency they can locate the apartment I want: two large bedrooms, a kitchen complete with refrigerator, stove and dishwasher, and a large bathroom. The living room doesn't need to be too large and in addition. . .

PEPE   Good luck!

COMPRENSIÓN

1. Alicia quiere compartir un apartamento: (a) con su hermano, o (b) con su amiga Maite.

2. Alicia vio un apartamento con una vista fabulosa: (a) al Parque Central, o (b) de la Plaza Pinillas.

3. La cocina del apartamento que vio Alicia era: (a) grande y completa, o (b) no tenía refrigerador.

4. Alicia va a la Agencia Zamora para consultar con: (a) un agente de viajes, o (b) un agente de bienes raíces.

ACTIVIDAD

Usted busca un apartamento para el próximo año académico. Un(a) compañero(a) de clase hace el papel de un(a) agente de bienes raíces. Hablen de lo que usted quiere y de lo que él o ella tiene para alquilar.

3

ALQUILERES APARTAMENTOS

SE RENTA DEPARTAMENTO CERCA PLAZA DEL SOL, 2 RECAMARAS, SALA COMEDOR, CUARTO SERVI-CIO, COCINA EQUIPADA, 2 BAÑOS, INTERFON, ELEVADOR, ESTACIONA-MIENTO CUBIERTO PORTON ELEC-TRICO INFORMES TELEFONOS 22-54-51, 84-20-57.

EXCELENTE UBICACION 2 RECAMA RAS CORTINAS ALFOMBRADA RE-C I E N C A S A D O S A T R A S MC'DONALDS AV. MEXICO 47-34-00 750,000 FIADOR.

¿Cuál de estos dos apartamentos (departamentos) le gustan a usted más?

Noticias culturales

La casa tradicional hispana

Hoy en las grandes ciudades, por *falta* de espacio, se construyen edificios de pisos en vez de casas, ya que el *terreno* es muy caro y *escaso*. Pero la *vivienda* en los países hispanos también conserva un aire tradicional, sobretodo cuando uno sale del centro de la gran ciudad. En los *barrios* en las *afueras* de las ciudades o en las ciudades más pequeñas, se puede ver la casa tradicional hispana con una *puerta* grande, *de dos hojas*, que da entrada a un patio. Las ventanas de los cuartos se abren al patio donde hay flores y árboles; en algunas casas hay también un *pozo*, en otras más elegantes una *fuente*. Son típicos los patios andaluces donde hay gran cantidad de geranios, rosas, jazmines y otras flores. Las ventanas que se abren a la calle tienen *rejas* y en las noches de verano los vecinos conversan por la reja, unos dentro y otros fuera de la casa. Los *enamorados* también se hablan *através de* las rejas. También es frecuente encontrar las ventanas de los pisos altos *enmarcadas* por un balcón donde también hay flores, y desde el cual los habitantes de la casa ven a la gente pasear por la calle.

lack /
land / scarce / housing

neighborhoods / outskirts

double door

well / fountain

wrought iron bars
sweethearts
through
set off

¿Cuál es el enfoque central de esta casa? Describa el patio. Islas Canarias, España

¿Qué aspectos de estas casas españolas le impresionan a usted más? Andalucía, España

PREGUNTAS

1. ¿Cómo es la casa tradicional hispana?
2. ¿Qué se ve en los patios típicos andaluces?
3. ¿Cómo es su casa similar o diferente de una casa hispana?
4. ¿Hay una casa típica en los EEUU?

I. DESCRIBING IN THE PAST: El imperfecto

Spanish has two simple past tenses: the preterit and the imperfect. You have already learned to talk about completed past actions by using the preterit.

The imperfect tense is used to describe things and persons in the past and to indicate that past actions were ongoing or habitual.

A. Formación de los verbos regulares en el imperfecto

To form the imperfect tense of regular **-ar, -er,** *and* **-ir** *verbs, drop the* **-ar, -er,** *or* **-ir** *from the infinitive and add the endings indicated below.*

	pensar	**hacer**	**vivir**
yo	pens**aba**	hac**ía**	viv**ía**
tú	pens**abas**	hac**ías**	viv**ías**
Ud./él/ella	pens**aba**	hac**ía**	viv**ía**
nosotros(as)	pens**ábamos**	hac**íamos**	viv**íamos**
vosotros(as)	pens**abais**	hac**íais**	viv**íais**
Uds./ellos/ellas	pens**aban**	hac**ían**	viv**ían**

The imperfect tense corresponds to three English forms:

Ella **lavaba** los platos cuando su abuela llamó.

She **was washing** the dishes when her grandmother called.

Ella **lavaba** los platos todos los sábados.

She **used to (would) wash** the dishes every Saturday.

Su hermano **lavaba** los platos los domingos.

Her brother **washed** the dishes on Sundays.

B.   Los verbos irregulares en el imperfecto

There are only three irregular verbs in the imperfect tense.

ser *to be*		ir *to go*		ver *to see*	
era	éramos	iba	íbamos	veía	veíamos
eras	erais	ibas	ibais	veías	veíais
era	eran	iba	iban	veía	veían

Práctica y comunicación

F.   **¿Qué hacían?**

Indique lo que Pepita y Linda hacían casi todos los sábados.

Modelo   caminar por el parque con el perro
Caminaban por el parque con el perro.

1. hacer las camas
2. limpiar el apartamento
3. lavar la ropa
4. ir al supermercado
5. ir de compras en el centro comercial
6. ver a sus amigos allí
7. frecuentemente invitarlos a cenar
8. normalmente preparar comida italiana
9. comer, beber y charlar
10. después salir

Ahora repita 1–10 para indicar que usted y un(a) amigo(a) participaban en las mismas actividades los sábados.

Caminábamos por el parque, etc.

G.   El abuelo y la abuela

Describa la fotografía de los abuelos tomada hace dos años.

1.   ¿Qué hora era?
2.   ¿Qué tiempo hacía?
3.   ¿Qué estación del año era?
4.   ¿Qué se veía por la ventana?
5.   ¿Qué cosas había en la sala?
6.   ¿Qué hacía el abuelo?
7.   ¿Qué hacía la abuela?
8.   ¿Qué ropa llevaba ella?
9.   ¿Qué hacía el gato Rodolfo?
10. ¿Dónde estaba?

H.   Tú y yo, cuando estábamos en la escuela secundaria. . .

Háganse preguntas y contéstense.

 ser un buen (una buena) estudiante
   ¿Eras un buen (una buena) estudiante?
   Sí, era un buen (una buena) estudiante. (o)
   No, no era un buen (una buena) estudiante.

1. ser tímido(a)
2. ser perezoso(a) o ser diligente
3. estudiar mucho
4. salir mucho con tus amigos
5. ir a muchas fiestas
6. fumar
7. tener un(a) novio(a) especial (¿Cómo se llamaba?)
8. ir de compras con frecuencia (¿Adónde?)
9. hablar mucho por teléfono (¿Con quién?)
10. mirar mucho la televisión (¿Qué programas?)
11. leer muchas revistas (¿Cuáles?)
12. escuchar la radio (¿Qué tipo de música o programas?)
13. jugar a algún (a particular) deporte (¿Cuál?)
14. tocar algún instrumento musical (¿Cuál?)
15. trabajar (¿Dónde?)

I.   Pensando en el pasado

Indique varias posibles actividades en que usted participaba en las circunstancias mencionadas.

Modelo   Cuando era un bebé, yo. . .
            Dormía mucho, jugaba con mis pies, tomaba leche, etc.

1. Cuando era un(a) niño(a) pequeño(a), yo. . .
2. Cuando iba a la playa, yo. . .
3. Cuando estaba solo(a) en mi cuarto, yo. . .
4. Cuando visitaba a mis abuelos, yo. . .
5. Cuando salía con mis amigos de la escuela secundaria, yo. . .

II. TALKING ABOUT AND DESCRIBING PERSONS, THINGS, AND
     ACTIONS IN THE PAST: El pretérito y el imperfecto

A.   Acción terminada en contraste con acción continua o habitual

The imperfect is used to indicate a past action that was ongoing or in progress (was occurring) or a past action that was habitual (used to occur or occurred repeatedly). In either usage there is no emphasis on the beginning or end of the action.

La abuela preparaba la comida y los niños jugaban en el jardín.
(actions in progress)
Mi papá lavaba el coche todos los sábados. (habitual)

*In contrast, the preterit is used to indicate a single, completed action often ac-
companied by a stated beginning or ending time.*

Mi tía **vino** a visitarnos.
Mis padres **prepararon** una cena deliciosa **anoche.**

B. Fondo (*background*) descriptivo en contraste con acción que interrumpe

*The imperfect is used to provide a background description or background action
that sets the stage for a pending interrupting action. Background description often
includes time, dates, weather, and the like.*

Era la una y media de la mañana.
Había luna y hacía frío.
Todo estaba tranquilo en la casa.
El gato dormía en el sofá.

In contrast, the preterit is used to provide an interrupting action.

Dormíamos tranquilamente cuando **oímos** algo extraño en el sótano.

C. Descripción de características y condiciones en contraste con cambio
abrupto de condición

*The imperfect is used to describe physical characteristics, conditions, and mental
and emotional attitudes in the past that could be ongoing.*

No sabíamos cuántos años tenía la casa.
Era grande y muy vieja.
A mi mamá le gustaba mucho.
Estaba muy contenta allí.

*In contrast, the preterit is used to indicate a sudden, unexpected change of con-
dition or attitude.*

Tuve miedo cuando vi los relámpagos.
Mi papá **estuvo triste** cuando oyó del incidente.

Práctica y comunicación

J.   La abuelita necesitaba un cambio de rutina

Indique lo que la abuelita hacía todos los días y lo que hizo un día para cambiar su rutina.

Modelo   casi todos los días. . .lavar la ropa
Casi todos los días lavaba la ropa.
Pero un día. . .todas las cortinas
Un día lavó todas las cortinas.

Casi todos los días. . .	pero un día. . .
1. limpiar la casa	el garaje
2. mirar ''Cheers''	''Star Trek''
3. comer en casa	en Pizza Hut
4. preparar comida norteamericana	comida china
5. comer cereal en el desayuno	huevos y salchicha
6. llamar a mi madre a las nueve de la mañana	¡a las seis!
7. traernos galletas	una torta de chocolate
8. ir a la heladería	a la pastelería
9. tomar el autobús	un taxi
10. andar por el parque	por el río

K.   Una visita a los abuelos en el campo

Juanito y Elena visitaban a los abuelos en el campo. Indique lo que hacían ellos cuando algo los interrumpió.

Modelo   **Juanito dormía en el sofá y Elena miraba la televisión cuando la abuela los llamó.**

Elena   Juanito   la abuela

Juanito   Elena   la abuela

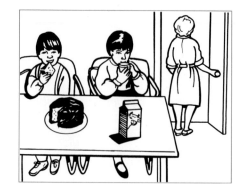

Juanito   Elena   la abuela

el abuelo   Juanito   Elena

el abuelo Elena   Teo   Juanito

Juanito   Elena   la tormenta

Juanito   Elena   el padre

L. **Mi gato Rodolfo**

Describa a su gato Rodolfo y sus actividades. Use el pretérito o el imperfecto según las indicaciones.

Modelo   tener pelo negro y blanco.
               Tenía pelo negro y blanco.

1. tener ojos verdes
2. ser gordo y bonito
3. ser especial
4. poder entender el español
5. normalmente/dormir en el sótano

6. una noche/dormir en la cama con nosotros

7. muchas veces/subir los árboles

8. una vez/subir la chimenea y. . .
   no poder bajar

9. con frecuencia/beber agua del lavabo

10. una vez/tomar agua del inodoro

11. todas las mañanas/venir a la cocina

12. cada mañana/beber leche caliente

13. siempre/tomar la siesta en el sillón

14. un día/subir a la mesa en el comedor y. . .
    comer todo el jamón de nuestros sandwiches

15. tener que escaparse de mi padre y. . . salir al jardín

16. allí/ver un perro enorme y. . . tener miedo

17. por diez años/vivir con nosotros

18. una noche/no volver a casa

19. posiblemente morir. . . ¡Qué tristes/estar nosotros!

M. Un testigo (*a witness*)

Una noche usted no duerme bien. Oye un ruido (*noise*) en la casa de su vecino. ¡Usted es testigo de un robo (*robbery*)! Más tarde usted narra la historia a su amigo. (Use el pretérito o el imperfecto según las indicaciones.)

1. Son las dos de la mañana.
2. Hace viento.
3. La luna está en el cielo.
4. No hay estrellas.
5. La casa es grande y vieja.
6. Un hombre entra por la ventana.
7. El hombre es alto y flaco.
8. El hombre lleva un sombrero negro.
9. Yo llamo a la policía.
10. El hombre pasa diez minutos en la casa.
11. El hombre sale con una bolsa grande.
12. El hombre ve el auto del policía.
13. El policía dice, ''¡Alto!'' (*Stop!*)
14. Y el hombre corre en la otra dirección.

N. Un cuento fascinante

En grupos de cuatro estudiantes, escriban un cuento original basado en las posibles respuestas a las preguntas que siguen. Usen bien la imaginación.

- ¿Adónde fueron (*nombre de estudiante en la clase*) y sus amigos(as) durante las vacaciones?
- ¿Cómo era el lugar?
- ¿Qué tiempo hacía?

- ¿Qué hacían casi todos los días mientras allí?
- ¿Qué le pasó a (*nombre de estudiante*)?
- ¿Qué hacía él (ella) cuando lo (la) encontraron?
- ¿Con quién o con quiénes estaba cuando lo (la) encontraron?
- ¿Cómo era(n) la(s) persona(s) con quien(es) estaba?
- ¿Por qué no pudo volver él (ella) a casa?
- ¿Qué les dijeron los amigos a los padres de él (ella)?
- ¿Cómo reaccionaron los padres?
- Cuando por fin volvió, ¿qué explicación dio él (ella)?
- Al fin, los padres supieron la verdad. ¿Qué era?

Noticias culturales

Viviendas en las zonas rurales

En las zonas rurales se encuentran las bellas haciendas del campo y las casas modestas de los pequeños pueblos. Las haciendas son grandes construcciones *rodeadas* de jardines, con ventanas que permiten entrar el aire. Algunas tienen un pequeño bosque frente a la casa con un *paseo*. Las casas más modestas son de un solo piso con un vestíbulo *amplio* que permite dar entrada al aire. Las casas en los pueblos y en las zonas rurales parecen estar siempre abiertas para dar entrada a los vecinos que llegan sin anunciarse o llamar antes. La expresión hispana de "mi casa es su casa" o "está en su casa" no es simplemente una fórmula sino una invitación sincera para volver a visitar a los residentes de la casa.

surrounded

driveway

spacious

¿Cómo describe usted las casas de este pueblo rural de España? Costa del Sol

PREGUNTAS

1. ¿Cómo son las haciendas? ¿y las casas más modestas?

2. Cuando una persona hispana dice "Mi casa es su casa", ¿qué quiere decir?

3. En los Estados Unidos, ¿tenemos las mismas costumbres respecto a la hospitalidad?

III. INDICATING WHERE AND WHEN: Preposiciones de localización y otras preposiciones útiles

A. Las preposiciones

Prepositions are words that connect a word or phrase to another element of a sentence. You have already learned some prepositions such as: **a** *(to, at),* **en** *(in, on, at),* **de** *(from, of, about),* **con** *(with), and* **sin** *(without).*
   Below you will find additional prepositions.

Preposiciones de localización

cerca de/lejos de	*near/far from*
dentro de/fuera de	*inside/outside*
debajo de/encima de	*beneath, under/on top of, above*
detrás de/delante de	*behind/in front of*
en frente de	*in front of, opposite*
al lado de	*beside*
entre	*between, among*

Otras preposiciones útiles

antes de/después de	*before/after* (time)
durante	*during*
en vez de	*instead of*
al + *infinitive*	*upon* + *-ing*

B. Preposiciones con infinitivos

In Spanish, a verb following a preposition is in the infinitive form. In contrast, English uses the -ing form.

Después de lavar los platos podemos ir al cine.

After washing the dishes we can go to the movies.

Prepositions that are commonly used with infinitives are: **antes de, después de, en vez de, al, para,** *and* **sin.**

C. Pronombres complementos de preposiciones

Pronouns that follow prepositions are the same as subject pronouns with the exception of **yo** *and* **tú,** *which become* **mí** *and* **ti.**

Dijo que el regalo era para $\begin{cases} \textbf{mí.} \\ \textbf{ti} \\ \text{él/ella/usted} \\ \text{nosotros} \\ \text{vosotros} \\ \text{ellos, ellas/ustedes} \end{cases}$

The combination of **con** + **mí** *or* **ti** *becomes* **conmigo** (with me) *or* **contigo** (with you).

¿Quieres ir **conmigo**? ¡Sí! Voy **contigo.**

Práctica y comunicación

O. El gato Rodolfo

Indique dónde está el gato Rodolfo.

Modelo   **Rodolfo está al lado del perro.** (o)
Está cerca del perro.

Rodolfo

(CONTINUED)

P.   ¿Dónde está?

Diez estudiantes seleccionan diez preposiciones diferentes de la siguiente lista. Cada estudiante debe situarse en la sala de clase según la preposición que tiene.

1. cerca de
2. lejos de
3. dentro de
4. fuera de
5. debajo de

6. encima de
7. detrás de
8. delante de
9. al lado de
10. entre

La profesora (el profesor) pregunta: ¿Dónde está (*nombre de estudiante*)? La clase responde indicando donde está.

Modelo   ***(Nombre de estudiante)* está debajo de la mesa.**
           Él (la) estudiante confirma la respuesta:
           Sí, estoy debajo de la mesa.

Q. Información personal

En parejas, háganse las preguntas y contéstense.

1. ¿Quieres ir al cine conmigo esta noche? ¿Quieres ir a un concierto de música clásica conmigo este fin de semana?

2. ¿Estudia tu novio(a) o tu mejor amigo(a) contigo frecuentemente? ¿Come en la cafetería contigo? ¿Pasa mucho tiempo contigo? ¿Qué hacen ustedes?

3. Generalmente, ¿qué haces al salir de la clase de español? ¿y al volver a la residencia? ¿y al llegar a una fiesta?

4. Generalmente, ¿qué haces durante las vacaciones de primavera? ¿y durante el verano?

5. ¿Vive tu familia lejos de o cerca de la universidad? ¿Dónde vive? ¿Viven tus abuelos lejos de o cerca de tus padres? ¿Dónde viven?

6. ¿Tiene tu familia un gato o un perro? ¿Pasa más tiempo dentro de la casa o fuera de la casa?

R. Expresión personal

Complete las ideas indicando actividades que para usted son apropiadas.

1. Anoche, vi algo extraño en mi cuarto **al. . .**
2. Después de la clase vuelvo a mi cuarto **para. . .**
3. Esta tarde voy a la tienda **para. . .**
4. Esta noche voy a estudiar **antes de. . .**
5. A veces, miro la televisión **en vez de. . .**
6. No puedo pasar el fin de semana **sin. . .**
7. Nunca, nunca manejo **después de. . .**

IV. STATING PURPOSE, DESTINATION, CAUSE, AND MOTIVE: **Para** and **por**

*You have learned in previous chapters that **para** can mean* in order to *and **por** can mean* down, through, along, by. *As you have seen, both prepositions can be translated in English in different ways without confusion of meaning. However, there are times when both **para** and **por** can have identical translations in English but convey different meanings in Spanish.*

*The charts that follow indicate some of the more frequent uses and meanings of **para** and **por**.*

Para *is used to indicate:*

1.	PURPOSE OR GOAL *in order to + infinitive*	Elena fue a la tienda **para** comprar un sillón.
2.	RECIPIENT *for*	Compró una lámpara **para** su madre.
3.	DESTINATION *for*	Su madre sale **para** la Florida el sábado.
4.	DEADLINE *by, for*	Tiene que vender el condominio **para** el primero de octubre.
5.	EMPLOYMENT *for*	Trabaja **para** una agencia de bienes raíces.

Por *is used to indicate:*

1.	CAUSE, REASON, MOTIVE *because of, on account of, for the sake of, on behalf of, for*	**Por** estar muy enfermo volvió a su casa. Su hijo fue a la farmacia **por** él.
2.	DURATION OF TIME *for, in, during*	Estuvo en la cama **por** dos días. Tomaba una siesta **por** las tardes.
3.	EXCHANGE, PRICE *for*	Le compramos un disco compacto **por** $12.00. Nos dijo: "Gracias **por** el disco".
4.	"TO GET" (with a verb of motion) *for, to get*	Fuimos a la cocina **por** la medicina.
5.	GENERAL PHYSICAL MOVEMENT IN AND AROUND A GIVEN PLACE *down, by, along, through*	Tres días más tarde podía caminar **por** la casa y **por** el jardín.

Note

When expressing a specific duration of time, **por** is often omitted.

Estuvo en la cama dos días.

Refrán: **Más sabe el diablo por viejo que por diablo.**

En su opinión, ¿saben las personas mayores más que las menores?

Práctica y comunicación

S.   La historia de Fernando

Narre la historia de Fernando usando **por** o **para**.

1. Fernando trabaja/una compañía de computadoras.
2. Una tarde,/estar muy enfermo, tuvo que salir del trabajo temprano.
3. Al salir, su jefe (*boss*) le dijo: "¡Tienes que terminar este proyecto/ mañana!"
4. Su secretaria le dijo: "Yo puedo terminarlo/ti."
5. ¡Pobre Fernando! Salió de la oficina/su casa.
6. Caminó/la Calle Tres y/la Avenida Calí.
7. Al llegar al Parque Central decidió sentarse (*sit down*) en un banco/ descansar.
8. Descansó allí/media hora.
9. Después del descanso, fue a la farmacia/aspirina. Tenía un dolor de cabeza enorme.
10. Mientras allí, compró unos chocolates/su novia.
11. Pagó dos mil pesos/la aspirina y los chocolates.
12. Pero, . . .en vez de volver a casa, Fernando salió/el apartamento de su novia.
13. Al llegar, le dijo a ella: "Mi amor, estos chocolates son/ti".
14. Ella le dijo: "¡Ay Fernando! ¡Gracias/los chocolates!"
15. Y los dos salieron contentos/cenar en un restaurante.
16. También fueron a una discoteca/bailar.

Para un hombre enfermo, ¡Fernando se recuperó bastante rápido! ¿Verdad?

¿A quiénes sirve la estación KDCE? ¿Por cuántos años?

T. Tiempo libre

El año académico va a terminar en unas semanas. Usted y sus amigos como grupo deciden alquilar un condominio para pasar unos días de tiempo libre antes de tener que empezar a trabajar. Contesten las preguntas para describir sus planes. Usen **por** o **para** en sus respuestas.

- ¿Para dónde van?
- ¿Para qué o por qué decidieron ir a este lugar?
- ¿Para cuándo necesitan hacer las reservaciones para el condominio?
- ¿Para cuándo tienen que hacer el depósito?
- ¿Por cuánto tiempo van a estar allí?
- ¿Cuánto tienen que pagar por el condominio?
- Mientras allí, ¿por dónde pueden andar, caminar o explorar?
- ¿Para quién o quiénes piensan comprar regalos?
- ¿Para cuándo necesitan volver a casa para trabajar?
- ¿Para quién o quiénes van a trabajar?

Usted está pensando en comprar un condominio en Miami Beach. ¿Cuál de estos tres condominios quiere ver primero? ¿Por qué?

En resumen

MEMORIAS

Escriba un párrafo en que usted. . .

1. describe la casa en que usted vivía cuando era niño(a) pequeño(a), indicando cuartos, muebles u objetos especiales que usted recuerda, y
2. describe una escena o un incidente del pasado que estos cuartos, objetos, etc. representaban.

Panorama cultural

Imágenes de México

San Diego
Tijuana
Calexico
Mexicali

Nogales
Heroíca
Nogales
Ciudad Juárez
El Paso

ESTADOS UNIDOS

N

BAJA CALIFORNIA

Baja de California

SIERRA MADRE OCCIDENTAL

Río Bravo del Norte

SIERRA MADRE ORIENTAL

M É X I C O

Piedras
Negras
Eagle Pass

Nuevo
Laredo
Laredo

Matamoros

GOLFO
DE
MÉXICO

Monterrey

Durango

Mazatlán

Tampico

Cancún
Chichenitza
Mérida
Tulum
PENÍNSULA
DE
YUCATÁN

Puerto
Vallarta
Guadalajara
México
Puebla
Veracruz

Cuernavaca
Taxco

Villahermosa
Palenque

BELICE

OCÉANO
PACÍFICO

México

Acapulco
Oaxaca

GUATEMALA

HONDURAS

EL
SALVADOR

0   500 MILLAS
0   500 KILÓMETROS

No hay un México *sino* muchos Méxicos y, *aunque* todos tienen en común el   *but / although*
espíritu mexicano de lucha, renovación y optimismo, todos son diferentes.

La frontera (norte)   *border*

Esta región es marcada por sus tierras áridas, desiertos y montañas. Hoy la parte
norteña es un lugar con sus propias *reglas*. La frontera desde Tijuana hasta Ma-   *rules*
tamoros es patrullada por los ojos vivos de la policía estadounidense y mexicana
y es un lugar donde no existe la permanencia. La mayoría de las personas que
vienen aquí quieren pasar la frontera, ganar dinero por una *temporada*, y mandar   *period of time*
el dinero a casa para mejorar la situación económica de su familia. Algunas
ciudades de la frontera aparecen duplicadas a *ambos lados* debido a los *lazos*   *both / sides / ties*
económicos que las unen: Mexicali/Caléxico, Nogales/Nogales, Ciudad Juárez/
El Paso, Piedras Negras/Eagle Pass, Nuevo Laredo/Laredo.

Según el mapa.
Localice las ciudades fronterizas de Tijuana, Ciudad Juárez, Nuevo Laredo y
Matamoros.

¿Cómo describe usted esta región fronteriza entre
México y California? Baja California, México

El Bajío (centro-sur)

Éste es el centro de México, una región de planicies entre montañas, donde
vivieron los aztecas y donde se preparó la guerra para *conseguir* la independen-   *gain*
cia de España. Hay gran producción agrícola (*ganado*, cereales, vegetales y fru-   *livestock*
tas) y de minerales (oro, plata, cobre, etc.). En esta región se *crían* toros bravos   *raise*
para las corridas de toros, muy populares en México.

Según el mapa.
Localice la capital de México que se encuentra en la parte sur de El Bajío.

¿Cómo describe usted esta región fértil de México? ¿Qué productos se pueden cultivar aquí? Colima, México

El golfo de México (este/sur—área de Tampico, Veracruz, estado de Tabasco)

Ésta es el área explorada primero por los españoles. Aquí se producen frutas, cacao, azúcar y otros productos agrícolas. Pero también esta región de costas y montañas tropicales es la más industrializada del país donde el petróleo y los productos petroquímicos son la industria principal.

Según el mapa.
Localice las ciudades de Tampico y Veracruz.
Localice la ciudad de Villahermosa, capital del estado de Tabasco.

¿Cuál es el producto principal de este complejo industrial? México

La "nueva Riviera" (oeste—costas del Pacífico)

La "nueva Riviera" es el nombre que se puede dar a las costas montañosas del Pacífico. Son lugares de recreo como Mazatlán, Puerto Vallarta y el famoso Acapulco. En estas playas de moda hay casinos, hoteles, villas, edificios de apartamentos y condominios, campos de golf y playas hermosas. Junto a los coches deportivos que transitan las calles se ven los pescadores usando medios ancestrales para pescar y las mujeres lavando las ropas en los ríos y fuentes como lo vienen haciendo tradicionalmente.

Según el mapa.
Localice en la costa del Pacífico las ciudades de Mazatlán, Puerto Vallarta y Acapulco.

En su opinión, ¿cuáles son las atracciones de Acapulco? Acapulco, México

Yucatán (península—costas del Golfo de México y del Caribe)

En las costas y las playas de Yucatán, como en el famoso Cancún, se puede gozar de las aguas cristalinas del mar Caribe; por las costas y en el interior se puede observar y visitar las impresionantes ruinas de los mayas escondidas entre la vegetación abundante de la selva. Chichen Itzá, Tulum, Uxmal, Palenque y otros—los nombres mismos nos traen imágenes de civilizaciones pasadas y de culturas fascinantes. Aquí en la península, como en todas las regiones de México, emerge algo del "color" de México—los colores del *atuendo* tradicional, los colores del mar y de las arenas, los colores vivos de las flores y los pájaros que habitan la selva y finalmente el "color vivo" de la personalidad mexicana.

attire

Según el mapa.
Localice la península de Yucatán y la ciudad-resorte de Cancún. Ahora localice las ruinas mayas de Palenque, Chichen Itzá y Tulum.

¿Frente a qué mar aparecen estas ruinas? ¿A qué civilización corresponden? Tulum, Yucatán, México

COMPRENSIÓN

Identifique la información que se encuentra en la columna B con la región que se encuentra en la columna A.

COLUMNA A
1. La frontera (norte)
2. El Bajío (centro/sur)
3. El Golfo de México (área de Tampico, Veracruz, Tabasco)
4. La "nueva Riviera" (oeste—costa del Pacífico)
5. La península de Yucatán (costas del Golfo de México y del Caribe)

COLUMNA B
a. petróleo, industrias petroquímicas
b. primeras exploraciones de los españoles
c. tierras áridas, desiertos, montañas
d. industria turística—hoteles, recreo
e. planicies entre montañas
f. Acapulco, Mazatlán, Puerto Vallarta
g. ciudades duplicadas por los lazos económicos
h. las ruinas mayas de Chichen Itzá, Tulum, Palenque
i. ganado, cereales, vegetales, oro, plata y cobre
j. Cancún

Repaso de vocabulario activo

ADVERBIOS Y EXPRESIONES ADVERBIALES

abajo	afuera	muchas veces
adentro	arriba	una vez

PREPOSICIONES

al [+ *infinitivo*]	delante de	en frente de	lejos de
al lado de	dentro de	en vez de	para
antes de	después de	encima de	por
cerca de	detrás de	entre	
debajo de	durante	fuera de	

PRONOMBRES COMPLEMENTOS DE PREPOSICIONES

mí (conmigo)	usted	ellas
ti (contigo)	nosotros(as)	ustedes
él	vosotros(as)	
ella	ellos	

SUSTANTIVOS

Las partes de la casa

la alcoba	el garaje	el segundo piso
el baño	el jardín	el sótano
la cocina	el primer piso	
el comedor	la sala	

Las cosas en la casa

la alfombra	el estante	el televisor	el cuchillo
la cama	el estéreo	el vídeo	la estufa
el cartel	la lámpara	la bañera	el fregadero
el cassette	la luz	la ducha	el horno de microonda
la cinta	los muebles	el espejo	el plato
la cómoda	la pared	el inodoro	el refrigerador
la cortina	la radiograbadora	el jabón	la servilleta
el cuadro	el ropero	el lavabo	la taza
la chimenea	el sillón	la toalla	el tenedor
el disco	el sofá		el vaso
el disco compacto	el suelo	la copa	
la escalera	el techo	la cuchara	

Otras palabras útiles

el apartamento
el vecino

VERBOS Y EXPRESIONES VERBALES

alquilar
apagar
encender (ie)
guardar
poner

había
hacer la cama
lavar los platos
poner la mesa

Autoexamen y repaso #8

I. El imperfecto

Diga usted lo que las personas hacían cuando eran niños.

Modelo   hacer la cama. . .yo
Hacía la cama.

1. abrazar a mi abuela. . .yo
2. correr en el parque. . .tú
3. andar en bicicleta. . .ella
4. querer jugar. . .nosotros
5. visitar a nuestros tíos. . .nosotros
6. caminar en la avenida. . .vosotros
7. comer mucho helado. . .ustedes
8. ir al cine. . .yo
9. ver muchas películas. . .yo

II. ¿Pretérito o imperfecto?

A. Exprese, según las indicaciones, lo que usted **hizo** o **hacía** en el pasado.

Modelo   (hacer un viaje) El verano pasado. . .
El verano pasado hice un viaje.

1. (alquilar un apartamento) El verano pasado. . .
2. (limpiar la sala) Todos los sábados. . .
3. (lavar las ventanas) Una vez. . .
4. (visitar a mis vecinos) Los fines de semana. . .
5. (abrir las cortinas) Todas las mañanas. . .
6. (bajar al sótano) Ayer. . .
7. (ver un insecto enorme en la cocina) Un día. . .
8. (invitar a mis amigos al apartamento) Con frecuencia. . .

B.   Describa lo que pasó un día, usando el pretérito o el imperfecto según el contexto.

Modelo   (ser) las dos de la tarde
            Eran las dos de la tarde.

1. (Ser) la primavera.
2. (Hacer) sol.
3. El niño (salir) de la casa.
4. (Llevar) un sombrero rojo.
5. (Tener) ocho años.
6. (Correr) al jardín.
7. (Ver) a su gato.
8. (Jugar) con su gato cuando su mamá (llamarlo).
9. (Tener que) volver a casa para hacer su tarea.

III.   Preposiciones

A.   Para indicar las preferencias, cambie las oraciones usando la preposición de significado contrario.

Modelo   No quiero estar *cerca de* la estufa.
            Quiero estar lejos de la estufa.

1. No quiero comer *antes de* ver la película en el vídeo.
2. No quiero poner los libros *debajo de* la mesa.
3. No quiero poner la planta *delante del* sofá.
4. No quiero estar *dentro de* la casa.

B. Complete con una actividad apropiada.

Modelo   Fui al cine en vez de _____.
            Fui al cine en vez de estudiar.

1. Encendí la estufa en vez de _____.
2. Puse el coche en el garaje antes de _____.
3. Fuimos al jardín para _____.
4. No podemos vivir sin _____.

C. Por en contraste con **para**. Complete las oraciones para indicar lo que usted hizo.

1. Durante el verano trabajé/el banco.
2. Trabajé/ir a México.
3. Salí/México el 6 de agosto.
4. Estuve allí/un mes.
5. Anduve/todo el país.
6. Compré un libro de arte/mi madre.
7. Compré el libro/diez mil pesos.
8. Mi madre me dijo, ''Gracias/el libro.''

IV.   Repaso general del Capítulo 8

A. Conteste en oraciones completas.

1. Usted vio un apartamento ayer. ¿Cómo era? (Use su imaginación.)
2. Cuando la profesora (el profesor) entró en el apartamento a las diez de la noche, ¿qué hacían los estudiantes?
3. ¿Qué va a hacer usted esta noche después de comer?
4. ¿Quiere usted ir al cine conmigo?
5. ¿Cuánto paga usted por una entrada al cine?

B.   Traduzca al español.

1.   When we went to Mexico, we traveled through the desert.
2.   We were there for two months.
3.   We rented an apartment in a small town.
4.   One day we went downtown to buy a picture for our apartment.
5.   It was noon and it was very windy.
6.   We were entering the store when we saw our neighbors.
7.   They invited us to eat with them.
8.   We liked Mexico and we didn't want to leave.

Capítulo 9

La vida diaria y la residencia de estudiantes

Las relaciones personales

Goals for communication

- To talk about daily routines and life in the dorm
- To talk about human relationships and each other
- To describe what has happened
- To describe what had happened prior to another past action

Cultural focus

- Festivals in the Hispanic world
- Central America

2. acostarse (ue)

3. despertarse (ie)

4. el despertador

5. sonar (ue)

6. llorar

1. quitarse

8. el secador de pelo

11. el peine

15. el maquilla

13. el cepillo

7. bañarse   9. secarse   10. lavarse   12. peinarse   14. cepillarse   16. poners

17. sentirse (ie,i) mal   18. enojarse   19. divertirse (ie,i)

1. to take off (clothes, etc.)   2. to go to bed   3. to wake up   4. alarm clock   5. to ring, sound   6. to cry   7. to take a bath, bathe   8. hairdryer   9. to dry   10. to wash (oneself)   11. comb   12. to comb   13. brush   14. to brush (hair, teeth)   15. makeup   16. to put on   17. to feel (good, bad, etc.)   18. to get angry   19. to have a good time

20. preocuparse (por,de) 21. vestirse (i,i) 22. dormirse (ue,u) 23. sentarse (ie)

24. el champú
25. el desodorante
26. ducharse, tomar una ducha

31. la navaja
27. la máquina de afeitar
32. la crema de afeitar
29. la pasta de dientes
30. el cepillo de dientes
28. afeitarse

33. reírse (i,i)

¡Ja Ja! ¡Ja Ja!

34. levantarse 35. despedirse (i,i)

20. to worry 21. to get dressed 22. to go to sleep 23. to sit down 24. shampoo 25. deodorant 26. to take a shower 27. electric shaver 28. to shave 29. toothpaste 30. toothbrush 31. razor 32. shaving cream 33. to laugh 34. to get up 35. to say goodbye

Vocabulario

. . . continuado del dibujo

Otras acciones y emociones:

enamorarse (de)	*to fall in love (with)*
estar enamorado(a) de	*to be in love (with)*
comprometerse (con)	*to get engaged (to)*
estar comprometido(a)	*to be engaged*
casarse (con)	*to get married (to)*
casado(a)	*married*
soltero(a)	*single*
divorciarse	*to get divorced*
quejarse (de)	*to complain (about)*
irse	*to go away*
graduarse	*to graduate*
cortarse	*to cut oneself*
desayunar	*to have breakfast*
almorzar (ue)	*to have lunch*
cenar	*to have dinner, to dine*
tener sueño	*to be sleepy*
tratar de + *infinitivo*	*to try to*
acabar de + *infinitivo*	*to have just (completed an action)*

Otras palabras útiles

la **peluquería**	*hairdresser's, beauty shop, barber shop*
la **farmacia**	*pharmacy*
el **papel higiénico**	*toilet paper*
el **ruido**	*noise*
ya	*already*
todavía	*still, yet*
todavía no	*not yet*
demasiado	*too, too much* (adv.)
demasiado(a)/demasiados(as)	*too much/too many* (adj.)

Práctica y comunicación

A. En la residencia de estudiantes

Son las nueve de la noche en la residencia de estudiantes. Indique lo que hacen los estudiantes. Conteste según los dibujos en las páginas 290–291.

Modelo   La chica que está cerca de la ventana quiere dormir.
            ¿Se quita o se pone el suéter?
            Se quita el suéter.

1. La otra chica en el cuarto también tiene sueño. ¿Va a acostarse o va a levantarse?
2. La chica que habla por teléfono acaba de recibir noticias (*news*) muy tristes. ¿Qué hace ella?
3. Su compañera de cuarto toma una siesta. ¿Qué hace el despertador? ¿Debe ella despertarse o debe dormirse?
4. La chica que está en la bañera, ¿se lava el pelo o se baña?
5. Camila se seca el pelo. ¿Qué usa?
6. La chica que está enfrente del lavabo, ¿se lava la cara o se lava las manos?
7. Pepita se peina. ¿Qué usa?
8. Natalia se cepilla el pelo. ¿Qué usa?
9. Linda está enfrente del espejo. ¿Qué se pone?
10. El chico en la fiesta acaba de beber demasiadas cervezas. ¿Cómo se siente?
11. Rubén no está muy contento. ¿Está divirtiéndose con su amigo o está enojándose con él?
12. Los jóvenes que están en la fiesta, ¿se preocupan por los exámenes o se divierten? ¿Qué hacen?
13. Esteban está estudiando para su examen de cálculo. ¿Se preocupa por el examen o se divierte?
14. El compañero de cuarto de Esteban va a salir esta noche. ¿Se quita la ropa o se viste?
15. El chico que estudiaba ahora tiene mucho sueño. ¿Se despierta o se duerme?
16. Alfonso tiene que estudiar mucho esta noche. ¿Dónde se sienta para estudiar?
17. El chico que está en la ducha, ¿qué usa para lavarse el pelo?
18. ¿Qué se pone Manuel?
19. ¿Qué usa uno de los chicos para afeitarse? ¿y el otro?

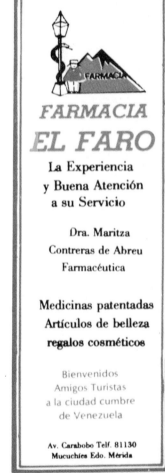

¿Cómo se llama la farmacia?
¿y la farmacéutica?
¿Qué se puede comprar en la farmacia?

20.   ¿Qué pone el chico en su cepillo de dientes?

21.   Carmen y su amiga dijeron algo muy cómico. ¿Se ríen o se enojan?

22.   Javier le da la mano a la chica. ¿Ella se levanta o se sienta?

23.   Una estudiante va a salir. ¿Saluda a sus amigos o se despide de ellos?

B.   Las cosas que usamos

¿Qué cosas asocia usted con las siguientes actividades? Indique varias.

1.	ponerse	**7.**	ducharse
2.	quitarse	**8.**	secarse
3.	acostarse	**9.**	peinarse
4.	despertarse	**10.**	cepillarse
5.	bañarse	**11.**	sentarse
6.	lavarse	**12.**	cortarse

C.   Aspectos de tu vida

En parejas, háganse las preguntas y contéstense.

1.   ¿Acabas de ir a la peluquería?
¿Prefieres llevar el pelo corto o el pelo largo?
¿Tus padres prefieren el pelo corto o el pelo largo?
Generalmente, ¿adónde van los estudiantes para cortarse el pelo?

2.   ¿A qué farmacia vas con frecuencia?
¿Qué cosas necesitas comprar allí frecuentemente?
¿Qué marca (*brand*) de champú prefieres? ¿y de pasta de dientes? ¿y de desodorante?

3.   ¿En qué residencia vives?
¿Acabas de venir de la residencia?
¿Tratas de estudiar allí por la noche?
¿Hay demasiado ruido allí? ¿ruido de qué?
En tu residencia, ¿es posible o no es posible dormirse antes de la medianoche?

4.   ¿Tienes un despertador?
¿A qué hora suena?
En tu opinión, ¿suena demasiado temprano?
¿Tienes sueño ahora?
¿A veces tratas de tomar una siesta después de las clases?
¿Te gusta la costumbre española de tomar siestas?

5. ¿Desayunas todos los días?
¿Dónde almuerzas?
¿A qué hora cenas normalmente?
¿Sabes a qué hora cenan los
españoles normalmente?

Cupón de Walgreens

RELOJ DESPERTADOR

Eléctrico marca Tozai
Electric
alarm clock
Sale
reg. 7.99

4⁹⁹

Límite 2   Hasta 11-10-85

¿Necesita usted un despertador?
¿Cuánto puede ahorrar usted si compra éste en Walgreens?

D. ¿Un amor especial?

En parejas, háganse las preguntas y contéstense.

1. ¿Piensas en alguien especial frecuentemente?
2. ¿Te gusta estar con esta persona?
3. ¿Cuánto tiempo hace que lo (la) conoces? ¿Lo (la) conoces bien?
4. ¿Cómo es? ¿Cuántos años tiene?
5. ¿Qué aspecto de su personalidad te fascina o te gusta más?
6. ¿Te molestan algunas características suyas? (¿Cuáles?)
7. Posiblemente, ¿estás un poco o muy enamorado(a) de esta persona?
8. ¿Te gusta la idea de estar comprometido(a) con él (ella)? ¿y posiblemente de estar casado(a)?
9. En tu opinión, ¿cuál es la edad ideal para casarse?
10. En tu opinión, ¿es buena o mala idea casarse inmediatamente después de graduarse? (¿Por qué?)
11. En general, ¿prefieres la idea de estar casado(a) o de ser soltero(a)? ¿Por qué?

Ahora. . . ¿alguien aprendió algo interesante que debe saber la clase?

E. Un sondeo (*poll*)

Levante la mano para indicar las categorías que se aplican a su vida en este momento. ¿Cuántas personas hay en cada categoría?

Categoría	*Número de personas*
tener "alguien especial" en su vida	_____
estar enamorado(a)	_____
estar comprometido(a)	_____
estar casado(a)	_____
tener hijos	_____
pensar casarse pronto	_____
pensar casarse en el futuro	_____
preferir ser soltero(a)	_____

Y. . . ¿cuál es la edad ideal para casarse?

de 15 a 20 años	_____
de 20 a 25 años	_____
de 25 a 30 años	_____
de 30 a 35 años	_____
de 35 a 40 años	_____
nunca	_____

Conversación

La guerra del baño

Ricardo está esperando para usar el cuarto de baño. Como casi todas las ma-ñanas, su hermana Anita está dentro y tarda mucho en salir.

RICARDO (*¡pon! ¡pon! ¡pon!, dando con la mano en la puerta*)
¿Qué estás haciendo, Anita? Hace media hora que espero para entrar. ¿Sabes que entraste en el baño a las seis y media y son las ocho menos cuarto? . . .(*silencio*)
¿No me oyes? (*gritando*) ¿Quieres salir del baño y escucharme, por favor?

ANITA ¿Qué pasa? ¿Quieres afeitarte?

RICARDO No. Quiero peinarme.

ANITA ¡¿Peinarte?! ¿No tienes un espejo en tu cuarto?

RICARDO Sí. Pero vivo en esta casa y también tengo derecho a usar el cuarto de baño.

ANITA Salgo en un minuto. Solamente tengo que secarme el pelo, ce-pillarme los dientes, peinarme, cortarme. . .

RICARDO   ¡¡Basta!! No tengo tiempo para esperar más. Como todos los días salgo sin peinarme.

ANITA   Lo siento, Ricardo. Si te levantas más temprano, algún día vas a conseguir entrar en el baño antes que yo.

Ricardo is waiting to use the bathroom. As occurs almost every morning, his sister Anita is using it and has been in there for a long time.

RICARDO   (*wham! wham! wham!, banging on the door*)
What are you doing, Anita? I've been waiting to get in there for half an hour. Do you know that you went in the bathroom at 6:30 and it is now 7:45? . . .(*silence*)
Don't you hear me? (*yelling*) Will you get out of the bathroom and listen to me, please?

ANITA   What's going on? Do you want to shave?

RICARDO   No. I want to comb my hair.

ANITA   Comb your hair?! Don't you have a mirror in your room?

RICARDO   Yes. But I live in this house and I also have the right to use the bathroom.

ANITA   I'll be out in a minute. I only have to dry my hair, brush my teeth, comb my hair, cut. . .

RICARDO   Enough! I don't have any more time to wait. Just like every other day, I'll leave without combing my hair.

ANITA   I'm sorry, Ricardo. If you get up earlier, someday you'll get into the bathroom before I do.

COMPRENSIÓN

1. ¿Dónde está Anita? ¿y Ricardo?
2. ¿Cuánto tiempo hace que ella está allí?
3. ¿Quiere Ricardo afeitarse o peinarse?
4. ¿Anita todavía tiene que hacer las siguientes cosas o no? ¿bañarse? ¿secarse el pelo? ¿cepillarse los dientes?
5. ¿Ricardo va a poder peinarse antes de salir o no?

ACTIVIDAD

En parejas, practiquen la conversación leyéndola **muy** dramáticamente. Hagan competición entre dos o tres parejas para ver quién puede leerla con más expresión. ¿Quién ganó el Óscar?

I. TALKING ABOUT DAILY ROUTINES AND HUMAN RELATIONSHIPS:
Los verbos reflexivos

Some verbs add the reflexive pronouns (**me, te, se, nos, os, se**) *to show that the doer of the action is also the recipient of the action. Observe the following pairs of sentences and the change in meaning created by the addition of the reflexive pronoun.*

(Yo) corté la carne.	*I cut the meat.*
(Yo) **me** corté.	*I cut myself.*
(Ellos) están lavando la ropa.	*They are washing the clothes.*
(Ellos) están lavándo**se**.	*They are washing (themselves).*
Debemos vestir a los niños.	*We ought to dress the children.*
Debemos vestir**nos**.	*We ought to get dressed.*

Note that in the reflexive construction (the combination of reflexive pronoun and verb) the reflexive pronoun and the subject of the verb refer to the same person.

yo	**me visto**	nosotros(as)	**nos vestimos**
tú	**te vistes**	vosotros(as)	**os vestís**
Ud./él/ella	**se viste**	Uds./ellos/ellas	**se visten**

Reflexive pronouns follow the same rules for placement as direct and indirect object pronouns.

Mónica, ¿**te** acuestas ahora?
No. Voy a bañar**me** primero.
El baño está ocupado. Linda está lavándo**se** el pelo.

When direct and reflexive object pronouns are used in combination, the reflexive pronoun precedes the direct object.

El niño tiene frío. ¿Cuándo va a ponerse el suéter?
Va a ponér**selo** inmediatamente.

Note

Because the reference to possession is a part of the meaning of reflexive verbs, use the definite article, not the possessive adjective, to refer to a part of one's own body or article of clothing.

Linda se lavó **el** pelo.	*Linda washed **her** hair.*
Va a ponerse **los** zapatos.	*She is going to put on **her** shoes.*

Práctica y comunicación

F.   ¿Qué va a hacer?

Conteste las preguntas para indicar lo que usted va a hacer con las siguientes cosas.

Modelo   ¿Qué va a hacer con la pasta de dientes?
Voy a cepillarme los dientes.

¿Qué va a hacer con. . . ?

1. la navaja
2. el cepillo de dientes
3. el peine
4. la máquina de afeitar
5. el champú
6. el jabón
7. la toalla
8. el cepillo
9. el maquillaje
10. el secador de pelo

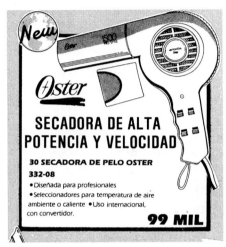

¿Necesita usted una secadora*?
¿Puede usted usarla en España? ¿Porqué?

(***Secadora** se usa con más frecuencia que **secador** en la América Central y en partes de México.)

G.   Esta mañana

¿Hizo o no hizo usted las cosas indicadas esta mañana?

Modelo   lavarse la cara
Sí, me lavé la cara. (o)
No, no me lavé la cara.

1. despertarse a las cinco
2. levantarse cuando sonó el despertador
3. ducharse
4. lavarse el pelo
5. secarse el pelo con un secador de pelo
6. afeitarse la cara
7. afeitarse las piernas
8. cepillarse los dientes
9. vestirse rápidamente
10. ponerse calcetines limpios
11. despedirse de su compañero(a) de cuarto

H. Tú y yo: lo que hacemos habitualmente

Háganse preguntas y contéstense.

 a qué hora/levantarte normalmente
¿A qué hora te levantas normalmente?
Me levanto a las ocho.

1. a qué hora/acostarte los lunes por la noche
2. a qué hora/acostarte los viernes por la noche
3. a qué hora/despertarte los lunes por la mañana
4. a qué hora/despertarte los sábados por la mañana
5. bañarte normalmente por la mañana o por la noche
6. cuántas veces al día/cepillarte los dientes
7. cuántas veces por semana/afeitarte
8. dormirte en las clases a veces (¿Cuáles?)
9. enojarte frecuentemente (¿Con quién?)
10. preocuparte mucho (¿De qué?)
11. quejarte frecuentemente (¿De qué? o ¿De quién?)
12. qué/hacer para divertirte los fines de semana
13. cómo sentirte hoy

I. Actrices y actores

Diez estudiantes seleccionan diez actividades diferentes de la siguiente lista.
Enfrente de la clase todos los estudiantes simultáneamente presentan en forma
dramática su actividad.

1. lavarse el pelo
2. vestirse
3. despertarse
4. peinarse
5. afeitarse
6. levantarse
7. cepillarse los dientes
8. secarse (cuerpo)
9. secarse el pelo
10. ducharse

a. Los otros estudiantes determinan el orden en que deben ponerse las actrices y los actores para reflejar la rutina normal de la mañana.
b. La clase indica lo que está haciendo cada actriz/actor.

Modelo (**Nombre de estudiante**) **está despertándose.**

c. Los estudiantes dejan de (*stop*) dramatizar su actividad y la clase indica lo que cada actriz/actor acaba de hacer.

Modelo (**Nombre de estudiante**) **acaba de despertarse.**

J. La rutina de Juanito

Indique lo que hacía Juanito todos los días de la semana cuando era niño.

Modelo **Juanito se acostaba a las diez.**

Juanito

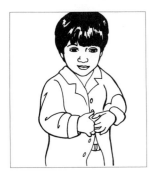
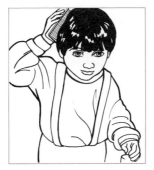

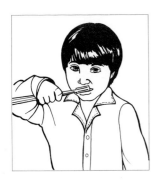

Cuando usted era más o menos la edad de Juanito, ¿cuáles eran las actividades en su rutina que más le gustaban? ¿y las que más le molestaban?

K. Mi horario personal

Un amigo suyo o una amiga suya de España quiere saber cómo es un día típico en la vida de un(a) estudiante universitario(a) norteamericano(a). Haga una lista de todas sus actividades diarias desde despertarse hasta acostarse. Ahora explíquele su horario a su amigo(a) español(a)—un(a) compañero(a) de clase.

> **II.** TALKING ABOUT EACH OTHER: El reflexivo para indicar una acción recíproca

The reflexive pronouns **nos** *and* **se**, *used with the accompanying first and third person plural forms of the verb, can also be used to express the idea of* **each other**.

Se conocieron ayer.	*They met each other yesterday.*
Ana y yo no **nos** hablamos por un mes.	*Ana and I didn't talk to each other for a month.*

Práctica y comunicación

L. Una historia de amor triste

Usted necesita determinar el orden probable de las actividades siguientes en la "historia de amor" de "Él" y "Ella". ¿Qué ocurre primero? ¿y segundo?, etc.

encontrarse en el parque	mirarse
comprometerse	divorciarse
conocerse	casarse
besarse	hablarse
enamorarse	separarse
abrazarse	

Ahora, usando los verbos en el orden determinado, narre la historia indicando lo que ocurrió.

Modelo (1) encontrarse en el parque
Él y ella se encontraron en el parque.

TEATRO GLORIAS PATRIAS
HORAS: 7:30 Y 9:30

Del mismo Director de "La Sociedad de Los Poetas Muertos".

GERARD DEPARDIEU
ANDIE MacDOWELL

...PETER WEIR

La historia de dos personas que se casaron, se conocieron, y después se enamoraron

MATRIMONIO POR CONVENIENCIA

En la película "Matrimonio por conveniencia", ¿qué hicieron primero las dos personas? ¿y segundo? ¿y después?

M. Su propia historia de amor

¿Tuvo usted una historia de amor (verdadera o imaginaria)? Cuente cinco cosas que ocurrieron entre usted y él (ella).

Modelo   **Nos vimos por primera vez en. . .**

Noticias culturales

Los días festivos

Los días festivos en el mundo hispano son muchos y cuando ocurren, la gente viene de todas partes para participar en las celebraciones. La vida diaria, el trabajo y aún el tránsito se interrumpe.

Los días festivos generalmente tienen su origen en festividades religiosas antiguas. Las celebraciones por lo general veneran a un santo o santa o las diferentes manifestaciones de la Virgen María. En México, por ejemplo, la Virgen de Guadalupe, patrona del país, se venera porque se dice que *apareció* en persona cerca de la ciudad de Guadalajara. En España son conocidas en todo el mundo las fiestas de San Fermín. Duran una semana y están dedicadas al patrón de Pamplona, San Fermín. El correr de los toros por las calles de la ciudad y las corridas de toros son los *acontecimientos* de más importancia durante este tiempo.

appeared

events

De las fiestas religiosas no hay otra más popular que la Semana Santa. Esta fiesta que conmemora el *sufrimiento*, la muerte y la resurrección de Cristo se observa *tanto* en España como en Latinoamérica. Dos de las más brillantes y elaboradas son la Semana Santa de Sevilla y la de Antigua, Guatemala. Durante Semana Santa las actividades diarias se interrumpen y todo *gira alrededor de* las procesiones. Éstas van desde el Miércoles Santo al Domingo de Resurrección. La procesión de Viernes Santo, día de la muerte de Cristo, es la más popular, por ejemplo, en Sevilla. Las mujeres se visten de *luto* y los hombres, vestidos con túnicas moradas, azules o púrpura llevan sobre los hombros plataformas que sostienen a las imágenes, *esculpidas* por grandes artistas, que representan las diferentes *etapas* del sufrimiento y de la muerte de Cristo. En Antigua, Guatemala, el Cristo sufriente es una persona *atada* a una cruz, y las calles se pintan con *serrín* de muchos colores, formando una alfombra de motivos más indígenas que católicos.

suffering

as much

revolves / around

mourning

sculpted

stages

tied

sawdust

¿Qué están haciendo estos jóvenes durante las fiestas de San Fermín?
Pamplona, España

¿Cómo describe usted esta procesión de la Semana Santa en Sevilla?
España

¿Cómo describe usted esta procesión de la Semana Santa en Antigua?
Guatemala

PREGUNTAS

1. ¿Por qué se interrumpe la vida diaria en el mundo hispano?
2. ¿Dónde tienen su origen generalmente los días festivos?
3. ¿Cuáles son algunas festividades famosas en el mundo hispano?
4. ¿Qué aspectos de la Semana Santa o en Sevilla o en Antigua le impresionan a usted más?
5. ¿Cuáles son algunas festividades famosas en los Estados Unidos? ¿y en la región donde usted vive?

III. DESCRIBING WHAT HAS HAPPENED: El presente perfecto

The present perfect is, despite its name, a past tense that describes an action that has recently been completed.

A. Formación del presente perfecto

The present perfect is formed with the present tense form of **haber** *(to have) and the past participle of a verb.*

present tense of **haber** + past participle

yo	**he**		*I have*	
tú	**has**		*you have*	
Ud./él/ella	**ha**	+ **llamado**	*you/he/she has*	+ *called*
nosotros(as)	**hemos**		*we have*	
vosotros(as)	**habéis**		*you have*	
Uds./ellos/ellas	**han**		*you/they have*	

Roberto, ¿**has usado** mi champú?
Sí, lo **he usado** varias veces porque me gusta mucho.
Hemos recibido galletas de Ana.
¿Quién las **ha comido**?

B. Formación de los participios pasados

To form the past participle in Spanish, add **-ado** *to the stem of* **-ar** *verbs, and* **-ido** *to the stem of* **-er** *and* **-ir** *verbs.*

llamar	llam-	+	**ado**	=	**llamado**
comer	com-	+	**ido**	=	**comido**
vivir	viv-	+	**ido**	=	**vivido**

The verbs listed below have irregular past participles.

abrir	**abierto**	*opened, open*
decir	**dicho**	*said, told*
escribir	**escrito**	*written*
hacer	**hecho**	*done*
morir	**muerto**	*died, dead*
poner	**puesto**	*put, placed*
romper	**roto**	*broken*
ver	**visto**	*seen*
volver	**vuelto**	*returned*
devolver	**devuelto**	*returned*

Direct object, indirect object, and reflexive pronouns precede the conjugated form of **haber.**

Juanito, ¿**te** has lavado el pelo?
No, mamá. Todavía no **me lo** he lavado.

Note

The past participle may also be used as an adjective to show a condition. As an adjective, it agrees in gender and number with the thing it describes. You have observed this previously in statements such as **La puerta está cerrada.**

Remember, however, that the past participle used with **haber** (the present perfect) does not change, as it always ends in **-o.**

Las ventanas están **abiertas**.
Los vasos estaban **rotos**.
No pudimos encontrar las gafas **perdidas**.
   (*but*)
¿Quién **ha abierto** las ventanas?

Refrán: **Sobre gustos no hay nada escrito.**

¿Cómo se puede explicar este refrán en español?

Práctica y comunicación

N. El padre perfecto

¿Qué ha hecho el "padre perfecto" en preparación para la llegada de la abuela?

Modelo   lavar la ropa
Ha lavado la ropa.

1. limpiar la casa
2. hacer las camas
3. lavar el coche
4. cortar la hierba
5. ir a la tienda de vídeos
   devolver un vídeo
   alquilar otro
6. pedir una torta en la pastelería

7. ir al supermercado
8. comprar los ingredientes para la cena
9. empezar a preparar la comida
10. bañar a los niños
11. vestir a los niños
12. poner la mesa

Y ahora. . . ¿qué han hecho ustedes para ser "estudiantes perfectos"?
Hemos. . .

O. En el baño

Su hermano(a) llama a la puerta del baño y le pregunta si usted está haciendo las cosas indicadas. Usted dice que no, que ya las ha hecho.

Modelo   ¿Estás lavándote el pelo?
No. Ya me lo he lavado.

1. ¿Estás bañándote?
2. ¿Estás afeitándote?
3. ¿Estás secándote el pelo?
4. ¿Estás peinándote?
5. ¿Estás cepillándote los dientes?
6. ¿Estás vistiéndote?

P. Su madre quiere saber. . .

Su madre quiere saber si usted ha hecho o no ha hecho las cosas indicadas. (Use los pronombres de complemento directo y/o indirecto en sus respuestas cuando sea necesario.)

Modelo ¿Has escrito el artículo para el periódico?
Sí, lo he escrito. (o) **No, todavía no lo he escrito.**

1. ¿Has comprado los libros de texto para las clases?
2. ¿Le has hablado a la profesora (al profesor) de tu nota?
3. ¿Has terminado tu composición para la clase de inglés?
4. ¿Has devuelto los libros a la biblioteca?
5. ¿Le has mostrado tus notas a papá?
6. ¿Has recibido el cheque que te mandé?
7. ¿Has encontrado un trabajo?
8. ¿Te has cortado el pelo?
9. ¿Les has escrito a tus abuelos?
10. ¿Has pensado más en la posibilidad de estudiar en España?
11. Y finalmente, ¿has pagado la cuenta de teléfono?

Q. ¿Qué hay de nuevo?

Usted estudió en Costa Rica el semestre pasado y al volver a la universidad, usted descubre que muchas cosas han ocurrido.

Modelo **Martín se ha roto la pierna.**

Martín

Alfonso

Linda y Manuel

la profesora Andrade

Esteban

Natalia

Rubén

Pepita

Carmen

Rodolfo

Y ahora, indique lo que ha pasado en su vida recientemente.

R.   ¿Qué has hecho recientemente?

Para saber lo que sus amigos **han hecho recientemente:**
Pasen por la clase haciéndose preguntas y contestándose. Usen la lista de verbos que se encuentra abajo. (Se usa * para indicar que el verbo tiene un participio pasado irregular.)

Modelo   ir a la biblioteca
¿Has ido a la biblioteca recientemente?
Sí, he ido a la biblioteca recientemente. (o)
No, no he ido a la biblioteca recientemente.

Si un(a) estudiante responde afirmativamente **(Sí, he. . .)** escriba el nombre de ese(a) estudiante al lado del verbo. ¿Cuántas respuestas afirmativas pueden encontrar? [Incluyan a la profesora (al profesor) en la actividad.]

Recientemente. . .

Nombres

_____	1.	comer una pizza
_____	2.	beber mucha cerveza
_____	3.	leer una novela (¿Cuál?)
_____	4.	ver* una película buena (¿Cuál?)
_____	5.	asistir a un concierto (¿Cuál?)
_____	6.	recibir una "A" en un examen
_____	7.	escribirles* a tus padres
_____	8.	volver* a casa
_____	9.	recibir un regalo de alguien (¿Qué era?)
_____	10.	decirle* una mentira a alguien
_____	11.	ir a la iglesia/sinagoga
_____	12.	abrazar a un(a) amigo(a)
_____	13.	limpiar tu cuarto
_____	14.	enojarte (¿Con quién?)
_____	15.	enamorarte (¿De quién?)
_____	16.	divertirte mucho (¿Dónde?)
_____	17.	viajar fuera del país (¿Adónde?)

> **IV.   DESCRIBING WHAT HAD HAPPENED:** El pasado perfecto

The past perfect is a past tense that describes an action that had occurred prior to another past event. It is used to establish a sequence of past actions.

The past perfect is formed with the imperfect tense of **haber** *and the past participle of a verb.*

---
imperfect tense of **haber** + past participle

---

yo	**había**		*I had*	
tú	**habías**		*you had*	
Ud./él/ella	**había**	+ **llamado**	*you/he/she had*	+ *called*
nosotros(as)	**habíamos**		*we had*	
vosotros(as)	**habíais**		*you had*	
Uds./ellos/ellas	**habían**		*you, they had*	

Cuando llegaron sus padres, él **había limpiado** su cuarto.
Nosotros **habíamos hecho** las camas.
José y Caveto se **habían duchado**.

Práctica y comunicación

S.   Un año bueno

Imagínese que usted y su hermano(a) fueron a visitar a dos tíos suyos, Beatriz y Alejandro. Esa noche mientras cenaban, ustedes se contaban lo que **habían hecho** durante ese año.

1.   Beatriz y Alejandro dijeron que. . .
trabajar para dos compañías diferentes
ahorrar mucho dinero
hacer un viaje a África
divertirse mucho
volver a casa en agosto

2.   Beatriz y Alejandro dijeron que
su hijo Vicente. . .
graduarse de Notre Dame
encontrar un trabajo muy interesante
conocer a una chica muy simpática
enamorarse de ella
comprometerse

3.   Yo y mi hermano(a) les dijimos que nosotros. . .
asistir a todas las clases
recibir buenas notas
aprender a hablar el español perfectamente
ganar el campeonato de tenis
viajar a Nueva York

4.   Y yo personalmente les dije que. . .
(respuestas originales)

En resumen

En grupos de 4 o 5 personas, cuenten:

1.   lo que le **pasó** a ''Triste Pobre Pablo'' este fin de semana;
2.   lo que ''Lupe Hacelotodo'' **hacía** todo el día con sus amigas;
3.   lo que ''Felipe Feliz'' y ''Nada Pasa Plancha'' **han hecho** y/o **no han hecho** recientemente.

Un(a) secretario(a) de cada grupo debe escribir cada historia y después presentársela a la clase.

Triste Pobre Pablo

Lupe Hacelotodo

Felipe Feliz

Nada Pasa Plancha

Panorama cultural

La América Central

GOLFO DE MÉXICO

CUBA

MÉXICO

MAR CARIBE

BELICE

JAMAICA

Tikal ▲

Isla de la Bahia

GUATEMALA

HONDURAS

⊙ Copán ▲
Guatemala

Tegucigalpa ⊙

San Salvador ⊙

EL SALVADOR

NICARAGUA

Lago de Managua

Managua ⊙

Lago de Nicaragua

OCÉANO PACÍFICO

San Jose ⊙

La América Central

COSTA RICA

Canal de Panamá

Panamá ⊙

PANAMÁ

COLOMBIA

0 ————————————— 500 MILLAS
0 ————————————— 500 KILÓMETROS

Nacionalidades:
guatemalteco(a)
salvadoreño(a)
hondureño(a)
nicaragüense
costarricense
panameño(a)

PREGUNTAS BASADAS EN EL MAPA

1. ¿Cuáles son los dos países que limitan la América Central en el norte y en el sur?

2. ¿En qué país se encuentra Tikal, la famosa ciudad de los mayas? ¿y los templos y pirámides de Copán?

3. ¿Con qué tres países tiene fronteras Guatemala?

4. ¿Qué país se coloca al sur de Nicaragua?

5. Al pasar del Mar Caribe al Océano Pacífico por el Canal de Panamá, ¿en qué dirección se va? ¿del este al oeste o del norte al sur?

6. ¿Cuáles son las capitales de los seis países hispanos en la América Central?

Los países de la América Central

La *franja* de tierra entre México y Colombia la componen siete países. Seis son hispanos, pero Belice fue una colonia británica y no se identifica lingüísticamente con los otros países.

Cada uno de estos países es similar pero *a la vez* distinto. El clima y la vegetación son muy *parecidos*, con montañas, tierras costeras y selvas tropicales. Menos Honduras, todos tienen volcanes. Debido a la actividad volcánica las tierras son fértiles y buenas para cultivar.

strip

at the same time
similar

País	Productos agrícolas e industria	
Guatemala	bananas, café; textil	
Honduras	bananas, café; distribución de productos agrícolas	
Nicaragua	*algodón*, bananas, café, azúcar; textil, productos alimenticios	*cotton* *food*
El Salvador	café, azúcar; manufacturas textiles	
Costa Rica	café, bananas, *ganadería*; cemento, fertilizantes, productos alimenticios, textil	*livestock*
Panamá	bananas, café; cerveza, cemento, cerámica, cacao, azúcar, *maderas*	*wood*

Marco histórico y político

Los países centroamericanos se declararon independientes de España en 1821 y se unieron a México. En 1823 rompieron esta unión y en 1830 se declararon como repúblicas independientes.

Aunque todos estos países tienen, en principio, un gobierno democrático, no todos están *regidos* por este sistema. En realidad el *ejército* tiene tanto poder que impide muchas veces las funciones del presidente y del sistema democrático del país. Guatemala ha conseguido recientemente elegir un presidente no militar. Costa Rica no tiene ejército y en Nicaragua el ejército está perdiendo terreno después del final de la lucha entre los ''contras'' y los ''sandinistas''.

governed / army

Los conflictos políticos que existen hoy en estos países son similares y vienen del sistema económico establecido por los españoles. Al ser países de grandes plantaciones para producir grandes *cosechas*, los indios, grandes agricultores, fueron *esclavizados* por los *terratenientes*, lo que con los años causó su *empobrecimiento*. Este sistema no permite un cambio social.

harvests
enslaved / landowners / impoverishment

Pero desde los años '60 el movimiento para cambiar este sistema ha sido más agresivo, llevando a la guerra civil en muchos lugares, siendo las dos guerras más *sangrientas* las de Nicaragua y El Salvador.

bloody

Guatemala

Fue en este país donde la civilización maya tuvo su *apogeo*. Se pueden ver las ruinas mayas de Tikal en la misma selva. La mitad de la población la forman descendientes de los mayas; sus ropas de múltiples colores muestran los diseños de su herencia india. Los europeos y los mestizos forman el 45% de la población. Lo indio se mantiene más vivo en Guatemala que en cualquier otro país de la América Central. En este país montañoso de volcanes y bellos paisajes, el clima es muy agradable. A Guatemala se la conoce como el país de la eterna primavera.

peak

¿Qué civilización indígena representa este templo en Tikal? Guatemala

Describa esta escena en Patzun, Guatemala.

Honduras

También los mayas vivieron en Honduras, pero abandonaron inexplicablemente sus ciudades hacia el año 800 D.C. Cuando llegaron los españoles, sólo encontraron las ruinas. Son muy famosas las de Copán, una gran ciudad de templos y pirámides. Honduras es el país más pobre y el menos *desarrollado* de la América Central. Pero los hondureños están haciendo un esfuerzo para preservar la belleza natural de su país, sobre todo en los "bosques de nubes" en las regiones montañosas. La población es diversa y la mayoría son mestizos y negros.

developed

¿Cómo describe usted Tegucigalpa, la capital de Honduras?

Nicaragua

Está recuperándose de la lucha entre los "contras" y los "sandinistas". Los "contras" es una guerrilla formada por nicaragüenses *apoyada* y entrenada por los EEUU para *derrocar* al gobierno sandinista. Los "sandinistas" tomaron el poder después de *echar* al dictador Anastasio Somoza. Esta lucha ha causado mucho sufrimiento y ha *agotado* las *fuerzas* y la economía del país. Nicaragua es el país más grande de la América Central, conocido por sus tierras fértiles, sus volcanes y sus lagos interiores. La población de Nicaragua está formada principalmente por mestizos y algunos negros.

supported
bring down
throwing out
exhausted / strength

¿Adónde va este autobús? Describa usted la escena.

El Salvador

Una tierra de paisajes montañosos, acentuados por los contrastes de volcanes y lagos, es el país más poblado y el más pequeño de la América Central. La lucha entre la guerrilla y las *fuerzas* militares del gobierno dura ya desde 1982. Los salvadoreños saben que quieren obtener *derechos* humanos y el derecho a su tierra y piensan seguir luchando hasta que el gobierno *haga* reformas que garanticen elecciones justas para todos.

forces

rights

makes

¿Qué le impresiona a usted más de este paisaje de El Salvador?

Costa Rica

La imagen de Costa Rica es la de playas bonitas, ríos, cascadas y montañas abundantes con vegetación tropical. Es la única auténtica democracia de la América Central. No tiene ejército, lo cual elimina los problemas internos que tienen los otros países. Su economía está en mejores condiciones y su ex-presidente Óscar Arias es conocido por su papel como mediador para establecer paz en la región. Arias ganó el Premio Nobel de Paz en 1987 con un plan que inició el armisticio entre los "contras" y los "sandinistas".

¿Por qué es esta vista típica de Costa Rica?

Panamá

Con su canal es un puente entre la América del Norte y la América del Sur. La población de Panamá es en su mayoría negra y mulata (fusión de negros e indios o negros y blancos). Debido al tránsito que tiene el Canal de Panamá, el país es un centro del comercio mundial y de la banca internacional. Es una zona libre de *impuestos* y por esta razón un paraíso para transacciones comerciales.

taxes

¿Cuál es la importancia del Canal de Panamá?

COMPRENSIÓN

1. Los países centroamericanos se declararon independientes en 1821 y se unieron a: (a) México, o (b) España.

2. Los conflictos políticos que existen hoy vienen del sistema económico establecido: (a) por los mexicanos, o (b) por los españoles.

3. Desde los años '60 el movimiento para cambiar el sistema político y económico ha sido: (a) menos agresivo, o (b) más agresivo.

4. El país en que se mantiene más vivo lo indio es: (a) Panamá, o (b) Guatemala.

5. Los españoles encontraron las ruinas mayas de Copán en: (a) Panamá, o (b) Honduras.

6. Los ''contras'' es una guerrilla formada por nicaragüenses para derrocar el gobierno: (a) sandinista, o (b) de Anastasio Somoza.

7. El país más poblado y el más pequeño es: (a) Panamá, o (b) El Salvador.

8. El país que no tiene ejército es: (a) Honduras, o (b) Costa Rica.

9. El plan de paz de 1987 fue iniciado por: (a) Óscar Arias, o (b)Anastasio Somoza.

10. El país que es un paraíso para transacciones comerciales es: (a) Guatemala, o (b) Panamá.

Y ahora, indique algunas características distintivas de cada país de la América Central.

Repaso de vocabulario activo

ADJETIVOS

casado(a)   demasiados(as)
demasiado(a)   soltero(a)

ADVERBIOS

demasiado   todavía   todavía no   ya

PRONOMBRES REFLEXIVOS

me   se   os
te   nos   se

SUSTANTIVOS

La vida diaria
el cepillo   el desodorante   la máquina de afeitar   el peine
el cepillo de dientes   el despertador   la navaja   la peluquería
la crema de afeitar   la farmacia   el papel higiénico   el ruido
el champú   el maquillaje   la pasta de dientes   el secador de pelo

VERBOS Y EXPRESIONES VERBALES

Verbos reflexivos
acostarse (ue)   despedirse (i) (de)   enojarse (con)   preocuparse (por, de)
afeitarse   despertarse (ie)   graduarse   quejarse (de)
bañarse   divertirse (ie, i)   irse   quitarse
casarse (con)   divorciarse   lavarse   reírse (i, i)
cepillarse   dormirse (ue, u)   levantarse   secarse
comprometerse (con)   ducharse   peinarse   sentarse (ie)
cortarse   enamorarse (de)   ponerse   vestirse (i)

Otros verbos

almorzar (ue)   desayunar   llorar
cenar   haber   sonar

Expresiones verbales

acabar de. . .   sentirse (ie, i) bien/mal   tratar de. . .
estar comprometido(a) [con]   tener sueño
estar enamorado(a) [de]   tomar una ducha

Autoexamen y repaso #9

I. Pronombres y verbos reflexivos

A. Son las ocho de la mañana en la residencia de estudiantes. Indique las actividades de las varias personas.

Modelo   Linda/levantarse
Linda se levanta.

1. mi compañero(a) de cuarto/despertarse
2. yo/levantarse
3. tú/quitarse la camiseta
4. vosotros/vestirse
5. nosotros/preocuparse por el examen
6. Ana y Susana/irse

B. Ahora son las ocho y media. Indique las actividades que acaban de hacer las varias personas.

Modelo   Diego/levantarse
Diego acaba de levantarse.

1. yo/bañarse
2. Felipe/peinarse
3. tú/lavarse la cara
4. nosotros/afeitarse
5. ellos/cepillarse los dientes

C. Son las diez de la noche en la residencia de estudiantes. Usted está contando a sus amigos la historia de su familia. Indique qué hicieron usted y sus parientes.

Modelo   Mis padres/casarse/hace veinticinco años
Mis padres se casaron hace veinticinco años.

1. Mi hermano/comprometerse con su novia/el año pasado.
2. Mis hermanas/enamorarse de dos jóvenes ricos/cuando fuimos a la playa.
3. Mis tíos/divorciarse/recientemente.
4. Yo/despedirme de mi familia/al venir a la universidad.
5. Nosotros/divertirse mucho/en el viaje que hicimos a España.

II. El presente perfecto

Indique lo que las personas han hecho en la América Central.

Modelo   nosotros/llegar a la América Central
Hemos llegado a la América Central.

1. yo/caminar por la ciudad de Tegucigalpa
2. nosotros/visitar las pirámides de Copán
3. tú/sacar fotos de los templos
4. Inés/ir al mercado público
5. vosotros/comprar muchas flores

6. mis amigos/escribir muchas tarjetas postales
7. usted/viajar por la costa del Mar Caribe
8. tú/ver la selva
9. yo/hacer muchas cosas interesantes
10. yo/divertirse mucho

III. El pasado perfecto

Indique lo que había pasado en la residencia antes de la medianoche.

Modelo   nosotros/hablar con nuestros amigos
Habíamos hablado con nuestros amigos.

1. mi compañero de cuarto/ver un vídeo
2. nosotros/comer mucha pizza
3. Lupe y Cecilia/hacer toda su tarea

4. yo/estudiar el vocabulario
5. tú/terminar la composición

IV. Repaso general del Capítulo 9

A. Conteste en oraciones completas.

1. ¿Qué hace usted por la mañana después de levantarse? (verbos reflexivos)
2. ¿Qué hizo su compañero(a) de cuarto al levantarse? (verbos reflexivos)
3. ¿Qué hicieron el novio y la novia? (verbos reflexivos)
4. Usted y su novio(a), ¿se quieren mucho? ¿se abrazan mucho?
5. ¿Qué ha hecho usted hoy?
6. Usted y sus amigos, ¿se han divertido mucho recientemente? ¿Qué han hecho recientemente?

B. Traduzca al español.

1. I had to go to bed early because I didn't feel well.
2. She got angry and left.
3. We haven't seen her recently.
4. Ana, have they called you?
5. Yes, they had already called when you came.
6. Have they invited you to the concert?
7. No, they have not invited me yet.

Capítulo 10

La estación de servicio y la carretera

Una carretera moderna. Caracas, Venezuela

Goals for communication

- To talk about travel by highway, to complete simple transactions at a service station, and to give and follow directions
- To express wishes and requests relevant to the actions of others
- To express emotional reactions and feelings about the actions of others
- To give orders and instructions

Cultural focus

- The Pan American Highway and SEAT—"Help on the highway" in Spain
- The Antilles

1. la estación de servicio/ gasolina

2.

3. la gasolina

4. llenar

5. el tanque

6. el parabrisas

7. revisar (el aceite)

8. la llanta

9. desinflada

10. arreglar reparar

11. el motor

12. el camino

13. la velocidad

1. service/gas station   2. air (m.)   3. gasoline   4. to fill   5. tank   6. windshield   7. to check (the oil)   8. tire   9. flat (tire)   10. to fix, repair   11. motor   12. road   13. speed

14. el camión

15. el puente

16. cruzar

17. la carretera

18. a la izquierda

19. derecho, recto

20. a la derecha

21. el semáforo

22. el policía

23. parar (se)

24. el accidente

25. la multa

26. el carnet/ la licencia de conducir

LEÓN TAOS RÍOS

14. truck   15. bridge   16. to cross   17. highway   18. to the left   19. straight, straight ahead   20. to the right   21. traffic light
22. policeman   23. to stop (movement)   24. accident   25. fine, ticket   26. driver's license

Vocabulario

. . . continuado del dibujo

Más vocabulario de coches y carreteras

los **frenos**	*brakes*
la **batería**	*battery*
el **limpiaparabrisas**	*windshield wiper*
el **seguro de automóvil**	*car insurance*
el **tráfico/tránsito**	*traffic*
la **milla**	*mile*
el **kilómetro**	*kilometer*
la **frontera**	*border*
la **esquina**	*corner*
la **cuadra/manzana**	*(city) block*

Verbos y expresiones útiles

funcionar	*to work* (machine)
doblar	*to turn*
seguir (i, i)	*to continue, follow*
ayudar	*to help*
estacionarse	*to park*
abrocharse el cinturón	*to fasten your seatbelt*
acordarse de (ue)/**recordar** (ue)	*to remember*
olvidarse de/olvidar	*to forget (about) (to)/to forget*
callarse	*to be quiet*
tener cuidado	*to be careful*
darse prisa	*to hurry up*
tener prisa	*to be in a hurry*
despacio	*slowly*

Expresiones útiles

¡Caramba!	*Oh, my gosh!*
¡Claro!/¡Por supuesto!	*Of course!*
¡Socorro!	*Help!*
Lo siento mucho.	*I'm so sorry.*
¡Qué barbaridad!	*How awful!*
¡Qué lástima!	*What a shame!*
¡Qué lío!	*What a mess!*
¡Ay de mí!	*Poor me! (What am I going to do?)*
¡Qué suerte!	*What luck!, How lucky!*

Al graduarse, usted decide comprar un coche nuevo. De los dos modelos presentados en el anuncio, ¿cuál es mejor para usted? ¿Por qué?

Práctica y comunicación

A. En la estación de servicio y viajando en la carretera

Conteste las preguntas según los dibujos en las páginas 322–323.

1. ¿Dónde está el coche VW?
2. ¿Qué pone el hombre en el tanque? ¿Qué más hace él?
3. ¿Qué revisa el hombre que está cerca del motor?

4. El motor del otro coche no funciona. ¿Qué está tratando de hacer el mecánico?

5. ¿En qué condición está una de las llantas del coche? ¿Qué va a hacer el hombre que lleva la llanta?

6. ¿A cuánta velocidad se puede manejar en el camino que está cerca de la estación de servicio?

7. En la carretera que está en la distancia hay un camión. ¿Qué cruza?

8. Si queremos ir a León en la carretera sesenta y siete, ¿en qué dirección debemos doblar? ¿y para ir a Ríos? Para ir a Taos, ¿debemos doblar o seguir recto?

9. ¿Qué ha ocurrido cerca del semáforo? ¿Piensa usted que el coche grande se paró o no se paró al llegar al semáforo? ¿Tenía demasiada prisa?

10. ¿Qué le muestra al policía el conductor (*driver*) del coche grande? ¿Y qué va a tener que pagar?

11. Según las señales (*signals*) del otro policía, ¿qué tiene que hacer el coche que viene por el camino?

B. Juego de palabras

¿Qué palabra o palabras asocia usted con las siguientes referencias?

1. revisar
2. cambiar
3. arreglar o reparar
4. llenar
5. limpiar
6. cruzar

7. doblar
8. pararse
9. abrocharse
10. estacionarse
11. la velocidad
12. el policía

C. Preguntas personales

En parejas, háganse las siguientes preguntas y contéstense.

1. ¿Has cruzado la frontera entre los Estados Unidos y México? ¿entre los Estados Unidos y el Canadá?

2. ¿Has tenido un accidente? (¿Dónde?) (¿Cuándo?)

3. ¿Has recibido una multa? (¿Por qué?)

4. ¿Tienes un coche? (¿Tienes seguro de automóvil?) (¿Quién lo paga?)

5. ¿Siempre tienes cuidado cuando manejas?

6. En tu familia, ¿quién maneja más despacio? ¿y más rápidamente?

7. Cuando tu coche tiene una llanta desinflada, ¿sabes cambiarla?

8. Cuando el motor de tu coche no funciona, ¿sabes arreglarlo? ¿y los frenos? ¿y el limpiaparabrisas?

9. Cuando llevas tu coche a la estación de servicio, ¿qué haces tú? ¿y qué hace el empleado o la empleada?

10. ¿Te olvidas de poner gasolina en tu coche frecuentemente? ¿Te olvidas de revisar el aceite? ¿Te olvidas de revisar el aire en las llantas?

11. ¿Te acuerdas siempre de abrocharte el cinturón?

12. En un semáforo, ¿te acuerdas siempre de pararte antes de doblar a la derecha?

13. Aquí en la universidad, en tu opinión, ¿es fácil o es difícil encontrar un lugar para estacionarse? ¿Cuánto se paga por semestre para estacionarse?

Identifique o explique los símbolos que se ven por las carreteras hispanas.

D. ¡Caramba!

¿Qué dice usted (posiblemente) en las siguientes situaciones? Use las expresiones exclamativas:

¡Lo siento mucho!	**¡Qué lío!**	**¡Ay de mí!**
¡Qué lástima!	**¡Caramba!**	**¡Claro!/¡Por supuesto!**
¡Qué barbaridad!	**¡Socorro!**	**¡Qué suerte!**

¿Qué dice usted cuando. . . ?

1. Un amigo de su compañero(a) de cuarto ha tenido un accidente horrible y está en el hospital.

2. Usted está en el centro de la ciudad de Nueva York y. . . ¡su coche tiene una llanta desinflada!

3. Llueve mucho y. . . ¡su limpiaparabrisas no funciona!

4. Usted está manejando **muy** rápido por las calles de San Francisco y descubre que. . . ¡sus frenos no funcionan!

5. Usted está en el desierto de Arizona y. . . ¡no hay más gasolina en su tanque!

6. Le cuentan a usted que el coche del profesor (de la profesora) fue destruido en una catástrofe natural.

7. El policía le pide a usted su licencia de conducir y usted no la tiene.

8. Usted abre la puerta de su coche y ve que todo adentro está **muy, muy** sucio. Hay papeles, comida vieja, ropa sucia y vieja, etc., etc., por todas partes.

9. Sus padres le preguntan a usted si quiere un coche nuevo de regalo.

10. ¡Sus padres encontraron un coche extraordinario que costó sólo $7.000,00!

E.   ¿Cuál es su destinación?

Usted está en la esquina de las calles 19 y 20. Siga las instrucciones para llegar a su destinación misteriosa.

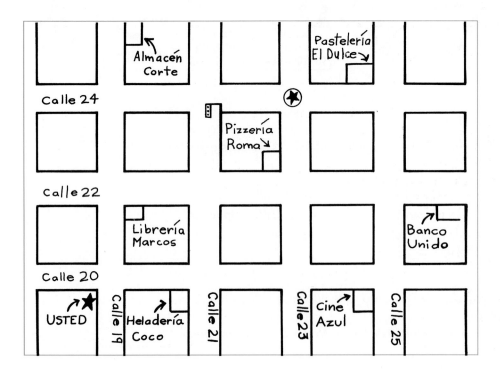

Usted debe. . .

1. caminar una cuadra por la calle 20.

2. comprarse un helado en la Heladería Coco.

3. doblar a la izquierda en la calle 21 y seguir recto dos cuadras hasta llegar al semáforo.

4. pararse en el semáforo.

5. doblar a la derecha en la calle 24 y seguir recto una cuadra hasta llegar a la estatua.

6. doblar a la derecha en la calle 23 y seguir recto una cuadra.

7. comprarse una pizza en la Pizzería Roma.

8. cruzar la calle 22.

9. doblar a la izquierda en la calle 22 y seguir recto dos cuadras hasta llegar a su destinación. ¿Dónde está usted y qué puede hacer allí?

Ahora, en parejas. . .

10. Ustedes (dos compañeros o compañeras de clase) necesitan ir de compras. ¿Qué ruta deben ustedes seguir para ir del Banco Unido al Almacén Corte? **Debemos. . .**

11. Ustedes quieren ver una película. ¿En qué esquina está el Cine Azul? ¿Qué ruta deben ustedes seguir para ir del Almacén Corte al Cine Azul?

12. Ustedes quieren comprarse un libro. ¿Dónde se venden libros? ¿Qué ruta deben ustedes seguir para ir del cine a la Librería Marcos?

13. En camino a casa, ustedes van a comprar pasteles para su profesor(a). ¿Dónde se venden? ¿Qué ruta deben ustedes seguir para ir de la librería a la Pastelería El Dulce?

Conversación

Problemas con el coche

Jorge va a Los Ángeles para visitar a su primo. Después de viajar por diez horas, cerca de Los Ángeles se para en una estación de servicio.

JORGE	¡Buenas tardes! Por favor, llene el tanque.
EMPLEADO	¿Qué tipo de gasolina, señor?
JORGE	De noventa y tres octanos, por favor. Revise también el aceite y el aire de las llantas.
EMPLEADO	Con mucho gusto, señor.
JORGE	Soy de Las Vegas y acabo de llegar a Los Ángeles. ¿Puede indicarme cómo llegar al centro?

EMPLEADO	En seguida, señor, pero. . . primero, es necesario cambiar el aceite y poner aire en las llantas. La llanta frontal está un poco desinflada.
JORGE	¿Va a llevar mucho tiempo?
EMPLEADO	Más o menos media hora. *(Jorge espera media hora.)*
EMPLEADO	Malas noticias, señor. Usted necesita cambiar la llanta frontal. Está en muy malas condiciones.
JORGE	¡Caramba! Tengo que llamar a mi primo. ¿Puede decirme dónde puedo encontrar un teléfono?
EMPLEADO	Vaya a la oficina y explíquele su situación a la secretaria. Dígale que necesita telefonear. Su coche va a estar listo en otra media hora.
JORGE	Muchas gracias.

Jorge is going to Los Angeles to visit his cousin. After traveling for ten hours, he stops at a service station near Los Angeles.

JORGE	Good afternoon! Fill the tank, please.
EMPLOYEE	What kind of gasoline, sir?
JORGE	Ninety-three octane, please. Also check the oil and the air in the tires.
EMPLOYEE	Be glad to, sir.
JORGE	I'm from Las Vegas and I've just arrived in Los Angeles. Can you tell me how to get downtown?
EMPLOYEE	Right away, sir, but. . . first, you need to change the oil and put air in the tires. The front tire is a little low.
JORGE	Will it take long?
EMPLOYEE	About half an hour. *(Jorge waits half an hour.)*
EMPLOYEE	Bad news, sir. You need to change the front tire. It's really in bad shape.
JORGE	Oh, my gosh! I have to call my cousin. Can you tell me where I can find a phone?
EMPLOYEE	Go to the office and explain your situation to the secretary. Tell her you need to make a call. Your car will be ready in another half hour.
JORGE	Thanks a lot.

COMPRENSIÓN

1. ¿A qué ciudad va Jorge?
2. ¿Cuántas horas ha viajado?
3. ¿Qué tipo de gasolina prefiere Jorge?

4. ¿Qué debe hacer el empleado de la estación de servicio?

5. ¿Qué problema tiene la llanta frontal?

6. Al oír que la llanta está en malas condiciones, ¿qué tiene que hacer Jorge?

ACTIVIDAD

Ahora usted llega a la estación de servicio y habla con el (la) empleado(a). En parejas, completen la conversación.

USTED	Buenos días. Por favor, llene. . .
EMPLEADO(A)	En seguida, señor (señora/señorita). ¿Quiere usted que revise. . . ?
USTED	Sí, por favor. Mi coche no funciona bien. Hágame el favor de revisar también. . .
EMPLEADO(A)	Lo siento mucho, pero es necesario cambiar. . . , reparar. . . y comprar. . .
USTED	¡Caramba! . . .
EMPLEADO(A)	. . .

Usted está en Venezuela y encuentra este cupón. ¿Para qué sirve? ¿Cuántos bolívares (Bs) de descuento hay? Según ''Budget rent a car'', ¿por qué es bueno alquilar un coche de Budget?

I. EXPRESSING SUBJECTIVE REACTIONS TO THE ACTIONS OF OTHERS:
El subjuntivo

The indicative is an objective mood for stating facts or communicating specific knowledge. All the tenses you have studied to this point are indicative tenses.

The subjunctive, in contrast, is a subjective mood for conveying a speaker's wishes and for expressing a speaker's attitudes, hopes, fears, doubts, uncertainties, and other emotional reactions to events and to the actions of others.

In this and subsequent chapters you will be introduced to various uses of the subjunctive and to the forms for its four tenses (present, present perfect, imperfect, and past perfect). The formation of the present subjunctive follows.

A. Verbos regulares en el presente de subjuntivo

*The present subjunctive of regular **-ar, -er,** or **-ir** verbs is formed by dropping the **-o** from the **yo** form of the present indicative and adding the endings indicated. Note that **-er** and **-ir** verbs have the same endings.*

- **yo** form of the present indicative
- minus **"o"**
- plus endings
  - -ar: **e, es, e, emos, éis, en**
  - -er, -ir: **a, as, a, amos, áis, an**

The present subjunctive is usually translated like the present indicative, although it can also have the meaning of may *or* will.

	-ar verbs	**-er** verbs	**-ir** verbs
	ayudar > ayud**ø**	**tener** > teng**ø**	**salir** > salg**ø**
yo	ayud**e**	teng**a**	salg**a**
tú	ayud**es**	teng**as**	salg**as**
él/ella/Ud.	ayud**e**	teng**a**	salg**a**
nosotros	ayud**emos**	teng**amos**	salg**amos**
vosotros	ayud**éis**	teng**áis**	salg**áis**
ellos/ellas/Uds.	ayud**en**	teng**an**	salg**an**

B.   Verbos con cambios en la raíz

Stem-changing **-ar** *and* **-er** *verbs have stem changes (***o** > **ue** *and* **e** > **ie***) in the present subjunctive in the same persons as in the present indicative.*

pensar (ie)		**volver (ue)**	
p**ie**nse	pensemos	v**ue**lva	volvamos
p**ie**nses	penséis	v**ue**lvas	volváis
p**ie**nse	p**ie**nsen	v**ue**lva	v**ue**lvan

Stem-changing **-ir** *verbs have an additional change (***o** > **u** *and* **e** > **i***) in the* **nosotros** *and* **vosotros** *forms.*

dormir (ue, u)		**seguir (i, i)**	
d**ue**rma	d**u**rmamos	s**i**ga	s**i**gamos
d**ue**rmas	d**u**rmáis	s**i**gas	s**i**gáis
d**ue**rma	d**ue**rman	s**i**ga	s**i**gan

C.   Verbos con cambios ortográficos (*spelling*)

*Verbs ending in **-gar**, **-car**, and **-zar** have spelling changes in all persons in the present subjunctive.*

lle**gar** → lle**gue**, lle**gues**, . . .*etc.*
to**car** → to**que**, to**ques**, . . .*etc.*
cru**zar** → cru**ce**, cru**ces**, . . .*etc.*

D.   Verbos irregulares

The following verbs have irregular forms in the present subjunctive.

dar	dé, des, dé, demos, deis, den
estar	esté, estés, esté, estemos, estéis, estén
ir	vaya, vayas, vaya, vayamos, vayáis, vayan
saber	sepa, sepas, sepa, sepamos, sepáis, sepan
ser	sea, seas, sea, seamos, seáis, sean
haber	haya, hayas, haya, hayamos, hayáis, hayan

Note

The present subjunctive forms of **haber** are used to form the present perfect subjunctive (which you will study in Chapter 11). **Haya** is also the subjunctive form of **hay** (*there is, there are*).

Espero que **haya** otra solución.

Study hint

Review in Chapter 4 verbs with present irregular **yo** forms and stem-changes in the present tense.

Práctica y comunicación

F.   En la estación de servicio

¿Qué quiere usted que el empleado o la empleada haga?

Modelo   llenar el tanque
Quiero que llene el tanque.

1. revisar el aceite
2. limpiar el parabrisas
3. cambiar la llanta desinflada
4. tener cuidado al cambiar la llanta
5. poner aire en las otras llantas
6. reparar los frenos

7. darse prisa
8. arreglar el motor
9. explicarme el problema
10. traerme un mapa
11. darme direcciones
12. devolverme la tarjeta de crédito

G. ¡Qué flojos(as) son! (*How lazy they are!*)

Usted desgraciadamente (*unfortunately*) tiene dos compañeros o compañeras de cuarto que son un poco flojos(as). Necesitan cambiar algunos de sus hábitos. Indique lo que usted quiere que ellos hagan.

Modelo despertarse temprano
Quiero que se despierten temprano.

1. asistir a todas sus clases
2. llegar a las clases a tiempo
3. ir a la biblioteca con más frecuencia
4. devolver los libros a la biblioteca
5. hacer su tarea
6. ayudarme a limpiar el cuarto

7. lavar su ropa sucia
8. pagar su parte de la cuenta de teléfono
9. salir por la noche con menos frecuencia
10. volver a la residencia temprano
11. apagar el televisor
12. acostarse más temprano

II. EXPRESSING WISHES AND REQUESTS RELEVANT TO THE ACTIONS OF OTHERS: El subjuntivo en mandatos indirectos

An indirect or implied command expresses the speaker's personal wish, desire, preference, recommendation, request, or suggestion that someone else do something.

Ellos **prefieren** que **paguemos** la gasolina en efectivo.
Recomendamos que ustedes **tomen** la carretera 67.

Notice that the first clause, expressing the speaker's wish to influence, is in the indicative; the second clause, reflecting the action to be taken, is in the subjunctive.

Subject #1 influences	Subject #2 influenced
expression of wish to influence + **que** +	action influenced
indicative	*subjunctive*

If the sentence has no change of subject, i.e., another person or persons becoming the focus, use the infinitive, not **que** + *subjunctive.*

One subject	vs.	Change of subject
Quiero **ir.**		Quiero que él **vaya.**

Verbs which express indirect or implied commands (the wish to influence) include:

decir (i)	*to tell*	Te **digo** que no **cruces** la calle.
desear	*to wish, want*	**Deseo** que **vengas** conmigo.
pedir (i, i)	*to request*	Les **pedimos** que **vayan** con nosotros.
preferir (ie, i)	*to prefer*	Ellos **prefieren** que **manejemos** el Honda.
querer (ie)	*to want*	Pepito, **quiero** que te **calles**.
recomendar (ie)	*to recommend*	**Recomiendo** que te **abroches** el cinturón.
sugerir (ie, i)	*to suggest*	**Sugieren** que nos **demos** prisa.
insistir (en)	*to insist (on)*	**Insisten** que **lleguemos** a tiempo.

Práctica y comunicación

H. Preferencias de sus padres

Indique usted si sus padres prefieren que usted **haga** o que **no haga** las siguientes cosas.

Modelo   acostarse tarde
   Prefieren que no me acueste tarde.

1. levantarse tarde
2. cortarse el pelo frecuentemente
3. traer bebidas alcohólicas a la casa
4. fumar
5. leer revistas pornográficas
6. ver películas de mucha violencia
7. escuchar la música ''rock''
8. ahorrar mucho dinero
9. usar sus tarjetas de crédito
10. recibir buenas notas
11. manejar más despacio
12. casarse joven

I.   Juanito y su madre

Indique lo que tienen que hacer Juanito (y el perro) según los deseos de la madre.

Modelo   **La madre quiere que Juanito se acueste.**

la madre/querer . . .

la madre/decirle . . .

la madre/querer . . .

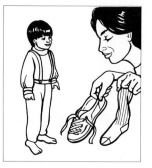

la madre/pedirle . . .

la madre/insistir . . .

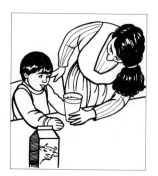

la madre/recomendar . . .

la madre/insistir . . .

la madre/sugerir . . .

la madre/desear . . .

la madre/decirle . . .

J.   ¿Qué recomienda?

Imagínese que algunas personas de la clase se encuentran en las situaciones indicadas. ¿Qué recomienda usted para ellos?

Modelo   (*Nombre de estudiante*) ha perdido su tarjeta de crédito.
             ¡Recomiendo que la busque!

1.   (*Nombre*) ha recibido tres multas.
2.   (*Nombre*) ha tenido tres accidentes.
3.   (*Nombre*) ha tenido un accidente en el Porsche nuevo de su padre.
4.   (*Nombre*) ha recibido una ''D'' en un examen de cálculo.
5.   (*Nombre*) ha oído que su abuela está en el hospital.
6.   (*Nombre*) tiene fiebre y un dolor de garganta horrible.
7.   (*Nombre*) y su novio(a) están **muy, muy** enamorados.
8.   (*Nombre*) está llorando porque su novio(a) rompió con (*broke up with*) él/ella.
9.   (*Nombre*) ha pasado tres semanas acampando en el desierto. Acaba de volver.
10. (*Nombre*) tiene espinacas (*spinach*) entre los dientes.

K.   Influencia personal

En grupos de cuatro, indiquen de qué maneras las personas indicadas quieren influir en las acciones de otros. Completen las oraciones con tantas variaciones como sea posible. Un(a) secretario(a) debe escribir las posibilidades y al concluir puede compartirlas (*share*) con la clase.

1.   Quiero que mis padres. . .
2.   Mi profesor(a) de español recomienda que nosotros. . .
3.   Insisto que mi compañero(a) de cuarto. . .
4.   Prefiero que mi novio(a). . .
5.   Le pido a mi hermano(a) que. . .

Noticias culturales

La Carretera Panamericana

Al entrar en el mundo hispano, viajando hacia el sur desde los EEUU, se entra en la Carretera Panamericana. Esta carretera que cubre millas y millas de territorio pasa por México y por todos los países centro y sudamericanos. En Panamá la carretera se interrumpe por la selva y vuelve a encontrarse al cruzar el canal, desde donde el viajero puede seguir al este para llegar a Caracas o al oeste para llegar a Bogotá y *luego* continuar al sur para visitar los otros países del continente. Esta carretera extensa, sea gran *autopista* o camino *tortuoso*, es una gran *vía* que une las tres Américas.

then
expressway / winding / road

En su opinión, ¿es esta porción de la Carretera Panamericana autopista o camino tortuoso?
Las Playitas, Venezuela

PREGUNTAS

1. Según el mapa, ¿dónde empieza la carretera en el norte y dónde termina en el sur?
2. ¿Dónde se interrumpe la carretera y por qué?
3. ¿Qué carreteras o autopistas usa usted con frecuencia?

III. EXPRESSING EMOTIONAL REACTIONS AND FEELINGS ABOUT THE ACTIONS OF OTHERS: El subjuntivo con expresiones de emoción

When a speaker expresses emotional reactions and feelings (glad, hopeful, sorry, etc.) about the actions or condition of another subject (whether person or thing), the subjunctive is used.

> **Esperamos que** la ambulancia **llegue** pronto.
> *We hope that the ambulance will arrive soon.*
> **Me alegro de que** un policía **esté** aquí.
> *I'm glad that a policeman is here.*

The first clause, expressing the speaker's emotion/feelings, is in the indicative; the second clause is in the subjunctive.

expression of emotion +	**que** +	action or condition of another subject
indicative		*subjunctive*

Some verbs expressing emotion are:

alegrarse (de)	*to be glad (about)*	**Me alegro de que** la estación **esté** abierta.
esperar	*to hope/expect*	**Espero que puedan** ayudarnos.
sentir (ie, i)	*to be sorry/regret*	**Siento que tengamos** que esperar dos horas.
temer/tener miedo (de)	*to fear/be afraid*	**Tememos que** la batería no **funcione** bien.
molestar	*to bother*	**Nos molesta que haya** tantos problemas con el coche.

If there is no change of subject after the expression of emotion, the infinitive is used, not **que** + *subjunctive.*

One subject   vs   Change of subject
Yo siento no **poder** ir a la   Siento que ellos no **puedan** ir a la
estación.   estación.

Práctica y comunicación

L.   Reacciones favorables o desfavorables

Indique su reacción favorable o desfavorable a cada situación. Use **Me alegro de que. . .** o **Siento que. . .**

Modelo   No hay examen hoy.
           Me alegro de que no haya examen hoy.

1. Hace buen tiempo hoy.
2. (*Nombre*) está muy cansado.
3. (*Nombre*) tiene un resfriado horrible.
4. No hay clase mañana.
5. No hay examen final este semestre.
6. Sus padres vienen a la universidad este fin de semana.
7. Su compañero(a) de cuarto es muy perezoso(a).
8. Un(a) amigo(a) suyo(a) fuma mucho.
9. Sus amigos no toman drogas.
10. Hay una fiesta muy grande este fin de semana.

M.   ¿Cómo reaccionan las personas?

Indique las reacciones de las personas según las circunstancias.

el padre/temer . . .

el padre/alegrarse

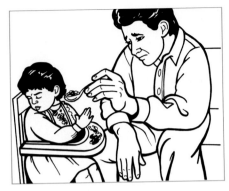

el padre/sentir

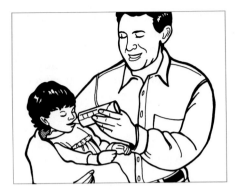

el padre/alegrarse

Juanito/sentir . . .

Juanito/alegrarse . . .

N. Aquí en la universidad

En grupos de cuatro personas, indiquen sus reacciones a ciertas (*certain*) situaciones y condiciones que existen en la universidad. Un(a) secretario(a) debe escribir las posibilidades y al concluir puede compartirlas con la clase.

1. Nos alegramos de que. . .
2. Esperamos que. . .
3. Sentimos que. . .

4. Tememos que. . .
5. Nos molesta que. . .

Noticias culturales

Ayuda en carretera

"¡Buenos días, señor/señorita! ¿Necesita ayuda?" Estas palabras son la salvación para muchas personas cuando su coche no funciona y están en medio de la carretera. El servicio, "SEAT: Ayuda en carretera," es un *taller rodante*. Este   *repair shop on wheels*

servicio para ayudar a los vehículos que *se estropean* en las autopistas españolas *have problems*
cuenta con mecánicos que pueden reparar el coche, allí donde *se avería*. Tam- *break down*
bién pueden hacer una reparación temporal, hasta llegar al taller más cercano.
El servicio no se limita a los coches de la *marca* SEAT ya que los empleados son *brand*
mecánicos expertos en todo tipo de automóviles, de la marca SEAT o de otras
marcas.

PREGUNTAS

1. ¿Qué es el servicio "SEAT: Ayuda en carretera"?
2. ¿Dónde reparan los coches los mecánicos de SEAT?
3. ¿Existe un servicio similar en los EEUU?
4. Si usted tiene un problema mecánico con el coche, ¿qué hace?

➤ **IV.** GIVING DIRECT ORDERS AND INSTRUCTIONS TO OTHERS: Los
mandatos **usted** y **ustedes**

You have been hearing and using **usted** *and* **ustedes** *command forms since Chapter 1 (***Escriba el ejercicio, Contesten las preguntas,*** etc.). These command forms, whether affirmative or negative, are identical to the* **usted** *and* **ustedes** *subjunctive forms.*

Doble a la derecha.
Sigan recto, por favor.

In all affirmative commands, the object and reflexive pronouns are attached to the end of the command form. A written accent is necessary on the syllable of the command form that is normally stressed.

Ayúde**me**, por favor.
Acuérden**se** de revisar el aceite.

In all negative commands, the object and reflexive pronouns precede the verb.

No **se** siente allí, por favor.
¡No **se** lo dé a él!

Práctica y comunicación

O. **¡Sigan las instrucciones!**

Usando bien la imaginación, sigan las instrucciones del profesor (de la profesora).

1. levántense
2. hagan ejercicios
3. bailen
4. siéntense
5. lávense la cara
6. péinense

7. cepíllense los dientes
8. conduzcan el coche
9. abracen a la persona que está al lado de usted
10. hablen con alguien
11. cállense, por favor

P. ¡Háganlo!

Indique lo que las personas deben hacer. Use el mandato **ustedes**.

Modelo   **¡Laven el coche!**

(CONTINUED)

Q.   ¿Hacerlo o no hacerlo?

Indique si usted quiere que la profesora (el profesor) haga o no haga las cosas indicadas. Use el mandato **usted** y los pronombres cuando sea apropiado.

Modelo   ¿Quiere usted que (yo) apague la luz?
Sí, apáguela, por favor. (o)
No, no la apague.

1. ¿Quiere usted que abra (cierre) la ventana?
2. ¿Quiere usted que repita las preguntas?
3. ¿Quiere usted que escriba las respuestas en la pizarra?
4. ¿Quiere usted que le ayude con la tarea?
5. ¿Quiere usted que le dé una ''D'' en español?
6. ¿Quiere usted que les muestre una película?
7. ¿Quiere usted que les dé más tarea?
8. ¿Quiere usted que les dé un examen muy difícil?
9. ¿Quiere usted que los invite a mi casa?
10. ¿Quiere usted que les prepare una paella?
11. ¿Quiere usted que hable más despacio?
12. ¿Quiere usted que siga con más preguntas?
13. ¿Quiere usted que me calle?
14. ¿Quiere usted que salga de la clase?

R.   Consejos (*advice*) para la profesora (el profesor)

Dígale a la profesora (al profesor) lo que debe o no debe hacer según cada situación.

Modelo   Tengo mucha sed.
            ¡Beba un refresco!

1. No me siento bien hoy.
2. Tengo un dolor de cabeza horrible.
3. Estoy muy cansado(a). He trabajado demasiado recientemente.
4. Tengo mucho frío.
5. Tengo hambre.
6. ¡Ay de mí! Necesito dinero.
7. ¡Acabo de recibir un cheque de 10.000 dólares!
8. ¡Dios mío! Toda mi familia viene a visitarme este fin de semana.
9. Estoy caminando por el parque y hay nieve y hielo por todas partes.
10. ¡Ay! Veo un criminal corriendo por la calle.

S.   **¿Cuántos mandatos pueden inventar?**

La clase debe dividirse en cinco grupos diferentes. Cada grupo toma uno de los siguientes temas e inventa tantos mandatos como sea posible dentro de cinco minutos. Un(a) secretario(a) debe escribir los mandatos para compartirlos (*to share them*) con la clase. ¿Qué grupo tiene el número máximo de mandatos? Temas:

1. profesor(a) a estudiantes
2. estudiantes a profesor(a)
3. estudiantes al (a la) presidente
4. usted al (a la) profesor(a) que va a hacer un viaje largo en su coche
5. médico(a) al (a la) paciente

T.   **El laberinto**

1. Tres estudiantes salen de la clase.
2. Los otros estudiantes cambian la posición de las sillas y de los pupitres, etc., formando un laberinto.
3. Los tres estudiantes, dos con los ojos cubiertos (*covered*), vuelven a la clase. Los estudiantes con los ojos cubiertos pasan por el laberinto de brazo en brazo, siguiendo las direcciones del otro (de la otra estudiante). ¿Tal vez (*Perhaps*) una sorpresa los (las) espera al final?

Expresiones útiles:

Doblen. . . Sigan. . . Párense. . . Tengan cuidado. . . Despacio. . . Un poco. . . Más/menos. . .

Descubra GEO

La revista más fascinante con los reportajes más apasionantes del mundo. Las mejores fotos y los textos más rigurosos y amenos.
GEO descubre una nueva visión del mundo.
¿Quiere descubrir GEO?

¡Suscríbase ahora!

Disfrute GEO

Grandes reportajes para ampliar horizontes de conocimiento. Para soñar y asombrarse una y otra vez. Lo nunca visto y lo que creemos haber visto. Con GEO se disfruta el mejor de los mundos. No se lo pierda.
¿Quiere disfrutar GEO?

Conserve GEO

Cada vez que se mira, se ve algo nuevo. Cada vez que se lee, se aprende algo nuevo. GEO siempre conserva su calidad de impresión, su frescura informativa y su espectacular belleza fotográfica.
¿Quiere conservar GEO?

¿Qué mandatos puede usted encontrar en este anuncio para la revista GEO?
Según el anuncio, ¿por qué es tan fascinante la revista GEO?

V.   GIVING ORDERS AND SUGGESTIONS TO A GROUP IN WHICH YOU ARE INCLUDED: Los mandatos nosotros (*let's*)

*The first person plural (**nosotros** form) of the present subjunctive can be used to express the* let's *command.*

Revisemos la batería.	*Let's check the battery.*
No **esperemos** más.	*Let's not wait any longer.*

To form the affirmative let's *command of reflexive verbs, the final* **-s** *is dropped before adding the pronoun* **nos***.*

paremos > paremo + nos = **¡Parémonos!**
But the negative is: **¡No nos paremos!**

The verbs **ir** *and* **irse** *have irregular affirmative* let's *commands.*

¡Vamos! or **¡Vámonos!** *Let's go!*

But the negative is once again the same as the subjunctive form.

¡No vayamos! or **¡No nos vayamos!**

Note

The affirmative *let's* command can also be formed by using **vamos a** + *infinitive.*

¡Vamos a pararnos aquí!

However, the negative *let's* command has to return to the subjunctive form.

¡No nos paremos aquí!

Práctica y comunicación

U.   ¡Sí! ¡Hagámoslo con entusiasmo!

Indique que usted y sus amigos quieren hacer las cosas indicadas.

Modelo   Vamos a tomar el desayuno.
            Sí, ¡tomemos el desayuno!

Por la mañana. . .

1. Vamos a levantarnos temprano.
2. Vamos a lavarnos.
3. Vamos a vestirnos.
4. Vamos a asistir a las clases.

Por la tarde. . .

5. Vamos a hacer ejercicios.
6. Vamos a tomar una siesta.
7. Vamos a jugar al voleibol.
8. Vamos a escuchar unos cassettes de música.

Por la noche. . .

9. Vamos a pedir una pizza.
10. Vamos a mirar la televisión.
11. Vamos a divertirnos.
12. Vamos a acostarnos temprano.

V.   Dos días libres (*free*)

Usted y sus amigos tienen dos días libres sin clases. En grupos de cuatro [con un(a) secretario(a)] indiquen adónde quieren ir y en qué actividades quieren participar.

Modelo   **Durmamos hasta las diez.**

En resumen

Imagínese que usted es padre o madre que tiene una hija o un hijo de dieciséis años. Su hija o hijo acaba de recibir su licencia de conducir. Exprese lo que usted quiere, recomienda, sugiere que ella o él haga, lo que usted teme o siente, y finalmente por qué usted se alegra de que tenga su licencia.
Escriba sus consejos (advice) *y sus reacciones.*

Panorama cultural

Las Antillas

Según el mapa. Identifique las capitales de los paises de Las Antillas.

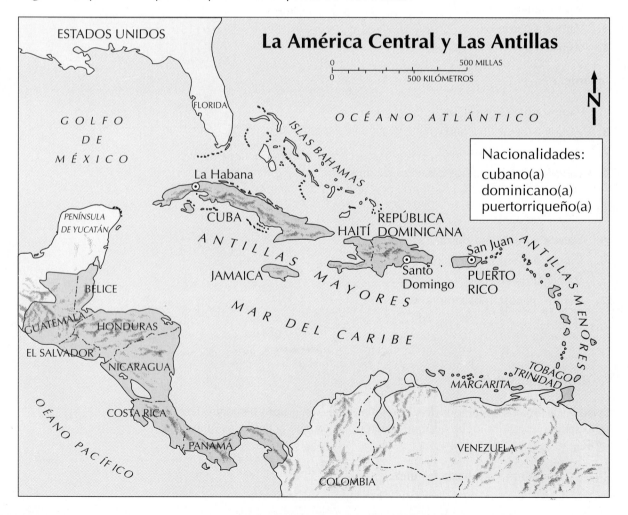

La América Central y Las Antillas

0   500 MILLAS
0   500 KILÓMETROS

ESTADOS UNIDOS

GOLFO DE MÉXICO

FLORIDA

OCÉANO ATLÁNTICO

ISLAS BAHAMAS

Nacionalidades:
cubano(a)
dominicano(a)
puertorriqueño(a)

La Habana

PENÍNSULA DE YUCATÁN

CUBA

REPÚBLICA DOMINICANA

HAITÍ

San Juan

ANTILLAS MAYORES

JAMAICA

Santo Domingo

PUERTO RICO

ANTILLAS MENORES

BELICE

GUATEMALA

HONDURAS

MAR DEL CARIBE

EL SALVADOR

NICARAGUA

TOBAGO
TRINIDAD

MARGARITA

OÉANO PACÍFICO

COSTA RICA

PANAMÁ

VENEZUELA

COLOMBIA

Cuando Cristóbal Colón llegó al continente americano desembarcó en una isla a la que nombró "La Española". Esta isla es el territorio ocupado hoy por la República Dominicana y Haití. El archipiélago que conocemos como Las Antillas Mayores es un grupo de islas de las cuales las tres de habla hispana son Cuba, la República Dominicana y Puerto Rico.

Desde la colonización española, estas tres islas fueron puertas hacia el gran continente americano: lugares de mercado, centros exportadores de productos agrícolas, sirviendo a una economía basada en el sistema de grandes "haciendas" o "plantaciones". Con la revolución industrial vino el control de la producción por las compañías multinacionales. Muchos *campesinos* sufren *desde entonces* la pobreza, el desempleo, *sueldos* muy bajos y la *falta* de *asistencia sanitaria*, siendo el capital controlado por un grupo dominante o élite que se enriquece con los beneficios de la exportación. Por ejemplo, la corrupción del gobierno cubano *alcanzó* grandes proporciones durante la presidencia de Batista. En la República Dominicana, Trujillo y su familia se apropiaron de más de la *mitad* de los recursos naturales del país. Puerto Rico fue por quinientos años la frontera de entrada al Nuevo Mundo. Nunca fue un territorio gobernado enteramente por los habitantes de la isla. Hoy estos países tienen formas de gobierno muy diferentes pero mantienen en común la *herencia* española y el lenguaje.

farmers / from that time / salaries / lack / health care

reached

half

heritage

Cuba

Los cubanos llaman a su isla "la perla de las Antillas." La gran belleza de sus playas, su vegetación tropical, sus árboles frutales, y su clima hacen de Cuba un país muy hermoso. La Habana, la capital, que dio nombre a los "cigarros habanos", fue un gran centro de diversión en el Caribe.

La revolución cubana en 1959 puso a Fidel Castro como comandante y jefe del país. Durante su gobierno Cuba empezó a depender económicamente de la Unión Soviética, después del bloqueo económico impuesto por los Estados Unidos. Durante los años 70 y al principio de los 80 Cuba *gozó de* una cierta prosperidad *debido a* la subida del precio del azúcar en los mercados mundiales.

enjoyed
due to

¿Qué producto se hace de la caña que corta este hombre? Cuba

Hoy en día, sin embargo, Cuba no recibe *ni* la ayuda económica *ni* vende   *neither / nor*
sus productos en los países de la Europa del Este. La situación económica es
crítica. Para tratar de salvar la economía, Castro, quien toma casi todas las decisiones en Cuba, decidió crear una industria turística que en el año 1990 trajo
más de doscientos millones de dólares. Los precios bajos atraen por igual a
turistas europeos, canadienses y latinoamericanos.

Atracciones cubanas: Playas hermosas, vegetación exuberante, clubs nocturnos
y cabarets que *entretienen* al visitante con los ritmos del Caribe: la salsa, el   *entertain*
merengue y la tradicional rumba cubana.

Identifique esta ciudad y
descríbala.
Cuba

La República Dominicana

Como Cuba, la República Dominicana también depende del azúcar para sustentar su sistema económico. La bajada de los precios en años recientes ha
puesto también en *peligro* la economía de este país. Las condiciones de vida en   *danger*
las áreas rurales son muy pobres también. Los campesinos reciben poco por su
trabajo. Los *ingresos* "per capita" no llegan a mil dólares al año para los corta-   *hard / income*
dores de caña.

Otros problemas son el racismo y el *analfabetismo*. Como en las otras islas,   *illiteracy*
aunque la población está compuesta de negros y mulatos, la minoría de origen   *even though*
europeo es la más próspera.

Sin embargo, en los últimos diez años el gobierno de Joaquín Balaguer ha
actuado de manera diferente a sus *antecesores* y una de las grandes reformas es   *predecessors*
la construcción de *viviendas*, y subida de salario y creación de puestos de trabajo   *housing*
debido a la industrialización que sigue el país. Muchos ven a Balaguer como el
padre de la *patria*. Como Cuba o Puerto Rico, la República Dominicana también   *homeland*
mira hacia el turismo como un recurso para salvar su precaria economía.

Atracciones dominicanas: El excelente clima de la República Dominicana trae
a los jugadores de béisbol americanos a *entrenar* allí cuando es invierno en los   *to train*
EEUU. Para los dominicanos el béisbol es el deporte rey. Los bancos de coral
de la República Dominicana *parecen* un mundo de *sueño* para quien quiere   *seem / dream*

bucear a admirarlos. Su capital, Santo Domingo, es la ciudad más antigua de   *skin-dive*
América fundada por el hermano de Colón, Bartolomé, en 1496.

¿Qué le impresiona a usted de esta escena tomada en
las aguas de la República Dominicana?

¿En qué ciudad capital está situada esta catedral, la
más antigua del Nuevo Mundo?

Puerto Rico

Haciendo eco de su nombre, la isla fue un puerto donde el dinero pasaba de
mano en mano. El comercio de esclavos y ron hizo de Puerto Rico un lugar
fronterizo de personas en transición. Fue un puerto de entrada a los conquistadores que esperaban las riquezas del continente americano. Los piratas ingleses
y los franceses trataron de hacer su entrada en el Nuevo Mundo *a través de*   *through*
Puerto Rico. Como resultado, "El Morro", fortaleza impresionante, fue con-
struido por los españoles para contra-atacar a los invasores.

El *hecho* es que Puerto Rico ha estado *luchando* siempre contra la invasión *fact / struggling*
y no ha sido gobernado por sus propios habitantes libremente. Culturalmente
depende del mundo latino, pero económicamente depende de los EEUU. La
situación actual, ''un estado libre asociado'', es decir, ni estado, ni independiente
de los EEUU, causa un *desconcierto* entre sus habitantes. Por eso unos quieren *uneasiness*
ser totalmente independientes y nacionales, otros quieren ser el estado 51 de los
Estados Unidos, y aún otros prefieren mantener la situación actual.

Atracciones puertorriqueñas: La belleza de la isla es inigualable y el carácter
puertorriqueño es vivo—por ejemplo a los puertorriqueños les encanta moverse
con el ritmo del merengue y la salsa. El centro histórico de Puerto Rico es el
''Viejo San Juan'', lugar privilegiado de la capital, donde se pueden admirar los
edificios creados por los españoles que llegaron a la isla en 1493. La topografía
de Puerto Rico: montañas que terminan en exuberantes playas, hacen de este
lugar un verdadero paraíso natural.

¿Por quién fue construída esta fortaleza, El
Morro? ¿Para qué?

Describa esta calle típica en el
''Viejo San Juan''.

¿Qué hacen estos jóvenes puertorriqueños? ¿Le
gusta a usted bailar el merengue y la salsa?

COMPRENSIÓN

1. Cristóbal Colón desembarcó en una isla que él nombró. . .
2. Hoy las tres islas de las Antillas de habla hispana son. . .
3. Desde la colonización estas islas sirven a una economía basada en el sistema de grandes. . .
4. Con la revolución industrial vino el control de las compañías. . .
5. Muchos campesinos en estas islas sufren de. . .
6. La corrupción del gobierno cubano alcanzó grandes proporciones durante la presidencia de. . .
7. Desde la revolución cubana en 1959 el Comandante y Jefe del país es. . .
8. Unas atracciones cubanas son. . .
9. Para sustentar su sistema económico, la República Dominicana, como Cuba, también depende de. . .
10. Joaquín Balaguer ha empezado grandes reformas como. . .
11. Atracciones dominicanas incluyen. . .
12. Puerto Rico fue un puerto de entrada para. . .
13. El hecho de que Puerto Rico es un "estado libre asociado" causa desconcierto entre sus habitantes porque. . .
14. Unas atracciones puertorriqueñas son. . .

Repaso de vocabulario activo

ADJETIVO

desinflado(a)

ADVERBIOS Y FRASES ADVERBIALES

derecho	a la derecha
despacio	a la izquierda
recto	

EXPRESIONES ÚTILES

¡Ay de mí!	¡Por supuesto!	¡Qué suerte!
¡Caramba!	¡Qué barbaridad!	¡Socorro!
¡Claro!	¡Qué lástima!	
Lo siento mucho.	¡Qué lío!	

SUSTANTIVOS

En la carretera

el accidente	la cuadra	la frontera	el puente
el camino	la esquina	el kilómetro	el semáforo
el camión	la estación de gasolina	la manzana	el tráfico
la carretera	la estación de servicio	la milla	el tránsito

Las partes del automóvil

la batería	el limpiaparabrisas	el motor	el tanque
el freno	la llanta	el parabrisas	

Otras palabras útiles

el aire	la licencia de conducir	el seguro de automóvil
el carnet	la multa	la velocidad
la gasolina	el policía	

VERBOS Y EXPRESIONES VERBALES

acordarse (ue) (de)	estacionarse	recomendar (ie)	abrocharse
alegrarse (de)	funcionar	recordar (ue)	el cinturón
arreglar	haber	reparar	darse prisa
ayudar	insistir (en)	revisar	tener prisa
callarse	llenar	seguir (i, i)	tener cuidado
cruzar	olvidar	sentir (ie, i)	tener miedo (de)
doblar	olvidarse (de)	sugerir (ie, i)	
esperar	pararse	temer	

Autoexamen y repaso #10

I.   El subjuntivo—en mandatos indirectos

Indique lo que usted desea o recomienda que haga su amiga Juanita.

Modelo   querer/pasar las vacaciones en las Antillas
Quiero que Juanita pase las vacaciones en las Antillas.

1.   sugerir/ir durante el invierno

2.   desear/divertirse mucho

3.   preferir/viajar en un barco grande

4. pedirle/comprarme un regalo

5. recomendar/volver a casa en dos semanas

Ahora indique lo que usted siente respecto al viaje de sus padres a Sudamérica.

Modelo   alegrarse de/mis padres/ir a Sudamérica
Me alegro de que mis padres vayan a Sudamérica.

1. esperar/ellos/hacer el viaje por la Carretera Panamericana.

2. esperar/ellos/mandarme fotos de todos los países

3. sentir/ellos/salir mañana sin mí

4. temer/ellos/olvidarse de mí

5. alegrarse de/ellos/poder hacer el viaje

A. En la estación de servicio, indique lo que usted necesita que haga la persona que atiende a los clientes.

Modelo   arreglar la llanta
Arregle la llanta, por favor.

1. llenar el tanque

2. cambiar el aceite

3. limpiar el parabrisas

4. poner agua en la batería

5. no olvidarse del aire para las llantas

6. darse prisa, por favor

B. Usted invita a sus amigos a visitarle en su casa. Dígales cómo llegar.

Modelo   doblar a la derecha en la calle Pinos
Doblen a la derecha en la calle Pinos.

1. venir el lunes por la tarde

2. tomar la Carretera Panamericana sur

3. ir a la salida número 10

4. doblar a la izquierda en el segundo semáforo

5. cruzar la avenida Juárez

6. pararse en la esquina porque siempre hay un policía allí

7. seguir derecho cinco cuadras

8. buscar la casa número 117

9. estacionarse en frente de mi casa

IV.   Los mandatos **nosotros**

Contradicciones. ¿Hacerlo o no hacerlo?

Modelo   llamarlo
Llamémoslo. No, no lo llamemos.

1.   dormir mañana por la mañana
2.   levantarse a las diez
3.   salir para el centro
4.   ir por este camino
5.   pararse aquí
6.   cruzar el puente
7.   seguir esta ruta

V.   Repaso general del Capítulo 10

A.   Conteste en oraciones completas.

1.   ¿Qué quieren los profesores que hagan los estudiantes?
2.   ¿Qué espera usted que hagan sus padres?
3.   ¿Qué sugiere usted que haga su compañero(a) de cuarto?

B.   Traduzca al español.

1.   (*usted*) Turn to the right at the corner.
2.   (*usted*) Upon arriving at the traffic light, turn left.
3.   (*usted*) Continue straight ahead four blocks.
4.   (*ustedes*) Don't park on the bridge.
5.   Let's fasten our seat belts!
6.   We have to travel two hundred kilometers today.
7.   I'm afraid there are many trucks on the highway today.
8.   I recommend that you (*tú*) drive slowly.
9.   Do you (*tú*) have your driver's license?
10.   A traffic ticket? What a shame! I'm so sorry!

Capítulo 11

En el aeropuerto

Aeropuerto en los Andes. Mérida, Venezuela

Goals for communication

- To carry out simple transactions relevant to travel by air and train
- To express doubt, uncertainty, or disbelief
- To use impersonal expressions to state recommendations, emotional reactions, and doubts
- To express reactions relevant to recent events
- To give orders and advice to family and friends

Cultural focus

- International airlines and a train trip
- Colombia and Venezuela

1. la línea aérea
2. el horario
3.
4.
5.
6. el avión
7. aterrizar
8. despegar
9. facturar
10. el equipaje
11. el boleto, billete (Esp.)
12. la maleta
13. la sala de espera
14. la cámara
15. el rollo de película
16. el pasajero
16. la pasajera

AVENSA

VUELO SALIDA LLEGADA
515 MÉRIDA 13:05 14:00
703 VALENCIA 16:10 17:30

1. airline   2. schedule   3. flight   4. departure   5. arrival   6. airplane   7. to land   8. to take off (airplanes)   9. to check (baggage)
10. luggage   11. ticket   12. suitcase   13. waiting room   14. camera   15. roll of film   16. passenger

17. **ADUANA**

18. el pasaporte

19. la puerta

20. la tarjeta de embarque

21. el piloto

22. la azafata

23. el auxiliar de vuelo

24. la sala de reclamación de equipaje

25. recoger

17. customs 18. passport 19. gate 20. boarding pass 21. pilot 22. stewardess 23. steward 24. baggage claim room 25. to pick up, gather

Vocabulario

. . . continuado del dibujo

Más vocabulario para viajar

el **aeropuerto**	*airport*
la **agencia de viajes**	*travel agency*
la **reservación**	*reservation*
el **asiento**	*seat*
la **demora**	*delay*
el **país**	*country*
el **mundo**	*world*

Verbos y expresiones útiles

volar (ue)	*to fly*
confirmar	*to confirm*
conseguir (i, i)	*to get, obtain*
servir (i, i)	*to serve*
hacer la maleta	*to pack*
sacar fotos (f.)	*to take photos*

Práctica y comunicación

A. En el aeropuerto

Conteste las preguntas según los dibujos en las páginas 358–359.

1. ¿Dónde están todas las personas?
2. ¿Cómo se llama la línea aérea?
3. ¿Cuál es el número del vuelo a Mérida? ¿y del vuelo a Valencia? ¿Qué otra información hay en el horario?
4. La profesora Andrade está hablando con la mujer que trabaja para Avensa. ¿Qué tiene la profesora en la mano?
5. ¿Qué hace el hombre con el equipaje de la profesora?
6. Carmen está detrás de la profesora. ¿Cuántas maletas lleva ella?
7. Por la ventana se ven dos aviones. ¿Qué hace uno de los aviones? ¿y el otro?
8. Hay varias personas en la sala de espera. ¿Qué lee la mujer? ¿Qué lee el hombre? En el avión, ¿ese hombre va a querer un asiento en la sección de fumar o en la sección de no fumar?

9. Alfonso está en la sala de espera. A él le gusta sacar fotografías. ¿Qué tiene en la mano? ¿Qué está haciendo?

10. Probablemente, ¿por qué tienen prisa los dos hombres de negocios?

11. Probablemente, ¿cuál es la profesión de la mujer que lleva el maletín (*briefcase*)?

12. Una mujer está hablando con el oficial en la aduana. ¿Qué documento le muestra al oficial? ¿Qué está haciendo el otro oficial?

13. Inés sale para Valencia y Martín no. ¿Qué hacen ellos?

14. Natalia está en la puerta número uno. ¿Qué hace ella?

15. En la puerta número dos, ¿qué le muestra Rubén a la señorita? ¿Qué tipo de equipaje lleva Rubén?

16. ¿Quiénes son las personas que llevan uniforme?

17. ¿Adónde debemos ir para reclamar el equipaje? ¿Qué hace la abuela?

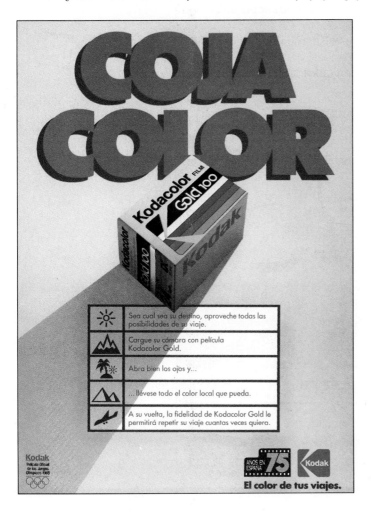

Según Kodak, ¿qué se debe hacer para sacar fotos inolvidables de su viaje? ¿Cuántos años hace que Kodak está en España?

B.   Preguntas orales

En parejas, háganse las preguntas y contéstense.

1.   ¿Te gusta volar? ¿A veces tienes miedo de volar?
2.   ¿Qué línea aérea prefieres?
3.   ¿Cuál es tu aeropuerto menos favorito? ¿Por qué?
4.   ¿Has volado mucho dentro de este país? ¿A qué ciudades?
5.   ¿Tienes pasaporte? ¿A cuántos países has viajado? ¿Cuál es tu país favorito? ¿Por qué?
6.   En el avión, ¿prefieres un asiento en la sección de fumar o en la sección de no fumar? ¿Se permite fumar en todos los vuelos en los Estados Unidos?
7.   ¿Te gusta la comida en los aviones? ¿Qué refresco tomas normalmente en los vuelos? ¿Quién sirve la comida y los refrescos?
8.   Si tienes un vuelo de cinco o seis horas, ¿qué haces durante el vuelo?
9.   En un viaje, ¿has tenido una demora larga? ¿Cuánto tiempo tuviste que esperar? ¿Te quejaste? ¿Qué hiciste?
10. En el futuro, ¿qué países del mundo quieres visitar? ¿al Japón o a China? ¿a África? ¿a Europa? ¿a Sudamérica?
11. ¿Tienes interés en ser azafata o auxiliar de vuelo? ¿piloto(a)? ¿agente de viajes?

¿Quienes son las personas?
¿Qué están haciendo?
¿De qué país es Avianca?

Clase Avianca

Avianca
La Aerolínea de Colombia

Sudamérica Norteamérica Centroamérica El Caribe Europa

C. Un viaje en avión a Colombia

Imagínense que ustedes hicieron un viaje de Chicago a Bogotá, Colombia. En parejas o en grupos de cuatro, hagan una lista (en orden cronológico) de lo que pasó desde (*from*) conseguir los pasaportes hasta (*until*) recoger el equipaje en Bogotá al final del viaje. ¿Qué grupo puede pensar en el número máximo de posibilidades? Tienen siete minutos para completar la lista.

1. **Conseguimos los pasaportes.**
2. . . .etc.

***

AVISO A NUESTROS PASAJEROS

Le recordamos que el pasajero debe reconfirmar su vuelo de continuación al llegar a cada ciudad de su itinerario. También recomendamos verificar el horario de salida del vuelo, para evitar así posibles inconvenientes.

Su récord de vuelos se encuentra en _____ computador de

_____AEROPOSTAL_____ bajo el localizador: Z___PD

Gracias y Feliz Viaje!!!

Kovama Tours
VIAJES Y TURISMO

Favor estar en el Aeropuerto a las: 17:00pm

***

¿Qué dos cosas debe hacer el (la) pasajero(a)?
¿Para qué?

Conversación

¡El vuelo está para salir!

En el mostrador del aeropuerto venezolano de Maiquetía, Pedro, un pasajero que se dirige a los Estados Unidos, desea facturar sus maletas, pero llega tarde al aeropuerto y el equipaje del vuelo 501 que desea tomar está ya todo facturado. La conversación es entre Pedro y el agente.

PEDRO   Perdón, señor agente. Sé que llego un poco tarde pero, ¿puedo facturar mi equipaje?

AGENTE   ¿Cuál es su vuelo?

PEDRO   Es el vuelo 501 que va para Miami y sale a las 10:15.

AGENTE Son las 10:10. Lo siento, señor, pero ese vuelo está para salir. Todo el equipaje está a bordo del avión. Es mejor que usted espere el vuelo de la tarde que sale a las 5:30.

PEDRO ¡Imposible! Es urgente que llegue a Miami en este vuelo. Tengo una reunión de negocios.

AGENTE La única solución es que usted salga ahora y su equipaje vaya después en el vuelo de la tarde.

PEDRO Pero al llegar a Miami necesito cambiarme de ropa. Son muchas horas de vuelo.

AGENTE Es todo lo que puedo hacer. Si se da prisa, puedo llamar a la puerta 17 para decirles que lo esperen.

PEDRO Bueno. . . Si no hay otra solución. Pero, las maletas van a llegar, ¿verdad?

AGENTE No se preocupe, señor.

PEDRO (*murmurando mientras corre a la puerta 17*) ¡Mi maldita costumbre de llegar tarde siempre!

At the counter at the Venezuelan airport of Maiquitía, Pedro, a passenger who is heading to the United States, wants to check his bags, but he arrives late at the airport and the luggage for flight 501 which he wants to take is already all checked. The conversation takes place between Pedro and the agent.

PEDRO Excuse me, sir. I know that I'm a little late, but can I check my luggage?

AGENT What is your flight?

PEDRO It's flight 501 which is going to Miami and it leaves at 10:15.

AGENT It's 10:10. I'm sorry, sir, but that flight is ready to leave. All the baggage is on board the plane. It's better for you to wait for the afternoon flight which leaves at 5:30.

PEDRO Impossible! It's urgent that I get to Miami on this flight. I have a business meeting.

AGENT The only solution is for you to leave now and for your luggage to go on the afternoon flight.

PEDRO But on arriving at Miami I need to change clothes. It's a long flight.

AGENT It's all that I can do. If you hurry, I can call gate 17 to tell them to wait for you.

PEDRO All right. . . If there's no other way. But, the bags will arrive, right?

AGENT Don't worry, sir.

PEDRO (*Murmuring while he runs to gate 17*) My wretched habit of always arriving late!

COMPRENSIÓN

1. ¿Adónde quiere ir Pedro?
2. ¿Por qué no puede facturar su equipaje?
3. ¿Qué le recomienda el agente?
4. ¿Por qué no puede esperar Pedro el vuelo de la tarde?
5. Finalmente, ¿decide Pedro tomar el vuelo de las 10:15 o el de las 5:30?
6. ¿Se va con o sin su equipaje?
7. ¿Cuál es la "maldita costumbre" que tiene Pedro? (¿Tiene usted esta costumbre también?)

ACTIVIDAD

Conversaciones con los Agentes de las Líneas Aéreas

Trabajando en parejas, un(a) estudiante hace el papel del agente y su compañero(a) hace el papel del (de la) pasajero(a). Después de resolver el primer problema, cambien de compañero(a) para resolver el segundo, etc.

Situaciones:

1. Usted llama a la línea aérea para confirmar su vuelo y encuentra que su nombre no está en la lista de pasajeros.
2. Usted quiere llevar cuatro maletas pequeñas en el avión, pero sólo se permite que lleve dos.
3. Usted tiene siete maletas (las necesita todas urgentemente), pero sólo se permite que facture tres.
4. Usted llega tarde al aeropuerto y ha perdido su vuelo a (*lugar*).
5. Usted ha perdido su tarjeta de embarque y el vuelo sale en cinco minutos.

I. EXPRESSING DOUBT, UNCERTAINTY, OR DISBELIEF: El subjuntivo con expresiones de duda e incredulidad

When a speaker expresses doubt, uncertainty, or disbelief relevant to an action or condition, the subjunctive is used.

Dudo que el avión **llegue** a tiempo.

I doubt that the plane will arrive on time.

No puedo creer que las maletas no **estén** aquí.

I can't believe that the suitcases aren't here.

The first clause, expressing the speaker's doubt, uncertainty or disbelief, is in the indicative; the second clause is in the subjunctive.

expression of doubt/ uncertainty/disbelief *indicative*	+	**que**	+	action or condition *subjunctive*

Some verbs and expressions of doubt, uncertainty, or disbelief are:

dudar	*to doubt*	**Dudo** que **haya** demora.
no estar seguro(a)	*not to be sure*	**No estamos seguros** que **sirvan** comida en el vuelo.
no creer	*not to believe*	**No creen** que **podamos** aterrizar ahora.

No dudar, creer, *and* **estar seguro(a)** *are normally considered expressions of certainty and thus are used with the indicative, not the subjunctive.*

La pilota **cree** que **podemos** aterrizar ahora.
The pilot believes (is confident) that we can land now.

However, **creer** *and* **estar seguro(a)** *may be used to express the speaker's doubt, disbelief, or uncertainty when used to ask a question.*

¿**Crees** que **puedan** encontrar el equipaje?
Do you think (unsure) that they will be able to find the suitcases?

Práctica y comunicación

D. Opiniones y estereotipos

En nuestra sociedad siempre se oyen generalizaciones. Indique si usted **cree** o **duda** las generalizaciones que siguen.

Modelo   Las líneas aéreas americanas son superiores a las de Europa.
Yo creo que son superiores. (o)
Yo dudo que sean superiores.

Generalizaciones: referencias nacionales

1. Las líneas aéreas americanas son muy eficientes.
2. Los coches americanos son inferiores a los coches alemanes.
3. Las cámaras japonesas son excelentes.
4. El vino de California es superior al vino francés.
5. La comida mexicana es superior a la comida francesa.
6. Las películas europeas son superiores a las americanas.

Generalizaciones: los sexos

7. Las mujeres son más inteligentes que los hombres.
8. Los hombres prefieren a las mujeres inteligentes.
9. Las mujeres prefieren a los hombres ricos.
10. Los hombres son más sentimentales que las mujeres.
11. Las mujeres son más pacientes que los hombres.
12. Los hombres de esta clase son muy machos.
13. Las mujeres de esta clase son extraordinarias.

E. ¿Me crees o no?

En parejas, usted y un compañero o una compañera de clase deben hacerse las siguientes declaraciones. Respóndanse usando:

Dudo que. . .

No estoy seguro(a) que. . .

No creo que. . . (o)

Creo que. . .

Modelo (estudiante #1) Soy muy generoso(a).
(estudiante #2) **No creo** (etc.) **que seas muy generoso(a).** (o)
Creo que eres muy generoso(a).

1. Soy muy, muy inteligente.
2. Sé todas las respuestas.
3. Tengo un BMW.
4. Soy muy, muy guapo(a).
5. Tengo un(a) novio(a) fantástico(a).
6. Me gusta el español.
7. Me gusta el profesor (la profesora) de español.
8. Me gustan las matemáticas.
9. No me importa el dinero.
10. Me encanta hacer ejercicios en el gimnasio.
11. (otras declaraciones originales). . .

F.   En el viaje

En grupos de tres personas, completen las oraciones con dos o más opciones.

1. Creo que el (la) agente. . .
2. Dudo que el vuelo. . .
3. No estoy seguro(a) que mi equipaje. . .
4. No creo que los pasajeros. . .
5. Espero que el piloto. . .
6. Me alegro de que la azafata. . .
7. ¿Crees que el auxiliar de vuelo. . . ?
8. Estoy seguro(a) que nosotros. . .

¿Cuál es el número del vuelo?
¿A qué hora deben llegar a la puerta?
¿Cuál es el número del asiento?
¿En qué sección está?

II. USING IMPERSONAL EXPRESSIONS TO STATE RECOMMENDATIONS, EMOTIONAL REACTIONS, AND DOUBTS: El subjuntivo con expresiones impersonales

In addition to the structures previously studied, the subjunctive may be used with impersonal expressions (such as It's important. . . , It's necessary. . . , *etc.) to express:*

(1) the desire to influence the actions of someone else;
(2) emotional reactions to the actions or conditions of another person or thing; or
(3) doubts and uncertainties.

Es importante que **llames** a tus padres.	*It's important for you to call your parents.* (or) *It's important that you call your parents.*
Es una lástima que **tengamos** una demora de dos horas.	*It's a shame that we have a two-hour delay.*
Es posible que **perdamos** la conexión en Miami.	*It's possible that we'll miss the connection in Miami.*

| impersonal expression | + | **que** | + | subjunctive |

Some frequently used impersonal expressions are:

es bueno	*it's good*
es mejor	*it's better*
es necesario	*it's necessary*
es importante	*it's important*
es urgente	*it's urgent*
es una lástima	*it's a shame*
es extraño	*it's strange*
es ridículo	*it's ridiculous*
es posible	*it's possible*
es imposible	*it's impossible*
es probable	*it's probable*
es improbable	*it's improbable*

If there is no change of subject after the impersonal expression, the infinitive is used, not **que** *+ subjunctive.*

Es necesario salir para el aeropuerto ahora.
   but
Es necesario que **salgamos** para el aeropuerto ahora.

Práctica y comunicación

G. Un vuelo en la línea aérea "Buena Suerte"

Indique su reacción a lo que pasa en el vuelo 13 con destino a "La isla de paraíso".

Use: **Es una lástima que. . .**

Es ridículo que. . .

Es extraño que. . .

Es urgente que. . .

Es imposible que. . .

Es bueno que. . .

1. Las azafatas no dan instrucciones.
2. Las azafatas no traen más comida.

3. Muchas personas no pueden ver la película.

4. Hay mucha turbulencia.

5. Dos pasajeros no quieren abrocharse el cinturón.

6. Frecuentemente se apagan las luces.

7. Varios pasajeros duermen tranquilamente.

8. Una pasajera está fumando un cigarro.

9. Un bebé está llorando.

10. Un niño tiene que vomitar.

11. El piloto pide un coctel.

12. Uno de los motores no funciona bien.

13. El piloto trata de llamar al aeropuerto.

14. Nadie contesta.

15. ¡El avión no puede aterrizar!

H.   ¿Es posible?

Indique si, en su opinión, **es posible** (o **imposible**), o **es probable** (o **improbable**) que le ocurran a usted las cosas indicadas.

Modelo   recibir una ''C'' en español
   Es imposible (etc.) **que yo reciba una ''C'' en español.**

1. recibir una ''A'' en español
2. recibir una ''F'' en español
3. ganar la lotería
4. volar a la luna
5. casarse este año
6. comprometerse este año
7. recibir un cheque de sus padres
8. hacer un viaje a Sudamérica este verano
9. comprar un coche nuevo este año
10. ser un(a) profesor(a) de español

I.   Lo que debe hacer Esteban

Indique en su opinión lo que debe hacer Esteban. Use las expresiones impersonales.

Modelo   **Es necesario que Esteban se despierte.**

Esteban

Esteban

J. Situaciones

En grupos de cuatro completen las oraciones indicando una variedad de posibilidades según cada situación.

1. Mi amigo recibió una "D−" en su examen. **Es mejor que. . .**
2. Mi amigo ha bebido demasiada cerveza. **Es mejor que. . .**
3. Voy a salir con mi novio(a) dentro de media hora. **Es necesario que. . .**
4. Mi coche no funciona y me encuentro abandonado(a) en la carretera. **Es urgente que. . .**
5. He tenido un accidente serio en el coche nuevo de mi madre. **Es mejor que. . .**
6. Estoy en el aeropuerto y anuncian que han cancelado mi vuelo. **Es importante que. . .**
7. Estoy volando en el avión y el piloto anuncia que vamos a pasar por una tormenta grande. **Es urgente que. . .**
8. El avión tiene problemas mecánicos y un motor no funciona. **Es urgente que. . .**

Noticias culturales

Compañías aéreas internacionales

El tránsito transoceánico intercontinental e internacional cuenta hoy con el avión como el principal medio de transporte. La velocidad que nuestra sociedad ha adquirido en los veinte últimos años es alucinante en comparación con la mobilidad ofrecida previamente por el tren, el omnibus y el barco. Antes, sólo países como los Estados Unidos, Alemania, Francia o Inglaterra contaban con compañías aéreas internacionales. Hoy, como se puede apreciar por los anuncios, los países latinoamericanos y España cuentan con compañías aéreas que *disponen de* una *flota* de aviones que viajan continuamente de continente a continente, de país a país, de estado a estado o de provincia a provincia.

have available
fleet

ACTIVIDAD

¿Puede usted identificar algunas de las líneas aéreas del mundo hispano? ¿Cuál es el símbolo o el logotipo en la columna B que corresponde a la descripción en la columna A?

Columna A

Columna B

1. Primera Líneas Uruguayas de Navegación Aérea

    a. *mexicana*

2. Líneas Aéreas Costarricense S.A.

    b. *PLUNA*

3. Venezolana Internacional de Aviación

    c. *Lacsa*

4. Compañía Mexicana de Aviación

    d. *AEROLINEAS ARGENTINAS*

5. Compañía Panameña de Aviación

    e. *LAP LINEAS AEREAS PARAGUAYAS*

6. Servicio Aéreo de Honduras S.A.

    f. *TACA*

7. Aerolíneas Argentinas

    g. *copa* COMPAÑIA PANAMEÑA DE AVIACION

8. Líneas Aéreas de España

    h. *ECUATORIANA*

9. Aerolíneas Peruanas

    i. *aviateca* AEROLINEAS de GUATEMALA

10. Línea Aérea Nacional de Chile

    j. *VIASA* VENEZUELAN INTERNATIONAL AIRWAYS

11. Aerolíneas Nicaragüenses

    k. *AeroPeru*

12.	Dominicana de Aviación	**l.**
13.	Líneas Aéreas Paraguayas	**m.**
14.	Empresa Ecuatoriana de Aviación	**n.**
15.	Empresa Consolidada Cubana de Aviación	**o.**
16.	Lloyd Aéreo Boliviano	**p.**
17.	Aerovías Nacionales de Colombia	**q.**
18.	Aerolíneas de Guatemala Aviateca	**r.**
19.	Transportes Aéreos Centro Americanos, El Salvador	**s.**

l. IBERIA — INTERNATIONAL AIRLINES OF SPAIN

m. ⊙ LanChile

n. CUBANA

o. Ⓓ DOMINICANA

p. N aeronica

q. ↘ LAB — LLOYD AEREO BOLIVIANO

r. Avianca

s. Ⓢ SAHSA

III. EXPRESSING REACTIONS RELEVANT TO RECENT EVENTS: *El presente perfecto de subjuntivo*

The present perfect subjunctive is used to express reactions to events that have occurred in the past but are closely tied to the present.

Espero que no **hayan salido** del aeropuerto.
I hope that they have not left the airport.
Es posible que **hayan ido** a buscar un teléfono.
It's possible that they have gone to look for a phone.

The present perfect subjunctive is formed by using the present subjunctive of **haber** *plus the past participle.*

present subjunctive of **haber**	+	past participle

perder *to lose*

Es una lástima que (yo) lo	**haya perdido.**	. . . *I have lost it.*
	. . . hayas perdido.	. . . *you have lost it.*
	. . . haya perdido.	. . . *she, etc. has lost it.*
	. . . hayamos perdido.	. . . *we have lost it.*
	. . . hayáis perdido.	. . . *you have lost it.*
	. . . hayan perdido.	. . . *they have lost it.*

Study hint

Review the present perfect indicative studied in Chapter 9. Focus on the irregular past participles.

Práctica y comunicación

K. **"El desorganizado"**

"El desorganizado" va a pasar un semestre estudiando en Caracas, Venezuela. Indique que **es improbable que haya hecho** las siguientes cosas.

Modelo   hacer un viaje internacional antes
Es improbable que haya hecho un viaje internacional antes.

Es improbable que. . .

1. conseguir el pasaporte
2. escribir a la familia en Venezuela
3. hacer las reservaciones en el hotel
4. comprar los cheques de viajero
5. encontrar su cámara
6. comprar rollos de película
7. llamar a la agencia de viajes
8. recoger los boletos
9. despedirse de sus abuelos
10. acordarse de confirmar el vuelo

L. ¿Cómo reacciona usted?

Según los dibujos, indique si usted **se alegra que** o **siente que** las situaciones hayan ocurrido.

Modelo **Siento que Martín se haya roto la pierna.**

Martín

Alfonso

Linda y Manuel

Camila

Esteban

Pepita

Rodolfo

M. ¿Es verdad?

En parejas, un(a) estudiante hace las siguientes declaraciones, indicando lo que ha hecho. Su compañero(a) indica su reacción usando:

(a) **Es bueno que. . ./Me alegro que. . .**
(b) **Es una lástima que. . ./Siento que. . .**
(c) **Es improbable que. . ./Dudo que. . .**

Modelo   ganar la lotería
         (estudiante #1)   **He ganado la lotería.**
         (estudiante #2)   **Dudo que (Me alegro que) hayas ganado la lotería.**

1. recibir una "D−" en mi examen de cálculo
2. recibir una "A+" en mi examen de español
3. limpiar mi cuarto muy, muy bien
4. romper una ventana en la residencia de estudiantes
5. escribirle cartas de amor a Julia Roberts (Kevin Costner)
6. comprometerme
7. correr seis millas hoy
8. tener un accidente en el coche de mi padre
9. olvidar el cumpleaños de mi madre
10. acampar en el Amazonas
11. ver un OVNI (*UFO*)
12. (*otras declaraciones originales*). . .

N. Situaciones

En grupos de cuatro den por lo menos CUATRO posibilidades de lo que **haya pasado** en cada una de las siguientes situaciones.

1. Vuelvo a casa y ¡NADIE está allí!

    Es posible que (mi padre/madre/hermano(a)/perro/gato). . .

2. Mi amigo(a) dijo que iba a pasar por aquí en su coche a las ocho. Ya son las diez y todavía no ha llegado.

    Es posible que. . .

3. Un(a) amigo(a) mío(a) está organizando un viaje por avión a Caracas, Venezuela para nosotros.

    Espero que. . .

INSPECCION

¿Qué representa el símbolo?

BIENVENIDO
A LOS
ESTADOS UNIDOS

DEPARTAMENTO DEL TESORO
SERVICIO DE ADUANAS DE LOS ESTADOS UNIDOS

FORM APPROVED
OMB NO. 1515-0041

DECLARACION DE ADUANAS

Todo viajero o jefe de familia que llega a los Estados Unidos debe facilitar la información siguiente (basta con una declaración por familia):

1. Nombre: _____
   Apellido   Nombre   Inicial del segundo nombre

2. Fecha de nacimiento: _____   3. Línea aérea y
   Día   Mes   Año   número del vuelo. _____

4. Número de familiares que viajan con usted _____

5. Dirección en los Estados Unidos: _____

Ciudad _____ Estado _____

6. Soy ciudadano de los Estados Unidos.   SI   NO
   En caso negativo.   ☐   ☐
   País.

7. Resido permanentemente en los Estados Unidos   SI   NO
   En caso negativo, indique cuánto tiempo   ☐   ☐
   piensa permanecer en el país.

8. El propósito de mi viaje es o era:
   ☐ NEGOCIOS   ☐ PLACER

9. Traigo (traemos) frutas, plantas, carnes, alimen-   SI   NO
   tos, tierra, pájaros, caracoles, u otros animales vivos, ☐   ☐
   productos agrícolas, o he (hemos) estado en una
   finca o granja fuera de los Estados Unidos.

10. Traigo (traemos) más de US$10.000 en   SI   NO
    efectivo o en instrumentos monetarios,   ☐   ☐
    o su equivalente en moneda extranjera.

11. El valor total de los artículos que he
    (hemos) comprado o he (hemos) adquirido
    asciende a (Véanse instrucciones al reverso
    bajo MERCANCIA): $ _____
                                        Dólares de EE UU

SE ACEPTAN LA MAYORIA DE LAS PRINCIPALES TARJETAS DE CREDITO

FIRME AL DORSO ESTA DECLARACION
DESPUES DE HABER LEIDO LA ADVERTENCIA

(No escriba debajo de esta *línea*)

INSPECTOR'S NAME   STAMP AREA

BADGE NO.

Aviso sobre la reducción de trámites burocráticos: la Ley de 1980 sobre la reducción de trámites burocráticos estipula que debemos informarle de las razones por las cuales recogemos esta información; la forma en que la utilizaremos y si está obligado a suministrárnosla. Solicitamos esta información para cumplir con las leyes de los Estados Unidos sobre Aduanas, Agricultura y Moneda. La necesitamos para asegurarnos de que los viajeros cumplan con estas leyes y para determinar y recaudar las cantidades debidas por concepto de derechos e impuestos. Es obligatorio entregar este formulario debidamente cumplimentado.

Customs Form 6059B (042988) (Spanish)

Usted vuelve a los Estados Unidos después de su viaje a Venezuela. Complete la declaración de aduanas.

Vocabulario

La estación de ferrocarril

la **estación de ferrocarril**	*railroad station*
el **tren**	*train*
la **taquilla**	*ticket window*
el **boleto/billete de ida y vuelta**	*round-trip ticket*
de primera clase	*first class*
de segunda clase	*second class*
el **andén**	*platform*
el **maletero**	*porter*
la **propina**	*tip*
el **aseo** (*Esp.*), **servicio**	*restroom*

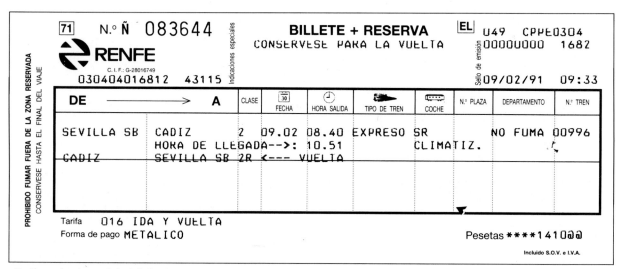

¿Cuál es el origen del viaje?
¿Y la destinación?
¿A qué hora llega el tren?
¿Es un boleto de ida o de ida y vuelta?

Práctica y comunicación

O. **En la estación de ferrocarril**

En grupos de cuatro estudiantes, describan la escena en la estación de ferrocarril. Un(a) estudiante de cada grupo sirve de secretario(a). ¿Qué grupo puede dar la descripción más completa dentro de un límite de ocho minutos?

P.   Conversaciones en la estación de ferrocarril

Trabajando en parejas, un(a) estudiante hace el papel de boletero(a) y su compañero(a) hace el papel del (de la) pasajero(a). Después de terminar la primera transacción, cambien de compañero(a) para completar la segunda transacción, etc.

1. comprar un boleto de primera o segunda clase a (*lugar*)
2. comprar un boleto de ida y vuelta a (*lugar*)
3. buscar sus maletas perdidas
4. pedir información (de horarios, equipaje, localización del aseo, etc.)
5. hablar de la demora del tren y qué hacer
6. preguntar si hay otro tren a (*lugar*) porque usted ha perdido el suyo.

Según Renfe, ¿por qué es mejor viajar en tren que en coche?

Noticias culturales

Un viaje en tren, ¿de primera o de segunda clase?

Un viaje en tren de primera clase en *cualquier* parte del mundo, sea de Barcelona a París, de Buenos Aires a Mendoza, o de Nueva York a Chicago, es una experiencia agradable y *bastante* universal. *Sin embargo,* viajar en tren de segunda o de tercera clase tiene un *sabor* diferente, en particular en los países latinoamericanos. El viaje en tren siempre se asocia con el comienzo de una pequeña aventura, que lleva cierto tiempo, para la cual uno tiene que estar preparado. Los trenes llevan cargas de animales y personas *por igual*. Transportan *enseres, ganado* y productos agrícolas, y como el tren *cubre* grandes distancias (o distancias que se hacen muy grandes por el ritmo lento del tren), el viajero se prepara de antemano y lleva su comida y su bebida. Debe también ir preparado para hacerse *amistades* con las otras personas que encuentra en su viaje. No es extraño que los viajeros amigables ofrezcan su comida a otros.

any

quite / Nevertheless
flavor

on an equal basis / goods
livestock / covers

friends

¿Por qué miran las personas por las ventanas del tren?
Costa Rica

PREGUNTAS

1. ¿Qué tipo de carga pueden llevar los trenes de segunda o de tercera clase?
2. ¿Qué deben preparar de antemano los pasajeros?
3. ¿Es fácil o es difícil hacer amigos en el viaje?
4. ¿Puede usted contar una experiencia que ha tenido en tren?

> **IV.** GIVING ORDERS AND ADVICE TO FAMILY AND FRIENDS: Los mandatos **tú**

To give orders or advice to persons whom you address informally as **tú**, *informal* **tú** *commands are used. You have studied formal* **usted** *and* **ustedes** *commands in Chapter 10.*

A.   El mandato **tú** afirmativo

1.   *The regular* **tú** *command forms are identical to the third person singular* (**él, ella, usted**) *form of the present tense indicative.*

present tense		*affirmative* **tú** *command*
(Él) come.	→	**¡Come!**
(Él) espera.	→	**¡Espera!**
(Él) vuelve.	→	**¡Vuelve!**

2.   *The irregular* **tú** *affirmative commands are:*

poner	**pon**	**Pon** el boleto en tu chaqueta.
salir	**sal**	**Sal** a buscar una revista.
tener	**ten**	**Ten** cuidado al cruzar la calle.
venir	**ven**	**Ven** aquí pronto.
hacer	**haz**	**Haz**lo ahora.
ser	**sé**	**Sé** bueno, por favor.
decir	**di**	**Di**me lo que piensas.
ir	**ve**	**Ve** al aseo con tu hermano menor.

3.   *In all affirmative* **tú** *commands, the object and reflexive pronouns are attached to the end of the command form. A written accent is necessary except when there is a combination of a one-syllable command form with one pronoun.*

Dímelo.   *but*   **Dime la verdad.**   **Póntelo.**   *but*   **Ponlo allí.**

B.   El mandato **tú** negativo

The **tú** *negative command forms are equivalent to the* **tú** *form of the present tense subjunctive.*

present subjunctive		*negative* **tú** *command*
comas	→	**¡No comas** ahora!
esperes	→	**¡No** la **esperes** más!
vuelvas	→	**¡No vuelvas** tarde!

In all negative commands, the object pronouns are placed before the verb.

Note

The **vosotros** command forms are frequently used in Spain. The affirmative **vosotros** command is formed by changing the final **r** of the infinitive to **d**: **¡Comed!, ¡Esperad!, ¡Volved!** If the affirmative command form is reflexive, the **d** is dropped and the reflexive pronoun **os** is added: **¡Acostaos!** The negative command form uses the equivalent subjunctive form: **¡No comáis!; ¡No esperéis!; ¡No volváis!; ¡No os acostéis!**

Práctica y comunicación

Q. Lo que dice mamá

¿Qué mandatos les da la mamá a Juanito y al perro?

Modelo   ¿Qué le dice la madre a Juanito?
¡Acuéstate!

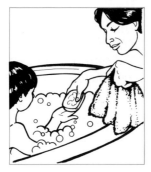

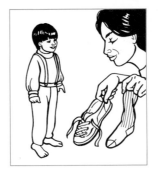

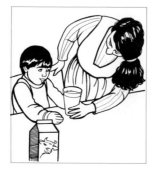

R. ¡Hazlo!

Sus padres no están en casa un sábado por la noche. Dígale a su hermano(a) menor que es su obligación o responsabilidad de hacer las cosas siguientes.

Modelo   abrir la puerta
¡Abre la puerta!

1. contestar el teléfono
2. decirme lo que dijeron
3. apagar la radio
4. devolverme los cassettes
5. mostrarme tu disco compacto nuevo
6. poner la ropa en el armario
7. traerme mi suéter

8. venir aquí
9. ir a la tienda de vídeo
10. buscarme el vídeo "Mujer bonita"
11. abrocharte el cinturón
12. tener paciencia
13. callarte
14. ser bueno(a)

S. ¡No lo hagas!

Su hermano(a) menor siempre le molesta. Dígale que NO haga las siguientes cosas.

Modelo   llevar mi ropa
¡No lleves mi ropa!

1. mirar la televisión
2. escuchar la radio
3. olvidarte de hacer la tarea
4. poner tus pies en mi cama
5. entrar en mi cuarto
6. jugar con mi computadora

7. salir esta noche

8. ir a la fiesta

9. beber nada alcohólico

10. decir tonterías

11. ser estúpido

12. ...(¿Hay otras cosas que usted NO quiere que su hermano(a) menor haga?)

T. El diablo (*devil*) y el ángel

Hay un conflicto en su conciencia entre lo que dice "el diablo" (**¡Hazlo!**) y lo que dice "el ángel" (**¡No lo hagas!**). ¿Qué dicen estas dos voces de su conciencia respecto a las siguientes cosas?

Modelo   salir todas las noches
             ("El diablo")   **Sí. ¡Sal todas las noches!**
             ("El Ángel")   **No. ¡No salgas todas las noches!**

1. comer toda la torta de chocolate

2. beber tres margaritas

3. fumar el cigarro

4. comprar seis suéteres

5. gastar todos sus ahorros

6. mirar las telenovelas todas las tardes

7. leer las revistas pornográficas

8. repetir los rumores

9. decirles mentiras a sus padres

Refranes: **No digas en secreto lo que no quieres oír en público.**
No hagas a otros lo que no quieres que te hagan.

Refiriéndose al primer refrán, ¿qué puede ocurrir si usted le dice algo en secreto a otra persona?
Refiriéndose al segundo refrán, ¿cuál es el equivalente en inglés?

U. Instrucciones y consejos (*advice*)

Cada grupo de cuatro personas recibe uno de los siguientes temas y formula tantos mandatos **tú** (afirmativos y negativos) como sea posible. Una persona en el grupo sirve de secretario(a). ¿Qué grupo tiene el número máximo de mandatos?

1. a tu compañero(a) de cuarto
2. a un(a) estudiante del primer año que acaba de llegar a la universidad
3. a tu novio(a) o amigo(a) favorito(a)
4. a tu hijo(a) [*Tú eres el padre o la madre.*]

En resumen

Un(a) pasajero(a) acaba de aterrizar en el aeropuerto después de sufrir varias demoras y un vuelo muy, muy turbulento. Y por si eso fuera poco, ahora él (ella) descubre que sus maletas no han llegado. El (la) pasajero(a) [estudiante #1] y un(a) oficial [estudiante #2] hablan para buscar una solución al dilema.

1. El (La) pasajero(a) explica lo que le ha pasado. Habla del vuelo horrible y del problema con las maletas.
2. El (La) oficial hace las preguntas necesarias para tratar de recuperar las maletas; por ejemplo, necesita saber:
    - la línea aérea;
    - el número del vuelo;
    - el número de maletas perdidas;
    - el número del talón de identificación de equipajes
    - una descripción de las maletas y de un artículo en cada maleta, etc.

3. El (la) pasajero(a):
    - pregunta cuándo puede anticipar la llegada de las maletas;
    - expresa por qué es urgente que lleguen más pronto;
    - indica sus reacciones (dudas, incredulidad, temores, esperanzas, etc.) respecto a la situación.

BILLETE DE PASAJE Y TALON DE EQUIPAJE
PASSENGER TICKET AND BAGGAGE CHECK

164:4200:967:164 :2

Emitido por:
VIASA, Venezolana Internacional de Aviación, S.A.
Issued by VIASA - Venezuelan International Airways
Miembro de IATA
International Air Transport Association
Torre Viasa, Plaza Morelos, Los Caobos,
Caracas, Venezuela.

VA 04-22-89 MIAMI

VA 04-22-90 MIAMI

VA 04-22-88 MIAMI

VIASA
LA LINEA AEREA DE VENEZUELA

¿Cuántas maletas tiene esta persona?
¿Cuáles son los números de los talones de identificación de equipajes?

Panorama cultural

Colombia y Venezuela

Colombia y Venezuela, separados por muchos contrastes que hacen de cada uno de estos países un lugar único, *comparten* la situación geográfica más al norte del continente sudamericano. Colombia está bañada por el Atlántico y el Pacífico y las costas de Venezuela *aparecen coronadas* por el famoso grupo de islas del Caribe (Trinidad, Aruba, Margarita, etc.).

share

appear / crowned

Colombia

Este país tiene grandes contrastes en su paisaje y clima. Las costas *cálidas* y las *warm*
playas de moda como Cartagena y Barranquilla forman parte del paisaje más
bello de Colombia. Al tomar la dirección del sur, se encuentran las *planicies* *plains*
secas y *calurosas* que dan paso a la selva en la zona amazónica, muy bella por *dry / hot*
su vegetación exuberante. El ecuador, línea que divide el globo en dos partes
iguales—norte y sur—pasa por el sur de Colombia, haciendo que esta región sea
calurosa y húmeda. La región *andina* es otro contraste más de los muchos del *Andean*
país. Muchos picos de la *cordillera* están cubiertos de nieve todo el año, lo que *mountain range*
permite *experimentar* un cambio brusco de temperatura al subir del *llano* a la *to experience plains*
montaña.

Los españoles llegaron a Colombia tras la famosa leyenda de El Dorado, un
mito en torno a la creencia de que los conquistadores encontrarían grandes *myth / surrounding*
cantidades de *oro*. Como muchos mitos, El Dorado tiene cierta base real: los *gold*
chibchas, indios que habitaban la región, tenían la costumbre de cubrir a su rey
con *polvo* de oro una vez al año cuando sus *súbditos* le ofrecían también regalos *dust / subjects*
hechos de oro. Hoy Colombia exporta oro, esmeraldas, café, y más, pero desa-
fortunadamente muchos *ingresos* vienen de la industria de la cocaína. *income*

Bogotá, la capital de Colombia, se asienta en un valle en la región andina. En
Bogotá, junto a la riqueza y el lujo manifestados en los grandes rascacielos de
construcción moderna, el tráfico y las tiendas de moda, se ve la pobreza de los
menos privilegiados. Los ''gamines'', niños y jóvenes abandonados, transitan las
calles haciendo su propia vida, creando sus *propias reglas*, y hasta convirtién- *own / rules*
dose en parte del paisaje.

En Bogotá, y en Colombia en general, hay un continuo *desasosiego* entre la *unrest*
población civil *debido a* las luchas entre grupos políticos, guerrillas y las guerras *due to*
del ''cartel'' del narcotráfico. Pero esto no impide el paso de la vida *cotidiana*. *daily*
La vida de Bogotá puede ser tan rápida como en cualquier otra ciudad grande.
Los restaurantes, las tiendas y los barrios de moda de la ciudad vibran con el
ambiente festivo de los colombianos, a quienes les·encanta el baile y sobre todo
la cumbia, que es el baile folklórico nacional.

Describa la escena que se ve desde la fortaleza San
Felipe. Cartagena, Colombia

¿Cuáles son algunas características impresionantes de
Bogotá, capital de Colombia?

¿Qué producto recoge la joven colombiana?

¿Por qué están tan contentos estos colombianos? Bogotá

Venezuela

Se llama este país "Pequeña Venecia", o Venezuela. Alonso de Ojeda, el primer español que llegó a Venezuela en 1498, se encontró con los indios goajiros que vivían en *islotes*, llamados "palafitos", en el lago Maracaibo. *Se trasladaban* de un palafito a otro en canoas construidas por ellos mismos. Este transporte acuático hizo a Ojeda recordar la Venecia italiana y dio el nombre de Venezuela a este país. Los españoles encontraron grandes riquezas: oro, plata y perlas con las cuales adornaron la corona de los reyes de España. *small islands / They moved*

En 1811 Venezuela se declaró independiente de la corona española. Comenzó entonces el proceso de emancipación que más tarde tuvo a Simón Bolívar como héroe de la liberación del continente sudamericano del *poder* español. *power* Bolívar deseaba fundar una confederación de cinco países—Venezuela, Colombia, Ecuador, Perú y Chile—porque conocía por el ejemplo norteamericano la importancia de la unidad para conseguir una confederación de estados sólida y *duradera*. Aunque Colombia y los otros países se beneficiaron del *esfuerzo* de *lasting / effort* Bolívar y se hicieron independientes, su visión no se vio *cumplida* debido a la *fulfilled* disparidad racial, los intereses de la clase dominante y la *falta* de una clase *lack* media.

Venezuela es la democracia más sólida del continente y el *nivel* de vida de *level* Venezuela es uno de los más altos de Sudamérica, debido en parte a la gran industria petrolífera. Pero no es únicamente el petróleo lo que produce grandes ingresos para Venezuela. El país también exporta *acero*, aluminio, oro, pescado *steel* y frutas tropicales.

Caracas, la capital, situada en la costa, es un centro vibrante y espléndido. Una ciudad de grandes rascacielos y una de las más modernas del continente cuenta con un servicio de metro de los más sofisticados del mundo. Esta capital cosmopolita *goza de* cierta prosperidad, pero como en otras ciudades grandes *enjoys*

del mundo, se puede apreciar el contraste entre la riqueza *rutilante* de sus mo-   *dazzling*
dernas edificaciones y los cinturones de pobreza que la *rodean*.   *surround*

Las ciudades principales de Venezuela—Mérida, Valencia, Maracaibo y
otras—conservan el sabor antiguo *mezclado* con las tradiciones indígenas y   *mixed*
africanas. Al mismo tiempo, el mestizaje en Venezuela ha sido una integración
armónica de razas: europeos, indígenas y negros, constituyéndose una población
mixta donde no existen animosidades raciales. Como buenos latinos, los venezolanos *disfrutan* del baile como uno de sus pasatiempos favoritos. El baile folk-   *enjoy*
lórico nacional es el joropo.

A los venezolanos también les encanta ir a sus hermosas playas, acampar en
los Andes o explorar las zonas vírgenes de su país. Por ejemplo, pueden explorar
los tepuyes, misteriosas elevaciones en forma de mesa que se levantan entre la
neblina de las *sabanas* del sur. Uno de los tepuyes más famosos es el Auyantepui,   *mist / plains*
donde se encuentra el Salto Ángel, la cascada más alta del mundo. O, pueden
visitar la selva amazónica que es, según algunos venezolanos, ''la última frontera'', donde todavía existen tribus en estado natural y donde se encuentran las
más grandes variedades de flora y fauna.

Dé sus impresiones de esta sección de Caracas,
Venezuela.

¿Por qué es tan famoso el Lago Maracaibo en
Venezuela?

¿Cómo describe usted esta vista de los tepuyes en
Venezuela?

¿Por qué es muy famoso el Salto Ángel en Venezuela?

Describa esta escena de la región amazónica de Venezuela. Indios Hoti, Estado Bolívar, Venezuela

COMPRENSIÓN

1. Los países que comparten la situación geográfica más al norte del continente sudamericano son. . .

2. Los grandes contrastes geográficos de Colombia se ven en. . .

3. A causa de la famosa leyenda de El Dorado, los españoles llegaron a Colombia en busca de. . .

4. Hoy Colombia exporta. . .

5. La capital de Colombia es. . .

6. En Bogotá, junto a la riqueza y el lujo, se ve. . .

7. A los colombianos les encanta la cumbia, que es. . .

8. Venezuela se llamaba la ''Pequeña Venecia'' porque los indios goajiros. . .

9. Simón Bolívar es héroe de. . .y su visión era la de unir. . .

10. El nivel de vida en Venezuela es uno de los más altos debido a. . .

11. Uno de los metros más sofisticados del mundo se encuentra en. . .

12. Uno de los pasatiempos favoritos de los venezolanos es. . .

13. A los venezolanos les encanta ir. . .

14. Dos zonas vírgenes del país que les gusta explorar son. . .

Repaso de vocabulario activo

EXPRESIONES IMPERSONALES

es bueno	es improbable	es posible	es una lástima
es extraño	es mejor	es probable	es urgente
es importante	es necesario	es ridículo	
es imposible			

SUSTANTIVOS

En el aeropuerto

la aduana	el boleto	la maleta	la sala de reclamación
el asiento	la demora	el pasajero	la salida
el auxiliar de vuelo	el equipaje	el pasaporte	la tarjeta de embarque
el avión	el horario	el piloto	el vuelo
la azafata	la línea aérea	la puerta	
el billete	la llegada	la sala de espera	

En la estación de ferrocarril

el andén	el boleto/billete de ida y vuelta	el maletero	la taquilla
el aseo	de primera clase	la propina	el tren
	de segunda clase	el servicio	

Otras palabras útiles

la agencia de viajes	la foto	el país	el rollo de película
la cámara	el mundo	la reservación	

VERBOS Y EXPRESIONES VERBALES

aterrizar	despegar	servir (i, i)	estar seguro(a)
confirmar	dudar	volar (ue)	sacar fotos
conseguir (i, i)	facturar		
creer	recoger	hacer la maleta	

Autoexamen y repaso # 11

I. El subjuntivo—expresiones de duda e incredulidad

A. Indique sus reacciones a las posibles actividades de sus amigos.

Modelo dudar/Juan/pasar por la aduana fácilmente
Dudo que Juan pase por la aduana fácilmente.

1. no creer/ustedes/encontrar sus asientos rápidamente
2. no puedo creer/el auxiliar de vuelo/ser tan simpático
3. dudar/el avión/despegar a tiempo
4. no estar seguro(a)/nosotros/llegar a tiempo
5. no creer/tú/poder ir con nosotros

B. Usted está en un avión, cerca de dos pasajeros que nunca están de acuerdo (*never agree*). Indique las respuestas de los pasajeros a las siguientes preguntas.

Modelo ¿Crees que la azafata tenga la revista "Sports Illustrated"?
(Pasajero #1)   **Sí, creo que la tiene.**
(Pasajero #2)   **No, no creo que la tenga.**

1. ¿Puedes creer que el boleto cueste mil doscientos dólares?
2. ¿Dudas que haya un problema serio?
3. ¿Estás seguro de que nuestro equipaje llegue con nosotros?
4. ¿Crees que esta línea aérea sea muy eficiente?

II. Expresiones impersonales

Responda a las declaraciones de su compañero(a) de viaje usando la expresión impersonal indicada.

Modelo No llevo estas revistas en el avión. Es mejor. . .
Es mejor que no lleves estas revistas en el avión.

1. El avión *llega* tarde.   **Es una lástima. . .**
2. *Tengo* todo el equipaje.   **Es bueno. . .**
3. *Vamos* a la aduana.   **Es urgente. . .**
4. No *puedo* encontrar el boleto.   **No es posible. . .**
5. No *hay* azafatas.   **Es extraño. . .**

III. El presente perfecto de subjuntivo

¿Sientes que o **te alegras de que** las cosas siguientes hayan ocurrido?

Modelo   mi amiga/salir
Siento que (me alegro de que) mi amiga haya salido.

1. mi amiga/perder el tren
2. mi amiga/traerme un regalo
3. mi amiga/encontrar su cámara

4. mis amigos/no llamarme
5. tú/tener un accidente
6. Elena y yo/recibir nuestros pasaportes

IV. Los mandatos **tú**, afirmativos y negativos

A. Su madre le dice a usted que debe hacer las siguientes cosas.

Modelo   volver a casa temprano
Vuelve a casa temprano.

1. limpiar el cuarto
2. apagar la radio
3. hacer la cama
4. poner la mesa

5. comer las legumbres
6. ser bueno(a)
7. cortarte el pelo
8. acostarte temprano

B. Su madre le dice a usted que NO debe hacer las siguientes cosas.

Modelo   acostarte tarde
No te acuestes tarde.

1. beber cerveza
2. volver tarde a la casa
3. ir a la fiesta
4. salir con esos muchachos

5. ser insolente
6. levantarte tarde
7. preocuparte
8. ponerte impaciente

V. Repaso general del Capítulo 11

A. Conteste en oraciones completas.

1. En el aeropuerto, ¿qué información encontramos en el horario?
2. Al llegar al aeropuerto, ¿qué hacen los pasajeros generalmente?
3. ¿Cree usted que los aviones generalmente llegan a tiempo?

4. ¿Qué tipos de boletos se venden para el tren? ¿Dónde se consiguen?

5. ¿Ha viajado mucho su familia? ¿Siente usted que no hayan viajado más?

B. Traduzca al español.

1. It's good that we have arrived early today.
2. It is necessary that you (*ustedes*) buy your tickets now.
3. I'm glad that we are going to our grandparents' house.
4. I'm sorry that you (*usted*) cannot go with us.
5. I can't believe that you (*tú*) have never traveled by train!
6. (*tú*) Look, the train has arrived! Come here! Run!
7. (*tú*) Go to the baggage claim room.
8. (*tú*) Don't smoke.

Capítulo 12

En el hotel

Un hotel elegante en Bariloche, Argentina

Goals for communication

- To perform simple transactions at a hotel
- To refer to indefinite and non-existent persons and things
- To compare qualities and quantities

Cultural focus

- Historic and picturesque accommodations in the Hispanic world
- The Andean countries—El Perú, Bolivia, and el Ecuador

1. el ascensor
2. el portero
3. la planta
4. el vestíbulo
5. el botones
6. la recepcionista
6. el recepcionista
7. registrarse
8. la recepción
9. la llave
10. el huésped

1. elevator 2. doorman 3. plant 4. lobby 5. bellboy 6. receptionist 7. to register 8. front desk 9. key 10. guest

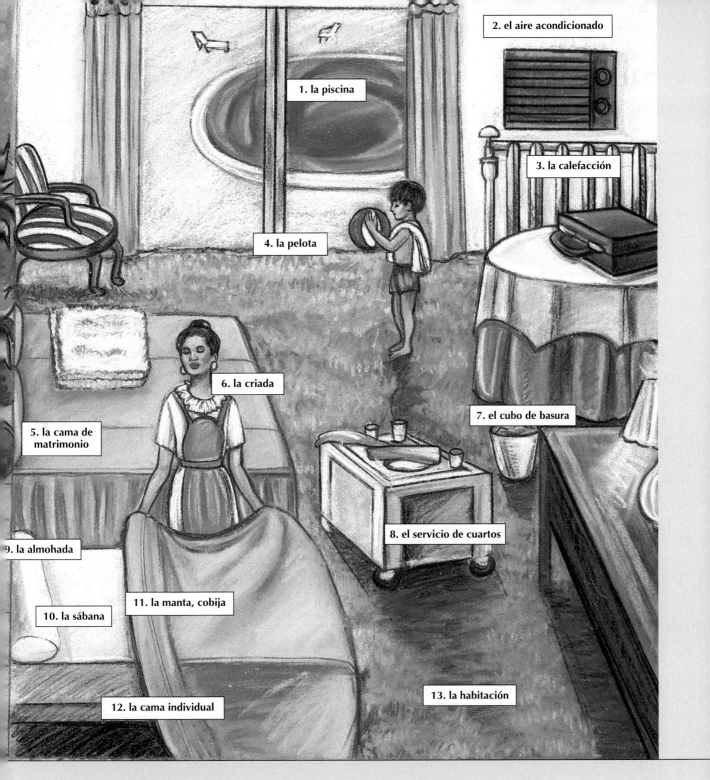

1. la piscina

2. el aire acondicionado

3. la calefacción

4. la pelota

5. la cama de matrimonio

6. la criada

7. el cubo de basura

8. el servicio de cuartos

9. la almohada

10. la sábana

11. la manta, cobija

12. la cama individual

13. la habitación

1. pool   2. air conditioning   3. heating   4. ball   5. double bed   6. maid   7. garbage can   8. room service   9. pillow   10. sheet
11. blanket   12. single bed   13. room

Vocabulario

. . . continuado del dibujo

El **hotel**	*hotel*
el **cuarto doble**	*double room*
el **cuarto sencillo**	*single room*
el **baño privado**	*private bath*
el **impuesto**	*tax*
el **recibo**	*receipt*
el **recado**	*message*
la **planta baja**	*main floor*
la **luna de miel**	*honeymoon*
bienvenido(a)	*welcome*
felicitaciones	*congratulations*

Verbos útiles

quedarse	*to stay, remain*
dejar	*to leave (object behind); to let, allow*
dejar de + *infinitive*	*to stop (doing something)*

Los números ordinales

primer(o)(a)	*first*
segundo(a)	*second*
tercer(o)(a)	*third*
cuarto(a)	*fourth*
quinto(a)	*fifth*
sexto(a)	*sixth*
séptimo(a)	*seventh*
octavo(a)	*eighth*
noveno(a)	*ninth*
décimo(a)	*tenth*

Note

1. Observe the difference between **salir** (*to leave, go out*) and **dejar** [*to leave* (*object behind*)].

   Salí del hotel para cenar.
   Dejé mi chaqueta en el vestíbulo.

2. **Primero** and **tercero** become **primer** and **tercer** before a masculine singular noun.

   El ascensor está en el **tercer** piso.

Práctica y comunicación

A. En el hotel

Conteste las preguntas según los dibujos en las páginas 396–397.

1. ¿Quiénes son las personas que trabajan en la recepción?
2. Hay dos huéspedes hablando con los recepcionistas. ¿Qué está haciendo la mujer que lleva el sombrero elegante? Describa a la mujer. ¿Qué le da el recepcionista al otro huésped? Describa al huésped.
3. ¿Quién va a llevar el equipaje de la mujer a la habitación? ¿Cuántas maletas hay?
4. ¿Quién abre la puerta principal del hotel? Describa al huésped que entra.
5. ¿Cómo se llama la sección del hotel donde los huéspedes esperan? ¿Qué está haciendo Natalia? ¿y el abuelo?
6. En este hotel, ¿cómo podemos subir de la planta baja al tercer piso? ¿En qué piso está el ascensor ahora?

y en la habitación. . .

7. ¿Quién es la persona que está trabajando en la habitación? ¿Qué hace ella? ¿Qué cosas hay en la cama?
8. ¿Qué tipo de cama es la cama grande? ¿y la cama pequeña?
9. Los huéspedes de esta habitación no querían cenar en el restaurante del hotel anoche. ¿Qué pidieron? ¿Qué dejaron en el carro (*cart*)?
10. Cuando los huéspedes tienen basura, ¿dónde deben ponerla?

11. Cuando los huéspedes tienen frío, ¿qué tienen que encender? ¿y cuando tienen calor?

12. ¿Qué dejó la criada encima de la cama de matrimonio? ¿Qué dejaron los huéspedes encima de la mesa? ¿Qué hay encima del armario?

13. ¿Adónde va el niño? ¿Qué lleva? ¿Qué va a hacer allí?

B.   Juego de palabras

¿Qué asocia usted con las siguientes palabras?

1.	el botones	**8.**	la piscina
2.	el recepcionista	**9.**	la calefacción
3.	el portero	**10.**	el aire acondicionado
4.	la criada	**11.**	la sábana
5.	la propina	**12.**	la llave
6.	el vestíbulo	**13.**	el recado
7.	el ascensor	**14.**	la luna de miel

Describa la situación geográfica del Hotel Santa Catarina en Guatemala. Para usted, ¿cuáles son las dos atracciones principales de este hotel?

Descubra el encanto del Lago de Atitlán en HOTEL SANTA CATARINA

* Cómodas habitaciones.
* Piscina.
* Juegos para niños.
* La mejor vista panorámica.
* Playa y embarcadero propio.
* Servicio de restaurante con cocina típica e internacional.
* A sólo 8.5 Kms. de Panajachel, adelante de Santa Catarina Palopó.

HOTEL SANTA CATARINA
Una nueva manera de disfrutar en Atitlán.

Reservaciones: 4a. Avenida 12-07, Zona 1, 5o. Nivel. Teléfonos: 27575 - 532490 25587

C.   ¿En qué piso está?

Usted y su amigo(a) son huéspedes en el Hotel Laguna Azul. Usando la guía para los huéspedes, indiquen donde se encuentran los servicios que ustedes necesitan.

HOTEL LAGUNA AZUL

Guía para los huéspedes

Servicios	*Piso*
Recepción	**Planta baja**
Restaurante	**3**
Bar	**3**
Piscina	**9**
Gimnasio	**9**
Sala de conferencias	**2**
Balcón – vista panorámica	**10**
Peluquería	**1**
Boutiques	**1**
Garaje	**Sótano**
Refrescos y hielo	**4, 6, 8**

---

1. Necesito cortarme el pelo. ¿En qué piso está la peluquería?

2. Quiero hablar personalmente con el (la) recepcionista. ¿Dónde está la recepción?

3. Quiero tomar una bebida y cenar. ¿En qué piso están el bar y el restaurante?

4. Quiero nadar y hacer ejercicios. ¿En qué piso están la piscina y el gimnasio?

5. Quiero comprar un regalo para mi madre. ¿En qué piso están las boutiques?

6. Quiero asistir a una reunión que da la compañía de mi padre. ¿En qué piso está la sala de conferencias?

7. Quiero unos refrescos y hielo para la habitación. ¿En qué pisos se encuentran?

8. Quiero sacar fotos de la laguna y de la ciudad. ¿A qué piso voy?

9. Quiero buscar algo que está en el coche. ¿Dónde está el garaje?

D. ¿Qué tipo de hotel es?

1. En grupos de cuatro estudiantes, con un(a) secretario(a), describan las características de (a) un hotel *muy* elegante de cinco estrellas y (b) un hotel *muy* económico.

2. Presenten sus descripciones a la clase o a otro grupo de estudiantes.

H O T E L

La Pedregosa

M E R I D A

INVERSIONES PARA TURISMO, C. A.
(IPATUCA)

Fecha de Llegada Arrival Date.	Procedencia Coming. From	Fecha de Salida Departure Date	Habitación
Apellido - Last Name		Nombre - First. Name	
Domicilio - Home Address.		Ciudad - City	Precio
Dirección Comercial - Busines Address.		Ciudad - City	
Nacionalidad - Nationatly	Estado Civil - Marital Status.	Edad Age	Recepcionista
No. de Cédula No. Pasaporte (Passaport)	Profesión - Profession		Fecha-Salida
El dinero, Joyas y otros valores deben ser depositados en las cajas de seguridad del Hotel. De otra forma la gerencia no se considera responsable por pérdida alguna. Money, jewels and other valuable must be placed ind a Hotel safe deposit box, otherwise the Management will not be responsible for any loss.	Firma - Signature		

Usted llega al Hotel La Pedregosa en Mérida, Venezuela, el día de su cumpleaños. Usted va a pasar tres días allí. Para completar el registro, usted (el huésped) debe contestar las preguntas del (de la) recepcionista [un(a) compañero(a) de clase].

Conversación

Aurora y Anselmo en el "Hotel Cisne Negro"

Aurora y Anselmo hacen un viaje de luna de miel. Decidieron que todo va a ser una aventura, como su amor. No habían reservado habitación en ningún hotel. Manejando por la carretera ven un hotel:

HOTEL "CISNE NEGRO"

Acogedor, romántico, preciosas puestas de sol sobre las aguas del lago.

ANSELMO	¡Buenos días! Quisiéramos pasar la noche aquí. ¿Tienen habitaciones libres?
RECEPCIONISTA	¿Quieren un cuarto con camas individuales o con cama de matrimonio?
ANSELMO	Buscamos uno que tenga cama de matrimonio. Estamos de luna de miel, sabe. . . *(Se besan.)*
AURORA	También deseamos que el cuarto tenga una vista al lago.
RECEPCIONISTA	Aquí veo que queda uno con cama de matrimonio, baño privado con bañera en forma de corazón, aire acondicionado y televisión en color.
ANSELMO	¿Qué te parece? ¿Lo tomamos?
AURORA	¡Ahora mismo! ¡Qué suerte hemos tenido! Si tiene vista al lago va a ser muy romántico. *(Una hora más tarde.)*
ANSELMO	¿Qué pasa? ¿Quién abre la puerta? ¿Es la criada? No hemos llamado al servicio de cuartos. ¿No leyeron el cartel de ''No molestar''?
VOZ	Mira, querida, ¿qué te parece esta habitación? ¡Qué suerte hemos tenido! El recepcionista nos dijo que tenía una vista magnífica al lago. . .

Aurora and Anselmo are on their honeymoon trip. They decided that everything is going to be an adventure, like their love. They had not reserved a room in any hotel. Driving along the highway they see a hotel.

BLACK SWAN HOTEL

Cozy, romantic, delightful sunsets over the lake.

ANSELMO	Good day! We'd like to spend the night here. Do you have any rooms available?
RECEPTIONIST	Do you want a room with single beds or with a double bed?
ANSELMO	We're looking for one that has a double bed. We're on our honeymoon, you know. . . . *(They kiss each other.)*
AURORA	We also want the room to have a view of the lake.
RECEPTIONIST	I see here that there is one left with a double bed, a private bath with a bathtub in the shape of a heart, air conditioning, and color TV.
ANSELMO	What do you think? Shall we take it?
AURORA	Right away! How lucky we've been. If it has a view of the lake, it's going to be really romantic. *(An hour later.)*
ANSELMO	What's going on? Who's opening the door? Is it the maid? We haven't called room service. Didn't they read the "Do not disturb" sign?
VOICE	Look, dear. What do you think of this room? How lucky we've been! The receptionist told us that it had a magnificent view of the lake. . .

COMPRENSIÓN

1. Aurora y Anselmo hacen un viaje de. . .
2. Buscan una habitación en. . .
3. Buscan una habitación que tenga cama de. . .
4. También desean una habitación que tenga vista al. . .
5. El recepcionista dice que la habitación tiene. . .
6. El cartel que pusieron en la puerta de su habitación decía. . .
7. Una hora más tarde Anselmo y Aurora oyen a alguien a la puerta. Piensan que es. . . . En realidad es. . .

ACTIVIDAD

En parejas, inventen la conversación que ocurre entre Aurora/Anselmo y la mujer/el hombre que entra en la habitación.

➤ I. REFERRING TO INDEFINITE AND NON-EXISTENT PERSONS AND THINGS: Más palabras afirmativas y negativas

You have already studied some indefinite affirmative and negative words **(alguien/nadie, algo/nada, también, siempre, a veces/nunca).**

Additional affirmative and negative words are:

Affirmative		Negative	
algún		**ningún**	
alguno(a) }	*some*	**ninguno(a)**	*none, not one*
algunos(as)			
también	*also*	**tampoco**	*neither, not either*
o. . .o	*either. . .or*	**ni. . .ni**	*neither. . .nor*

Encontraron **algunas** bolsas extrañas en el vestíbulo.
Ninguno de los huéspedes quería entrar en el área.
Algunos de los huéspedes querían salir del hotel.
O llaman a la policía **o** todos van a salir.
Ni el botones **ni** el portero habían dejado las bolsas allí.

Note

1. Just as **uno** shortens to **un** before a masculine singular noun, **alguno** and **ninguno** become **algún** and **ningún** respectively.

   Algún día vamos a conseguir una habitación allí.
   No hay habitación en **ningún** hotel.

2. The plural forms **ningunos(as)** are very seldom used.

   ¿Vinieron **algunas** amigas tuyas? No, **no** vino **ninguna**.

Remember that to express a negative idea involving a negative reference, a "double negative" construction is often used. At times the negative word can precede the verb, thereby eliminating the **no.**

No vimos a **nadie** en la recepción.
Ninguno de los empleados estuvo en el hotel.

Práctica y comunicación

E.   **¡El hotel no tiene ni esto ni eso!**

Complete las oraciones para indicar otras cosas que el hotel no tiene.

Modelo   el hotel/baños privados. . .
   El hotel no tiene ni baños privados ni agua caliente.

1. el hotel/porteros. . .
2. el hotel/restaurante. . .
3. las habitaciones/calefacción. . .
4. las habitaciones/cortinas. . .

5. las habitaciones/teléfonos. . .
6. las camas/almohadas. . .
7. los baños/bañera. . .
8. los baños/jabón. . .

F. Algunos sí, algunos no

Completen las siguientes oraciones dando tantas opiniones como sea posible.

1. Algunos profesores de esta universidad. . .
2. Ningún profesor de esta universidad. . .
3. Algunos (Algunas) estudiantes de esta clase. . .
4. Ningún (Ninguna) estudiante de esta clase. . .
5. Algunos de nuestros amigos/Algunas de nuestras amigas. . .
6. Ninguno de nuestros amigos/Ninguna de nuestras amigas. . .
7. Algunos jugadores de fútbol. . .
8. Ningún jugador de fútbol. . .
9. Algunos abogados. . .
10. Ningún abogado. . .
11. Algunos hombres/algunas mujeres. . .
12. Ningún hombre/ninguna mujer. . .

G. Competencia (*competition*) entre hermanos(as)

Como en casi todas las familias, a veces hay competencia entre hermanos. El padre o la madre [yo, el(la) profesor(a)] declara lo que hizo el hermano o la hermana mayor. Usted, el hermano o la hermana menor, confirma que también hizo esas cosas.

Modelo madre/padre: Tu hermano(a) limpió su cuarto.
hermano(a) menor: **Yo limpié mi cuarto también.**

Tu hermano(a). . .

1. . . .se acostó temprano anoche.
2. . . .se levantó a tiempo esta mañana.
3. . . .hizo su cama esta mañana.
4. . . .recogió sus cosas.
5. . . .terminó su tarea.
6. . . .recibió buenas notas en sus exámenes.
7. . . .ayudó a su abuela.

Ahora el padre o la madre declara lo que **no** *hizo el hermano o la hermana mayor. Usted declara que no hizo las cosas indicadas tampoco.*

Modelo   madre/padre: Tu hermano(a) no dijo mentiras.
hermano(a) menor: **Yo no dije mentiras tampoco.**

Tu hermano(a). . .

8. . . .no dejó ropa en el baño.

9. . . .no dejó la puerta abierta.

10. . . .no fue al parque solo(a).

11. . . .no subió al árbol.

12. . . .no gastó todo su dinero.

13. . . .no volvió a casa tarde.

14. . . .no se quejó.

H. ¿Lo has hecho?

En parejas, háganse las preguntas y contéstense.

1. ¿Has visto alguna película divertida recientemente? (¿Cuál?)

2. ¿Has comido algunos platos típicos del mundo hispano? (¿Cuáles?)

3. ¿Has pasado la noche en algún hotel exótico? (¿Dónde?)

4. ¿Has comprado algo recientemente? (¿Qué?)

5. ¿Has salido con alguien interesante recientemente? (¿Con quién?)

6. ¿Has hecho algo extraordinario recientemente? (¿Qué?)

7. ¿Has dejado de hacer algo recientemente? (por ejemplo: fumar, tomar café, beber cerveza, comer postres, etc.)

8. ¿Has estudiado o el ruso o el chino?

9. ¿Has visitado o a México o al Canadá?

Noticias culturales
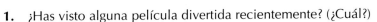

Acomodaciones históricas y *pintorescas*   *picturesque*

El *hospedaje* en los países hispanos puede ser igual al hospedaje en los Estados Unidos ya que las *cadenas* hoteleras como Meliá, Holiday Inn, Hilton y muchas otras existen a lo largo de los dos continentes—el americano y el europeo. Pero en el mundo hispano hay además tipos de *alojamiento* que son diferentes y que tienen un *sabor* auténtico del lugar adonde se viaja.

   En Venezuela, por ejemplo, existe ''Los Frailes'', lugar pintoresco y único situado a unos 13.000 pies de altura en los Andes venezolanos. Es un antiguo monasterio que ha sido convertido en residencia turística. Junto con una vista inigualable a la cordillera andina, donde se puede casi *alcanzar* las estrellas en una noche *despejada*, el visitante puede encontrar confort y amenidades. Es un

lodging
chains

lodging
flavor

to reach
cloudless

lugar preferido por aquellos reciencasados que buscan el ambiente romántico y el *alejamiento* del ruido.   *withdrawal*

En España los ''paradores nacionales'' son todo un espectáculo en acomodaciones hoteleras. Son edificios *cargados* de historia: palacios, castillos y monasterios, algunos románicos, otros góticos. La idea vino del propio gobierno. Al *darse cuenta de* que preservar edificios antiguos requería una fortuna, las autoridades *encargadas* de la preservación del patrimonio histórico decidieron convertirlos en hoteles. De esta forma el dinero *recogido* por el comercio de la hostelería ayuda a mantener el edificio, ofreciendo al visitante una vista a la vida como fue hace cientos de años. Calidad, comodidad y precios *asequibles se dan la mano* en los paradores nacionales.

filled

realizing
responsible
collected

reasonable
go hand in hand

¿En cuál de estos hoteles históricos tiene usted interés en pasar algunas noches? ¿Por qué?

PREGUNTAS

1. ¿El hotel ''Los Frailes'' se encuentra en España o en Venezuela?
2. ''Los Frailes'' fue un castillo o un monasterio?
3. ¿Los paradores nacionales se encuentran en España o en Sudamérica?
4. ¿Son los paradores edificios contemporáneos o edificios históricos?
5. En el estado donde usted vive, ¿conoce alojamientos similares a ''Los Frailes'' y a los paradores nacionales? (¿Cómo se llama uno?) (¿Cómo es?)

➤ **II.** MORE WAYS TO TALK ABOUT INDEFINITE OR NON-EXISTENT PERSONS OR THINGS: El subjuntivo con referencia a lo que es indefinido o inexistente

In Spanish, when there is a reference to a person or thing that is either indefinite (unidentified, hypothetical, unknown) or non-existent in the mind of the speaker, the subjunctive is used.

reference to what is indefinite or non-existent	+	**que**	+	*subjunctive*

¿Hay alguien aquí que **pueda** ayudarme con las maletas?
indefinite/unidentified → subjunctive
Preferimos una habitación que **tenga** aire acondicionado.
indefinite/hypothetical → subjunctive
No queda ninguna habitación que **tenga** aire acondicionado y baño privado.
non-existent → subjunctive

However, if the person or thing is known, identified, or definitely exists in the mind of the speaker, the indicative is used.

reference to what is definite, known, exists	+	**que**	+	*indicative*

Sí, aquí **hay un botones** que **puede** ayudarle.
identified/exists → indicative
Encontramos un hotel que **tiene** aire acondicionado.
identified/exists → indicative

*When the person referred to is hypothetical, the personal **a** is omitted, except before **alguien, nadie, alguno** and **ninguno.***

¿Ven un recepcionista que **pueda** ayudarnos?
but
¿Ven **a alguien** que **pueda** ayudarnos?

Práctica y comunicación

I.   Un sondeo de la clase

Cuando se hace cada pregunta, levante la mano si usted puede contestar afirmativamente. Todos los estudiantes deben escribir en el espacio en blanco el número de personas que responden afirmativamente a cada pregunta.

¿Hay alguien en esta clase. . .	*Número*
(a) que sea de Vermont?	_____
(b) que hable ruso?	_____
(c) que sepa manejar un avión?	_____
(d) que sepa tocar el violín?	_____
(e) que sea vegetariano?	_____
(f) que tenga ocho hermanos?	_____
(g) que participe en la gimnasia?	_____
(h) que fume?	_____
(i) que tenga un cumpleaños este mes?	_____
(j) que haya visitado Honduras?	_____
(k) que haya ganado una lotería grande?	_____
(l) que haya dejado de fumar?	_____

Ahora, estudiantes individuales deben dar un resumen de cada categoría.

 Modelo   **Hay dos personas en la clase que son de Vermont.** (o)
No hay nadie (ninguna persona) que sea de Vermont.

J.   Preguntas personales

En parejas, háganse las siguientes preguntas y contéstense.

Modelo   ¿Hay alguien en tu familia que sepa leer chino?
Sí, mi tía sabe leer chino. (o)
No, no hay nadie en mi familia que sepa leer chino.

1.   ¿Hay alguien en tu familia. . .
que tenga más de ochenta años? (¿Quién?)
que sepa tocar un instrumento musical? (¿Quién?)
que tenga más de un millón de dólares? (¿Quién?)
que se haya graduado de esta universidad? (¿Quién?)

2.   ¿Conoces a algún estudiante. . .
que haya recibido la nota de ''D'' en todas sus clases?
que nunca haya estado ni una vez en la biblioteca?
que no sepa manejar un coche con transmisión manual?
que haya dejado de tomar bebidas alcohólicas?

3. ¿Tienes una clase. . .
   que sea muy fácil? (¿Cuál?)
   que sea muy difícil? (¿Cuál?)
   que sea muy interesante? (¿Cuál?)
   que sea un poco aburrida? (¿Cuál?)
   que tenga más de cien estudiantes? (¿Cuál?)
   que tenga menos de diez estudiantes? (¿Cuál?)

K. ¿Cuántas posibilidades hay?

Divídanse en grupos de 4 o 5 estudiantes. El primer grupo debe hablar del primer tema, el segundo del segundo tema, etc., hasta que todos los grupos tengan tema. Inventen tantas posibilidades como sea posible para cada tema. Un(a) secretario(a) de cada grupo debe escribir las posibilidades.
   Prepárense para presentarlas a toda la clase.

1. Buscamos un(a) profesor(a) que. . .
2. Necesitamos encontrar un(a) compañero(a) de cuarto que. . .
3. Nosotras, las mujeres, buscamos un hombre que. . .
4. Nosotros, los hombres, buscamos una mujer que. . .
5. Buscamos un trabajo o empleo (que) (donde). . .

L. En busca de algo

Trabajando en parejas, completen la primera conversación. Después, cambien de compañero(a) y completen la segunda. Sigan así hasta la conversación final. Hay un límite de 3 minutos para cada conversación.

1. Una conversación con un(a) agente de bienes raíces que alquila apartamentos para estudiantes.

USTED	Estoy buscando un apartamento que. . .
AGENTE	Tenemos uno que. . .
	No tenemos ninguno que. . .
USTED	. . .
AGENTE	. . .

2. Una conversación con un(a) vendedor(a) de coches usados.

USTED	Quiero comprar un coche que. . .
VENDEDOR	No tenemos ningún coche que. . .pero tenemos varios que. . .
USTED	. . .
VENDEDOR	. . .

3. Una conversación con un(a) agente de viajes

USTED	Mis amigos y yo buscamos para las vacaciones de primavera un lugar (que) (donde). . .
AGENTE	No conozco ningún lugar (que) (donde). . .pero. . . Tenemos un lugar maravilloso (que) (donde). . .
USTED	. . .
AGENTE	. . .

4. Una conversación con el (la) recepcionista de un hostal económico para estudiantes.

USTED	Necesito una habitación que. . . No necesito una habitación que. . .
RECEPCIONISTA	Hay una habitación que. . . No tenemos ninguna habitación que. . .
USTED	. . .
RECEPCIONISTA	. . .

Noticias culturales
Pensiones y habitaciones de alquiler

Otros lugares de hospedaje bastante económicos que pueden encontrarse comúnmente en el mundo hispano son las pensiones y habitaciones de alquiler. Las pensiones son hoteles muy modestos, donde generalmente no existe un baño privado, pero que, por encontrarse en las ciudades, son muy convenientes si el viajero quiere experimentar el *bullicio* de la ciudad por poco precio. Las habitaciones en casas *particulares* también pueden encontrarse. Una familia que tiene una casa muy grande puede alquilar algunos cuartos, donde el *huésped comparte* el baño y la cocina con los miembros de la familia y con otros huéspedes.

bustle
private
guest
shares

PREGUNTAS

1. ¿Son las pensiones hoteles de lujo u hoteles muy modestos?

2. ¿Se encuentran las pensiones en regiones remotas o en las ciudades?

3. ¿Las habitaciones de alquiler se encuentran en hoteles pequeños o en casas particulares?

4. ¿Qué tipo de alojamiento en los Estados Unidos es muy similar a las habitaciones de alquiler en países hispanos?

III. COMPARING PEOPLE OR THINGS THAT HAVE THE SAME QUALITIES
OR QUANTITIES: Comparaciones de igualdad

The following constructions are used to make equal comparisons of quality and quantity.

---

tan + quality (adjective or adverb) + **como** = *as. . .as*
tanto(-a, -os, -as) + thing/person (noun) + **como** = *as much (many). . .as*

Este hotel es **tan** bueno **como** ése.
This hotel is as good as that one.
Las playas allí son **tan** bonitas **como** las de Cancún.
The beaches there are as pretty as those in Cancún.
Ese hotel tiene **tantas** habitaciones **como** el Hilton.
That hotel has as many rooms as the Hilton.
Hay **tanta** gente allí en el invierno **como** en el verano.
There are as many people there in the winter as in the summer.

Note

---

1. When equal actions are compared, **tanto como** is used.

action compared + **tanto como** = *as much as*
Pagaron **tanto como** nosotros.
They paid as much as we did.

2. Also, **tanto (-a, -os, -as)** has the additional meaning of *so much* or *so many*.

¡Tiene **tantas** maletas!
She has so many suitcases!

Práctica y comunicación

M. Una clase de personas igualmente fantásticas

Haga comparaciones de igualdad entre estudiantes de la clase de español.

Modelo (*Nombre de estudiante*) es responsable.
(*Nombre de estudiante*) es responsable también.
. . .es tan responsable como. . . .

1.   . . .es amable. . . .es amable también.
2.   . . .es divertido(a). . . .es divertido(a) también.
3.   . . .es atlético(a). . . .es atlético(a) también.
4.   . . .es sincero(a). . . .es sincero(a) también.
5.   . . .es extraordinario(a). . . .es extraordinario(a) también.

Modelo   (*Nombre*) lee muchos libros.
          (*Nombre*) lee muchos libros también.
          . . .lee tantos libros como. . . .

6.   . . .lee muchas revistas. . . .lee muchas revistas también.
7.   . . .come mucho helado. . . .come mucho helado también.
8.   . . .come mucha pizza. . . .come mucha pizza también.
9.   . . .tiene muchas amigas. . . .tiene muchas amigas también.
10. . . .compra muchos cassettes. . . .compra muchos cassettes también.

Modelo   (*Nombre*) y (*nombre*) hablan mucho.
          . . .habla tanto como. . . .

11. . . .y. . .duermen mucho.
12. . . .y. . .estudian mucho.
13. . . .y. . .saben mucho.
14. . . .y. . .viajan mucho.
15. . . .y. . .se divierten mucho.

N.   Son muy similares

Haga comparaciones de igualdad, refiriéndose a los dibujos.

Modelo   **Pepita es tan atlética como Manuel.**

atlética / Pepita / Manuel

alto / Martín /
su hermano mayor

delgada / Camila /
su hermana menor

inteligente /
Javier / Alfonso

gordo / el ogro / su amigo

años / Linda / Alfonso

regalos / Linda / Alfonso

galletas / la profesora
Andrade / Manuel

helado / Inés / Natalia

comer / Esteban / Pepita

reírse / Carmen / Camila

O. Yo y mis compañeros(as) de clase

Haga comparaciones de igualdad entre usted y otros(as) estudiantes de la clase.
Incluya:

1. tres comparaciones de características personales
2. dos comparaciones de cosas que tienen
3. dos comparaciones de actividades en que participan

Prepárense para presentar sus comparaciones a la clase o a un(a) compañero(a).

- ¿Qué tipo de suite desea usted en el "Gran Suite Resort Velas Vallarta"?
- ¿Qué aspectos de "Velas Vallarta" le interesan a usted más?

> **IV.** COMPARING PEOPLE OR THINGS THAT HAVE UNEQUAL
> QUALITIES OR QUANTITIES: Comparaciones de desigualdad

A. Las comparaciones de desigualdad

To make an unequal comparison, use the following constructions:

más (*more*)	+	quality/thing(s)	+	**que** (*than*)
or				
menos (*less*)				

Esta playa es **más** limpia **que** ésa.
This beach is cleaner than that one.
Hay **menos** personas en esta sección **que** en ésa.
There are less people in this section than in that one.

Than is translated as **que** except before a number; in such a case, **de** is used.

Cobraron **más de** cien dólares.
Llegaron **menos de** mil turistas.

Spanish uses irregular comparative forms to express better **(mejor)** *and* worse
(peor). *These forms do not use* **más** *or* **menos.**

El servicio en este hotel es **mejor que** en el otro.
El problema es que las habitaciones son **peores**.

B. Los superlativos

*The superlative is used when, in making comparisons, persons or things are
singled out as being the* **most. . . , least. . . , best. . . ,** *or* **worst. . . .**
The superlative is formed by using:

el, la, los, las + noun	+	**más**	+	adjective	+ **de** (*in*)
		(o)			
		menos			

Linda es **la estudiante más inteligente de** la clase.
Javier es **el jugador más alto de** todo el equipo.

The superlative of the irregular comparatives **mejor** *and* **peor** *is formed by using:*

---

el, la, los, las + **mejor(es)** + noun + **de** (*in*)
               (o)
               peor(es)

Linda y Natalia son **las mejores estudiantes de** la clase.
Esteban era **el peor estudiante** pero ahora es uno de **los mejores.**

Práctica y comunicación

P.   ¿De acuerdo (*In agreement*) o no?

Indique si usted está de acuerdo o no con las siguientes declaraciones.

Modelo   La clase de español es menos interesante que la clase de
           historia.
           **¡No! La clase de español es más interesante que la clase de
           historia.**

1. Su profesor(a) de español es mejor que su profesor(a) de matemáticas.
2. El español es más difícil que el inglés.
3. Los profesores son más inteligentes que los estudiantes.
4. Las mujeres son más inteligentes que los hombres.
5. Las mujeres son menos perezosas que los hombres.
6. Los coches americanos son mejores que los japoneses.
7. El Ford es peor que el Chevrolet.
8. Con respecto a la economía, este año es peor que el año pasado.
9. Los políticos de hoy son más honestos que los políticos de años pasados.
10. Eddie Murphy es más divertido que Robin Williams.
11. Roseanne Barr Arnold es más exótica que Madonna.
12. Isaiah Thomas es mejor que Michael Jordan.
13. El golf es más aburrido que el béisbol.
14. El dinero es más importante que el amor.

Q. Esteban y Alfonso, de vacaciones en México

En grupos de tres estudiantes, hagan una descripción comparativa de Esteban y Alfonso y de los dos hoteles.

Hotel Mediterranean Palace ★★★★★
Playa de las Américas - Tel. 79 31 73

Situado en la zona residencial de Playa de las Américas en primera línea de mar.
494 habitaciones dobles - 41 suites junior con piscina privada.
Las habitaciones con teléfono directo, T.V. color, hilo musical, aire acondicionado, baños completos de mármol, caja fuerte, terraza amueblada.

Zona de recreo con piscina de 1.300 m², piscina infantil, pista de tenis, pista polideportiva (tenis badminton, bolleyball, balonmano, basket) ambas con luz artificial, 2 pistas de squash, sala de aerobic, gimnasio, saunas.
Restaurante, pub, piano-bar, snack-bar/bar-piscina, peluquería, boutiques, salas de: lectura y de juegos, salón

T.V. con pantalla gigante, alquiler de coches y servicio médico.
Salón de banquetes y congresos con capacidad de 20 a 800 personas.
Suplemento habitación individual por noche:
3.280 pts.

Ventajas Vacaciones:
Todos los clientes serán obsequiados con un cocktail de bienvenida, agua y fruta.
Ver condiciones especiales en pág. 2.

- ¿Tiene el hotel una piscina grande o pequeña?
- De las actividades y los deportes que ofrece el hotel, ¿cuáles le interesan más a usted?
- Cuando llegan los huéspedes, ¿qué les ofrece el hotel?

R.   ¡No son iguales!

Refiriéndose a los dibujos, haga comparaciones usando los comparativos de desigualdad y los superlativos.

Modelo   **El Hotel Mar es caro.**
El Hotel Rey es más caro que el Hotel Mar.
El Hotel Oro es el más caro de los tres.

caro

mejor / peor

pequeño

alta

maleta / grande

S.   ¿Cuál es el mejor?

Los estudiantes de la clase indican tres nombres para cada categoría. Después, la clase hace comparaciones entre los tres usando los comparativos de desigualdad y los superlativos.

Modelo   coches
el Ford, el Hyundai, el Mercedes-Benz
El Ford es (mejor/peor) que el Hyundai.
El Mercedes es (el mejor/el más caro) de los tres. (etc.)

1. revistas nacionales
2. películas recientes
3. programas de televisión
4. actores/actrices

5. hoteles en la ciudad
6. restaurantes en la ciudad
7. equipos de fútbol profesional
8. ¿otros?

En resumen

Algunos estudiantes hacen el papel de los (las) recepcionistas en un hotel. Los otros estudiantes, los huéspedes, van a la recepción para hablar o quejarse de varios problemas que tienen. En parejas, resuelvan la primera situación y después, cambiando de compañero(a), resuelvan la segunda, etc.

1. Usted llega al hotel Mil Estrellas. Usted y el (la) recepcionista tienen una conversación en la cual ustedes hablan de:
    (a) el tipo de habitación que usted busca;
    (b) el tipo de habitación que tiene el hotel;
    (c) cuánto tiempo va a quedarse usted;
    (d) el precio de la habitación.
    (Si usted cree que el precio es demasiado alto, insista en que bajen el precio.)
2. Usted entra en su habitación y al examinar la habitación y el baño encuentra que hay muchos problemas.
    (a) Descríbale al (a la) recepcionista:
    la condición de la habitación;
    lo que no hay en la habitación;
    lo que no funciona en la habitación;
    la condición del baño;
    lo que no hay en el baño;
    lo que no funciona en el baño.
    (b) El (La) recepcionista explica lo que pueden hacer para resolver por lo menos algunos de los problemas.
3. Usted va a continuar su viaje y pasa a la recepción para pagar la cuenta.
    (a) Pregúntele al (a la) recepcionista si hay algún recado para usted;
    (b) Indique que usted quiere pagar la cuenta y cómo quiere pagarla;
    (c) Usted nota que el precio es un poco más alto de lo que había anticipado;
    (d) El (La) recepcionista da una explicación de los servicios incluidos y que hay impuesto;
    (e) Usted paga la cuenta, pide un recibo y se despide.

Panorama cultural

Los países andinos—el Perú, Bolivia y el Ecuador

Después de entrar en el continente sudamericano a través de Colombia y Venezuela, se encuentran los tres países donde el imperio inca cubría una extensión
de tres mil millas: el Ecuador, el Perú y Bolivia. Están situados en el corazón de
los Andes. Su vasta extensión cubre regiones de gran belleza: picos nevados
espectaculares, volcanes *apagados* y activos y el inmenso lago Titicaca, donde
los incas *se asentaron* cientos de años atrás.

    El *legado* inca es lo más *destacado* de la historia de estos tres países. Cerca
de Cuzco, Perú, a más de 8.000 pies de altura, los incas construyeron la antigua
ciudad de Machu Picchu. Esta ciudad perdida por siglos, es *testigo* del poder y
de los *adelantos* de la civilización incaica que contaba con diez millones de
habitantes cuando empezó la conquista. Además de sus adelantos en la arquitectura, la ingeniería y la medicina, los incas dejaron a las nuevas generaciones
el cultivo de la patata. No sólo la patata fue un descubrimiento para los españoles. El *ganado* de los Andes, como las llamas, alpacas o vicuñas, también era
para ellos desconocido.

    La población indígena es muy numerosa en los tres países pero principalmente
en Bolivia y el Perú. Los indígenas se distinguen claramente por llevar el traje
típico distintivo de los indios andinos: *sarape*, ponchos, sombreros, todos *tejidos*
con la *lana* de llamas, vicuñas y alpacas.

    Tras los años de la dominación española, el Perú, Bolivia y el Ecuador con-
siguieron la independencia de España gracias a los generales Simón Bolívar y
José de Sucre. Después de las guerras de independencia, y también para preservar su identidad, el vasto territorio que una vez fue *cuna* de la cultura indígena
más *adelantada* del continente americano se dividió en el Ecuador, el Perú y
Bolivia.

    También políticamente han mantenido una gran similaridad. Gobiernos mili-
tares de poder absolutista *han ido dando paso* a gobiernos constituidos por medio
de elecciones. Pero como ocurre a lo largo de Latinoamérica, existen grandes
contrastes entre las clases. Estos contrastes frecuentemente provocan luchas entre
facciones liberales, socialistas y de extrema derecha.

dormant
settled
legacy / outstanding

witness
achievements

livestock

blanket-like shawl /
    woven / wool
After

cradle
advanced

have given way

OCÉANO
PACÍFICO

COLOMBIA

VENEZUELA

GUYANA

ECUADOR

Quito ⊙

ECUADOR

▲Pico Chimborazo

●Guayaquil

PERÚ

BRASIL

OCÉANO
PACÍFICO

⊙Lima

Machu
▲Picchu

●Cuzco

BOLIVIA

Lago Titicaca

⊙La Paz

Nacionalidades:
peruano(a)
boliviano(a)
ecuatoriano(a)

⊙Sucre

0   500 MILLAS

0   500 KILÓMETROS

PARAGUAY

CHILE   ARGENTINA

Perú

En 1532 Francisco Pizarro y sus soldados llegaron al Perú y descubrieron para la corona española ricas *artesanías labradas* por la mano de los incas. Los españoles empezaron a saquear las tumbas de los indígenas buscando oro. Hoy los arqueólogos tratan de calcular el inmenso valor del *tesoro robado*.

crafts / worked

treasure / stolen

   Lima, la capital del Perú, es una ciudad muy dinámica situada en la costa. Aquí se encuentra la concentración de la población blanca; la población india vive en los Andes. La influencia india está muy marcarda en el Perú. Las dos lenguas oficiales son el español y el quechua, idioma indio. La población peruana se compone de un 60% de indígenas, 30% mestizos y 10% blancos.

   El Perú es uno de los principales productores mundiales de plata y *cobre*. Su industria petrolera está también expandiéndose. Las zonas de población indígena se dedican principalmente a la *ganadería* y a la agricultura.

copper

livestock

¿Quiénes construyeron la famosa ciudad de Machu Picchu?
Perú

¿Quiénes construyeron estos antiguos muros de piedra (*walls of stone*) en Cuzco, Perú? Describa la escena.

¿Qué le impresiona a usted de esta escena de las montañas del Perú?
Cordillera Blanca, Perú

Bolivia

En los Andes bolivianos, el lago Titicaca, a 12.506 pies de altura, todavía hoy es un misterio para los científicos. Situado en la frontera entre Bolivia y el Perú en la zona del antiplano, este lago navegable de 122 millas de extensión es un recurso natural de gran belleza y es el origen de muchas leyendas indias. Los indios usaban los *juncos* del lago para construir barcos pequeños, chozas y plataformas. Estas plataformas eran islas flotantes donde vivían. Hoy en día, sus descendientes viven casi de la misma forma.

reeds

Sucre es la capital oficial de Bolivia, pero La Paz es el centro administrativo, *sede* del gobierno y también famosa por ser una de las ciudades más altas del mundo (altitud: 12,795 pies). Quizás es en Bolivia donde *se advierten* todavía más los contrastes sociales *debido a* la situación económica, y su población india es la más pobre de Sudamérica. Sus productos *comprenden* una gran variedad de minerales—cobre, *estaño*, plata, etc.

seat
are observed
due to
include
tin

¿Cómo cruzan estos indios bolivianos el Lago Titicaca? Bolivia

En su opinión, ¿por qué es tan impresionante La Paz? Bolivia

El Ecuador

Su proximidad con Colombia hace que el norte del país tenga una economía similar de grandes plantaciones, lo que hizo que el Ecuador, como Colombia, *requiriera* gran cantidad de *mano de obra* para cultivar la caña de azúcar, el cacao o el café. Los mulatos, los negros y también los indios forman el 80 por ciento de la población. El resto son descendientes de españoles.

should need / manual labor

Aunque la economía es similar a la de los otros dos países, el Ecuador cuenta con sedimentos petrolíferos muy importantes. En 1972 se construyó la "*tubería*"

pipeline

Trans-Andina para transportar el petróleo, produciendo un *incremento* del nivel *increase*
económico del país.

   Quito, la capital, es una ciudad antigua y moderna de gran belleza. Está situada en un valle andino y contempla desde su altura horizontes increíblemente bellos. Guayaquil es su puerto principal de donde se exportan los productos del país: fruta, petróleo y minerales.

¿Cómo describe usted la Plaza de Independencia de Quito, Ecuador?

¿Tiene usted interés en subir al volcán El Chimborazo, el pico más alto del Ecuador? ¿Por qué?

¿Tiene usted interés en navegar por este río de la selva amazónica ecuatoriana? ¿Por qué?

COMPRENSIÓN

1. El imperio incaico cubría una extensión de. . .
2. El Ecuador, el Perú y Bolivia están situados en el corazón de. . .
3. Los incas se asentaron en el inmenso lago. . .
4. La ciudad inca, perdida por siglos y situada a más de 8.000 pies de altura, es. . .

5. Los incas dejaron a las nuevas generaciones el cultivo de la. . .
6. El traje típico distintivo de los indios se compone de. . .
7. Dos generales famosos de la independencia de los tres países eran. . .
8. El famoso conquistador español que llegó al Perú en 1532 era. . .
9. La capital del Perú es. . .
10. El lago Titicaca está situado en la frontera entre. . .
11. La capital oficial de Bolivia es. . .
12. La ''tubería'' Trans-Andina se encuentra en. . .
13. La capital del Ecuador es. . .

Repaso de vocabulario activo

LAS COMPARACIONES

más. . .que (de)
menos. . .que (de)
mejor. . .peor

tan. . .como
tanto(-a, -os, -as). . .como

EXPRESIONES ÚTILES

bienvenido(a)
felicitaciones

LOS NÚMEROS ORDINALES

primer(o)(a)
segundo(a)
tercer(o)(a)
cuarto(a)
quinto(a)

sexto(a)
séptimo(a)
octavo(a)
noveno(a)
décimo(a)

PALABRAS AFIRMATIVAS Y NEGATIVAS

algún/ningún
alguno(a)/ninguno(a)
algunos(as)

o. . .o/ni. . .ni
tampoco

SUSTANTIVOS

En el hotel y en la habitación

el aire acondicionado
la almohada
el ascensor
el baño privado
la calefacción
la cama de matrimonio
la cama individual

la cobija
el cuarto doble
el cuarto sencillo
el cubo de basura
la habitación
el impuesto
la luna de miel

la llave
la manta
la piscina
la planta
la planta baja
el recado
la recepción

el recibo
la sábana
el servicio de cuarto
el vestíbulo

Las personas en el hotel

el botones
la criada
el huésped

el portero
el/la recepcionista

Verbos

dejar (de)
quedarse
registrarse

Autoexamen y repaso # 12

I. Palabras afirmativas y negativas

Conteste en oraciones negativas.

Modelo   ¿Hay algunos hoteles buenos en esta ciudad?
No, no hay ningún hotel bueno. (o) **No, no hay ninguno.**

1. ¿Hay algunas personas en el vestíbulo?
2. ¿Algunos de sus amigos se registraron en el otro hotel?
3. ¿Tiene usted algún recado para mí?
4. ¿Ha pagado usted o la cuenta del restaurante o el servicio de cuartos?
5. Este hotel no tiene ni aire acondicionado ni calefacción. ¿Tiene baños privados?

II. El subjuntivo—con referencia a lo que es indefinido o inexistente

A. Usted está en el aeropuerto. Usted les indica a dos representantes de dos hoteles diferentes qué tipo de habitación busca. Un(a) representante no tiene lo que usted busca, y el (la) otro(a) sí.

Modelo   tener vista al mar
(usted)   **Busco una habitación que tenga vista al mar.**
(Recepcionista #1)   **No tenemos ninguna habitación que tenga vista al mar.**
(Recepcionista #2)   **Sí, tenemos una habitación que tiene vista al mar.**

1. estar cerca de la piscina
2. ser muy grande
3. tener baño privado
4. no costar mucho

B. Usted está en un hotel y pide varias cosas.

Modelo   necesitar algunas almohadas/ser más grandes
Necesito algunas almohadas que sean más grandes.

1. insistir en una habitación/estar en la planta baja
2. preferir un cuarto/tener camas individuales
3. querer un baño/no estar sucio
4. desear unas llaves/abrir los roperos
5. pedir un recibo/indicar cuánto he pagado por la habitación

III.   Las comparaciones de igualdad

Haga comparaciones de igualdad según los modelos.

Modelo   la clase de inglés/la clase de español (difícil)
La clase de inglés es tan difícil como la clase de español.

1. hombres/mujeres (inteligentes)
2. madre/padre (alta)
3. mi hermana/mi hermano (simpática)

Modelo   los Gutiérrez/los Gómez (hijas)
Los Gutiérrez tienen tantas hijas como los Gómez.

4. los Gutiérrez/los Gómez (dinero)
5. los Gutiérrez/los Gómez (coches)
6. los Gutiérrez/los Gómez (ropa)

IV.   Las comparaciones de desigualdad y los superlativos

Haga comparaciones de desigualdad según el modelo.

Modelo   Rodolfo es simpático.
(Felipe)   **Felipe es más simpático que Rodolfo.**
(Alberto)   **Alberto es el más simpático de los tres.**

1. El Hotel Tres Estrellas es económico. (el Hotel Dos Estrellas) (el Hotel Una Estrella)

2. La piscina en el Hotel Luna es grande. (en el Hotel Sol) (en el Hotel Mar)

3. El restaurante El Jardín es bueno. (el restaurante El Patio) (el restaurante El Capitán)

4. El servicio en el Hotel Ritz es malo. (en el Hotel Playa Linda) (en el Hotel Buen Descanso)

V.   Repaso general del Capítulo 12

A.   Conteste en oraciones completas.

1. ¿Es usted tan generoso(a) como sus hermanos? ¿Quién es la persona más generosa de su familia?

2. ¿Tiene usted tantas clases como su compañero(a) de cuarto? ¿Son tan difíciles como las de él (ella)?

3. En su residencia, ¿quién es el (la) estudiante más inteligente?

4. ¿Cuál de sus clases es la más difícil? ¿Cuál es la más interesante?

5. Usted es el (la) presidente(a) de una compañía. ¿Qué tipo de empleados (*employees*) busca usted?

6. Usted y su novia quieren quedarse en un hotel de lujo (*luxury*) para su luna de miel. Describa lo que ustedes quieren tener (una habitación que tenga vista al mar, etc.).

B.   Traduzca al español.

1. I am looking for a room that costs less than $100.

2. I like this hotel as much as the *parador* in Sevilla.

3. The second *pensión* has fewer rooms than the first one.

4. We have a double room that is on the third floor.

5. The elevator goes up to the tenth floor.

6. We shouldn't pay so much for our breakfast.

7. Ladies and gentlemen, welcome to the Hotel Ritz!

Capítulo 13

La comunicación: el correo y las llamadas telefónicas

Palacio de Comunicaciones. Plaza de Cibeles, Madrid, España

Goals for communication

- To perform simple transactions at the post office
- To make local and long distance calls
- To express purpose and conditions
- To talk about what will happen
- To talk about pending actions
- To write simple business and personal letters

Cultural focus

- Answering the phone
- Courtesy formulae in letters
- Countries of the Southern Cone—Chile, la Argentina, el Uruguay, el Paraguay

1. post office 2. window 3. postcard 4. stamp 5. letter 6. address 7. package 8. scale 9. to weigh 10. mail carrier 11. to mail 12. mailbox 13. envelope

2. la línea

3. ocupada

1. el teléfono

¡BLEEP!

¡BLEEP!

5. el teléfono público

6. telefonear

7. hacer una llamada

4. ponerse impaciente

8. marcar

¡BLEEP!

9. la guía telefónica

1. telephone   2. line   3. busy   4. to become impatient   5. public telephone   6. to telephone   7. to make a call   8. dial   9. phone book

Vocabulario

. . . continuado del dibujo

El **correo**	*mail, post office*
apartado postal	*P.O. box*
código postal	*zip code*
por correo aéreo	*airmail*
correo regular	*regular mail*
certificado(a)	*certified*
enviar	*to send*
asegurar	*to insure*
contener (ie)	*to contain*
Las llamadas telefónicas	
la **llamada local**	*local call*
de larga distancia	*long distance*
de persona a persona	*person to person*
a cobro revertido	*collect*
el (la) **operador(a)**	*operator*
el **contestador automático**	*answering machine*
el **código**/la **clave de área**	*area code*
marcar directo	*dial direct*
sonar (ue)	*to ring* (*telephone*)
diga, dígame, aló	*hello* (when answering telephone)
¿De parte de quién?	*Who shall I say is calling?*

Práctica y comunicación

A.   La comunicación

Conteste las preguntas según los dibujos en las páginas 432–433.

1.   ¿Dónde está la casa de correos?

2.   ¿Cuántas ventanillas hay?

3.   En la primera ventanilla, ¿qué cosas va a enviar la tía? ¿Qué ha escrito ella en el sobre? ¿Qué necesita comprar?

4.   Si ella quiere que la carta llegue a España rápidamente, ¿cómo debe enviarla?

5.   En la segunda ventanilla, ¿qué está haciendo la empleada?

6. ¿Qué va a enviar la abuela? En su opinión, ¿qué contiene? ¿A quién se lo va a mandar? ¿Debe ella asegurarlo?

7. Según el calendario, ¿cuál es la fecha de hoy?

8. ¿Quién es la persona que sale de la casa de correos?

9. ¿Dónde va a echar el niño la carta?

10. ¿Qué está haciendo el tío?

11. Camila está tratando de llamar a Pepita por teléfono. ¿Por qué se pone Camila impaciente? Cuando por fin se comuniquen, en su opinión, ¿de qué van a hablar ellas?

12. Rubén quiere hablar con Natalia. ¿Qué está haciendo él? En su opinión, ¿de qué van a hablar ellos?

13. ¿Qué está haciendo Alfonso? Él va a llamar a Carmen. ¿Qué está haciendo ella? En su opinión, ¿por qué necesita Alfonso llamarla?

B. Definiciones

Defina en español las siguientes referencias.

1. El operador o la operadora
2. la guía telefónica
3. una llamada a cobro revertido
4. una llamada de larga distancia
5. la balanza

6. una carta certificada
7. correo aéreo
8. el sobre
9. la estampilla o el sello
10. el cartero o la cartera

C. La historia de una carta

Narre la historia completa de una carta desde que usted escribió la carta hasta que su amigo o amiga leyó la carta.

1. **Escribí la carta.**
2. **Puse la carta en el sobre.**
3. . . . , etc.

D. Preguntas personales

En parejas, háganse las siguientes preguntas y contéstense.

1. ¿Tienes un apartado postal aquí en la universidad? (¿Cuál es el número?)
2. Cuando viajas, ¿prefieres mandar tarjetas postales o cartas? (¿A quién se las mandas?)
3. ¿Recibes muchas cartas? (¿De quién?)

4. ¿Recibes paquetes? ¿Qué tipo de paquetes te gusta recibir?

5. ¿Haces muchas llamadas de larga distancia? (¿A quién?)

6. ¿Quién te llama con mucha frecuencia?

7. ¿Tienes un contestador automático? ¿y tu familia? ¿Cuál es la ventaja (*advantage*) principal de esta máquina? ¿Hay una desventaja?

8. ¿A veces haces llamadas a cobro revertido? (¿Por qué?) (¿A quién?)

9. ¿Quién paga tu cuenta de teléfono?

10. ¿Cuál es la cuenta de teléfono más alta que hayas recibido?

11. Cuando tu compañero(a) de cuarto o tus hermanos pasan mucho tiempo hablando por teléfono, ¿te pones impaciente? (¿Por qué?) ¿Bajo qué circunstancias te pones impaciente?

Noticias culturales

Contestando el teléfono

Hablar por teléfono en el mundo hispano es muy similar al mundo estadounidense, pero hay algunas diferencias. Dependiendo del país, hay varias formas de contestar el teléfono cuando se recibe una llamada. En España la palabra que se oye con frecuencia es ''Diga'' o ''Dígame''. De esta forma se le invita al interlocutor a comenzar su mensaje. En la Argentina se dice ''Hable'' o ''Aló'', una versión del inglés ''Hello''. En México se dice ''Bueno''. Los cubanos dicen frecuentemente ''Oigo'' para indicar que están preparados para oír el mensaje.

PREGUNTAS

1. Cuando se oye ''Diga'' o ''Dígame'', ¿qué le invitan a usted a hacer?

2. En los Estados Unidos, además de ''Hello'', ¿cuáles son otras formas de contestar el teléfono?

ACTIVIDAD

1. Con un(a) compañero(a) haga una conversación telefónica:
    - para aprender la tarea para la clase de español;
    - para hacer planes para este fin de semana.

2. Con otro(a) compañero(a) haga una conversación telefónica entre usted y el (la) operador(a):
    - para decirle que el número que usted está tratando de marcar está ocupada y usted tiene una emergencia;
    - para hacer una llamada de larga distancia a cobro revertido a sus padres en los Estados Unidos.

Conversación

Violeta va a la casa de correos

Violeta Otero quiere enviar varias cosas a su novio que está haciendo investigaciones en el Perú. Manda un paquete con algunos regalos, una tarjeta postal de la universidad para que recuerde su alma mater, una carta certificada con un cheque y una carta donde le confiesa su amor eterno.

EMPLEADO	Buenos días, señorita Otero. ¿Cómo es que usted trae tantas cosas para enviar hoy?
VIOLETA	Pues. . . Cuando se está separada del novio, hay que mantener la comunicación. El correo nos permite sentirnos más cerca.
EMPLEADO	A ver. ¿Qué tiene aquí?
VIOLETA	Un paquete que deseo enviar por correo aéreo, una carta que necesito mandar certificada, y necesito sellos para la otra carta y la tarjeta postal.
EMPLEADO	Los sellos para la carta y la tarjeta, ¿los quiere de correo aéreo?
VIOLETA	Sí, por favor. ¿Cuánto es?
EMPLEADO	Déjeme calcular la cuenta. Son muchas cosas.
VIOLETA	Sí, lo siento. Los otros que están haciendo fila se ponen impacientes.
EMPLEADO	No se preocupe, señorita. Aquí está. Son diez y siete dólares con veinte centavos.
VIOLETA	Gracias. Aquí tiene el dinero. ¿Echo las cartas al buzón?
EMPLEADO	Sí. Yo me encargo del paquete y la carta certificada. El buzón está ahí al lado, a la derecha.
VIOLETA	Adiós, señor.

Violeta Otero wants to send several things to her boyfriend who is doing research in Peru. She wants to mail a package with some gifts, a postcard from the university so that he'll remember his alma mater, a certified letter with a check, and a letter in which she confesses her eternal love for him.

EMPLOYEE	Good morning, Miss Otero! Why do you have so many things to mail today?
VIOLETA	Well. . . When you're separated from your sweetheart, you have to maintain communication. The mail allows us to feel closer.
EMPLOYEE	Let's see. What do you have here?
VIOLETA	A package that I want to send airmail, a letter that I need to send certified, and I need stamps for the other letter and the postcard.
EMPLOYEE	The stamps for the letter and the card, do you want them airmail?

VIOLETA   Yes, please. How much is it?

EMPLOYEE   Let me figure out the bill. It's a lot of stuff.

VIOLETA   Yes, I'm sorry. The others who are waiting in line are getting impatient.

EMPLOYEE   Don't worry, Miss. Here you are. It's seventeen dollars and twenty cents.

VIOLETA   Thank you. Here's the money. Should I put the letter in the mailbox?

EMPLOYEE   Yes. I'll take care of the package and the certified letter. The mailbox is there to the right.

VIOLETA   Goodbye, sir.

COMPRENSIÓN

1. El novio de Violeta está en. . .
2. Ella va a mandarle. . .
3. Desea enviarle un paquete por correo. . .
4. Es importante que mande una de las cartas certificada porque contiene. . .
5. En la otra carta Violeta confiesa su. . .
6. Las personas que están haciendo fila en la casa de correos se ponen. . .
7. El buzón está. . .

ACTIVIDAD

Con un(a) compañero(a) de clase, prepare una conversación que tenga lugar entre usted y el (la) empleado(a) de la casa de correos.

¿Cómo es esta casa de correos? ¿Qué hacen las personas probablemente?
Madrid, España

> **I.** EXPRESSING PURPOSE AND CONDITIONS: El subjuntivo después de conjunciones de finalidad y de condición

The subjunctive is always used after conjunctions denoting purpose (so that. . .) and condition or contingency (unless, provided that, in case. . .). Such use indicates that the outcome of these actions is dependent on other actions and therefore considered to be indefinite in the mind of the speaker.
    Conjunctions denoting purpose and condition or contingency are:

para que	*so that*	Escríbenos **para que** sepamos dónde estás.
a menos que	*unless*	No vamos a llamar **a menos que** haya problema.
con tal (de) que	*provided that*	Podemos llamar **con tal que** encontremos un teléfono público.
en caso de que	*in case*	Llámanos **en caso de que** cancelen la conferencia.

Note

When there is no change of subject, the conjunction **para que** most commonly becomes the preposition **para** + *infinitive*.

Escríbales **para que** ellos **sepan** dónde estamos.
    but
Escríbales **para decirles** dónde estamos.

Práctica y comunicación

E. **Por si acaso (*Just in case*)**

Alfonso hace un viaje a Montevideo, Uruguay. ¿Por qué lleva las siguientes cosas?

Modelo **Aifonso lleva el diccionario de español en caso de que no sepa algunas palabras.**

en caso de que

en caso de que

en caso de que

en caso de que

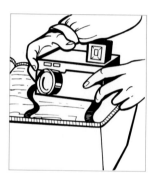

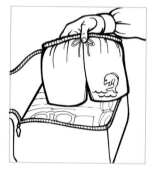

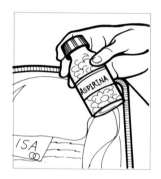

F.   Su amigo Leonardo

Su amigo Leonardo va a pasar un año en los Estados Unidos. Usted quiere llevarlo a muchos lugares diferentes para que conozca varios aspectos de la vida americana. Diga qué aspectos de la vida americana va a conocer en los siguientes lugares.

Modelo   Voy a llevarlo a un restaurante de "comida rápida". . .
. . .para que coma una hamburguesa americana.

Voy a llevarlo. . .

1. a mi casa. . .
2. al banco. . .
3. al supermercado. . .
4. al centro de la ciudad. . .
5. al centro comercial. . .
6. a la casa de correos. . .
7. al centro estudiantil. . .
8. al gimnasio. . .
9. a la granja de mis abuelos en el campo. . .
10. al río. . .
11. a la playa. . .
12. a las montañas. . .

G.   Depende

¿De qué depende tu participación en las siguientes cosas?

Modelo   Voy a la escuela para graduados. . .
. . .con tal que consiga el dinero.

1. Voy a recibir una "A" en el examen de español. . .
2. Voy a hablar con el (la) profesor(a) a las ocho de la mañana. . .
3. Voy al cine con mi novio(a) esta noche. . .
4. Vamos a esquiar este fin de semana. . .
5. Vamos a acampar este fin de semana. . .
6. Voy a comprar un coche nuevo. . .
7. Voy a casarme. . .
8. Voy a tener cuatro niños. . .
9. Voy a hacer un viaje a Buenos Aires, Argentina. . .

H. ¡Condiciones, condiciones, condiciones!

En grupos de cuatro estudiantes completen las siguientes oraciones con tantas variaciones como sea posible.

1. Los estudiantes dicen que no van a volver a la clase a menos que el profesor (la profesora). . .

2. El profesor (La profesora) dice que no va a volver a la clase a menos que los estudiantes. . .

3. Nuestros padres dicen que no podemos ir a la Florida durante las vacaciones de primavera a menos que nosotros. . .

4. Mi novio(a) dice que no va a salir conmigo a menos que yo. . .

5. Yo le digo a mi compañero(a) de cuarto que no quiero vivir con él (ella) a menos que. . .

II. TALKING ABOUT WHAT WILL HAPPEN: El futuro

The future tells what will *happen.*

The future tense of all regular **-ar, -er,** *or* **-ir** *verbs is formed by adding to the* complete infinitive *the endings indicated.*

---

infinitive + **-é, -ás, -á, -emos, -éis, -án**

---

llamar		**volver**		**ir**	
llamar**é**	*I will call*	volver**é**	*I will return*	ir**é**	*I will go*
llamar**ás**	*You will call*	volver**ás**	*You will return*	ir**ás**	*You will go*
llamar**á**	etc.	volver**á**	etc.	ir**á**	etc.
llama**remos**		volver**emos**		i**remos**	
llamar**éis**		volver**éis**		ir**éis**	
llamar**án**		volver**án**		ir**án**	

Study hint
_____

Remember that the future can also be expressed with the construction **ir** + **a** + *infinitive* (Capítulo 4).

The following verbs add regular future endings to irregular stems (not to the complete infinitive).

	Stem	Endings	Example: **decir**
decir	**dir-**		
hacer	**har-**		
poder	**podr-**	**é**	**diré**
poner	**pondr-**	**ás**	**dirás**
querer	**querr-**	**á**	**dirá**
saber	**sabr-**	**emos**	**diremos**
salir	**saldr-**	**éis**	**diréis**
tener	**tendr-**	**án**	**dirán**
venir	**vendr-**		

The future of **hay** (there is, there are) is **habrá** (there will be).

Vocabulario

En el futuro

próximo	*next*
la próxima vez	*next time*
la semana próxima,	*next week*
la semana que viene	
el año próximo,	*next year*
el año que viene	

Práctica y comunicación

I. Las resoluciones del Año Nuevo

¿Qué cosas cambiarán el año próximo?

Modelo   Yo. . .llegar a las clases a tiempo
Llegaré a las clases a tiempo.

1. Yo. . .mirar la televisión menos
      leer más
      tratar de ahorrar más dinero
      tratar de gastar menos dinero
      manejar menos rápidamente
      estudiar más
      recibir notas mejores
      comer menos postres
      dejar de beber tantos refrescos
      acostarme más temprano
      quejarme menos

2. Nosotros. . .mirar la televisión menos, etc.

J.   Lo haré más tarde

Su mamá o papá le pregunta si usted ha hecho las cosas indicadas. Usted no
ha hecho nada porque está muy cansado(a). Dígale a su mamá o papá que
hará las cosas más tarde.

Modelo   ¿Has escrito las cartas?
            No. Las escribiré más tarde.

1. ¿Has enviado el paquete?
2. ¿Has llamado a tus tíos?
3. ¿Has ayudado a tu abuela?
4. ¿Has lavado los platos?

5. ¿Has recogido tus cosas?
6. ¿Has puesto la ropa en el ropero?
7. ¿Has hecho las camas?
8. ¿Has llevado la basura al garaje?

K.   Planes

En parejas, háganse las preguntas y contéstense para saber sus planes.

1. El verano próximo, ¿tendrás que trabajar?
2. ¿Cuándo sabrás si tienes empleo o no?
3. ¿Qué otras cosas querrás hacer?
4. ¿Qué cosas no podrás hacer?
5. ¿Vendrás a la universidad para asistir a la escuela de verano? (¿Qué clases tomarás?)
6. ¿Saldrás con frecuencia con tus amigos? (¿Adónde irán ustedes?)
7. ¿Harás algún viaje? (¿Adónde?)
8. ¿Qué más harás el verano próximo?
9. ¿Y qué harás el año que viene?

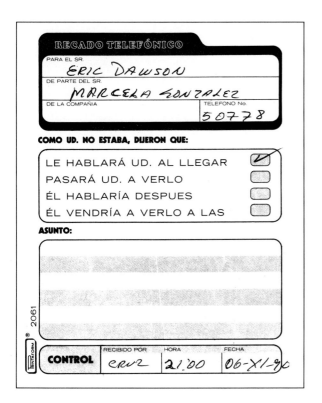

- ¿Para quién es el recado telefónico?
- ¿De parte de quién es?
- ¿A qué hora llamó Marcela?
- ¿Cuándo hablará Marcela con Eric?
- ¿Pasará Marcela a verlo?

L.   ¿Qué harán?

Usando bien la imaginación, diga lo que varias personas harán en las circunstancias indicadas. Dé tantas variaciones como sea posible.

Modelo   En la clase de español los estudiantes. . .
   . . .aprenderán el vocabulario, estudiarán los verbos, hablarán en español, etc.

1. En las fiestas mis amigos. . .
2. En el parque los novios. . .
3. Acampando en las montañas nosotros. . .
4. En mi ciudad favorita yo. . .
5. En la estación de ferrocarril el viajero. . .
6. En el banco la mujer rica. . .
7. En la estación de servicio el empleado. . .
8. En el hotel los padres. . .
9. En el aeropuerto los viajeros. . .
10. En la casa de correos la abuela. . .

- ¿Dentro de cuántos minutos llegará la pizza de Domino's?
- ¿Qué hará Domino's si la pizza llega en más de cuarenta minutos?
- ¿Qué sugieren que tomemos o bebamos con la pizza?

M. La bola de cristal

Imagínense que usted(es) pueden, con la ayuda de su bola de cristal, pronosticar el futuro. Trabajando en parejas, indique lo que ocurrirá en la vida de su compañero(a) de clase diez años en el futuro.

III. TALKING ABOUT PENDING ACTIONS: El subjuntivo después de conjunciones temporales

The subjunctive is used in Spanish when the conjunction of time (when. . . , until. . . , after. . . , etc.) introduces an action or state of being that is pending or yet to occur, and therefore not an accomplished fact in the mind of the speaker. In contrast, if the action is habitual or completed, the indicative is used. Note the contrasts in the examples.

(action pending, yet to occur—subjunctive)
Cuando vuelvas a casa, llámame.
When you return home, call me.

(action habitual—indicative)
Cuando mi amigo **vuelve** a casa, siempre me llama.
When my friend returns home, he always calls me.

(action completed—indicative)
Cuando mi amigo **volvió** a casa, me llamó.
When my friend returned home, he called me.

Conjunctions of time include:

cuando	*when*	**Cuando tengas** 21 años, te mandaré un regalo especial.
antes de que	*before*	**Antes de que escribas** la carta, quiero hablar contigo.
después de que	*after*	Podemos salir **después de que vuelvan** ellos.
hasta que	*until*	No debes decir nada **hasta que sepamos** la verdad.
tan pronto como	*as soon as*	Lo compraré **tan pronto como** me **des** el dinero.

Note

1. The conjunction **antes de que,** because of its meaning (signaling an action yet to occur), is always followed by the subjunctive.

2. When there is no change of subject, the conjunctions **antes de que, después de que,** and **hasta que** most commonly become the prepositions **antes de, después de,** and **hasta** + *infinitive*.

> Voy a llamar a la agencia **antes de salir.**
> *but*
> Voy a llamar a la agencia **antes de que salgas.**

Práctica y comunicación

N. ¿Cuándo van a salir?

La familia se va de vacaciones. ¿Cuándo van a salir?

Modelo   **Van a salir tan pronto como la madre prepare los sandwiches.**

tan pronto como / la madre

tan pronto como / la abuela

tan pronto como / el padre

cuando / Juanito

después de que / Elena   cuando / la madre   tan pronto como / el abuelo

O.   ¡Todavía no podemos salir!

Vamos a hacer un viaje pero no podemos salir hasta que ciertas cosas ocurran. Complete las oraciones para indicar lo que debe ocurrir.

1.   Esteban ha perdido su cartera. No podemos salir hasta que él. . .

2.   Alfonso está durmiendo. No podemos salir hasta que él. . .

3.   Pepita no está aquí, pero quiere ir con nosotros. No podemos salir hasta que ella. . .

4.   El gato ha subido al árbol. No podemos salir hasta que él. . .

5.   Algunas de las ventanas están abiertas. No podemos salir hasta que alguien. . .

6.   El bebé está llorando. No podemos salir hasta que él. . .

7.   Toda la ropa está sucia. No podemos salir hasta que alguien. . .

8.   El coche de Linda no funciona. No podemos salir hasta que ella. . .

P.   Conversando por teléfono

En una conversación telefónica el hermano o la hermana menor [un(a) estudiante de la clase] le hace preguntas al hermano o a la hermana mayor [otro(a) estudiante] para saber cuándo van a ocurrir ciertas cosas. En parejas, háganse las siguientes preguntas y contéstense. Sigan el modelo.

Modelo   (estudiante #1)   **¿Cuándo vas a llevarme al cine?**
                             (tú) encontrar una buena película.
            (estudiante #2)   **Cuando encuentres una buena película.**

1.   ¿Cuándo vas a escribirme? (yo) poder

2.   ¿Cuándo vas a comprarme el regalo de cumpleaños? (yo) recibir mi cheque

3. ¿Cuándo vas a mostrarme la foto de tu novio(a)? (yo) llegar a casa

4. ¿Cuándo vas a llevarme a las montañas? (papá) reparar el coche

5. ¿Cuándo vas a dejarme usar tu computadora? (yo) estar en casa para ayudarte

6. ¿Cuándo vas a ayudarme con la tarea? (yo) terminar la mía

7. ¿Cuándo vas a prestarme tus cassettes nuevos? (tú) devolverme los viejos

8. ¿Cuándo vas a regalarme tu raqueta de tenis? (yo) comprarme una nueva

9. ¿Cuándo vas a dejarme usar tus esquís? (tú) saber esquiar mejor

Q. Contentísimos

En grupos de tres estudiantes, completen las siguientes oraciones para indicar bajo qué circunstancias las personas estuvieron o estarán contentas. (Recuerde que, con una acción completada, se usa el indicativo.)

1. **(a)** Mi compañero(a) de cuarto **estuvo** muy contento(a) cuando yo. . .
   (b) **Estaré** muy contento(a) cuando él (ella). . .

2. **(a)** **Estuve** muy contento(a) cuando mi profesor(a) de español. . .
   (b) Mi profesor(a) de español **estará** muy contento(a) cuando yo. . .

3. **(a)** Mis padres **estuvieron** contentos cuando yo. . .
   (b) **Estaré** contento(a) cuando ellos. . .

4. **(a)** Mi novio(a) **estuvo** muy contento(a) cuando yo. . .
   (b) **Estaré** muy contento(a) cuando él (ella). . .

Priority Mail

Los envíos de correspondencia por primera clase que pesen más de 12 onzas se conocen como "Priority Mail." Use este servicio cuando desee que sus paquetes se entreguen dentro de dos a tres días. El peso máximo no debe de exceder de 70 libras y su tamaño no debe pasar de 108 pulgadas, combinando el largo y el perímetro.

Procure por las etiquetas de "Priority Mail" que se pueden conseguir en su oficina de correos más cercana. Son gratis.

¿Cuándo emplea usted este tipo de correo?
¿Cuántas libras (*pounds*) puede pesar el paquete?
¿Qué puede mandar usted en un paquete de este tamaño (*size*)?

R. Pensando en mi vida

Trabajando en parejas, cada estudiante debe indicar por lo menos una opción personal para cada una de las siguientes situaciones.

1. Tú vas a dar una fiesta sorpresa de cumpleaños para tu compañero(a) de cuarto.
¿Qué tendrás que hacer antes de que llegue él (ella)?
Antes de que. . .

2. Tu madre viene de visita a la universidad.
¿Qué debes hacer antes de que llegue ella?
Antes de que. . .

3. Tu profesor(a) de español va a dar un examen final muy difícil.
Antes de que tu profesor(a) dé el examen, ¿qué tendrás que hacer?
Antes de que. . .

4. Quedan pocos meses hasta que te gradúes.
¿Qué cosas quieres hacer antes de graduarte?
Antes de. . .

5. Tienes muchos planes para el futuro.
¿Qué harás después de graduarte?
Después de. . .

6. Vas a casarte dentro de ocho meses.
¿Qué cosas querrás hacer antes de casarte?
Antes de. . .
¿Y antes de tener hijos?
Antes de. . .

7. Imagínate a ti mismo muchos años en el futuro.
¿Cómo será tu vida cuando tengas 50 años?
Cuando. . .
¿Y cuando tengas ochenta años?
Cuando. . .

Noticias culturales

Fórmulas de cortesía en cartas

Al escribir cartas—comerciales o particulares—las fórmulas de cortesía son muy importantes y se usan con frecuencia. En las cartas particulares o personales siempre hay más libertad y la introducción refleja el grado de amistad entre las personas que se escriben: por ejemplo, "Querida familia", etc. Sin embargo, en las cartas comerciales se muestra más rigor en la introducción: por ejemplo, "Muy señor mío", "Distinguida señora", o, cuando se trata de una persona en el gobierno, de un(a) representante de una institución reputada o un cargo militar o eclesiástico, "Excelentísimo" o "Ilustrísimo". Modernamente se ha empezado a usar simplemente, ''Señores'', pero, por lo general, las fórmulas de cortesía son muy respetadas en el mundo hispano.

En las fórmulas de despedida se observa normalmente el uso de la tercera persona, y no la primera, para implicar respeto: ''Sin otro particular queda de Uds. muy atentamente''. Sin embargo, la primera persona puede usarse: depende del grado de respeto y amistad que el firmante quiera dar a su carta: ''Le quedo muy agradecido(a) por su atención y aprovecho la ocasión para saludarle personalmente.''

PREGUNTAS

1. ¿Cuáles son algunas de las introducciones que se usan en las cartas comerciales?

2. En las fórmulas de despedida, ¿Cuál es la más personal?

3. En los Estados Unidos, ¿cuáles son algunas expresiones de cortesía que se usan en la introducción y la despedida?

IV.   WRITING BUSINESS AND PERSONAL LETTERS: Las cartas de negocio y las cartas personales

A.   La carta personal

```
                              (lugar)         (fecha)
                              Buenos Aires, 5 de octubre de 19__

(destinatario)
Señorita Ana Luisa Cardona
Calle Hidalgo, 1411
00310 Monterrey, México

(saludo)
Querida Ana Luisa:

(cuerpo o texto que se escribe informalmente, como en una
conversación entre amigos)

                    (despedida)
                    Hasta pronto,
                    Con mucho cariño (affection),
                    Un abrazo cordial de,
                    (firma)
                    Juan José
```

B. La carta de negocios

(dirección y fecha)
Calle Ochagavía, 32-B
Buenos Aires, Argentina
5 de octubre de 19__

(destinatario)
Dra. Justina Pérez Montoya, Directora
Programa de Estudios Internacionales
Universidad de Madrid
Calle Colón, 11235
34050 Madrid, España

(saludo)
Muy señores míos:
Estimada señora:
Distinguida señora Montoya:

(frases de introducción y de cortesía en el texto)
"En respuesta a su amable carta del 15 de septiembre. . ." (o)
"Le doy las gracias por su carta del 15 de septiembre. . ." (o)
"Tengo el gusto de avisarle a usted. . ." (o)
"Siento mucho tener que informales a ustedes. . ."

(despedida)
"En espera de sus gratas noticias, quedamos de ustedes muy
atentamente," (o)
"Queda de usted su atento(a) servidor(a)," (o)
"Atentamente"

(firma)
Librería Cervantes
Juan José González
Jefe de ventas

Práctica y comunicación

S. Una carta de negocios y una carta personal

Lea las siguientes cartas y conteste las preguntas que siguen.

University Forest Apartments
1202
University of Richmond
Virginia 23173

16 de marzo de 1992

Dr. Nestor Urdaneta, Director
Programa de Estudios Argentinos
Calle 3
Buenos Aires, Argentina

Estimado Señor:

En respuesta a su amable carta del 4 de marzo, tengo el gusto de informarle que he decidido estudiar en la Argentina durante los meses de junio y julio. Le adjunto toda la documentación que usted pedía en su carta. También le incluyo el cheque certificado número 134 por valor de $2.500,00 y las fotos.

Acabo de hacer mis reservaciones con Aerolíneas Argentinas y me avisan que el vuelo número 526 llegará a Buenos Aires a las 11:30 de la mañana, el 2 de junio. Espero que tenga la bondad de enviar a un representante del programa para que me espere en el aeropuerto y me lleve a la residencia. Favor de avisarme si esto es posible. Espero, naturalmente, tener el placer de conocerle a usted pronto.

Sin otro particular, queda de usted su atenta servidora,

Andrea Simzak

PREGUNTAS

1. ¿Quién es el destinatario? ¿Qué titulo tiene él?
2. ¿Qué expresión de respeto se usa para saludar al señor Urdaneta?

3. ¿Qué expresiones de cortesía usa Andrea para empezar el texto o cuerpo de su carta?

4. ¿Qué le ha mandado ella al señor Urdaneta?

5. Cuando Andrea llegue a Buenos Aires, ¿quién estará esperándola?

6. ¿Qué expresión de cortesía usa Andrea para terminar su carta?

7. ¿Quiere usted o piensa usted estudiar en otro país? ¿Cuál? ¿Cuándo?

Richmond, Virginia
18 de marzo de 1992

Señorita Sheila Dawson
P.O. Box 1282
Susquehanna University
Selinsgrove, PA 17870

Querida Sheila:

Cuéntame cómo está todo por allá y qué tal te va en tus estudios. Yo estoy muy bien y muy contenta, pues conseguí una oportunidad increíble para viajar a Sudamérica en junio y julio. Se trata de un programa buenísimo para estudiantes extranjeros en la Argentina y estaba pensando que tú podrías acompañarme. Sería super que estuviéramos juntas allí, pues podríamos visitar Buenos Aires y un montón de lugares que ya tengo en mente. Bueno, Sheila, por ahora me despido porque mañana me espera un día muy duro y ya es un poco tarde.

Tu amiga que tanto te quiere,

Andrea Simzak

PREGUNTAS

1. ¿Qué saludo se usa para empezar la carta? ¿Es más una expresión de respeto o de cariño?

2. ¿Por qué está muy contenta Andrea?

3. ¿Qué quiere Andrea que haga Sheila?

4. ¿Qué expresión de despedida usa Andrea?

En resumen

Ahora vamos a suponer que usted tiene interés en estudiar en el mismo programa en la Argentina.

1. Escríbale una carta formal al señor Urdaneta, director del Programa de Estudios Argentinos. En la carta:

    - Usted le explica por qué tiene interés en este programa;
    - Usted le pide información sobre el programa (clases, horario, fechas, dónde se vive, el costo, lo que es necesario hacer antes de que usted vaya, etc.)

2. Escríbale una carta a un(a) amigo(a) suyo(a) que vive en Santiago, Chile. Su amigo(a) piensa venir a los Estados Unidos en agosto para visitarle.

    - Le expresa cuánto se alegra usted de que venga él/ella;
    - Le explica lo que ustedes harán cuando llegue, los lugares que visitarán, etc.;
    - Le explica el clima en su región y la ropa que debe llevar, etc.

Panorama cultural

Los países del Cono Sur:
Chile, la Argentina, el Uruguay y el Paraguay

La Gran Cordillera de los Andes es la frontera natural entre Chile y la Argentina. Estos dos países, junto con el Uruguay y el Paraguay, forman el llamado ''Cono Sur'' del continente sudamericano.

Chile

Chile es una *cinta* de tierra que se extiende desde los Andes al Océano Pacífico: 2.880 millas de longitud y solamente 265 millas de *anchura*. Chile, al tener un área *costera* que comprende todo el país, es un lugar de hermosas playas, con centros urbanos donde pueden *deleitarse* los visitantes con las comidas, los vinos, los bailes y las atracciones más variadas.   *strip* / *width* / *coastal* / *enjoy*

   Chile es también un país de contrastes geográficos. Se distinguen en Chile tres regiones: la zona árida al norte donde se encuentra el desierto de Atacama; los picos andinos, siempre cubiertos de nieve, que en el sur del país se transforma en el hielo de los glaciares; y el centro, una zona fértil de clima moderado donde vive la mayoría de la población. Ésta es un área de gran prosperidad donde se encuentra la capital, Santiago, el corazón político y cultural del país.

500 MILLAS
500 KILÓMETROS

BOLIVIA

CHILE

Concepción

PARAGUAY

CHACO

Asunción

OCÉANO
PACÍFICO

Desierto de Atacama

San Miguel
de Tucumán

ARGENTINA

BRASIL

Río Paraná

Córdoba

Lago Rincón
del Bonete

Pico Aconagua

URUGUAY

Valparaíso
Santiago

Buenos
Aires

Montevideo

La Plata

CORDILLERA DE LOS ANDES

CORDILLERA DE LOS ANDES

Concepción

OCÉANO
ATLÁNTICO

ANDES DE PATAGONIA

Nacionalidades:
chileno(a)
argentino(a)
uruguayo(a)
paraguayo(a)

Historia: Los indios araucanos combatieron ferozmente contra los españoles cuando éstos llegaron a Chile. El conflicto, que *duró* hasta el siglo XIX, dio origen a un poema épico, *La Araucana*, de Alonso de Ercilla, que se considera un emblema de la lucha épica entre los españoles y los indios. En 1541 Pedro de Valdivia estableció la primera colonia española en Santiago. La independencia de España se consiguió en 1818 bajo el *liderazgo* de los famosos generales José de San Martín y Bernardo O'Higgins.

lasted

leadership

Chile siempre ha contado con una tradición demócrata. En 1970 eligieron al primer socialista del continente, Salvador Allende, pero los militares reaccionaron con un *golpe de estado*, ayudados por la CIA. Augusto Pinochet estableció una dictadura militar desde 1973 a 1989, cuando las elecciones libres fueron de nuevo restituidas.

coup d'etat

Economía: Metales—depósitos de *cobre* y *hierro*, nitratos, etc.; productos *alimenticios*; productos agrícolas—frutas, patatas, maíz; industria *pesquera*.

copper / iron / food fishing

Población: La mayoría es mestiza pero hay una gran cantidad de descendientes de europeos.

¿Qué le impresiona a usted de esta vista de Santiago por la noche? Chile

¿Qué pueden hacer las personas en esta costa rocosa de Chile? Horcón, Chile

La Argentina

Separada de Chile por los Andes, es después del Brasil el país más grande de Sudamérica. Hay varias regiones distintas en el país. Al norte hay las *planicies* del río Paraná donde se encuentra la selva, y el Gran Chaco, una *planicie de aluviones*. La región del monte es una zona árida con pequeños oasis, que se extiende por el centro. La Patagonia, al sur, es otra *llanura* donde se produce petróleo. Los Andes se extienden a lo largo del oeste y es aquí donde *se alza* el pico más alto de Sudamérica, el Aconcagua de 22.835 pies. Finalmente encontramos la pampa, una gran extensión *llana* de *tierra de pasto*, que se dedica en su mayoría a la *ganadería*. La pampa es el terreno del famoso gaucho, el legendario "cowboy" argentino, *mitad mito*, mitad realidad—el hombre solitario que no quiere *atarse* a nadie ni a nada. El poema *Martín Fierro* de José Hernández ha inmortalizado la vida y la mística del gaucho.

A pesar de la extensión geográfica de la Argentina, la vida argentina *gira* alrededor de su capital Buenos Aires, llamada "el París de las Américas". Las artes y el comercio son los principales pilares del ambiente *bonairense*.

Historia: En el siglo XVI varios exploradores, entre ellos Magallanes, llegaron a la Argentina y en 1536 se fundó Buenos Aires, que tuvo que ser abandonada bajo ataques persistentes de los indios. Se volvió a fundar en 1580. La independencia de España se consiguió en 1816 gracias a los héroes nacionales José de San Martín y Manuel Belgrano. Después de la independencia el país sufrió el gobierno tiránico y cruel de J. M. de Rosas (1829–1852). La constitución que se adoptó después de la muerte del dictador *duró* hasta 1949. Sin embargo, debido a la usurpación del poder por gobiernos militares, había mucha inestabilidad en la Argentina.

El régimen de Juan Perón representó en 1944 un cambio. Su dictadura, popular con el *apoyo* del pueblo, y la popularidad de su esposa, Eva Perón, *levantaron el ánimo* de la clase obrera en la Argentina. Con la muerte de Eva Perón (1952), seguida de la depresión económica, Perón tuvo que abandonar el país. En los últimos años la Argentina ha conseguido liberarse de nuevo de las dictaduras militares y los dos últimos presidentes han sido elegidos por el electorado.

Población: Al contrario que otros países de Latinoamérica, el 95% son descendientes de europeos, españoles e italianos principalmente.

Economía: La Argentina es autosuficiente en petróleo. La ganadería y la agricultura ocupan sin embargo el lugar principal de su comercio.

plains
floodplain

plain
rises

flat / grasslands
livestock
half / myth
to be tied

In spite of / revolves

Buenos Aires

lasted

support / encouraged

Imagine lo que pueden ver los espectadores en el Teatro Colón de Buenos Aires.
Argentina

¿Cómo describe usted estos gauchos argentinos?

¿Por qué es famoso el Pico Aconcagua?
Argentina

Las cataratas espectaculares de Iguazú están en la frontera entre la Argentina, el Brasil y el Paraguay. ¿Prefiere usted visitarlas en avión o en canoa?

El Uruguay

Una república, es el país más pequeño de Sudamérica. La mitad de la población vive en Montevideo, la capital. Al norte las tierras de pasto y al sur la planicie de aluviones (conocida como la Banda Oriental) forman la cara del Uruguay.

Historia: La colonia del Uruguay tal y como permanece hoy fue fundada en 1624 por los españoles. El Uruguay se unió a la Argentina para declarar su independencia de España en 1810, pero decidió separarse de esta alianza en 1814. En 1820 el Brasil invadió Montevideo y el Uruguay no fue libre hasta 1828. Tras varios movimientos revolucionarios los uruguayos empezaron al principio del siglo XX una serie de reformas que llevaron al Uruguay a ser una de las naciones más prósperas y estables del continente. Pero más tarde, cuando el país *atravesaba* un *decaimiento* económico, las insurgencias de los Tupamaros, *una guerrilla*, trajeron la dictadura militar. En los últimos años existe de nuevo una vuelta a las reformas democráticas.

experienced / decline
guerrilla movement

Economía: Su economía se funda en la agricultura y la ganadería, que, junto con la industria pesquera y la manufactura de productos derivados del ganado (*lana, cuero*, carne), constituyen el comercio principal.

wool
leather

Población: El 90% de la población desciende de europeos y el resto son mestizos.

¿Cree usted que muchos turistas van a Montevideo?
¿Por qué?
El Uruguay

El Paraguay

Junto con Bolivia, se encuentra en el corazón de Sudamérica y no tiene salida al océano.

Historia: Los jesuitas llegaron al Paraguay en el siglo XVI y construyeron fortificaciones para preservar a los indios guaraníes de los ataques de otras tribus y de los traficantes de *esclavos* portugueses y españoles. Los paraguayos conservan con orgullo su *legado* indígena. Existen en el Paraguay dos lenguas principales, el español y el guaraní. El guaraní es la primera lengua y es la lengua en que se hacen las transacciones bancarias.

slaves
legacy

La capital del Paraguay, Asunción, es la ciudad más moderna del país, aunque todavía hoy se ven *tranvías* amarillos que se consideran una antigüedad. El gobierno del Paraguay fue por unos 30 años una dictadura bajo el general Alfredo Stroessner, a la cual los paraguayos *parecían haberse acostumbrado*. Pero después de la dictadura el país empezó un proceso democrático que *promete* traer nuevas reformas sociales y políticas.

trolley cars

*seemed / to have
accustomed themselves /
promises used to*

Economía: Un país que *solía* vivir de la agricultura y la ganadería, el Paraguay está hoy en día a la cabeza en la producción de energía hidroeléctrica.

Población: La población del Paraguay es la más homogénea del continente sudamericano. El 95% son mezcla de español y guaraní.

¿Por qué construyeron los jesuitas misiones como ésta?
Trinidad, Paraguay

¿Qué tipo de energía se produce aquí?
Itapua, frontera entre el Paraguay y el Brasil

COMPRENSIÓN

1. Los cuatro países que forman el "Cono Sur" del continente sudamericano son. . .

2. El desierto Atacama se encuentra en. . .

3. La capital y el corazón político y cultural de Chile es. . .

4. Cuando los españoles llegaron a Chile tuvieron que combatir contra. . .

5. La economía de Chile se basa en. . .

6. Chile está separado de la Argentina por. . .

7. El pico más alto de Sudamérica es. . .

8. La pampa es el terreno del famoso "cowboy" argentino que se llama. . .

9. La ciudad llamada "París de las Américas" es. . .

10. El general José de San Martín es el héroe de la independencia de los países de. . .y. . .

11. La dictadura en la Argentina que era muy popular entre la clase obrera era la de. . .y su esposa. . .

12. Noventa y cinco por ciento de los argentinos son descendientes de. . .

13. La Argentina es autosuficiente en petróleo; el área donde se produce es. . .

14. El país más pequeño de Sudamérica es. . .

15. Los Tupamaros, una guerrilla, trajeron al Uruguay. . .

16. La economía del Uruguay se basa en. . .

17. El país, además de Bolivia, que no tiene salida al océano es. . .

18. Los misioneros que protegieron los intereses de los indios guaraníes eran. . .

19. Las dos lenguas principales en el Paraguay son. . .

20. El Paraguay está hoy en día a la cabeza en la producción de energía. . .

Repaso de vocabulario activo

ADJETIVO

ocupado(a)

CONJUNCIONES

a menos que	cuando	hasta que
antes de que	después de que	para que
con tal (de) que	en caso de que	tan pronto como

EN EL FUTURO

próximo	la semana próxima	el año próximo
la próxima vez	la semana que viene	el año que viene

EXPRESIONES ÚTILES

aló
diga, dígame
¿De parte de quién?

SUSTANTIVOS

La casa de correos

el apartado postal	el código postal	la dirección	la tarjeta postal
la balanza	el correo	la estampilla	la ventanilla
el buzón	aéreo	el paquete	
la carta	certificado	el sello	
el cartero	regular	el sobre	

El teléfono

la clave de área	la llamada	la línea
el código de área	a cobro revertido	el operador
el contestador automático	de larga distancia	la operadora
la guía telefónica	de persona a persona	el teléfono público
	local	

VERBOS Y EXPRESIONES VERBALES

asegurar	pesar	echar al correo
contener (ie)	sonar (ue)	hacer una llamada
enviar	telefonear	marcar directo
marcar		ponerse impaciente

Autoexamen y repaso # 13

I.   El subjuntivo—después de conjunciones de finalidad y de condición

Conteste las siguientes preguntas según el modelo.

 Modelo   ¿El cartero no ha llegado? Voy a esperar hasta que. . .
Voy a esperar hasta que llegue.

1. ¿Marta no ha llamado todavía? Voy a quedarme aquí en caso de que. . .
2. ¿José no sabe mi dirección? Voy a escribirle para que él. . .
3. ¿Me ayudas con la carta? Voy a escribirla en español con tal que tú. . .
4. ¿No tienes el código de área? No puedes llamar a menos que. . .

II. El futuro

Diga usted lo que las personas van a hacer en el año 2010.

Modelo   Carlos/vivir en Buenos Aires
Carlos vivirá en Buenos Aires.

1. Juanita y Mario/tener muchos hijos
2. yo/alquilar una casa en Acapulco
3. mi esposo(a) y yo/pasar un año en Europa
4. tú/hacer un viaje a Madrid
5. vosotros/volver a la universidad
6. Carlota/ir a Italia
7. Alberto/ser millonario
8. nosotros/poder ir a la luna
9. ustedes/trabajar en Nueva York

III. El subjuntivo—después de conjunciones temporales

Complete para indicar cuándo usted y otras personas hicieron y cuándo van a hacer las cosas indicadas.

1. (llegar) Hice la llamada tan pronto como. . .
   (llegar) Mario hará la llamada tan pronto como. . .
2. (recibir el paquete) Te llamé cuando. . .
   (recibir el paquete) Él me llamará cuando. . .
3. (conseguir el código postal) No mandes el paquete hasta que. . .
   (conseguir el código postal) No mandé el paquete hasta que. . .
4. (darme el dinero) Voy a comprar sellos cuando tú. . .
   (darme el dinero) Compré sellos y sobres cuando tú. . .

IV.   Las cartas de negocios y las personales

Complete las oraciones con la información correcta.

1.   En una carta de negocios, expresiones de saludo incluyen:

_____.

Y una breve [*brief*] despedida es: _____.

2.   En una carta personal un saludo común es: _____.

Y algunas despedidas posibles son: _____.

V.   Repaso general del Capítulo 13

A.   Conteste en oraciones completas.

1.   ¿Qué hará usted este fin de semana?

2.   ¿Qué harán usted y sus amigos la semana que viene?

3.   Usted necesita escribir una carta a su familia. ¿Cuándo va a hacerlo? (Use el subjuntivo.)

4.   Antes de poder echar la carta al correo, ¿qué necesita hacer usted?

5.   ¿Cómo se debe enviar una carta para estar seguro que llegará? ¿Y para que llegue rápidamente a Europa?

6.   ¿Tiene usted un apartado postal en la universidad? ¿Cuál es el número? ¿Cuál es su código postal?

7.   ¿Qué tipos de llamadas telefónicas hay? ¿Cuál es la más cara? ¿Cuál es la más barata?

8.   ¿Cómo se contesta el teléfono en español?

B.   Traduzca al español.

1.   I will leave for the post office at 8:00.

2.   My brothers will go with me.

3.   We will go early in order to pick up our packages.

4.   Who will mail the post cards?

5.   Pedro will call Mónica before her friends arrive.

6.   Let's wait until he finds the number in the phone book.

7.   What a shame! The line is busy!

8.   We will leave a message on the answering machine in case she wants to go with us.

Capítulo 14

El mundo de hoy

Los efectos de la contaminación del aire. México. D. F.

Goals for communication

- To talk about problems relevant to today's society and world
- To talk about what might or would happen in certain circumstances
- To react to past actions or events
- To pose hypothetical situations
- To express oneself emphatically

Cultural focus

- University student involvement in social/political issues
- Our world—ecological concerns, an Hispanic perspective

1. reciclar

2. PROTEGER A LOS ANIMALES

3.
4. CONSERVAR LOS RECURSOS NATURALES

ALUMINIO   PLÁSTICO   PAPEL

5. destruir

6. plantar

7. la contaminación

8. contaminar

9. la fábrica

11. la pobreza

12. el hambre

PROHIBIDO NADAR

10. los desperdicios tóxicos

13. los sin hogar

1. to recycle   2. to protect   3. to conserve   4. natural resources   5. to destroy   6. to plant   7. contamination, pollution   8. to contaminate   9. factory   10. toxic waste   11. poverty   12. hunger   13. homeless

14. la manifestación
15. protestar
16.
17. LOS DERECHOS IGUALES PARA TODOS
NO A LA DISCRIMINACIÓN RACIAL/SEXUAL
TRABAJO PARA TODOS
18. EL DESARME AHORA
19. las armas nucleares
20. la energía nuclear
21. LA PAZ SÍ
22. LA GUERRA NO
23. PREVENIR LA DROGADICCIÓN
24. las drogas
25. el tabaco
26. el alcohol
27. el crimen
28. la violencia
29. la víctima
30. el criminal
31. robar

14. demonstration 15. to protest 16. discrimination 17. rights 18. disarmament 19. nuclear arms 20. nuclear energy 21. peace
22. war 23. to prevent 24. drugs 25. tobacco 26. alcohol 27. crime 28. violence 29. victim 30. criminal 31. to rob, steal

Vocabulario

. . . continuado del dibujo

La **sociedad**	*society*
el **gobierno**	*government*
la **política**	*politics*
liberal	*liberal*
conservador(a)	*conservative*
la **opinión**	*opinion*
el **prejuicio**	*prejudice*
la **causa**	*cause*
el **problema**	*problem*
las **noticias**	*news*
el **país**	*country*
la **nación**	*nation*
el **planeta**	*planet*
el **medio ambiente**	*environment*
el **empleo**	*employment*
el **desempleo**	*unemployment*
la **enfermedad**	*sickness*
el **SIDA**	*AIDS*
el **cáncer**	*cancer*
la **cura**	*cure*
la **vida**	*life*
la **muerte**	*death*
el **peligro**	*danger*
peligroso(a)	*dangerous*
apoyar	*to support (cause)*
construir	*to construct*
decidir	*to decide*
eliminar	*to eliminate*
enseñar	*to teach*
escoger	*to choose*
participar	*to participate*
proponer	*to propose*
luchar	*to fight, struggle*
matar	*to kill*
resolver (ue)	*to resolve*
sufrir	*to suffer*
votar (por)	*to vote (for)*

Expresiones útiles

tener razón	*to be right*
no tener razón	*to be wrong*
estar de acuerdo	*to be in agreement*
estar a favor de	*to be in favor of*
estar en contra de	*to be against*
el **punto de vista**	*point of view*
a causa de	*because of*
respecto a	*with respect to, regarding*
por todas partes	*everywhere*
todo el mundo	*everyone*

Note

1. **Destruir** and **construir** change the **i** to **y** in all forms of the present except **nosotros** and **vosotros**. For example: destruyo, destruyes, destruye, destruímos, destruís, destruyen

2. In the preterit **destruir** and **construir** change the **i** to **y** only in the third person singular and plural forms. For example: **él destruyó**, ellos **destruyeron**, but yo **destruí**, tú **destruiste**

3. **Proteger** and **escoger** change the **g** to **j** in the **yo** form of the present indicative, and consequently in all forms of the present subjunctive. For example: yo prote**j**o, . . .que yo prote**j**a, que tú prote**j**as, etc.

4. **Proponer** and **prevenir** follow all changes found in **poner** and **venir** respectively. For example, yo pro**pongo**, y pro**puse**, etc.

Práctica y comunicación

A.   El mundo de hoy

Conteste las siguientes preguntas según los dibujos en las páginas 468–469.

1.   ¿Qué productos reciclan Esteban, Inés y Martín?

2.   ¿Qué hace el hombre para destruir el bosque? ¿En qué piensan Carmen y la profesora Andrade al protestar la destrucción del bosque? ¿Qué hace una persona para conservar el bosque?

3.   ¿Por qué es prohibido nadar en el río? ¿Cuál es el origen de la contaminación?

4. ¿De qué sufre el niño pequeño? ¿Por qué está el hombre durmiendo en el banco?

5. ¿Qué tipos de discriminación protesta Natalia? ¿Qué causas apoyan Javier, Alfonso y las otras personas que participan en la manifestación?

6. Rubén ha decidido a favor del desarme. ¿Qué teme él? ¿Qué propone Camila?

7. ¿Qué propone Pepita respecto a la drogadicción? ¿Cuáles son algunos de los productos que causan la adicción? Además de (*besides*) la adicción, ¿qué problemas pueden causar las drogas?

8. ¿Qué ha hecho el criminal? ¿Por qué?

B. Juego de palabras

¿Qué asocia usted con las siguientes palabras? Indique varias posibilidades.

1. el crimen
2. las drogas
3. la discriminación
4. la enfermedad
5. los sin hogar
6. la guerra
7. conservar
8. protestar
9. enseñar
10. luchar

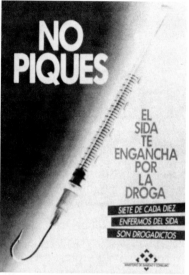

Según este anuncio, ¿cuál es una manera de contagiarse con el SIDA?

C. Un sondeo de la clase

Indique si usted está en favor de o en contra de las siguientes ideas o causas.

	a favor de	en contra de
1. el desarme nuclear total	_____	_____
2. el uso de la energía nuclear	_____	_____
3. la exploración del espacio	_____	_____
4. gastar mucho más dinero para conservar el medio ambiente	_____	_____
5. gastar mucho más dinero para ayudar a los sin hogar	_____	_____
6. gastar mucho más dinero para encontrar una cura para el SIDA	_____	_____
7. la legalización de la marijuana	_____	_____

	a favor de	en contra de
8. bajar la edad para tomar bebidas alcohólicas	_____	_____
9. subir la edad para conducir un coche	_____	_____
10. la pena de muerte	_____	_____

En cada categoría, ¿cómo votó la mayoría de la clase? ¿En qué categorías hay mucha diferencia de opinión? ¿Es la clase más conservadora o más liberal?

D. Preguntas para conversar

En grupos de cuatro estudiantes contesten las preguntas dando opiniones personales.

Recursos naturales

1. ¿Participas tú en el reciclaje? (¿Qué productos reciclas?) ¿Hay en esta universidad un movimiento para reciclar?

2. En tu opinión, ¿cuáles son algunas maneras de conservar nuestros recursos naturales y el medio ambiente?

3. Imagínate que tú eres el/la presidente de una compañía internacional. Tienes que escoger entre posibles adelantos (*advances*) tecnológicos o la conservación de los ríos y los bosques en tu estado. ¿Qué decisión vas a tomar? ¿Por qué?

4. Donde tú vives, ¿hay una fábrica o compañía que contamine el aire y el agua, etc.? (¿Cuál es?)

5. ¿Crees tú que este planeta esté en gran peligro? (¿A causa de qué?)

La política y la sociedad

6. Respecto a la política, ¿eres liberal o conservador(a)? ¿Por qué?

7. ¿Cuántos años se debe tener para votar? ¿Has votado?

8. ¿Has participado alguna vez en una manifestación? (¿Qué protestabas o qué causa apoyabas?)

9. ¿Lees las noticias en el periódico con frecuencia? ¿Escuchas los programas de noticias en la televisión? ¿De qué problemas en el país o en el mundo hablan más?

10. En este momento, ¿hay conflicto o guerra en alguna parte del mundo? (¿Dónde?) (¿Por qué luchan?) ¿Conoces a alguien que haya luchado en una guerra? (¿Cuál?)

11. En el área donde tú vives, ¿hay personas que sufran del hambre o de la pobreza? ¿del desempleo? ¿Hay mucho crimen?

12. ¿En qué partes de los Estados Unidos hay muchas personas sin hogar? En tu opinión, ¿por qué hay tantas personas sin hogar en este país?

13. En la ciudad donde vive tu familia, ¿hay un problema evidente con las drogas? Explica. ¿Crees tú que hay un problema con las drogas en esta universidad? Explica. ¿Hay un problema con el alcoholismo? Explica.

14. En la región donde vive tu familia, ¿hay evidencia de prejuicios contra personas de otras razas, religiones o nacionalidades? Explica.

15. Aquí en la universidad, ¿has visto evidencia de prejuicios? (¿Qué tipo de prejuicio?)

TU TRABAJO TE CUESTA

Buena parte de los accidentes de trabajo están relacionados con el consumo de alcohol.

Para prevenirlos, piensa que la moderación es importante tanto dentro como fuera del horario de trabajo.

Comunidad de Madrid
CONSEJERIA DE SALUD.
Servicio Regional de Salud.

Programa Regional de Acciones Sanitarias contra el Alcoholismo

¿Por qué ocurren muchos accidentes en el trabajo?
¿Cómo se puede prevenir estos accidentes dentro o fuera del horario del trabajo?
¿Practican sus amigos la moderación en el consumo de alcohol?

E. Problemas en el mundo de hoy

En grupos de cuatro o cinco personas, decidan (1) cuáles son los dos problemas más serios de la sociedad de hoy, y (2) cuáles son algunas maneras de tratar de resolver estos problemas. Prepárense para presentar sus ideas a la clase.

Conversación

El medio ambiente

En la cafetería de una universidad hispana.

JOSÉ   ¡Hola! ¿Qué hay de nuevo?

MARTÍN   ¿Cómo estás, hombre? Hoy la conversación va por el medio ambiente.

JOSÉ   ¡Bah! Ustedes lo toman todo tan en serio. Los ambientalistas quieren asustarnos.

JULIA No es verdad. La contaminación del aire es un problema serio que afecta a muchas personas.

ROSA Y además siguen cortando bosques y selvas, ahora también en Indonesia. No podemos seguir así; nos vamos a quedar sin recursos forestales.

JOSÉ ¡Bueno, bueno! Tienen razón, pero simplemente hablar de ello no es una solución.

MARTÍN No. No es una solución. Debemos tomar más en serio el reciclaje.

ROSA Y conservar más energía. Apagar las luces cuando no las necesitamos.

MARTÍN A propósito. Sería buena idea recoger firmas para impedir que construyan esa planta de energía nuclear cerca de aquí.

JOSÉ Pero la planta producirá muchos puestos de trabajo.

JULIA Sí, pero no será buena para el aire y puede ser muy peligrosa si hay un accidente. ¿Recuerdan el incidente de Chernobyl?

MARTÍN José, tú eres el primero que ha hablado a favor de actuar. Tú debes también ser el que recoja la primera firma.

JOSÉ ¡Ay! No sé, no sé. A veces pienso que hablo demasiado.

In the cafeteria of an Hispanic university.

JOSÉ Hi! What's up?

MARTÍN How are you, man? Today the conversation is on the environment.

JOSÉ Bah! You take everything too seriously. The environmentalists want to scare us.

JULIA That's not true. Air pollution is a problem that affects a lot of people.

ROSA And besides, they keep cutting down forests and jungles, now even in Indonesia. We can't go on like this. We won't have any forest resources left.

JOSÉ OK, OK. You're right, but simply talking about it is not a solution.

MARTÍN No, it isn't a solution. We should take recycling more seriously.

ROSA And save more energy. Turn off lights when we don't need them.

MARTÍN By the way. It would be a good idea to collect signatures to stop the nuclear energy plant they're constructing near here.

JOSÉ But the plant will produce a lot of jobs.

JULIA Yes, but it won't be good for the air and it can be dangerous if there is an accident. Do you remember the Chernobyl incident?

MARTÍN José, you're the first who has talked about doing something. You should also be the one who gets the first signature.

JOSÉ Oh, my gosh! I don't know, I don't know. At times I think I talk too much.

COMPRENSIÓN

Conteste brevemente.

1. ¿De qué hablan los estudiantes?
2. Según Julia, ¿cuál es un problema serio que afecta a muchas personas?
3. Según Rosa, ¿por qué nos vamos a quedar sin recursos forestales?
4. Según los estudiantes, ¿cuáles son algunas soluciones?
5. ¿Qué proponen hacer los estudiantes para que no construyan la planta de energía nuclear?
6. ¿Por qué está José a favor de la construcción de la planta?
7. ¿Bajo qué circunstancias puede ser muy peligrosa la planta?

ACTIVIDAD

En grupos de tres estudiantes preparen una conversación similar en la que debaten uno de los temas siguientes:

1. el progreso tecnológico en contra de la conservación de la naturaleza
2. la exploración del espacio en contra de otras causas en este planeta
3. otro tema controversial actual

En su opinión, ¿qué temas actuales (*contemporary*) discuten estos estudiantes?
México, D. F.

I. TALKING ABOUT WHAT MIGHT OR WOULD HAPPEN IN CERTAIN
    CIRCUMSTANCES: El condicional

The conditional tells what would *happen.*
    The conditional tense of all regular **-ar, -er,** *or* **-ir** *verbs is formed by adding
the following endings to the* complete *infinitive. Note that the conditional endings are identical to the imperfect tense endings of* **-er** *and* **-ir** *verbs.*

---

infinitive + **-ía, -ías, -ía, -íamos, -íais, -ían**

---

apoyar		**proteger**		**construir**	
apoyar**ía**	*I would support*	proteger**ía**	*I would protect*	construir**ía**	*I would construct*
apoyar**ías**	*You would support*	proteger**ías**	*You would protect*	construir**ías**	*You would construct*
apoyar**ía**	etc.	proteger**ía**	etc.	construir**ía**	etc.
apoyar**íamos**		proteger**íamos**		construir**íamos**	
apoyar**íais**		proteger**íais**		construir**íais**	
apoyar**ían**		proteger**ían**		construir**ían**	

*The following verbs add regular conditional endings to irregular stems. These are
the same verbs that have irregular stems in the future. The irregular stems for
both the future and the conditional are identical.*

	Stem	Endings	Example: **hacer**
decir	**dir-**		
hacer	**har-**		
poder	**podr-**	**-ía**	**haría**
poner	**pondr-**	**-ías**	**harías**
querer	**querr-**	**-ía**	**haría**
saber	**sabr-**	**-íamos**	**haríamos**
salir	**saldr-**	**-íais**	**haríais**
tener	**tendr-**	**-ían**	**harían**
venir	**vendr-**		

The conditional of **hay** *(there is, there are) is* **habría** *(there would be).*

Práctica y comunicación

F.   Todos dijeron lo que harían para ayudar a la sociedad.

Modelo   Yo dije que. . .reciclar el aluminio
Dije que reciclaría el aluminio.

1.   Yo dije que. . .reciclar el papel
                          recoger la basura
2.   Tú dijiste que. . .plantar árboles
                          proteger a los animales
3.   Nosotros dijimos que. . .construir casas para los pobres
                          preparar comida para los sin hogar
4.   Mis amigos dijeron que. . .usar menos gasolina
                          conservar la electricidad
5.   El (la) profesor(a) dijo que. . .comprar productos reciclables
                          cultivar un jardín

G.   Estudiantes universitarios ideales

¿Harían o no harían las siguientes cosas?

Modelo   poner la basura en los cubos de basura
Sí, pondrían la basura en los cubos de basura.

1.   venir a las clases tarde
2.   hacer la tarea
3.   salir de las clases temprano
4.   saber casi todas las respuestas
5.   poder entender toda la materia
6.   querer ayudar a otros estudiantes
7.   decir mentiras a los profesores
8.   usar drogas
9.   participar en causas buenas
10.   divertirse con sus amigos

H. Con mucha imaginación

Trabajando en grupos pequeños indiquen lo que ustedes **harían** en los siguientes lugares. Den tantas posibilidades como sea posible.

1.	en Alaska	**5.**	en las montañas
2.	en Puerto Rico	**6.**	en la selva
3.	en la playa	**7.**	en casa
4.	en el desierto	**8.**	en Nueva York

¿Por qué NO debemos botar todo lo que no necesitamos?
En vez de botar las cosas que no necesitamos, ¿qué podemos hacer?

II. REACTING TO PAST ACTIONS OR EVENTS: El imperfecto de subjuntivo

You have studied many different concepts and uses of the subjunctive and practiced the present subjunctive *(relating actions that take place in the present or in the future) and the* present perfect subjunctive *(relating actions and events that have taken place in the immediate past).*

Espero que **ayuden** a los pobres.
Me alegro de que los **hayan ayudado**.

The imperfect (past) subjunctive relates actions or events that took place in the past.

Mis padres no **querían** que yo **participara** en la manifestación.
        (past)   *(imperfect subjunctive)*

Mis padres me **dijeron** que me **quedara** en casa.
        (past)   *(imperfect subjunctive)*

The imperfect subjunctive of **-ar, -er,** *or* **-ir** *verbs is formed by using the* **ellos** *form of the preterit tense indicative minus the* **-ron** *and adding the following endings. The imperfect subjunctive thus automatically reflects all irregularities of the preterit.*

1. **ellos** form of the preterit indicative
2. minus **-ron**
3. plus endings **-ra, -ras, -ra, ´ramos, -rais, -ran**

-ar verbs	**-er** verbs	**-ir** verbs
ayudar: ayudaron	**entender**: entendieron	**vivir**: vivieron
ayudar**a**	entendier**a**	vivier**a**
ayudar**as**	entendier**as**	vivier**as**
ayudar**a**	entendier**a**	vivier**a**
ayudár**amos**	entendiér**amos**	viviér**amos**
ayudar**ais**	entendier**ais**	vivier**ais**
ayudar**an**	entendier**an**	vivier**an**

Otros modelos:
dormir: durmieron **durmiera, durmieras,** etc.
pedir: pidieron **pidiera, pidieras,** etc.
ir: fueron **fuera, fueras,** etc.
tener: tuvieron **tuviera, tuvieras,** etc.
estar: estuvieron **estuviera, estuvieras,** etc.
construir: construyeron **construyera, construyeras,** etc.

statement #1 + conjunction + statement #2			
present	>	present subjunctive	**Espero** que **vaya.**
		present perfect subjunctive	**Espero** que **haya ido.**
preterit	>	past subjunctive	Le **dije** que **fuera.**
imperfect			**Esperaba** que **fuera.**

Note

1. The past perfect subjunctive is formed by using the imperfect subjunctive of **haber (hubiera, hubieras, hubiera, hubiéramos, hubierais, hubieran)** plus the past participle.

   Temían que no **hubiéramos llegado** a tiempo.
   They were afraid that we had not arrived on time.

2. **Hubiera** is also the imperfect subjunctive form of **había** (*there was, there were*).

   Sentía que **hubiera** tanta pobreza en el mundo.
   I was sorry that there was so much poverty in the world.

Práctica y comunicación

I. Voluntarios

Indique lo que las personas pudieran hacer en las siguientes situaciones. Use el imperfecto de subjuntivo.

En la casa de ancianos (elderly)
1. Durante mi primer año en la universidad algunos amigos míos me pidieron que yo. . .
   ir con ellos a una casa de ancianos
   ayudar a los ancianos
   pasar tiempo con ellos
   leerles periódicos
   llevarles regalos
   volver a visitarlos frecuentemente

En un orfanato (orphanage)

2. En nuestro trabajo de verano en un orfanato situado en Asunción, Paraguay, los niños querían que nosotros. . .

> jugar con ellos
> hacerles galletas
> traerles regalos
> enseñarles inglés
> contarles cuentos
> abrazarlos mucho

En un refugio para los sin hogar

3. Los miembros de una iglesia buscaban jóvenes voluntarios que pudieran ayudarles en el refugio. Querían que algunos estudiantes. . .

> recoger ropa para el refugio
> venir al refugio los sábados
> preparar la comida
> poner las mesas
> servir la comida
> limpiar la cocina

¿Cómo puede usted ayudar a salvar vidas?
¿Ha donado usted sangre?
(Si no, ¿por qué no?)

J.   La misión de Natalia en los Andes

Natalia, quien trabajaba de voluntaria en una clínica en el Perú, recibió noticia que Los Nevados, un pueblo remoto situado en los Andes, necesitaba medicina. Decidió visitar el pueblo para llevarles las cosas solicitadas. ¿Qué **era necesario** que hiciera ella?

Modelo   Era necesario que Natalia. . .

Era necesario que Natalia llevara su mochila, la medicina y comida.

Era necesario que Natalia . . .

Era necesario que Natalia . . .

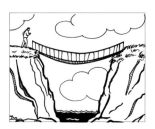

K.   **Etapas (*Stages*) en mi vida personal**

Trabajando en parejas, comenten lo que pasaba en su vida personal durante las etapas indicadas. Den una variedad de posibilidades.

1.   Cuando tenía diez años,
      yo temía que. . .
      yo quería que. . .
      yo me alegraba de que. . .

2. Cuando estaba en la escuela secundaria,
   yo buscaba un(a) novio(a)/amigo(a) que. . .
   mis padres querían que. . .
   mis profesores recomendaban que. . .

3. Cuando salí para la universidad,
   yo dudaba que mis amigos de la escuela secundaria. . .
   mis padres esperaban que. . .
   yo temía que mi nuevo compañero(a) de cuarto. . .

L.   El mundo de hoy

En grupos de cuatro, refiéranse a los dibujos en las páginas 468–469 para indicar las reacciones que tuvieron al ver las escenas que se presentaron allí.

Modelo   Me alegraba de que. . .
   Me alegraba de que reciclaran el aluminio, etc.

Posibles reacciones:

Temía que. . .	Era urgente que. . .
Me alegraba de que. . .	Era necesario que. . .
Dudaba que. . .	Era importante que. . .
Sentía que. . .	Era improbable que. . .
Esperaba que. . .	Era una lástima que. . .

M.   Mis reacciones

Ayer usted leyó los siguientes titulares (*headlines*) en el periódico. Ahora diga qué reacción tuvo al leer cada titular. Use el pasado perfecto de subjuntivo.

Modelo   ¡Llegaron al planeta Venus!
   Me alegraba de que. . .
   Me alegraba de que hubieran llegado al planeta Venus.

Posibles reacciones:

Me alegraba de que. . .	**Era una tragedia que. . .**
Sentía que. . .	**Era una lástima que. . .**
Lamentaba que. . .	

1. ¡La policía encontró al jefe del cartel narcotraficante!

2. ¡Se escaparon dos prisioneros!

3. ¡Destruyeron cien millones de metros cuadrados de bosque tropical en el Amazonas!

4. ¡El petróleo contaminó el río Tibes!

5. ¡Firmaron el acuerdo de paz!

6. ¡Decidieron a favor del desarme!

7. ¡Los sin hogar sufrieron en el frío!

8. ¡Actores apoyaron la causa del SIDA!

9. ¡La famosa Ninotchka murió de cáncer!

10. ¡Fifí y Ronaldo se divorciaron!

Noticias culturales
Manifestaciones estudiantiles

En los países hispanos los estudiantes viven muy *sumergidos* en los problemas *involved*
políticos y sociales que afectan a su país. No es extraño encontrar a estudiantes
en una manifestación callejera protestando contra las injusticias sociales, los
gobiernos represivos o la contaminación del aire o de los ríos. Además, en mu-
chos países los estudiantes *se han aliado* con la clase *obrera* en *huelgas* y mani- *have allied themselves /*
festaciones durante las cuales los obreros pedían mejores condiciones de trabajo. *working / strikes*
A veces se ven piquetes de estudiantes protestando dentro del *recinto* universi- *campus*
tario. En estas circunstancias protestan contra las condiciones educativas a que
están expuestos, o una *subida* del precio de la matrícula. *rise*

¿Qué hacen los estudiantes y los
profesores?
México, D. F.

COMPRENSIÓN

1. ¿Dónde no es extraño encontrar a estudiantes hispanos?
2. En general, ¿qué protestan?
3. En muchos países hispanos, ¿con quiénes se han aliado los estudiantes? ¿Ocurre esto con frecuencia en los Estados Unidos?
4. En este país, ¿hay muchas manifestaciones en que participan los estudiantes? (¿Qué protestan?)

 III.   POSING HYPOTHETICAL SITUATIONS: Cláusulas con **si** y **ojalá (que)**

A.   Cláusulas con si

The past subjunctive may be used in a clause beginning with "if" to pose a situation that is hypothetical, i.e., very unlikely to occur or contrary-to-fact. The conditional is used in the main clause to express the result, i.e., what would occur as a consequence.

Si **tuviera** el dinero, se lo **donaría** a los pobres.
If I had the money, I would donate it to the poor.
   (hypothetical situation)   (result/outcome)

Participaría en la manifestación si mis padres me **permitieran**.
I would participate in the demonstration if my parents were to permit me.
   (result/outcome)   (hypothetical situation)

---

si + imperfect subjunctive + conditional
   or
conditional + **si** + imperfect subjunctive

If an "if" clause poses a situation that is likely to occur, i.e., not obviously contrary-to-fact, the present indicative is used.

Si **piden** nuestra ayuda, **vamos a ayudarlos**.
If they ask for our help, we'll help them.

B.   Cláusulas con ojalá (que)

Ojalá *or* **ojalá que** (I wish/if only) *may be used with the imperfect subjunctive to pose a strongly wished-for situation, i.e., one that is hypothetical or contrary-to-fact.*

Ojalá (que) resolvieran el problema pronto.
I wish/If only they would resolve the problem soon.

Refrán: **Si el mozo supiera y el viejo pudiera, no habría cosa que no se hiciera.**

¿Cómo interpreta usted este refrán?

Práctica y comunicación

N. Posibilidades

Conteste para indicar lo que usted haría en las circunstancias indicadas.

1. Si usted no tuviera que estudiar, ¿qué le gustaría hacer?

2. Si usted pudiera viajar a cualquier (*any*) parte del mundo, ¿adónde viajaría? ¿Por qué?

3. Si usted tuviera **mucho** dinero, ¿cómo podría utilizarlo bien?

4. Si usted fuera amigo(a) de un(a) drogadicto(a), ¿qué haría?

5. Si usted fuera presidente de una compañía industrial, ¿que cosas propondría?

O. Emociones

Exprese las posibles causas de sus sentimientos.

1. Estaría muy triste si. . .

2. Estaría muy preocupado(a) si. . .

3. Estaría muy enojado(a) si. . .

4. Estaría muy sorprendido(a) (*surprised*) si. . .

5. Estaría muy contento(a) si. . .

P. Fantasías

Exprese lo que usted haría si estuviera ahora mismo en los lugares indicados.

1. Si estuviera en España. . .

2. Si estuviera en México. . .

3. Si estuviera en Panamá. . .

4. Si estuviera en Puerto Rico. . .

5. Si estuviera en el Perú. . .

Q.   La imaginación

Según los dibujos y usando bien la imaginación, indique lo que usted haría bajo las circunstancias indicadas.

Modelo   **Si estuviera en la selva, miraría la naturaleza, me escaparía de las serpientes, exploraría el río,** etc.

Si / estar . . .

Si / ser . . .

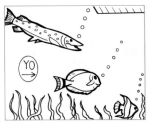

Si / ser . . .

Si / tener que vivir . . .

Si / vivir . . .

Si / estar en la prisión . . .

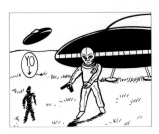

Si / ver un extraterrestre . . .

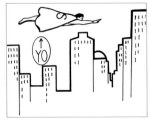

Si / ser . . .

Si / ser invisible . . .

R. Una cadena (*chain*) de posibilidades

La clase se divide en seis o siete grupos. Cada grupo recibe uno de los siguientes temas. Cada grupo, con mucha imaginación, construye una cadena
larguísima (muy, muy larga) de condiciones y resultados según el modelo.
Después lean sus "creaciones" a la clase.

Modelo   Si tuviera mil dólares. . .
              Si tuviera mil dólares, haría un viaje.
              Si hiciera un viaje, iría a México.
              Si fuera a México, comería muchas tortillas.
              Si comiera muchas tortillas, . . .etc.

1. Si tuviera un coche nuevo. . .

2. Si tuviera tiempo. . .

3. Si tuviera un novio (una novia) muy especial. . .

4. Si no estuviera aquí. . .

5. Si pudiera hablar japonés. . .

6. Si viviera en un castillo (*castle*). . .

7. (Condiciones originales). . .

Enviar flores
a mamá es como
enviar abrazos.

Cuando le envías flores a
mamá en el Día de las Madres,
le estas diciendo todo
lo que le dirías si estuvieras
con ella. Visita tu
Florista FTD, será la forma
más maravillosa de enviar
un pedacito de ti.

®Marca registrada por FTDA. ©1989 FTDA.

Enviar flores a mamá para el Día de las Madres es
como si (*as if*) enviaras . . .
Enviar flores a mamá es como si estuvieras . . .

S. ¡Ojalá!

Conteste las siguientes preguntas para indicar lo que usted desea o espera.
Siga el modelo.

Modelo   ¿Está aquí su compañero(a) de cuarto?
              No. Ojalá que estuviera aquí.

1. ¿Habla usted el español como un(a) natural del país? **No. Ojalá que. . .**
2. ¿Sabe usted todas las respuestas para el examen?
3. ¿Enseña aquí el profesor Einstein?
4. ¿Viene su novio(a) de visita este fin de semana?
5. ¿Puede usted ir al cine con nosotros?
6. ¿Conoce usted a la Madre Teresa?
7. ¿Participan todos los estudiantes en trabajos voluntarios?
8. ¿Podemos eliminar el hambre y la pobreza?
9. ¿Es posible evitar la guerra?
10. ¿Existe el amor perfecto?

T.   Más deseos y esperanzas

En parejas, completen las siguientes oraciones con una variedad de posibilidades.

1. Ojalá que mis padres. . .
2. Ojalá que mi profesor(a) de español. . .
3. Ojalá que mi compañero(a) de cuarto. . .
4. Ojalá que el (la) presidente de la universidad. . .
5. Ojalá que los políticos. . .
6. Ojalá que los científicos. . .

IV.   EXPRESSING ONESELF EMPHATICALLY: -ísimo

*Spanish speakers commonly add **-ísimo(a)(os)(as)** to an adjective or **-ísimo** to an adverb for emphasis. In such cases **-ísimo** adds the superlative meaning of extremely or super.*

Dos actores contribuyeron **muchísimo** dinero.
Estábamos **contentísimos** al recibir el cheque.

*In accented words like **difícil**, the accent is dropped in the word itself.*

difícil → dif**i**cil**í**simo

*Words with **c, g** or **z** in the last syllable require a spelling change.*

simpático → simpati**quí**simo
largo → lar**guí**simo
feliz → feli**c**ísimo

Práctica y comunicación

U.   Somos buenísimos

Conteste las preguntas para expresar su opinión. Use el superlativo **"-ísimo"** para dar énfasis a su descripción.

1.   ¿Cómo describe usted a los estudiantes en esta clase?
     (posibilidades: excelente, inteligente, guapo, bueno, simpático, divertido)
2.   ¿Cómo describe usted a la profesora (al profesor) de español?
     (posibilidades: alto, bajo, fuerte, inteligente, simpático, interesante, cómico, bueno)
3.   ¿Cómo describe usted los exámenes de la clase de español?
     (posibilidades: difícil, fácil, largo)
4.   ¿Cómo describe usted algunas de las clases en la universidad? **La clase de. . .**
     (posibilidades: grande, difícil, fácil, bueno, malo, excelente, aburrido, interesante)
5.   ¿Cómo describe la vida social aquí en la universidad?
     (posibilidades: bueno, malo, divertido, aburrido)
6.   ¿Cómo describe la condición en que usted está hoy?
     (posibilidades: contento, cansado, enojado, preocupado, nervioso)

Y ahora. . .Es el fin del semestre.

7.   ¿Cómo estamos todos?
8.   ¿Cuánto hemos aprendido en esta clase?
9.   ¿Y cómo ha sido la clase?

En resumen

En grupos o individualmente desarrolle(n) (develop) un plan a base de la siguiente pregunta:

   Si usted(es) pudiera(n) construir un nuevo mundo, ¿cómo lo haría(n)?

Panorama cultural

Nuestro mundo

¿Por qué es tan peligrosa la radiactividad?

¿Es el hombre "asesino de los mares"?

¿Es posible aprovechar (*utilize*) los bosques sin destruirlos?

Para aprender algunas perspectivas en cuanto a estas preguntas, lea las siguientes selecciones, tomadas de revistas y periódicos hispanos.

(Recuerde: Para entender las ideas básicas de cada artículo, no es necesario entender cada palabra.)

De la revista "Muy interesante"

(edición de Bogotá, Colombia)

LOS EFECTOS DE LA RADIACTIVIDAD EN EL HOMBRE

UN FANTASMA RECORRE EL MUNDO

Alarma en la central nuclear. La fusión del reactor y la rotura de su contenedor han liberado a la atmósfera una invisible y mortífera nube radiactiva. Empujada por los vientos y arrastrada por la lluvia envenena aguas, pastos y cultivos, hasta que al final llega a los alimentos de nuestra mesa.

Palabras esenciales: **rotura** (*rupture, breakdown*); envenena (*poisons*)

LA MAS MINIMA DOSIS DE RADIACION PUEDE RESULTAR PERJUDICIAL

COMPRENSIÓN

Describa en sus palabras cómo la radiactividad puede afectar al hombre.

De la revista "Geomundo"
(Virginia Gardens, Florida)

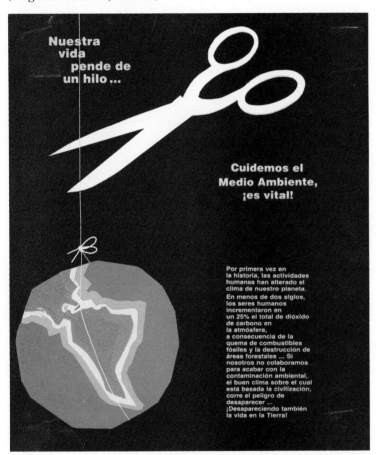

Nuestra vida pende de un hilo...

Cuidemos el Medio Ambiente, ¡es vital!

Por primera vez en la historia, las actividades humanas han alterado el clima de nuestro planeta. En menos de dos siglos, los seres humanos incrementaron en un 25% el total de dióxido de carbono en la atmósfera, a consecuencia de la quema de combustibles fósiles y la destrucción de áreas forestales ... Si nosotros no colaboramos para acabar con la contaminación ambiental, el buen clima sobre el cual está basada la civilización, corre el peligro de desaparecer ... ¡Desapareciendo también la vida en la Tierra!

Palabras esenciales: **hilo** (*thread*); **incrementaron** (*increased*); **quema** (*burning*); **desaparecer** (*to disappear*)

COMPRENSIÓN

1. Por primera vez, ¿qué han hecho las actividades humanas?
2. ¿Qué ha causado la alteración del clima?
3. ¿Qué peligro corre la civilización si no colaboramos para cambiar la situación?

De la revista "Somos" (Lima, Perú)

SOMOS informe

LOS Rios y los Mares...se Mueren

La contaminación de rios y mares amenaza a toda la humanidad. Y 'accidentes' como el ocurrido recientemente en el Rin, -la principal arteria fluvial de Europa- cuando se vertieron en sus aguas toneladas de pesticidas, son una muestra del poco cuidado del hombre por conservar el equilibrio ecológico.

Palabras esenciales: **amenaza** (*threatens*); **se vertieron** (*poured into*); **toneladas** (*tons*)

YVES COUSTEAU:
"El hombre, asesino de los mares"

Considerado el más grande oceanógrafo de nuestros días, el comandante francés Jacques Yves Cousteau se jacta de que no hay un sólo mar en el mundo que él no haya navegado... y estudiado, a bordo de su famosa nave 'Calypso'. Y no sólo mares. Cousteau ha recorrido también las profundidades del Titicaca, ha surcado -no hace mucho- el Amazonas y durante meses estuvo en el Mar Rojo conviviendo con feroces tiburones.

Pues bien, Cousteau teme también por la 'salud' de la masa acuífera de la tierra. En uno de sus viajes entre Europa y América comprobó -y denunció- que las aguas del Atlántico tenían una alta contaminación. "El Atlántico se está muriendo' -fueron sus palabraas.

Al igual que el noruego Heyerdahl, Cousteau sigue bregando por la conservación ecológica de los mares. Pero a differencia del noruego, Cousteau piensa que en el futuro el hombre podrá vivir en el fondo del mar. Y para ello ha organizado varias exitosas expediciones en las que grupos de hombres han vivido, durante semanas, en 'casas' submarinas, para demostrar, como él cree, que el mar sí es habitable.

Palabras esenciales: **se jacta** (*boasts*); **tiburones** (*sharks*); **masa acuífera** (*water mass*); **bregando** (*working hard for*); **fondo** (*depth, bottom*)

COMPRENSIÓN

1. ¿Qué accidente ocurrió en el río Rin (*Rhine*)?

2. ¿Por qué sabe tanto Jacques Yves Cousteau de los mares del mundo? ¿Qué dice él del Océano Atlántico?

3. Según Cousteau, ¿dónde podrá vivir el hombre en el futuro? ¿Qué piensa usted de esta idea?

Del periódico "El Universal" (Mérida, Venezuela)

COMPRENSIÓN

1. Según el conferencista, ¿por qué debe ser preservada la selva amazónica?

2. Según el famoso científico, ¿de qué manera se deben usar los bosques de la selva amazónica?

3. ¿Qué han podido hacer los indígenas que viven en la selva amazónica?

4. ¿Cree usted que el mundo industrializado puede utilizar los bosques sin destruirlos?

Palabras esenciales: **aprovechando** (*utilizing*); **reto** (*challenge*); **cuenca** (*basin*); **madera** (*wood*)

Amenazas sobre la selva amazónica puede cambiarlas el turismo controlado

Un conferencista, en el Bolívar Hall de Londres, llamó la atención sobre los riesgos que corre la selva amazónica

LONDRES, septiembre (Venpres Internacional) — "La selva amazónica debe ser preservada con el objeto de salvar el clima del mundo y las especies que allí se encuentran", dijo el científico británico Chillean T. Prance, director de los Jardines Reales de Londres, en una conferencia que dictó en el Bolívar Hall de la Embajada de Venezuela.

El profesor Prance, quien fue director del Instituto de Botánica del Jardín Botánico de Nueva York, advirtió que debe buscarse una manera de utilizar los bosques de la selva amazónica aprovechando sus posibilidades, pero sin destruir las reservas botánicas que allí existen. En ese sentido precisó que debe estudiarse cómo los indígenas han vivido durante tantos años en la región, desarrollando sistemas de agricultura y aprovechando los bosques sin destruirlos.

Asimismo señaló que hay una tendencia irracional en la explotación de los bosques amazónicos. "Estos bosques pueden ser de mucha utilidad, pero no deben explotarse de la manera como algunos locos en Brasil lo están haciendo".

A su juicio, el reto del mundo industrializado es desarrollar productos derivados de la selva, mientras que los países de la cuenca amazónica deben buscar nuevas maneras de usar la flota útil; estima que el diez por ciento de la región que ha sido destruida, debe ser restaurada con plantaciones de madera y otras especies.

Recuerda que las pocas areas con buenos suelos deben ser explotadas racionalmente.

De la revista "Muy interesante" (edición de México)

HAY COSAS QUE LLEGAN POR SUERTE...

... pero hay otras que no se pueden dejar a la suerte.

Nuestro país cuenta con importantes reservas naturales, como El Vizcaíno, en Baja California Sur, Montes Azules, en la chiapaneca Selva Lacandona, o Sian Ka'an, en Quintana Roo. Las reservas naturales son amplias zonas que se protegen para conservar la flora y la fauna del lugar. Pero sólo en su corazón permanecen intactas, en el resto de su territorio se utilizan racionalmente los recursos, se llevan a cabo estudios y se reforesta el terreno.

Con estas reservas se mantiene nuestra riqueza natural y, sobre todo, el clima adecuado para que las lluvias no disminuyan. Conservarlas en buen estado es tarea de todos.

LOTERIA NACIONAL
PARA LA ASISTENCIA PUBLICA

Palabra esencial: **suerte** (*luck*)

COMPRENSIÓN

1. ¿Para qué se protegen las varias reservas naturales de México?
2. ¿Qué dos cosas se mantienen con estas reservas?
3. ¿Quiénes tienen la tarea de conservar las reservas naturales?
4. En su opinión, ¿qué puede pasar si dejamos la conservación "a la suerte"?

Describa las escenas que usted ve en las siguientes fotos.
¿Qué debemos hacer para conservar regiones como éstas?

Repaso de vocabulario activo

ADJETIVOS

conservador(a)   peligroso(a)
liberal

PALABRAS Y EXPRESIONES ÚTILES

a causa de   respecto a   todo el mundo
por todas partes   si

SUSTANTIVOS

El medio ambiente

la contaminación	la energía nuclear	el planeta
el desperdicio tóxico	la fábrica	el recurso natural

La política y la sociedad

el arma nuclear (f.)	el desempleo	la manifestación	el país
la causa	el empleo	la nación	la paz
el derecho	el gobierno	las noticias	el punto de vista
el desarme	la guerra	la opinión	

Los problemas humanos

el alcohol	la discriminación	el peligro	el tabaco
el cáncer	la droga	la pobreza	la víctima
el crimen	la enfermedad	el prejuicio	la vida
el criminal	el hambre	el SIDA	la violencia
la cura	la muerte	los sin hogar	

VERBOS Y EXPRESIONES VERBALES

apoyar	enseñar	proponer	votar (por)
conservar	escoger	proteger	
construir	luchar	protestar	estar de acuerdo
contaminar	matar	reciclar	estar en contra de
decidir	participar	resolver (ue)	estar a favor de
destruir	plantar	robar	no tener razón
eliminar	prevenir (ie)	sufrir	tener razón

Autoexamen y repaso # 14

I. El condicional

Diga lo que las personas harían con un millón de dólares.

Modelo   Carlos/comprar una casa
Carlos compraría una casa.

1. Yo/viajar a muchos países
2. Mis padres/poder viajar conmigo
3. Alicia/dar el dinero a los pobres

4. Pepe/poner el dinero en el banco
5. Nosotros/luchar contra las drogas
6. Mónica y Lupe/construir casas para los sin hogar
7. Tú/apoyar varias causas buenas
8. Ustedes/tener muchas vacaciones

II. El imperfecto de subjuntivo

Indique los deseos y las reacciones de usted y de algunos miembros de la familia.

Modelo   ¿Qué querías? mi hermano/no apoyar esa causa
            Quería que mi hermano no apoyara esa causa.

1. ¿Qué querías? mi hermano/ser más conservador
                mi hermano/encontrar empleo
                mi hermano/resolver sus problemas
2. ¿Qué esperaban los padres? los hijos/estar de acuerdo
                              los hijos/no tener prejuicios
                              los hijos/no ir a la guerra
3. ¿Qué sugería el abuelo? tú/escuchar las noticias
                            tú/participar en las elecciones
                            tú/votar por el mejor candidato
4. ¿De qué se alegraba la abuela? nosotros/reciclar muchas cosas
                                  nosotros/no sufrir
                                  nosotros/tener razón

III. Cláusulas con **si** y **ojalá**

A. Haga usted oraciones indicando la condición (**si**. . .) y el resultado.

Modelo   conseguir un trabajo/ganar dinero
            Si consiguiera un trabajo, ganaría dinero.

1. ganar dinero/ahorrarlo
2. ahorrarlo/tener mucho dinero
3. tener mucho dinero/comprar un carro
4. comprar un carro/hacer un viaje
5. hacer un viaje/ir a México
6. ir a México/quedarme allí dos meses
7. quedarme allí dos meses/perder mi trabajo
8. perder mi trabajo/no tener dinero

B. Indique sus deseos en las siguientes situaciones, usando la expresión **ojalá**.

Modelo   Mi padre es muy conservador.
           Ojalá (que) no fuera tan conservador.

1. El medio ambiente está muy contaminado.
2. Hay mucho desempleo en esta ciudad.
3. Tenemos guerras en el mundo hoy.
4. Muchas personas sufren del SIDA y del cáncer.

IV.   Para expresarse con énfasis: **-ísimo**

Exprésese usted con mucho énfasis, usando **-ísimo(a)(os)(as).**

Modelo   Yo tengo mucho dinero, pero mi padre tiene. . .
           . . .muchísimo.

1. El español es difícil, pero las matemáticas son. . .
2. Todos mis amigos son simpáticos, pero ella es. . .
3. La película es larga, pero el libro es. . .
4. Los otros estudiantes son buenos, pero nosotros somos. . .

V.   Repaso general del Capítulo 14

A.   Conteste en oraciones completas.

1. En su opinión, ¿qué deben hacer las industrias respecto al medio ambiente?
2. ¿Está usted en favor o en contra de las armas nucleares? ¿Por qué?
3. ¿Cuáles son algunos problemas serios en nuestra nación hoy?
4. ¿Qué quería usted que sus amigos hicieran para ayudar a los sin hogar?

B.   Traduzca al español.

1. If he were here, he would help her.
2. We were hoping that she would come.
3. She would be here if it were possible.
4. It was a shame that we didn't see her.
5. I wish (*ojalá*) that we could see her next week.
6. It is extremely important (*-ísimo*) that we talk with her.

Appendix 1

Verbs

A.   Conjugation of regular verbs

Infinitive

-ar	**-er**	**-ir**
hablar, *to speak*	comer, *to eat*	vivir, *to live*

Present Participle

hablando, *speaking*	comiendo, *eating*	viviendo, *living*

Past Participle

hablado, *spoken*	comido, *eaten*	vivido, *lived*

Indicative Mood

Present

I speak, do speak, am speaking, etc.	*I eat, do eat, am eating, etc.*	*I live, do live, am living, etc.*
hablo	como	vivo
hablas	comes	vives
habla	come	vive
hablamos	comemos	vivimos
habláis	coméis	vivís
hablan	comen	viven

Preterit

I spoke, did speak, etc.	*I ate, did eat, etc.*	*I lived, did live, etc.*
hablé	comí	viví
hablaste	comiste	viviste
habló	comió	vivió –
hablamos	comimos	vivimos
hablasteis	comisteis	vivisteis
hablaron	comieron	vivieron

Imperfect

I was speaking, used to speak, spoke, etc.	*I was eating, used too eat, ate, etc.*	*I was living, used to live, lived, etc.*
hablaba	comía	vivía
hablabas	comías	vivías
hablaba	comía	vivía
hablábamos	comíamos	vivíamos
hablabais	comíais	vivíais
hablaban	comían	vivían

Future

I will speak, etc.
hablaré
hablarás
hablará
hablaremos
hablaréis
hablarán

I will eat, etc.
comeré
comerás
comerá
comeremos
comeréis
comerán

I will live, etc.
viviré
vivirás
vivirá
viviremos
viviréis
vivirán

Conditional

I would speak, etc.
hablaría
hablarías
hablaría
hablaríamos
hablaríais
hablarían

I would eat, etc.
comería
comerías
comería
comeríamos
comeríais
comerían

I would live, etc.
viviría
vivirías
viviría
viviríamos
viviríais
vivirían

Present Perfect

I have spoken, etc.
he hablado
has hablado
ha hablado
hemos hablado
habéis hablado
han hablado

I have eaten, etc.
he comido
has comido
ha comido
hemos comido
habéis comido
han comido

I have lived, etc.
he vivido
has vivido
ha vivido
hemos vivido
habéis vivido
han vivido

Past Perfect (Pluperfect)

I had spoken, etc.
había hablado
habías hablado
había hablado
habíamos hablado
habíais hablado
habían hablado

I had eaten, etc.
había comido
habías comido
había comido
habíamos comido
habíais comido
habían comido

I had lived, etc.
había vivido
habías vivido
había vivido
habíamos vivido
habíais vivido
habían vivido

Future Perfect

I will have spoken, etc.
habré hablado
habrás hablado
habrá hablado
habremos hablado
habréis hablado
habrán hablado

I will have eaten, etc.
habré comido
habrás comido
habrá comido
habremos comido
habréis comido
habrán comido

I will have lived, etc.
habré vivido
habrás vivido
habrá vivido
habremos vivido
habréis vivido
habrán vivido

Conditional Perfect

I would have spoken, etc.
habría hablado
habrías hablado

I would have eaten, etc.
habría comido
habrías comido

I would have lived, etc.
habría vivido
habrías vivido

habría hablado	habría comido	habría vivido
habríamos hablado	habríamos comido	habríamos vivido
habríais hablado	habríais comido	habríais vivido
habrían hablado	habrían comido	habrían vivido

Subjunctive Mood

Present Subjunctive

(that) I *(may)* speak, etc.	*(that)* I *(may)* eat, etc.	*(that)* I *(may)* live, etc.
hable	coma	viva
hables	comas	vivas
hable	coma	viva
hablemos	comamos	vivamos
habléis	comáis	viváis
hablen	coman	vivan

Imperfect Subjunctive

(that) I might speak, etc.	*(that)* I might eat, etc.	*(that)* I might live, etc.
hablara	comiera	viviera
hablaras	comieras	vivieras
hablara	comiera	viviera
habláramos	comiéramos	viviéramos
hablarais	comierais	vivierais
hablaran	comieran	vivieran

Present Perfect Subjunctive

(that) I *(may)* have spoken, etc.	*(that)* I *(may)* have eaten, etc.	*(that)* I *(may)* have lived, etc.
haya hablado	haya comido	haya vivido
hayas hablado	hayas comido	hayas vivido
haya hablado	haya comido	haya vivido
hayamos hablado	hayamos comido	hayamos vivido
hayáis hablado	hayáis comido	hayáis vivido
hayan hablado	hayan comido	hayan vivido

Past Perfect (Pluperfect) Subjunctive

(that) I might have spoken, etc.	*(that)* I might have eaten, etc.	*(that)* I might have lived, etc.
hubiera hablado	hubiera comido	hubiera vivido
hubieras hablado	hubieras comido	hubieras vivido
hubiera hablado	hubiera comido	hubiera vivido
hubiéramos hablado	hubiéramos comido	hubiéramos vivido
hubierais hablado	hubierais comido	hubierais vivido
hubieran hablado	hubieran comido	hubieran vivido

Command Forms

usted	hable	coma	viva
	no hable	no coma	no viva
ustedes	hablen	coman	vivan
	no hablen	no coman	no vivan

Command Forms

nosotros	hablemos	comamos	vivamos
	no hablemos	no comamos	no vivamos
tú	habla	come	vive
	no hables	no comas	no vivas
(vosotros)	[hablad]	[comed]	[vivid]
	[no habléis]	[no comáis]	[no viváis]

B. Stem-changing verbs

1. -ar and -er stem-changing verbs: e→ie and o→ue

pensar (ie)   *to think*

Present Indicative: pienso, piensas, piensa, pensamos, pensáis, piensan
Present Subjunctive: piense, pienses, piense, pensemos, penséis, piensen
Commands: piense (usted), piensen (ustedes), pensemos (nosotros), piensa (tú), no pienses (tú), [pensad (vosotros), no penséis (vosotros)]

volver (ue)   *to return*

Present Indicative: vuelvo, vuelves, vuelve, volvemos, volvéis, vuelven
Present Subjunctive: vuelva, vuelvas, vuelva, volvamos, volváis, vuelvan
Commands: vuelva (usted), vuelvan (ustedes), volvamos (nosotros), vuelve (tú), no vuelvas (tú), [volved (vosotros), no volváis (vosotros)]

Other verbs of this type are:

cerrar (ie)	*to close*	almorzar (ue)	*to have lunch*
despertarse (ie)	*to wake up*	contar (ue)	*to count, tell*
empezar (ie)	*to begin*	costar (ue)	*to cost*
encender (ie)	*to turn on (light)*	encontrar (ue)	*to find*
entender (ie)	*to understand*	jugar (ue)	*to play*
nevar (ie)	*to snow*	llover (ue)	*to rain*
perder (ie)	*to lose*	mostrar (ue)	*to show*
querer (ie)	*to wish, want, love*	poder (ue)	*to be able, can*
recomendar (ie)	*to recommend*	recordar (ue)	*to remember*
sentarse (ie)	*to sit down*	resolver (ue)	*to resolve*
acostarse (ue)	*to go to bed*	sonar (ue)	*to sound, ring*

2. -ir stem-changing verbs: e→ie, i and o→ue, u

preferir (ie, i)   *to prefer*

Present Participle: prefiriendo
Present Indicative: prefiero, prefieres, prefiere, preferimos, preferís, prefieren
Preterit: preferí, preferiste, prefirió, preferimos, preferisteis, prefirieron
Present Subjunctive: prefiera, prefieras, prefiera, prefiramos, prefiráis, prefieran
Imperfect Subjunctive: prefiriera, prefirieras, prefiriera, prefiriéramos, prefirierais, prefirieran
Commands: prefiera (usted), prefieran (ustedes), prefiramos (nosotros), prefiere (tú), no prefieras (tú), [preferid (vosotros), no prefiráis (vosotros)]

dormir (ue, u)   *to sleep*

Present Participle: durmiendo
Present Indicative: duermo, duermes, duerme, dormimos, dormís, duermen

Preterit: dormí, dormiste, durmió, dormimos, dormisteis, durmieron
Present Subjunctive: duerma, duermas, duerma, durmamos, durmáis, duerman
Imperfect Subjunctive: durmiera, durmieras, durmiera, durmiéramos, durmierais, durmieran
Commands: duerma (usted), duerman (ustedes), durmamos (nosotros), duerme (tú), no duermas
(tú), [dormid (vosotros), no durmáis (vosotros)]

Other verbs of this type are:
divertirse (ie, i)	*to have a good time*
morir (ue, u)	*to die*
sentir (ie, i)	*to be sorry, regret*
sentirse (ie, i)	*to feel*
sugerir (ie, i)	*to suggest*

3. -ir stem-changing verbs: e→i, i

pedir (i, i)   *to ask for*

Present Participle: pidiendo
Present Indicative: pido, pides, pide, pedimos, pedís, piden
Preterit: pedí, pediste, pidió, pedimos, pedisteis, pidieron
Present Subjunctive: pida, pidas, pida, pidamos, pidáis, pidan
Imperfect Subjunctive: pidiera, pidieras, pidiera, pidiéramos, pidierais, pidieran
Commands: pida (usted), pidan (ustedes), pidamos (nosotros), pide (tú), no pidas (tú), [pedid
(vosotros), no pidáis (vosotros)]

Other verbs of this type are:
conseguir (i, i)	*to get, obtain*
despedirse de (i, i)	*to say good-bye*
reírse (i, i)	*to laugh*
repetir (i, i)	*to repeat*
servir (i, i)	*to serve*
seguir (i, i)	*to follow*
vestirse (i, i)	*to get dressed*

C. Verbs with orthographic changes

1. c→qu

tocar   *to play (instrument)*

Preterit: toqué, tocaste, tocó, tocamos, tocasteis, tocaron
Present Subjunctive: toque, toques, toque, toquemos, toquéis, toquen
Commands: toque (usted), toquen (ustedes), toquemos (nosotros), toca (tú), no toques (tú), [tocad
(vosotros), no toquéis (vosotros)]

Like **tocar** are **buscar,** *to look for;* **explicar,** *to explain;* **pescar,** *to fish;* and **sacar,** *to take out.*

2. z→c

empezar (ie)   *to begin*

Preterit: empecé, empezaste, empezó, empezamos, empezasteis, empezaron
Present Subjunctive: empiece, empieces, empiece, empecemos, empecéis, empiecen
Commands: empiece (usted), empiecen (ustedes), empecemos (nosotros), empieza (tú), no
empieces (tú) [empezad (vosotros), no empecéis (vosotros)]

Like **empezar** are **abrazar**, *to hug*; **almorzar (ue)**, *to have lunch*; and **cruzar**, *to cross*.

3. g→gu

pagar   *to pay (for)*

Preterit: pagué, pagaste, pagó, pagamos, pagasteis, pagaron
Present Subjunctive: pague, pagues, pague, paguemos, paguéis, paguen
Commands: pague (usted), paguen (ustedes), paguemos (nosotros), paga (tú), no pagues (tú),
           [pagad (vosotros), no paguéis (vosotros)]

Like **pagar** are **llegar,** *to arrive*; **jugar (ue),** *to play*; **apagar,** *to turn off*.

4. gu→g

seguir (i, i)   *to follow, continue*

Present Indicative: sigo, sigues, sigue, seguimos, seguís, siguen
Present Subjunctive: siga, sigas, siga, sigamos, sigáis, sigan
Commands: siga (usted), sigan (ustedes), sigamos (nosotros), sigue (tú), no sigas (tú), [seguid
           (vosotros), no sigáis (vosotros)]

5. g→j

recoger   *to pick up*

Present Indicative: recojo, recoges, recoge, recogemos, recogéis, recogen
Present Subjunctive: recoja, recojas, recoja, recojamos, recojáis, recojan
Commands: recoja (usted), recojan (ustedes), recojamos (nosotros), recoge (tú), no recojas (tú),
           [recoged (vosotros), no recojáis (vosotros)]

Like **recoger** is **escoger,** *to choose*, and **proteger,** *to protect*.

6. i→y

leer   *to read*

Present Participle: leyendo
Preterit: leí, leíste, leyó, leímos, leísteis, leyeron
Imperfect Subjunctive: leyera, leyeras, leyera, leyéramos, leyerais, leyeran

Like **leer** is **oír,** *to hear*; and in the present participle **traer,** *to bring*: **trayendo;** and **ir,** *to go*: **yendo.**

construir   *to construct*

Present Participle: construyendo
Present Indicative: construyo, construyes, construye, construimos, construís, construyen
Preterit: construí, construiste, construyó, construimos, construisteis, construyeron
Present Subjunctive: construya, construyas, construya, construyamos, construyáis, construyan
Imperfect Subjunctive: construyera, construyeras, construyera, construyéramos, construyerais,
                     construyeran
Commands: construya (usted), construyan (ustedes), construyamos (nosotros), construye (tú), no
           construyas (tú), no construyaís (vosotros)

Like **construir** is **destruir,** *to destroy*.

D. Irregular Verbs

Only the tenses and commands that have irregular forms are given.

andar   *to walk, to go, to run (machinery)*

Preterit: anduve, anduviste, anduvo, anduvimos, anduvisteis, anduvieron
Imperfect Subjunctive: anduviera, anduvieras, anduviera, anduviéramos, anduvierais, anduvieran

conocer   *to know, be acquainted with*

Present Indicative: conozco, conoces, conoce, conocemos, conocéis, conocen
Present Subjunctive: conozca, conozcas, conozca, conozcamos, conozcáis, conozcan

dar   *to give*

Present Indicative: doy, das, da, damos, dais, dan
Preterit: di, diste, dio, dimos, disteis, dieron
Present Subjunctive: dé, des, dé, demos, deis, den
Imperfect Subjunctive: diera, dieras, diera, diéramos, dierais, dieran

decir   *to say, tell*

Present Participle: diciendo
Past Participle: dicho
Present Indicative: digo, dices, dice, decimos, decís, dicen
Preterit: dije, dijiste, dijo, dijimos, dijisteis, dijeron
Present Subjunctive: diga, digas, diga, digamos, digáis, digan
Imperfect Subjunctive: dijera, dijeras, dijera, dijéramos, dijerais, dijeran
Future: diré, dirás, dirá, diremos, diréis, dirán
Conditional: diría, dirías, diría, diríamos, diríais, dirían
Affirmative *tú* command: di

estar   *to be*

Present Indicative: estoy, estás, está, estamos, estáis, están
Preterit: estuve, estuviste, estuvo, estuvimos, estuvisteis, estuvieron
Present Subjunctive: esté, estés, esté, estemos, estéis, estén
Imperfect Subjunctive: estuviera, estuvieras, estuviera, estuviéramos, estuvierais, estuvieran

haber   *to have*

Present Indicative: he, has, ha, hemos, habéis, han
Preterit: hube, hubiste, hubo, hubimos, hubisteis, hubieron
Present Subjunctive: haya, hayas, haya, hayamos, hayáis, hayan
Imperfect Subjunctive: hubiera, hubieras, hubiera, hubiéramos, hubierais, hubieran
Future: habré, habrás, habrá, habremos, habréis, habrán
Conditional: habría, habrías, habría, habríamos, habríais, habrían

hacer   *to do, make*

Past Participle: hecho
Present Indicative: hago, haces, hace, hacemos, hacéis, hacen
Preterit: hice, hiciste, hizo, hicimos, hicisteis, hicieron

Present Subjunctive: haga, hagas, haga, hagamos, hagáis, hagan
Imperfect Subjunctive: hiciera, hicieras, hiciera, hiciéramos, hicierais, hicieran
Future: haré, harás, hará, haremos, haréis, harán
Conditional: haría, harías, haría, haríamos, haríais, harían
Affirmative *tú* command: haz

ir   *to go*

Present Participle: yendo
Past Participle: ido
Present Indicative: voy, vas, va, vamos, vais, van
Preterit: fui, fuiste, fue, fuimos, fuisteis, fueron
Imperfect: iba, ibas, iba, íbamos, ibais, iban
Present Subjunctive: vaya, vayas, vaya, vayamos, vayáis, vayan
Imperfect Subjunctive: fuera, fueras, fuera, fuéramos, fuerais, fueran
Affirmative *tú* command: ve
Affirmative *nosotros* command: vamos

oír   *to hear*

Present Participle: oyendo
Past Participle: oído
Present Indicative: oigo, oyes, oye, oímos, oís, oyen
Preterit: oí, oíste, oyó, oímos, oísteis, oyeron
Present Subjunctive: oiga, oigas, oiga, oigamos, oigáis, oigan
Imperfect Subjunctive: oyera, oyeras, oyera, oyéramos, oyerais, oyeran

poder   *to be able, can*

Present Participle: pudiendo
Present Indicative: puedo, puedes, puede, podemos, podéis, pueden
Preterit: pude, pudiste, pudo, pudimos, pudisteis, pudieron
Present Subjunctive: pueda, puedas, pueda, podamos, podáis, puedan
Imperfect Subjunctive: pudiera, pudieras, pudiera, pudiéramos, pudierais, pudieran
Future: podré, podrás, podrá, podremos, podréis, podrán
Conditional: podría, podrías, podría, podríamos, podríais, podrían

poner   *to put, place*

Past Participle: puesto
Present Indicative: pongo, pones, pone, ponemos, ponéis, ponen
Preterit: puse, pusiste, puso, pusimos, pusisteis, pusieron
Present Subjunctive: ponga, pongas, ponga, pongamos, pongáis, pongan
Imperfect Subjunctive: pusiera, pusieras, pusiera, pusiéramos, pusierais, pusieran
Future: pondré, pondrás, pondrá, pondremos, pondréis, pondrán
Conditional: pondría, pondrías, pondría, pondríamos, pondríais, pondrían
Affirmative *tú* command: pon

Like **poner** is **proponer,** *to propose.*

querer   *to wish, want*

Present Indicative: quiero, quieres, quiere, queremos, queréis, quieren
Preterit: quise, quisiste, quiso, quisimos, quisisteis, quisieron
Present Subjunctive: quiera, quieras, quiera, queramos, queráis, quieran

Imperfect Subjunctive: quisiera, quisieras, quisiera, quisiéramos, quisierais, quisieran
Future: querré, querrás, querrá, querremos, querréis, querrán
Conditional: querría, querrías, querría, querríamos, querríais, querrían

saber *to know*

Present Indicative: sé, sabes, sabe, sabemos, sabéis, saben
Preterit: supe, supiste, supo, supimos, supisteis, supieron
Present Subjunctive: sepa, sepas, sepa, sepamos, sepáis, sepan
Imperfect Subjunctive: supiera, supieras, supiera, supiéramos, supierais, supieran
Future: sabré, sabrás, sabrá, sabremos, sabréis, sabrán
Conditional: sabría, sabrías, sabría, sabríamos, sabríais, sabrían

salir *to go out, leave*

Present Indicative: salgo, sales, sale, salimos, salís, salen
Present Subjunctive: salga, salgas, salga, salgamos, salgáis, salgan
Future: saldré, saldrás, saldrá, saldremos, saldréis, saldrán
Conditional: saldría, saldrías, saldría, saldríamos, saldríais, saldrían
Affirmative *tú* command: sal

ser *to be*

Present Indicative: soy, eres, es, somos, sois, son
Preterit: fui, fuiste, fue, fuimos, fuisteis, fueron
Imperfect: era, eras, era, éramos, erais, eran
Present Subjunctive: sea, seas, sea, seamos, seáis, sean
Imperfect Subjunctive: fuera, fueras, fuera, fuéramos, fuerais, fueran
Affirmative *tú* command: sé

tener *to have*

Present Indicative: tengo, tienes, tiene, tenemos, tenéis, tienen
Preterit: tuve, tuviste, tuvo, tuvimos, tuvisteis, tuvieron
Present Subjunctive: tenga, tengas, tenga, tengamos, tengáis, tengan
Imperfect Subjunctive: tuviera, tuvieras, tuviera, tuviéramos, tuvierais, tuvieran
Future: tendré, tendrás, tendrá, tendremos, tendréis, tendrán
Conditional: tendría, tendrías, tendría, tendríamos, tendríais, tendrían
Affirmative *tú* command: ten

Like **tener** is **contener,** *to contain.*

traducir *to translate*

Present Indicative: traduzco, traduces, traduce, traducimos, traducís, traducen
Preterit: traduje, tradujiste, tradujo, tradujimos, tradujisteis, tradujeron
Present Subjunctive: traduzca, traduzcas, traduzca, traduzcamos, traduzcáis, traduzcan
Imperfect Subjunctive: tradujera, tradujeras, tradujera, tradujéramos, tradujerais, tradujeran

Like **traducir** is **conducir,** *to drive.*

traer *to bring*

Present Participle: trayendo
Past Participle: traído

Present Indicative: traigo, traes, trae, traemos, traéis, traen
Preterit: traje, trajiste, trajo, trajimos, trajisteis, trajeron
Present Subjunctive: traiga, traigas, traiga, traigamos, traigáis, traigan
Imperfect Subjunctive: trajera, trajeras, trajera, trajéramos, trajerais, trajeran

venir   *to come*

Present Participle: viniendo
Present Indicative: vengo, vienes, viene, venimos, venís, vienen
Preterit: vine, viniste, vino, vinimos, vinisteis, vinieron
Present Subjunctive: venga, vengas, venga, vengamos, vengáis, vengan
Imperfect Subjunctive: viniera, vinieras, viniera, viniéramos, vinierais, vinieran
Future: vendré, vendrás, vendrá, vendremos, vendréis, vendrán
Conditional: vendría, vendrías, vendría, vendríamos, vendríais, vendrían
Affirmative *tú* command: ven

Like **venir** is **prevenir,** *to prevent.*

ver   *to see*

Past Participle: visto
Present Indicative: veo, ves, ve, vemos, veis, ven
Preterit: vi, viste, vio, vimos, visteis, vieron
Imperfect: veía, veías, veía, veíamos, veíais, veían
Present Subjunctive: vea, veas, vea, veamos, veáis, vean
Imperfect Subjunctive: viera, vieras, viera, viéramos, vierais, vieran

Appendix 2

Answers to review exercises

Autoexamen y repaso #1

I. 1. PEPITA: Muy bien, gracias. (Bastante bien, regular, así así.)
PROFESORA: Bien, gracias. (Muy bien, bastante bien, etc.)
2. PROFESORA: ¿Cómo se llama usted? (¿Cómo te llamas?)
3. CARMEN: ¿Qué tal? (¿Cómo estás?)
CARMEN: Bastante bien. (Muy bien, regular, etc.)
4. PROFESORA: Mucho gusto.
CARMEN: El gusto es mío. (Igualmente.)
5. MANUEL: Me llamo Manuel.
PEPITA: Me llamo Pepita.
PEPITA: Igualmente. (El gusto es mío.)
6. PEPITA: Hasta mañana. (Adiós, hasta luego, chao.)
CARMEN: Adiós. (Hasta luego, etc.)

II. 1. Ella es de Panamá. 2. Ellos son de Chile. 3. Nosotras somos de México.
4. Tú eres de Colombia. 5. Usted es de El Salvador. 6. Vosotros sois de Sevilla.

III. 1. Escriba. . . , Complete. . . 2. Abra. . . , Cierre. . . , Lea. . . 3. Repita. . . ,
Escriba. . . 4. Pase. . . 5. Conteste. . . , Escriba. . . , Repita. . . 6. Abra. . . ,
Cierre. . . 7. Siéntese. . . 8. Lea. . . , Conteste. . .

IV. A. 1. Escriban los ejercicios. 2. Escriban la oración. 3. Escriban las respuestas.
4. Escriban las preguntas. 5. Escriban la tarea. 6. Escriban el vocabulario.

B. 1. Necesita un bolígrafo. 2. Necesita una computadora. 3. Necesita un cuaderno. 4. Necesita unos papeles. 5. Necesita una pizarra. 6. Necesita unas sillas.

C. 1. Las alumnas son de Washington. 2. Los estudiantes son de Nicaragua.
3. Los profesores son de Guatemala. 4. Las profesoras son de San Antonio.

V. 1. Nosotros vamos a la universidad el lunes. 2. Ellos van a la cafetería el martes.
3. Ella va a la librería el miércoles. 4. Vosotras vais a la biblioteca el jueves.
5. Ustedes van al centro estudiantil el viernes. 6. Usted va al gimnasio el sábado.

VI. A. 1. cinco cuadernos 2. quince lápices 3. veinticinco (veinte y cinco) libros
4. diecinueve (diez y nueve) páginas 5. catorce alumnos

B. 1. los martes, los miércoles, los jueves 2. el sábado, el domingo

VII. A. 1. Es la una y cuarto (quince) de la tarde. 2. Son las nueve y media de la
noche. 3. Son las cuatro menos veinte de la mañana. 4. Son las seis menos
diez de la mañana.

B. 1. . . .a las ocho menos veinte de la mañana. 2. . . .a la una y media de la
tarde. 3. . . .a las siete menos cuarto (quince) de la tarde.

VIII. A. 1. Me llamo (*nombre*).   2. Muy bien, gracias, etc.   3. Soy de (*place*).   4. Hoy es (*día*).   5. Mi clase favorita es la clase de (*name of class*).

B. 1. ¿Cómo se llama la profesora? Se llama la señora Pérez.   2. Ella es de Venezuela.   3. Vamos a la librería el lunes.   4. Antonio va a la biblioteca los sábados. 5. Voy a la clase de álgebra a las nueve y veinte.

Autoexamen y repaso #2

I. 1. Sí, es médico. (No, no es. . .)   2. Sí, es abogada. (No, no es. . .)   3. No, no soy débil. (Sí, soy. . .)   4. Sí, es muy divertida. (No, no es. . .)

II. 1. No soy tonto(a). Soy inteligente.   2. No eres feo. Eres guapo.   3. No somos débiles. Somos fuertes.   4. Ellas no son altas. Son bajas.   5. Carlos no es rubio. Es moreno.   6. No sois pobres. Sois ricos.   7. Usted no es gordo. Es delgado (flaco).   8. Las clases no son difíciles. Son fáciles.

III. 1. No estoy triste. Estoy contento(a).   2. No estás enfermo. Estás bien.   3. No estamos mal. Estamos bien.   4. Mis hermanos no están en la ciudad. Están en el campo.   5. El coche no está aquí. Está allí.   6. Las puertas del coche no están abiertas. Están cerradas.

IV. 1. La casa es grande.   2. El coche es viejo.   3. Los padres son jóvenes.   4. El padre es ingeniero.   5. La hija es muy simpática.   6. La familia está muy contenta. 7. Los abuelos están en la Florida.   8. Los tíos son de la Florida.

V. 1. tengo   2. tienen   3. Tienes   4. tiene   5. tienen   6. tenemos

VI. A. 1. Soy inteligente, etc.   2. Mi madre es bonita, simpática, etc.   3. Mis amigos son jóvenes, simpáticos, etc.   4. Sí, estamos contentos aquí. (No, no estamos contentos aquí.)   5. Sí, tengo muchas clases. (No, no tengo muchas clases.) 6. No, no tenemos clases los sábados.

B. 1. La hija del profesor (de la profesora) tiene dieciocho (diez y ocho) años. 2. Es rica, inteligente y hermosa.   3. La puerta está cerrada y los niños están en la casa.   4. Hay siete niños en la familia.   5. ¿Está (usted) cansado(a)?   6. No, no estoy cansado(a). Estoy aburrido(a).

Autoexamen y repaso #3

I. 1. Necesita. . . Vende. . . Desea. . .   2. Preparan. . . Compran. . . Venden. . . 3. Estudias. . . Comes. . . Vives. . .   4. Aprendo. . . Escribo. . . Preparo. . .   5. Estudiamos. . . Aprendemos. . . Escribimos. . .

II. 1. ¿Qué bebe? (¿Qué bebes?) (¿Por qué no bebe vino?)   2. ¿Dónde come? (¿Por qué no come en la cafetería?)   3. ¿Cuál es su (tu) carne favorita?   4. ¿Adónde va? 5. ¿Cuándo trabaja?   6. ¿De dónde es? (¿De dónde eres?)   7. ¿Cuántos años tiene? 8. ¿Cómo se llama?

III. 1. Sí, les gusta tomar café. (No, no les gusta. . .)   2. Sí, nos gusta el bistec. (No, no nos gusta. . .)   3. Sí, le gustan los camarones. (No, no le gustan. . .)   4. Sí, nos gusta tomar el desayuno temprano. (No, no nos gusta. . .)   5. Sí, me gustan los huevos revueltos. (No, no me gustan. . .)

IV. A. 1. Como mucho (poco).   2. Como cereal, pan tostado, huevos (etc.).   3. Mi postre favorito es el helado (el pastel, etc.).   4. Venden bananas, duraznos, manzanas (etc.).   5. Soy de. . .   6. Vivo en. . .   7. Estudio por la noche (por la mañana,

por la tarde, todos los días).   8. Sí, necesito estudiar más. (No, no necesito. . .)
9. Sí, llego a clase a tiempo todos los días. (No, no llego. . .)   10. Sí, aprendemos
el español; no aprendemos el ruso.   11. Sí, asistimos a la clase de español todos
los días. (No, no asistimos. . .)   12. Voy a la biblioteca (a la residencia, a casa,
etc.).

B. 1. ¿Necesitas la crema y el azúcar?   2. Compramos frutas y legumbres en el
mercado hoy.   3. ¿Cuántos huevos desean comprar?   4. Venden mariscos todos
los días.   5. A mi tía le gustan los camarones.   6. ¿Adónde van esta noche?

Autoexamen y repaso #4

I.   1. Veo a mi amigo. Veo la casa. Veo a los muchachos.   2. Conozco a la señorita.
Conozco al señor Lorca. Conozco la ciudad de Nueva York.

II.   1. Oigo. . . Oyes. . .   2. Traigo. . . Trae. . .   3. No hago. . . No hacéis. . .
4. Pongo. . . Ponemos. . .   5. Veo. . . Ven. . .   6. Traduzco. . . Traduce. . .
7. Sé. . . Saben. . .   8. Salgo. . . Salimos. . .   9. Conozco. . . Conoces. . .

III.   1. ¿Duermen. . . ? Sí, dormimos. . . (No, no dormimos. . .)   2. ¿Entienden. . . ? Sí,
entendemos. . . (No, no entendemos. . .)   3. ¿Quieren estudiar. . . ? Sí, queremos
estudiar. . . (No, no queremos estudiar. . .)   4. ¿Vienen. . . ? Sí, venimos. . . (No,
no venimos. . .)   5. ¿Prefieren descansar? Sí, preferimos descansar. (No, no preferimos descansar.)   6. ¿Tienen. . . ? Sí, tenemos. . . (No, no tenemos. . .)   7. ¿Piden. . . ? Sí, pedimos. . . (No, no pedimos. . .)   8. ¿Juegan. . . ? Sí, jugamos. . .
(No, no jugamos. . .)   9. ¿Pueden nadar. . . ? Sí, podemos nadar. . . (No, no podemos nadar. . .)   10. ¿Dicen. . . ? Sí, decimos. . . (No, no decimos. . .)

IV.   1. Voy a preparar la comida.   2. Mi hermano va a escuchar música.   3. Teresa
y Linda van a bailar con nosotros.   4. Vamos a buscar a nuestros amigos.   5. Vas
a descansar.

V.   1. Es la hija del señor Martínez.   2. Es el esposo de Elena.   3. Es la novia de
Felipe.   4. Es la prima de Carlota.

VI.   1. Tengo mis libros para las clases.   2. Tienes tus bolígrafos.   3. Tiene su guitarra.
4. Tenemos nuestro estéreo.   5. Tenéis vuestras computadoras.   6. Tienen su
escritorio grande.

VII.   A. 1. Tengo que ir a las clases, etc.   2. Tengo ganas de dormir, etc.   3. Voy a
estudiar, etc.   4. Están en la residencia, etc.   5. Son de. . . (Son mis libros.)
6. Salimos a las diez menos cuarto, etc.   7. Preferimos jugar al fútbol. (. . .al
básquetbol.)

B. 1. Tengo ganas de bailar esta noche.   2. Mis amigos y yo vamos a jugar al
voleibol esta tarde.   3. Debemos estudiar; queremos escuchar música.   4. ¿Conoces a Mario? (Él) sabe tocar la guitarra.   5. Tengo un resfriado y no puedo jugar
al tenis hoy.   6. Nos gusta nuestra clase de español.

Autoexamen y repaso #5

I.   A. 1. Voy a comprar esta corbata.   2. Voy a comprar esos zapatos.   3. Voy a
comprar aquellas camisetas.   4. Voy a comprar ese regalo.

B. 1. Estas gafas cuestan treinta y ocho dólares, ésas cuestan veintidós (veinte y
dos) dólares y aquéllas cuestan diecinueve (diez y nueve) dólares.   2. Estos blu-

jeans cuestan setenta y seis dólares, ésos cuestan sesenta y tres dólares y aquéllos cuestan treinta y cuatro dólares.   3. Este impermeable cuesta ciento cincuenta dólares, ése cuesta cien dólares y aquél cuesta noventa dólares.   4. Esta casa cuesta dos millones de dólares, ésa cuesta un millón de dólares y aquélla cuesta quinientos mil dólares.

II.   A. 1. El abrigo es mío. Las botas son mías. Los guantes son míos. La gorra es mía. 2. La ropa interior es nuestra. Los blujeans son nuestros. Las corbatas son nuestras. 3. La blusa es tuya. El vestido es tuyo. La camiseta es tuya. Las medias son tuyas. 4. Los pantalones son suyos. El cinturón es suyo. La camisa es suya. Las gafas de sol son suyas.   5. La ropa de verano es suya. Las faldas son suyas. Los trajes de baño son suyos.

B. 1. Mi padre viene con unos amigos suyos.   2. Viviana viene con un amigo suyo.   3. Venís con unas amigas vuestras.   4. Mi hermana y yo venimos con un amigo nuestro.   5. Vengo con un amigo mío.

III.   1. Hace fresco, hace viento, llueve, etc.   2. Hace mucho frío, nieva, etc.   3. Hace fresco, hace viento, hace sol, etc.   4. Hace calor, hace sol, etc.

IV.   1. Dos relojes cuestan quinientos dólares.   2. Dos anillos cuestan mil cuatrocientos dólares.   3. Dos coches nuevos cuestan treinta y dos mil dólares.   4. Dos casas nuevas cuestan doscientos cincuenta mil dólares.   5. Dos mansiones cuestan dos millones de dólares.

V.   1. Hace dos semanas que trabajo aquí.   2. Hace media hora que juego al tenis. 3. Hace un año que conozco a mi compañero(a) de cuarto.   4. Hace dos meses que llevo estas gafas.

VI.   1. Está nevando.   2. El niño está durmiendo.   3. Estoy leyendo una novela. 4. Estamos bebiendo café con leche.   5. Mis hermanos están preparando la cena.

VII.   A. 1. Las mujeres llevan un vestido, medias, etc. Los hombres llevan pantalones, una chaqueta, una camisa y una corbata.   2. Debo llevar mi abrigo, mis suéteres, mis botas, etc. Debo llevar mi traje de baño, mis camisetas, etc.   3. Hace frío (calor, fresco). Hace buen (mal) tiempo, etc.   4. Estoy estudiando, aprendiendo el español, etc.   5. Es mi coche. (Es nuestro coche.) (Es el coche de mis padres, etc.)   6. Es el _____ (*día*) de _____ (*mes*).   7. Asisto a esta universidad hace _____ años (meses).

B. 1. ¿Qué está haciendo ahora? Está comprando una blusa.   2. Esa camisa cuesta noventa y cinco dólares. ¡Es muy cara!   3. Hace frío hoy. Tengo mucho frío. 4. Voy a llevar mi abrigo, mis guantes, mi gorra y mis botas.   5. Un amigo nuestro (Una amiga nuestra) llega esta noche.   6. Hace cuatro años que ella estudia el español.

Autoexamen y repaso #6

I.   1. ¿Dónde se deposita el dinero? Se deposita en el banco.   2. ¿Dónde se toma el autobús? Se toma en la parada de autobús (en la esquina).   3. ¿Dónde se compran periódicos? Se compran en el quiosco.   4. ¿Dónde se venden collares y aretes? Se venden en la joyería.

II.   1. (Yo) trabajé. . .   2. (Yo) empecé. . .   3. Muchas personas abrieron. . .   4. Mi prima cobró. . .   5. (Tú) cambiaste. . .   6. (Nosotros) contamos. . .   7. (Yo) saqué. . .   8. (Ustedes) pagaron. . .   9. (Yo) vi. . .

III.   1. Ana, ¿pidió usted el arroz con pollo? Carlos y Felipe, ¿pidieron ustedes el arroz con pollo?   2. Ana, ¿prefirió usted el helado de fresa? Carlos y Felipe, ¿prefirieron ustedes el helado de fresa?   3. Ana, ¿durmió usted bien? Carlos y Felipe, ¿durmieron ustedes bien?

IV.   A. 1. Antonio va a llevarme.   2. Antonio va a llevarnos.   3. Antonio va a llevarlos.   4. Antonio va a llevarlas.   5. Antonio va a llevarlos.   6. Antonio va a llevarla.   7. Antonio va a llevarte.

B. 1. Sí, las encontré.   2. Sí, los firmé.   3. Sí, lo cambié.   4. Sí, la recibí.

C. 1. Sí, quiero verlas.   2. Sí, voy a llamarlos.   3. Sí, necesito depositarlo.   4. Sí, deseo abrirla.

V.   1. No, no hay nada. . .   2. No, no hay nadie. . .   3. No, no vi nada nuevo. . . 4. No, no hablé con nadie. . .

VI.   A. 1. Sí, gané mucho dinero. (No, no gané. . .)   2. Sí, gasté mucho. (No, no gasté. . .)   3. Pedí un sandwich, un café, un chocolate, etc.   4. Sí, visitamos la sinagoga. (No, no visitamos. . .)   5. Dormimos. . .horas.

B. 1. (Ellos) no vieron la bicicleta en la calle.   2. Alguien pidió un taxi. 3. Compramos algo interesante en el centro comercial el jueves pasado.   4. (Ellos) me invitaron a visitarlos.   5. Voy a devolver la revista a la biblioteca mañana. 6. Pienso aprender a escribir a máquina.   7. Pienso en mi familia todos los días. 8. Anoche comí en la cafetería.

Autoexamen y repaso #7

I.   1. Mi primo vino anoche. Nosotros vinimos anoche.   2. Yo tuve que salir. Usted tuvo que salir.   3. Ella no pudo ir. Nosotros no pudimos ir.   4. Yo no quise ir. Mis padres no quisieron ir.   5. Tú hiciste un viaje. Vosotros hicisteis un viaje. 6. Yo anduve por el bosque. Ellos anduvieron por el bosque.   7. Carmen trajo las flores. Mis amigos trajeron las flores.   8. Yo puse la mochila en la carpa. Ustedes pusieron la mochila en la carpa.

II.   1. Fui al desierto hace cinco años.   2. Visité a mis abuelos hace seis meses. 3. Subí la montaña hace tres años.

III.   1. Van a regalarnos un barco pequeño para la Navidad.   2. Van a regalarle. . . 3. Van a regalarles. . .   4. Van a regalarle. . .   5. Van a regalarme. . .

IV.   1. Nos fascinan los relámpagos.   2. Les molestan los mosquitos.   3. Le interesa el bosque.   4. Me encanta pescar.

V.   1. Sí, se las di.   2. Sí, se la expliqué.   3. Sí, se lo mandé.   4. Sí, te lo devolví. 5. Sí, te los pagué.

VI.   1. Lo hizo lentamente.   2. Lo explicó rápidamente.   3. Lo devolvió recientemente.   4. Lo encontró inmediatamente.   5. Lo hizo frecuentemente.

VII.   A. 1. Vi un caballo, un cerdo, unas gallinas, etc.   2. Vi un relámpago (las nubes, etc.) en el cielo.   3. Cuando entré en la clase, le dije al profesor (a la profesora) "Buenos días", etc.   4. Traje mis libros, mi cuaderno, un lápiz, etc.   5. Puse mis libros en el escritorio (en el pupitre). (Los puse. . .)   6. Sí, le di (No, no le di) la tarea al profesor (a la profesora). [Sí, se la di. (No, no se la di.)]   7. Hace dos años, tres meses, etc. que hice un viaje interesante.   8. Me importan mucho mis amigos, mis clases, etc.   9. Me encanta viajar, pescar, acampar, etc.

B. 1. ¿Quién tradujo los ejercicios? Yo los traduje.   2. Supe hacerlo recientemente.   3. ¿Dónde estuviste anoche?   4. ¿Qué hiciste?   5. Le mostré la serpiente a Pepe.   6. Se la mostró a Ana.   7. Hace un mes mis padres me mandaron cien dólares.   8. Con ese dinero pude pagar todas mis cuentas.

Autoexamen y repaso #8

I. 1. Abrazaba. . .   2. Corrías. . .   3. Andaba. . .   4. Queríamos jugar. . .   5. Visitábamos. . .   6. Caminabais. . .   7. Comían. . .   8. Iba. . .   9. Veía. . .

II. A. 1. . . .alquilé un apartamento.   2. . . .limpiaba la sala.   3. . . .lavé las ventanas.   4. . . .visitaba a mis vecinos.   5. . . .abría las cortinas.   6. . . .bajé al sótano.   7. . . .vi un insecto enorme en la cocina.   8. . . .invitaba a mis amigos al apartamento.

B. 1. Era. . .   2. Hacía. . .   3. El niño salió. . .   4. Llevaba. . .   5. Tenía. . .   6. Corrió. . .   7. Vio. . .   8. Jugaba. . .lo llamó.   9. Tuvo que volver. . .

III. A. 1. Quiero comer después de ver la película en el vídeo.   2. Quiero poner los libros encima de la mesa.   3. Quiero poner la planta detrás del sofá.   4. Quiero estar fuera de la casa.

B. 1. . . .en vez de apagarla, etc.   2. . . .antes de entrar en la casa, etc.   3. para descansar, etc.   4. sin comer, etc.

C. 1. para   2. para   3. para   4. por   5. por   6. para   7. por   8. por

IV. A. 1. Era grande y nuevo. Tenía una sala y tres alcobas, etc.   2. Hablaban, estudiaban, miraban la televisión, comían, etc.   3. Voy a estudiar, voy a ir al cine, etc.   4. Sí, quiero ir al cine con usted (contigo).   5. Pago seis dólares, etc.

B. 1. Cuando fuimos a México, viajamos por el desierto.   2. Estuvimos allí (por) dos meses.   3. Alquilamos un apartamento en un pueblo pequeño.   4. Un día fuimos al centro para comprar un cuadro para nuestro apartamento.   5. Era mediodía y hacía mucho viento.   6. Entrábamos en la tienda cuando vimos a nuestros vecinos.   7. Nos invitaron a comer con ellos.   8. Nos gustaba México y no queríamos salir.

Autoexamen y repaso #9

I. A. 1. Mi compañero(a) de cuarto se despierta.   2. Me levanto.   3. Te quitas la camiseta.   4. Os vestís.   5. Nos preocupamos por el examen.   6. Ana y Susana se van.

B. 1. Acabo de bañarme.   2. Felipe acaba de peinarse.   3. Acabas de lavarte la cara.   4. Acabamos de afeitarnos.   5. Acaban de cepillarse los dientes.

C. 1. Mi hermano se comprometió con su novia el año pasado.   2. Mis hermanas se enamoraron de dos jóvenes ricos cuando fuimos a la playa.   3. Mis tíos se divorciaron recientemente.   4. Me despedí de mi familia al venir a la universidad.   5. Nos divertimos mucho en el viaje que hicimos a España.

II. 1. He caminado. . .   2. Hemos visitado. . .   3. Has secado. . .   4. Inés ha ido. . .   5. Habéis comprado. . .   6. Mis amigos han escrito. . .   7. Usted ha viajado. . .   8. Has visto. . .   9. He hecho. . .   10. Me he divertido. . .

III. 1. Mi compañero de cuarto había visto un vídeo. 2. Habíamos comido mucha pizza. 3. Lupe y Cecilia habían hecho toda su tarea. 4. Yo había estudiado el vocabulario. 5. Habías terminado la composición.

IV. A. 1. Después de levantarme, me baño, me visto, me peino, etc. 2. Al levantarse, se lavó, se vistió, se cepilló los dientes, etc. 3. Se besaron, se abrazaron, etc. 4. Sí, nos queremos mucho. (No, no nos queremos mucho.) Sí, nos abrazamos mucho. (No, no nos abrazamos mucho.) 5. Hoy me he levantado, he desayunado, he estudiado, etc. 6. Sí, nos hemos divertido mucho recientemente. Hemos ido al cine, etc.

B. 1. Tuve que acostarme temprano porque no me sentía bien. 2. Ella se enojó y se fue. 3. No la hemos visto recientemente. 4. Ana, ¿te han llamado? 5. Sí, ya me habían llamado cuando viniste (cuando usted vino). 6. ¿Te han invitado al concierto? 7. No, no me han invitado todavía.

Autoexamen y repaso #10

I. 1. Sugiero que Juanita vaya. . . 2. Deseo que se divierta. . . 3. Prefiero que viaje. . . 4. Le pido que me compre. . . 5. Recomiendo que vuelva. . .

II. 1. Espero que ellos hagan. . . 2. Espero que me manden. . . 3. Siento que salgan. . . 4. Temo que se olviden. . . 5. Me alegro de que puedan. . .

III. A. 1. Llene. . . 2. Cambie. . . 3. Limpie. . . 4. Ponga. . . 5. No se olvide. . . 6. Dése. . .

B. 1. Vengan. . . 2. Tomen. . . 3. Vayan. . . 4. Doblen. . . 5. Crucen. . . 6. Párense. . . 7. Sigan. . . 8. Busquen. . . 9. Estaciónense. . .

IV. 1. Durmamos. . . No, no durmamos. . . 2. Levantémonos. . . No, no nos levantemos. . . 3. Salgamos. . . No, no salgamos. . . 4. Vamos. . . No, no vayamos. . . 5. Parémonos. . . No, no nos paremos. . . 6. Crucemos. . . No, no crucemos. . . 7. Sigamos. . . No, no sigamos. . .

V. A. 1. Quieren que los estudiantes estudien, vengan a la clase a tiempo, etc. 2. Espero que mis padres me visiten, etc. 3. Sugiero que mi compañero(a) de cuarto vaya a la biblioteca, etc.

B. 1. Doble a la derecha en la esquina. 2. Al llegar al semáforo, doble a la izquierda. 3. Siga recto (derecho) cuatro cuadras (manzanas). 4. No se estacionen en el puente. 5. Abrochémonos los cinturones. 6. Tenemos que viajar doscientos kilómetros hoy. 7. Temo (tengo miedo de) que haya muchos camiones en la carretera hoy. 8. Recomiendo que manejes despacio. 9. ¿Tienes tu carnet (licencia de conducir)? 10. ¿Una multa? ¡Qué lástima! ¡Lo siento mucho!

Autoexamen y repaso #11

I. A. 1. No creo que ustedes encuentren. . . 2. No puedo creer que el auxiliar de vuelo sea. . . 3. Dudo que el avión despegue. . . 4. No estoy seguro(a) de que lleguemos. . . 5. No creo que tú puedas. . .

B. 1. Sí, puedo creer que cuesta. . . No, no puedo creer que cueste. . . 2. Sí, dudo que haya. . . No, no dudo que hay. . . 3. Sí, estoy seguro de que nuestro equipaje llega. . . No, no estoy seguro de que nuestro equipaje llegue. . . 4. Sí, creo que esta línea aérea es. . . No, no creo que esta línea aérea sea. . .

II. 1. . . .que llegue tarde. 2. . . .que tengas todo el equipaje. 3. . . .que vayamos a la aduana. 4. . . .que no puedas encontrar el boleto. 5. . . .que no haya azafatas.

III. 1. Siento que mi amiga haya perdido el tren. 2. Me alegro de que mi amiga me haya traído un regalo. 3. Me alegro de que mi amiga haya encontrado su cámara. 4. Siento que mis amigos no me hayan llamado. 5. Siento que tú hayas tenido un accidente. 6. Me alegro de que Elena y yo hayamos recibido nuestros pasaportes.

IV. A. 1. Limpia. . . 2. Apaga. . . 3. Haz. . . 4. Pon. . . 5. Come. . . 6. Sé. . . 7. Córtate. . . 8. Acuéstate. . .

B. 1. No bebas. . . 2. No vuelvas. . . 3. No vayas. . . 4. No salgas. . . 5. No seas. . . 6. No te levantes. . . 7. No te preocupes. 8. No te pongas. . .

V. A. 1. Encontramos los números de los vuelos, las horas de las llegadas y salidas, etc. 2. Facturan su equipaje, consiguen sus tarjetas de embarque, etc. 3. Sí, creo que los aviones generalmente llegan a tiempo. (No, no creo que los aviones generalmente lleguen a tiempo.) 4. Se venden boletos de primera clase y de segunda clase. Se consiguen en la taquilla (en la estación de ferrocarril). 5. Sí, mi familia ha viajado mucho. (No, mi familia no ha viajado mucho.) Sí, siento que no hayamos viajado más. (No, no siento que no hayamos viajado más.)

B. 1. Es bueno que hayamos llegado temprano hoy. 2. Es necesario que ustedes compren sus boletos (billetes) ahora. 3. Me alegro de que vayamos a la casa de nuestros abuelos. 4. Siento que usted no pueda ir con nosotros. 5. ¡No puedo creer que nunca hayas viajado por tren! 6. ¡Mira, el tren ha llegado! ¡Ven! ¡Corre! 7. Ve a la sala de reclamación. 8. No fumes.

Autoexamen y repaso #12

I. 1. No, no hay ninguna persona en el vestíbulo. (No, no hay ninguna. No, no hay nadie.) 2. No, ninguno de mis amigos se registró en el otro hotel. 3. No, no tengo ningún recado para usted. (No, no tengo ninguno.) 4. No, no he pagado ni la cuenta del restaurante ni el servicio de cuartos. 5. No, no tiene baños privados tampoco. (No, tampoco tiene baños privados.)

II. A. 1. Busco una habitación que esté cerca de la piscina. No tenemos ninguna habitación que esté cerca de la piscina. Sí, tenemos una habitación que está cerca de la piscina. 2. Busco una habitación que sea muy grande. No tenemos ninguna habitación que sea muy grande. Sí, tenemos una habitación que es muy grande. 3. Busco una habitación que tenga baño privado. No tenemos ninguna habitación que tenga baño privado. Sí, tenemos una habitación que tiene baño privado. 4. Busco una habitación que no cueste mucho. No tenemos ninguna habitación que no cueste mucho. Sí, tenemos una habitación que no cuesta mucho.

B. 1. Insisto en una habitación que esté en la planta baja. 2. Prefiero un cuarto que tenga camas individuales. 3. Quiero un baño que no esté sucio. 4. Deseo unas llaves que abran los roperos. 5. Pido un recibo que indique cuánto he pagado por la habitación.

III. 1. Los hombres son tan inteligentes como las mujeres. 2. Mi madre es tan alta como mi padre. 3. Mi hermana es tan simpática como mi hermano. 4. Los Gutiérrez tienen tanto dinero como los Gómez. 5. Los Gutiérrez tienen tantos coches como los Gómez. 6. Los Gutiérrez tienen tanta ropa como los Gómez.

III. 1. Los hombres son tan inteligentes como las mujeres. 2. Mi madre es tan alta como mi padre. 3. Mi hermana es tan simpática como mi hermano. 4. Los Gutiérrez tienen tanto dinero como los Gómez. 5. Los Gutiérrez tienen tantos coches como los Gómez. 6. Los Gutiérrez tienen tanta ropa como los Gómez.

IV. 1. El Hotel Dos Estrellas es más económico que el Hotel Tres Estrellas. El Hotel Una Estrella es el más económico de los tres. 2. La piscina en el Hotel Sol es más grande que la piscina en el Hotel Luna. La piscina en el Hotel Mar es la más grande de las tres. 3. El restaurante El Patio es mejor que el restaurante El Jardín. El restaurante El Capitán es el mejor de los tres. 4. El servicio en el Hotel Playa Linda es peor que el servicio en el Hotel Ritz. El servicio en el Hotel Buen Descanso es el peor de los tres.

V. A. 1. Sí, soy tan generoso(a) como mis hermanos. (No, no soy. . .) La persona más generosa de mi familia es mi padre (madre, etc.). 2. Sí, tengo tantas clases como mi compañero(a) de cuarto. (No, no tengo. . .) Sí, mis clases son tan difíciles como las de él (ella). (No, mis clases no son. . .) 3. En mi residencia, el (la) estudiante más inteligente es (*nombre*). 4. La más difícil de mis clases es la historia, el inglés, etc. La más interesante es la clase de español. (¡Por supuesto!) 5. Busco empleados que sean diligentes, que tengan una educación universitaria, etc. 6. Queremos tener una habitación que sea muy cómoda, que tenga un baño privado, que esté cerca de la piscina, etc.

B. 1. Busco (estoy buscando) una habitación que cueste menos de cien dólares. 2. Me gusta este hotel tanto como el parador en Sevilla. 3. La segunda pensión tiene menos habitaciones que la primera. 4. Tenemos un cuarto doble que está en el cuarto piso. 5. El ascensor sube al décimo piso. 6. No debemos pagar tanto por nuestro desayuno. 7. Señores y señoras, ¡bienvenidos al Hotel Ritz!

Autoexamen y repaso #13

I. 1. . . .(me) llame. 2. . . .sepa mi dirección (. . .la sepa). 3. . . .me ayudes. 4. . . .tengas el código de área (. . .lo tengas).

II. 1. Juanita y Mario tendrán muchos hijos. 2. (Yo) alquilaré una casa en Acapulco. 3. Mi esposo(a) y yo pasaremos un año en Europa. 4. (Tú) harás un viaje a Madrid. 5. (Vosotros) volveréis a la universidad. 6. Carlota irá a Italia. 7. Alberto será millonario. 8. (Nosotros) podremos ir a la luna. 9. Ustedes trabajarán en Nueva York.

III. 1. Hice la llamada tan pronto como llegué. Mario hará la llamada tan pronto como llegue. 2. Te llamé cuando recibí el paquete. Él me llamará cuando reciba el paquete. 3. No mandes el paquete hasta que consigas el código postal. No mandé el paquete hasta que conseguí el código postal. 4. Voy a comprar sellos cuando tú me des el dinero. Compré sellos y sobres cuando tú me diste el dinero.

IV. 1. Muy señor mío, Distinguido señor, Excelentísimo, Ilustrísimo, Señores, etc. Atentamente. 2. Querido(a) (*nombre*). Hasta pronto, Con mucho cariño, Un abrazo cordial de, Tu amigo(a) que tanto te quiere, etc.

V. A. 1. Trabajaré mucho, iré a una fiesta, visitaré a mis padres, etc. 2. Estudiaremos mucho, asistiremos a nuestras clases, etc. 3. Voy a escribirla cuando termine mi tarea, tenga más tiempo, etc. 4. Necesito escribir la dirección en el sobre, comprar un sello, etc. 5. Se debe enviar por correo certificado. Se debe enviar por correo aéreo. 6. Sí, tengo un apartado postal. Es el número _____. Mi código postal es _____.   7. Hay llamadas locales, de larga distancia, a cobro revertido y de persona a persona. La más cara es la llamada de persona a persona. La más barata es la llamada local.   8. Se dice "aló", "diga" u "oigo".

B. 1. Saldré para la casa de correos a las ocho.   2. Mis hermanos irán conmigo. 3. Iremos temprano para recoger nuestros paquetes.   4. ¿Quién echará al correo las tarjetas postales?   5. Pedro llamará a Mónica antes de que sus amigos lleguen. 6. Esperemos hasta que (él) encuentre el número en la guía telefónica.   7. ¡Qué lástima! ¡La línea está ocupada!   8. Dejaremos un recado en el contestador automático en caso de que (ella) quiera ir con nosotros.

Autoexamen y repaso #14

I.   1. Yo viajaría a muchos países.   2. Mis padres podrían viajar conmigo.   3. Alicia daría el dinero a los pobres.   4. Pepe pondría el dinero en el banco.   5. Lucharíamos contra las drogas.   6. Mónica y Lupe construirían casas para los sin hogar. 7. Tú apoyarías varias causas buenas.   8. Ustedes tendrían muchas vacaciones.

II.   1. Quería que mi hermano fuera más conservador, encontrara empleo, resolviera sus problemas.   2. Esperaban que los hijos estuvieran de acuerdo, no tuvieran prejuicios, no fueran a la guerra.   3. Sugería que tú escucharas las noticias, participaras en las elecciones, votaras por el mejor candidato.   4. Se alegraba de que nosotros recicláramos muchas cosas, no sufriéramos, tuviéramos razón.

III.   A. 1. Si ganara dinero, lo ahorraría.   2. Si lo ahorrara, tendría mucho dinero. 3. Si tuviera mucho dinero, compraría un carro.   4. Si comprara un carro, haría un viaje.   5. Si hiciera un viaje, iría a México.   6. Si fuera a México, me quedaría allí dos meses.   7. Si me quedara allí dos meses, perdería mi trabajo.   8. Si perdiera mi trabajo, no tendría dinero.

B. 1. Ojalá (que) no estuviera tan contaminado.   2. Ojalá (que) no hubiera tanto desempleo.   3. Ojalá (que) no tuviéramos guerra.   4. Ojalá (que) no sufrieran del SIDA y del cáncer.

IV.   1. . . . .dificilísimas.   2. . . . .simpatiquísima.   3. . . . .larguísimo.   4. . . . .buenísimos.

V.   A. 1. En mi opinión, las industrias no deben contaminar el aire y el agua, deben reciclar muchas cosas, etc.   2. Estoy en favor de las armas nucleares porque pueden prevenir una guerra, etc. (Estoy en contra de las armas nucleares porque pueden destruir el mundo, etc.)   3. Algunos problemas serios en nuestra nación hoy son el crimen, las drogas, el hambre, el SIDA, etc.   4. Quería que mis amigos dieran dinero a los sin hogar, les regalaran ropa, les sirvieran comida, etc.

B. 1. Si él estuviera aquí, la ayudaría.   2. Esperábamos que ella viniera.   3. Ella estaría aquí si fuera posible.   4. Era una lástima que no la viéramos.   5. Ojalá que pudiéramos verla la semana que viene (la próxima semana).   6. Es importantísimo que hablemos con ella.

Vocabulario

Spanish–English

The numbers refer to the chapters in which words are first introduced as active vocabulary.

A

a at, to, 1; **a causa de** because of, 14; **a favor de** in favor of, 14; **a menos que** unless, 13; **a veces** at times, 5
abajo below, downstairs, 8
abierto open, 2
abogada f lawyer, 2
abogado m lawyer, 2
abrazar to hug, 4
abrigo m coat, 5
abril April, 5
abrir to open, 6
abrocharse to fasten, 10
abuela f grandmother, 2
abuelo m grandfather, 2
aburrido bored, 2
acabar de to have just, 9
acampar to camp, 7
accidente m accident, 10
aceite m oil, 3
aceituna f olive, 3
acordarse (ue) (de) to remember, 10
acostarse (ue) to go to bed, 9
acuerdo m agreement, 14; **estar de acuerdo** to agree, be in agreement, 14
adentro inside, 8
adiós good-bye, 1
¿adónde? (to) where?, 3
aduana f customs, 11
aeropuerto m airport, 11
afeitarse to shave, 9
afuera outside, 8
agencia de viajes f travel agency, 11
agosto August, 5
agua f water, 3; **agua mineral** mineral water, 3; **agua mineral con gas** carbonated mineral water, 3; **agua mineral sin gas,** plain mineral water, 3
ahora now, 3
ahorrar to save, 6
aire m air, 10; **aire acondicionado** air conditioning, 12
ajo m garlic, 3

al on, upon, 8; **al lado de** beside, 8
alcoba f bedroom, 8
alcohol m alcohol, 14
alegrarse (de) to be glad (about), 10
alemán German, 2
alfombra f carpet, rug, 8
álgebra f algebra, 1
algo something, 6
alguien somebody, someone, 6
alguno some, someone, 12
almacén m department store, 6
almohada f pillow, 12
almorzar (ue) to have lunch, 9
almuerzo m lunch, 3
aló hello (on telephone), 13
alquilar to rent, 8
alto high, tall, 2
alumna f student, 1
alumno m student, 1
allí there, 2
ama de casa f housewife, 2
amable kind, nice, amiable, 2
amar to love, 4
amarillo yellow, 5
americano American, 2
amiga f friend, 2
amigo m friend, 2
anaranjado orange (color), 5
andar to go, travel along, walk, 7
andén m platform, 11
anillo m ring, 5
animal m animal, 7
anoche last night, 6
anteayer day before yesterday, 6
anteojos m glasses, 5
antes (de) before, 8; **antes de que** before, 13
antipático disagreeable, unpleasant (persons), 2
año m year, 5; **Año Nuevo** New Year's Day, 5; **año pasado** last year, 6; **año próximo, año que viene** next year, 13
apagar to turn off, 8
apartado postal m post office box, 13

apartamento m apartment, 8
apoyar to support, 14
aprender to learn, 3
aquel m that, 5; **aquellos** m those, 5
aquella f that, 5; **aquellas** f those, 5
aquí here, 2
araña f spider, 7
árbol m tree, 7
arena f sand, 7
aretes m earrings, 5
arma f weapon, 14; **armas nucleares** nuclear weapons, 14
arreglar to fix, repair, 10
arriba above, up, upstairs, 8
arroz m rice, 3
arte m, f art, 1
asado roasted, 3
ascensor m elevator, 12
asegurar to insure, 13
aseo m restroom, 11
así so, thus; **así así,** so-so (fair), 1
asiento m seat, 11
asistir (a) to attend, 3
aterrizar to land (airplane), 11
auto m car, 2
autobús m bus, 6
automóvil m automobile, car, 10
auxiliar de vuelo m steward, 11
avenida f avenue, 6
avión m airplane, 11
¡ay de mí! poor me!, 10
ayer yesterday, 6
ayudar to help, 10
azafata f stewardess, 11
azúcar m sugar, 3
azul blue, 5

B

bailar to dance, 4
bajar to go down, 7; **bajar de** to get off, 7
bajo low, short, 2
balanza f scale, 13
baloncesto m basketball, 4

banana *f* banana, 3
banco *m* bank, bench, 6
bañarse to bathe, take a bath, 9
bañera *f* bathtub, 8
baño *m* bath, bathroom, 8; **baño privado** private bath, 12
bar *m* bar, 6
barato inexpensive, 5
barbaridad: ¡qué barbaridad! how awful!, 10
barco *m* boat, 7
básquetbol *m* basketball, 4
bastante enough, quite, 1
batería *f* battery, 10
bebé *m, f* baby, 2
beber to drink, 3
bebida *f* beverage, drink, 3
béisbol *m* baseball, 4
besar to kiss, 4
biblioteca *f* library, 1
bicicleta *f* bicycle, 6
bien fine, 1; well, 2
bienvenido welcome, 12
billete *m* ticket, 11
biología *f* biology, 1
bistec *m* steak, 3
blanco white, 5
blujeans *m* jeans, 5
blusa *f* blouse, 5
boca *f* mouth, 4
bocadillo *m* sandwich, 3
boleto *m* ticket, 11
bolígrafo *m* ballpoint pen, 1
bolsa *f* bag, purse, 5
bonito pretty, 2
bosque *m* forest, 7
botas *f* boots, 5
botella *f* bottle, 3
botones *m* bellboy, 12
brazo *m* arm, 4
bueno good, 2
buscar to look for, 4
buzón *m* mailbox, 13

C

caballo *m* horse, 7
cabeza *f* head, 4
café *m* coffee, 3; café, 6
cafetería *f* cafeteria, dining hall, 1
calcetines *m* socks, 5
calculadora *f* calculator, 6
cálculo *m* calculus, 1
calefacción *f* heating, 12
caliente hot, 3

calor *m* heat, 5; **hacer calor** to be hot (weather), 5; **tener calor** to be hot (person), 5
callarse to be quiet, 10
calle *f* street, 6
cama *f* bed, 8; **cama de matrimonio** double bed, 12; **cama individual** single bed, 12
cámara *f* camera, 11
camarera *f* waitress, 2
camarero *m* waiter, 2
camarones *m* shrimp, 3
cambiar to change, 6
cambio *m* change, exchange, small change, 6
caminar to walk, 4
camino *m* road, 10
camión *m* truck, 10
camisa *f* shirt, 5
camiseta *f* T-shirt, undershirt, 5
campo *m* country, field, 2
cáncer *m* cancer, 14
cansado tired, 2
cantar to sing, 4
capítulo *m* chapter, 1
cara *f* face, 4
¡caramba! oh, my gosh!, 10
carne *f* meat, 3
carnet de conducir *m* driver's license, 10
caro expensive, 5
carpa *f* tent, 7
carretera *f* highway, 10
carro *m* car, 2
carta *f* letter, 13
cartel *m* poster, 8
cartera *f* wallet, 5
cartero *m* mail carrier, 12
casa *f* house, home, 2; **casa de correos** post office, 13
casado married, 9
casarse (con) to get married (to), 9
casi almost, 5
cassette *m* cassette, 8
catedral *f* cathedral, 6
catorce fourteen, 1
causa *f* cause, 14
cebolla *f* onion, 3
cena *f* dinner, supper, 3
cenar to have dinner, supper, 9
centro *m* center, downtown, 6; **centro comercial** shopping center, 6; **centro estudiantil** student center, 1
cepillar(se) to brush, 9
cepillo *m* brush, 9; **cepillo de dientes** toothbrush, 9

cerca (de) near, 8
cerdo *m* pig, 7
cereal *m* cereal, 3
cereza *f* cherry, 3
cero zero, 1
cerrado closed, 2
cerrar (ie) to close, 6
cerveza *f* beer, 3
cielo *m* sky, 7
cien(to) one hundred, 2
ciencias políticas *f* political science, 1
cinco five, 1
cincuenta fifty, 2
cine *m* movies, movie theater, 6
cinta *f* tape, 8
cinturón *m* belt, 5
ciudad *f* city, 2
¡claro! of course!, 10
clase *f* class, 1
clave de área *f* area code, 13
cobija *f* blanket, 12
cobrar to cash, charge, 6
cocina *f* kitchen, 8
cocinar to cook, 4
coche *m* car, 2
código de área *m* area code, 13
código postal *m* zip code, 13
colina *f* hill, 7
collar *m* necklace, 5
comedor *m* dining room, 8
comer to eat, 3
comida *f* food, meal, 3
¿cómo? how?, 3; **¿cómo está usted?, ¿cómo estás?** how are you?, 1; **¿cómo se dice. . . ?** how does one say. . . ?, 1; **¿cómo se llama usted?, ¿cómo te llamas?** what is your name?, 1; **¿cómo te va?** how's it going?, 1
cómoda *f* bureau, 8
compañera de cuarto *f* roommate, 2
compañero de cuarto *m* roommate, 2
comprar to buy, 3
comprometerse (con) to get engaged (to), 9
comprometido engaged, 9; **estar comprometido (con)** to be engaged (to), 9
computación *f* computer science, 1
computadora *f* computer, 6
comúnmente commonly, 7
con with, 3; **con tal que** provided that, 13
conducir to drive, 4
confirmar to confirm, 11
conmigo with me, 8

conocer to know, be acquainted with (persons, places, things), 4
conseguir (i, i) to get, obtain, 11
conservador conservative, 14
conservar to conserve, 14
constantemente constantly, 7
construir to construct, 14
contaminación f contamination, pollution, 14
contaminar to contaminate, pollute, 14
contar (ue) to count, 6
contener (ie) to contain, 13
contento content, happy, 2
contestador automático m answering machine, 13
contestar to answer, 7
contigo with you (fam.), 8
contra against, 14
copa f glass, goblet, 8
corbata f tie, 5
correo m mail, 13; **correo aéreo** airmail, 13; **correo certificado** certified mail, 12; **correo regular** regular mail, 13
correr to run, 4
cortar(se) to cut (oneself), 9
cortina f curtain, 8
corto short, 5
cosa f thing, 5
costar (ue) to cost, 5
creer to believe, 11
crema f cream, 3; **crema de afeitar** shaving cream, 9
criada f maid, 12
crimen m crime, 14
criminal m criminal, 14
cruzar to cross, 10
cuaderno m notebook, 1
cuadra f city block, 10
cuadro m painting, picture, 8
¿cuál? which (one)?, 3; **¿cuáles?** which (ones)?, 3
cuando when, 13
¿cuándo? when?, 3
¿cuánto? how much?, 3; **¿cuántos?** how many?, 3
cuarenta forty, 2
cuarto m quarter (hour), 1; room, 1; fourth, 12; **cuarto doble** double room, 12; **cuarto sencillo** single room, 12
cuatro four, 1
cuatrocientos four hundred, 5
cubo de basura m garbage can, 12
cuchara f spoon, 8
cuchillo m knife, 8
cuenta f bill, 6

cuerpo m body, 4
cuidado m care; **tener cuidado** to be careful, 10
cumpleaños m birthday, 5
cura f cure, 14

CH

champú m shampoo, 9
chao 'bye (so long), 1
chaqueta f jacket, 5
cheque m check, 6; **cheque de viajero** traveler's check, 6
chica f girl, 2
chico m boy, 2
chimenea f chimney, fireplace, 8
chino Chinese, 2
choza f hut, 7
chuleta de cerdo f pork chop, 3

D

dar to give, 4; **darse prisa** to hurry up, 10
de about, from, of, 1; **de nada** you are welcome, 1; **¿de parte de quién?** who (shall I say) is calling?, 13
debajo (de) beneath, under, 8
deber to owe, ought, should, 4
débil weak, 2
decidir to decide, 14
décimo tenth, 12
decir (i) to say, tell, 4
dedo m finger, 4
dejar to allow, let; to leave behind, 12; **dejar de** to stop (doing something), 12
delante (de) in front (of), 8
delgado slender, 2
demasiado too, too much, 9; **demasiados** too many, 9
demora f delay, 11
dentro (de) inside, 8
deporte m sport, 4
depositar to deposit, 6
derecha f right, 10
derecho m justice, law, right, 14; straight, straight ahead, 10
desarme m disarmament, 14
desayunar to have breakfast, 9
desayuno m breakfast, 3
descansar to rest, 4
desear to desire, 3
desempleo m unemployment, 14
desierto m desert, 7
desinflado flat (tire), 10
desodorante m deodorant, 9

despacio slowly, 10
despedirse (i, i) (de) to say good-bye (to), 9
despegar to take off (airplanes), 11
desperdicio m waste, 14; **desperdicio tóxico** toxic waste, 14
despertador m alarm clock, 9
despertarse (ie) to wake up, 9
después (de) after, 8; **después de que** after, 13
destruir to destroy, 14
detrás (de) behind, 8
devolver (ue) to return (something), 6
día m day, 1; **buenos días** good morning, 1
diario daily, 9
diciembre December, 5
diente m tooth, 4
diez ten, 1
difícil difficult, 2
diga, dígame hello (on telephone), 13
diligente diligent, hard-working, 2
dinero m money, 6
dirección f address, 13
disco m disc, record, 8; **disco compacto** compact disc, 8
discriminación f discrimination, 14
divertido amusing, funny, 2
divertirse (ie, i) to have a good time, 9
divorciarse to get divorced, 9
doblar to turn, 10
doce twelve, 1
dolor m pain, ache, 4; **dolor de cabeza** headache, 4; **dolor de estómago** stomachache, 4; **dolor de garganta** sore throat, 4
domingo m Sunday, 1
¿dónde? where?, 3; **¿adónde?** (to) where?, 3; **¿de dónde?** from where?, 3
dormir (ue, u) to sleep, 4; **dormirse** to go to sleep, 9
dos two, 1
doscientos two hundred, 5
droga f drug, 14
ducha f shower, 8
ducharse to take a shower, 9
dudar to doubt, 11
durante during, 8
durazno m peach, 3

E

e and (before *i*, *hi*), 2
economía f economics, 1
echar al correo to mail, 13

edificio *m* building, 6
efectivo *m* cash, 6
ejercicio *m* exercise, 1
el *m* the, 1
él *m* he (subject), 1; him (obj. of prep.), 8
eliminar to eliminate, 14
ella *f* she (subject), 1; her (obj. of prep.), 8
ellas *f* they (subject), 1; them (obj. of prep.), 8
ellos *m* they (subject), 1; them (obj. of prep.), 8
empezar (ie) to begin, 6
empleo *m* employment, 14
en at, in, on, 1; **en caso de que** in case, 13; **en contra de** against, 14; **en frente (de)** in front of, 8; **en vez de** instead of, 8
enamorado in love, 9; **estar enamorado (de)** to be in love (with), 9
enamorarse (de) to fall in love (with), 9
encantar to enchant (like a lot, love), 7
encender (ie) to turn on, 8
encima (de) above, on top of, 8
encontrar (ue) to find, 6
energía *f* energy, 14; **energía nuclear** nuclear energy, 14
enero January, 5
enfermedad *f* sickness, 14
enfermera *f* nurse, 2
enfermero *m* nurse, 2
enfermo sick, 2
enojado angry, 2
enojarse (con) to get angry (with), 9
ensalada *f* salad, 3
enseñar to teach, 14
entender (ie) to understand, 4
entrar (en) to enter, to go in, 6
entre between, 8
enviar to send, 13
equipaje *m* luggage, 11
esa *f* that, 5; **esas** *f* those, 5
escalera *f* stairs, 8
escoger to choose, 14
escribir to write, 3; **escribir a máquina** to type, 6
escritorio *m* desk, 1
escuchar to listen (to), 4
escuela *f* school, 2; **escuela primaria** elementary school, 2; **escuela secundaria** high school, 2
ese *m* that, 5; **esos** *m* those, 5
espalda *f* back, 4
español Spanish, 1
espejo *m* mirror, 8

esperar to expect, hope, wait (for), 6
esposa *f* wife, 2
esposo *m* husband, 2
esquiar to ski, 4
esquina *f* corner, 10
esta *f* this, 5; **estas** *f* these, 5
estación *f* season, 5; station, 10; **estación de ferrocarril** railroad station, 11; **estación de gasolina/servicio** gas/service station, 10
estacionarse to park, 10
estampilla *f* stamp, 13
estante *m* bookshelf, shelf, 8
estar to be, 2
estatua *f* statue, 6
este *m* this, 5; **estos** *m* these, 5
estéreo *m* stereo, 8
estómago *m* stomach, 4
estrella *f* star, 7
estudiante *m, f* student, 1
estudiar to study, 3
estufa *f* stove, 8
examen *m* exam, test, 1
excelente excellent, 2
explicar to explain, 7
extraño strange, 11

F

fábrica *f* factory, 14
fácil easy, 2
fácilmente easily, 7
facturar to check (baggage), 11
falda *f* skirt, 5
familia *f* family, 2
farmacia *f* pharmacy, 9
fascinar to fascinate, 7
febrero February, 5
fecha *f* date, 5
felicitaciones *f* congratulations, 12
feo ugly, 2
ferrocarril *m* railroad, 11
fiebre *f* fever, 4
filosofía *f* philosophy, 1
firmar to sign, 6
física *f* physics, 1
flaco skinny, 2
flor *f* flower, 7
foto *f* photo, 11
francés French, 2
frecuentemente frequently, 7
fregadero *m* (kitchen) sink, 8
freno *m* brake, 10
fresa *f* strawberry, 3
frijoles *m* beans, 3

frío cold, 3; **hacer frío** to be cold (weather), 5; **tener frío** to be cold (person), 5
frito fried, 3
frontera *f* border, 10
fruta *f* fruit, 3
fuego *m* fire, 7
fuera de outside, 8
fuerte strong, 2
fumar to smoke, 4
funcionar to work (machine), 10
fútbol *m* soccer, 4; **fútbol americano** football, 4
futuro *m* future, 13

G

gafas *f* glasses, 5; **gafas de sol** sunglasses, 5
galleta *f* cookie, 3
gallina *f* chicken, 7
ganar to earn, win, 6
garaje *m* garage, 8
garganta *f* throat, 4
gastar to spend (money), 6
gato *m* cat, 7
generalmente generally, 7
gente *f* people, 6
gimnasio *m* gym, 1
gobierno *m* government, 14
gordo fat, 2
gorra *f* cap, 5
gracias thanks, thank you, 1
graduarse to graduate, 9
grande big, large, 2
granja *f* farm, 7
gris gray, 5
guantes *m* gloves, 5
guapo handsome, 2
guardar to keep, 8
guerra *f* war, 14
guía telefónica *f* phone book, 13
guisantes *m* peas, 3
gustar to be pleasing, like, 3
gusto *m* pleasure, 1; **mucho gusto** pleased to meet you, 1; **el gusto es mío** it's my pleasure, 1

H

haber (auxiliary verb) to have, 9
había there was, there were, 8
habitación *f* (hotel) room, 12
hablar to speak, 3
hacer to do, make, 4; **hacer buen/mal**

tiempo to be good/bad weather, 5; **hacer calor** to be hot, 5; **hacer cola** to wait in line, 6; **hacer fresco** to be cool, 5; **hacer frío** to be cold, 5; **hacer la cama** to make the bed, 8; **hacer la maleta** to pack the suitcase, 11; **hacer sol** to be sunny, 5; **hacer una llamada** to make a call, 13; **hacer viento** to be windy, 5

hambre *f* hunger, 3; **tener (mucha) hambre** to be (very) hungry, 3

hamburguesa *f* hamburger, 3

hasta until; **hasta luego** see you later, 1; **hasta mañana** see you tomorrow, 1; **hasta que** until, 13

hay there is, there are, 2; **¿qué hay de nuevo?** what's new?, 1

helado *m* ice cream, 3

hermana *f* sister, 2

hermano *m* brother, 2

hermoso beautiful, 2

hielo *m* ice, 3

hierba *f* grass, 7

hija *f* daughter, 2

hijo *m* son, 2

historia *f* history, 1

hogar *m* home, 8; **los sin hogar** *m* the homeless, 14

hola hello, hi, 1

hombre *m* man, 2; **hombre de negocios** businessman, 2

hombro *m* shoulder, 4

hora *f* hour, time, 1

horario *m* schedule, 11

horno *m* oven, 8; **horno de microonda** microwave oven, 8

hotel *m* hotel, 12

hoy today, 3

huésped *m* guest, 12

huevo *m* egg, 3; **huevos revueltos** scrambled eggs, 3

humano human, 14

I

ida y vuelta round-trip, 11

iglesia *f* church, 6

impermeable *m* raincoat, 5

importante important, 11

importar to be important to, matter, 7

imposible impossible, 11

improbable improbable, 11

impuesto *m* tax, 12

ingeniera *f* engineer, 2

ingeniero *m* engineer, 2

inglés English, 1

inmediatamente immediately, 7

inodoro *m* toilet, 8

insecto *m* insect, 7

insistir (en) to insist (on), 10

inteligente intelligent, 2

interesar to interest, 7

invierno *m* winter, 5

invitar (a) to invite, 6

ir to go, 1; **ir de compras** to go shopping, 5; **irse** to go away, 9

isla *f* island, 7

italiano Italian, 2

izquierda *f* left, 10

J

jabón *m* soap, 8

jamón *m* ham, 3

Janucá *f* Hanukkah, 5

japonés Japanese, 2

jardín *m* garden, yard, 8

joven young, 2

joyas *f* jewelry, 5

joyería *f* jewelry shop, 6

judías *f* green beans, 3

jueves *m* Thursday, 1

jugar (ue) to play, 4

jugo *m* juice, 3

julio July, 5

junio June, 5

K

kilómetro *m* kilometer (0.62 mile), 10

L

la *f* the, 1; her, it, you (dir. obj.), 6

labio *m* lip, 4

lago *m* lake, 7

lámpara *f* lamp, 8

langosta *f* lobster, 3

lápiz *m* pencil, 1

largo long, 5

las *f* the (pl.), 1; them, you (pl., dir. obj.), 6

lástima *f* pity, shame, 10

lavabo *m* sink (bathroom), 8

lavar to wash, 8; **lavar los platos** to wash dishes, 8; **lavarse** to wash (oneself), 9

le to her, to him, to you, 7

lección *f* lesson, 1

leche *f* milk, 3

lechuga *f* lettuce, 3

leer to read, 4

legumbre *f* vegetable, 3

lejos (de) far (from), 8

lengua *f* tongue, 4

lentamente slowly, 7

lentes de contacto *m, f* contact lenses, 5

les to them, to you (pl.), 7

levantarse to get up, 9

liberal liberal, 14

librería *f* bookstore, 1

libro *m* book, 1

licencia de conducir *f* driver's license, 10

limón *m* lemon, 3

limpiaparabrisas *m* windshield wiper, 10

limpiar to clean, 4

limpio clean, 5

línea *f* line, 13; **línea aérea** airline, 11

lío *m* mess, 10

literatura *f* literature, 1

lo *m* him, it, you (dir. obj.), 6; **lo que** that which, what, 3

los *m* the (pl.), 1; them, you (pl., dir. obj.), 6

luchar to fight, struggle, 14

lugar *m* place, 6

luna *f* moon, 7; **luna de miel** honeymoon, 12

lunes *m* Monday, 1

luz *f* light, 8

LL

llamada *f* call, 13; **llamada a cobro revertido** collect call, 13; **llamada de larga distancia** long distance call, 13; **llamada de persona a persona** person to person call, 13; **llamada local** local call, 13

llamar to call, 4; **llamarse** to be called, named; **me llamo. . .** my name is. . . , 1

llanta *f* tire, 10

llave *f* key, 12

llegada *f* arrival, 11

llegar to arrive, 3

llenar to fill, 10

llevar to carry, take, wear, 5

llorar to cry, 9

llover (ue) to rain, 5

lluvia *f* rain, 5

M

madrastra *f* stepmother, 2

madre *f* mother, 2

maíz *m* corn, 3

mal bad, badly, 2
maleta *f* suitcase, 11
maletero *m* porter, 11
malo bad, 2
mandar to send, 7
manejar to drive, 4
manifestación *f* demonstration, 14
mano *f* hand, 4
manta *f* blanket, 12
mantequilla *f* butter, 3
manzana *f* apple, 3; city block, 10
mañana *f* morning, 3; tomorrow, 3;
  de la mañana in the morning, 1;
  por la mañana in the morning, 3
maquillaje *m* make-up, 9
máquina *f* machine; **máquina de afeitar**
  electric shaver, 9; **máquina de escribir**
  typewriter, 6
mar *m* sea, 7
marcar to mark; to dial, 13; **marcar**
  directo dial direct, 13
mariscos *m* seafood, 3
martes *m* Tuesday, 1
marzo March, 5
más more, 3; **más que/de** more than, 12
matar to kill, 14
matemáticas *f* mathematics, 1
mayo May, 5
mayor older, 2
me me, 6; to me, 7; myself, 9
medianoche *f* midnight, 1
medias *f* hose, stockings, 5
médica *f* doctor, 2
médico *m* doctor, 2
medio half, middle, 1; **medio ambiente**
  m environment, 14
mediodía *m* noon, 1
mejor better, 11; **el mejor** the best, 12
melocotón *m* peach, 3
menor younger, 2
menos minus, 1; less, 3; **menos que/de**
  less than, 12
mercado *m* market, 3
merienda *f* afternoon snack, 3
mermelada *f* jam, 3
mes *m* month, 5
mesa *f* table, 1
metro *m* metro, subway, 6
mexicano Mexican, 2
mí me (obj. of prep.), 8
mi my, 4
miedo *m* fear, 7; **tener miedo (de)** to be
  afraid (of), 7
miércoles *m* Wednesday, 1
mil thousand, 5
milla *f* mile, 10

millón *m* million, 5
mío mine, of mine, 5
mirar to look (at), 4
mochila *f* backpack, 7
molestar to be annoying to, bother, 7
moneda *f* coin, currency, money, 6
montaña *f* mountain, 2
montar to mount; **montar a caballo** to
  ride horseback, 7
morado purple, 5
moreno brunette, dark-skinned, 2
morir (ue, u) to die, 6
mosca *f* fly, 7
mosquito *m* mosquito, 7
mostrar (ue) to show, 7
motor *m* motor, 10
muchacha *f* girl, 2
muchacho *m* boy, 2
mucho much, a lot, 3; **muchos** many, 3
muebles *m* furniture, 8
muerte *f* death, 14
mujer *f* woman, 2; **mujer de negocios**
  businesswoman, 2
multa *f* fine, ticket, 10
mundo *m* world, 11
museo *m* museum, 6
música *f* music, 1
muy very, 1

N

nación *f* nation, 14
nada nothing, not anything, 6; **de nada**
  you are welcome, 1; **nada de**
  particular nothing much, 1
nadar to swim, 4
nadie nobody, no one, 6
naranja *f* orange, 3
nariz *f* nose, 4
naturaleza *f* nature, 7
navaja *f* razor, 9
Navidad *f* Christmas, 5
necesario necessary, 11
necesitar to need, 3
negro black, 5
nervioso nervous, 2
nevar (ie) to snow, 5
ni. . .ni neither. . .nor, 12
nieta *f* granddaughter, 2
nieto *m* grandson, 2
nieve *f* snow, 5
ninguno none, not one, 12
niña *f* child, 2
niño *m* child, 2
no no, 1
noche *f* night, 3; **buenas noches** good

  evening/night, 1; **de la noche** in the
  evening, 1; **esta noche** tonight, 3;
  por la noche at night, 3
normalmente normally, 7
nos us, 6; to us, 7; ourselves, 9
nosotras *f* we, 1; us (obj. of prep.), 8
nosotros *m* we, 1; us (obj. of prep.), 8
nota *f* grade, 1
noticias *f* news, 14
novecientos nine hundred, 5
noveno ninth, 12
noventa ninety, 2
novia *f* girlfriend, 2
noviembre November, 5
novio *m* boyfriend, 2
nube *f* cloud, 7
nublado cloudy, 5
nuestro our, 4; ours, of ours, 5
nueve nine, 1
nuevo new, 2
número *m* number, 1
nunca never, 5

O

o or, 2; **o. . .o** either. . .or, 12
océano *m* ocean, 7
octavo eighth, 12
octubre October, 5
ocupado busy, 13
ochenta eighty, 2
ocho eight, 1
ochocientos eight hundred, 5
oficina *f* office, 1
oír to hear, 4
ojo *m* eye, 4
ola *f* wave, 7
olvidar to forget, 10; **olvidarse (de)** to
  forget (about), 10
once eleven, 1
operador *m* operator, 13
operadora *f* operator, 13
opinión *f* opinion, 14
oración *f* sentence, 1
oreja *f* ear, 4
os you (fam. pl., dir. obj.), 6; to you (fam.
  pl.), 7; yourselves (fam. pl.), 9
otoño *m* autumn, 5
otro another, other, 5

P

padrastro *m* stepfather, 2
padre *m* father, 2
padres *m* parents, 2
pagar to pay (for), 6

página *f* page, 1
país *m* country, 11
pájaro *m* bird, 7
palabra *f* word, 1
pan *m* bread, 3; **pan tostado** toast, 3
pantalones *m* pants, 5; **pantalones cortos** shorts, 5
papa *f* potato, 3
papel *m* paper, 1; **papel higiénico** toilet paper, 9
paquete *m* package, 13
para by, for, in order to, 4; **para que** so that, 13
parabrisas *m* windshield, 10
parada de autobús *f* bus stop, 6
paraguas *m* umbrella, 5
parar(se) to stop, 10
pardo brown, 5
pared *f* wall, 8
pariente *m* relative, 2
parque *m* park, 6
participar to participate, 14
pasado *m* past; **el. . .pasado, la. . .pasada** last. . . , 6
pasajero *m* passenger, 11
pasaporte *m* passport, 11
pasar to happen, pass, spend (time), 6
Pascua de Resurrección *f* Easter, 5
pasta de dientes *f* toothpaste, 9
pastel *m* pastry, pie, 3
patata *f* potato, 3
paz *f* peace, 14
pecho *m* chest, 4
pedir (i, i) to ask (for), 4
peinarse to comb (one's hair), 9
peine *m* comb, 9
película *f* film, 6
peligro *m* danger, 14
peligroso dangerous, 14
pelo *m* hair, 4
pelota *f* ball, 12
peluquería *f* beauty shop, barber shop, hairdresser's, 9
pendientes *m* earrings, 5
pensar (ie) to think, 6
peor worse, 12; **el peor** the worst, 12
pequeño little, small, 2
pera *f* pear, 4
perder (ie) to lose, 6
perdón *m* pardon; pardon me, excuse me, 1
perezoso lazy, 2
periódico *m* newspaper, 6
permiso *m* permission; **con permiso** pardon me, excuse me, 1
permitir to allow, permit, 1

pero but, 2
perro *m* dog, 2
persona *f* person, 2
personalmente personally, 7
pesar to weigh, 13
pescado *m* fish, 3
pescar to fish, 7
pez *m* fish, 7
pie *m* foot, 4
pierna *f* leg, 4
piloto *m* pilot, 11
pimienta *f* pepper, 3
pintar to paint, 4
piña *f* pineapple, 3
piscina *f* pool, 12
piso *m* floor, story (of a building), 8
pizarra *f* blackboard, 1
planeta *m* planet, 14
planta *f* plant, 12; **planta baja** main floor, 12
plantar to plant, 14
plátano *m* banana, 3
plato *m* dish, plate, 8
playa *f* beach, 2
plaza *f* plaza, 6
pobre poor, 2
pobreza *f* poverty, 14
poco little (quantity), 3; **pocos** few, 3
poder (ue) to be able, can, 4
policía *m* policeman, 10
política *f* politics, 14
pollo *m* chicken, 3
poner to put, place, 4; **poner la mesa** to set the table, 8; **ponerse** to put on, 9; **ponerse impaciente** to become impatient, 13
por along, around, because of, by, by way of, down, for, in exchange for, on account of, on behalf of, per, through, 7; **por favor** please, 1; **¡por supuesto!** of course!, 10; **por todas partes** everywhere, 14
portero *m* doorman, 12
porque because, 3
¿por qué? why?, 3
portugués Portuguese, 2
posible possible, 11
posiblemente possibly, 7
postre *m* dessert, 3
precio *m* price, 5
preferir (ie, i) to prefer, 4
pregunta *f* question, 1
preguntar to ask, inquire, 7
prejuicio *m* prejudice, 14
preocupado worried, 2
preocuparse (de, por) to worry (about), 9

preparar to prepare, 3
presentar to introduce, present, 1
prestar to lend, 7
prevenir (ie, i) to prevent, 14
prima *f* cousin, 2
primavera *f* spring, 5
primero first, 12
primo *m* cousin, 2
prisa *f* hurry; **darse prisa** to hurry up, 10; **tener prisa** to be in a hurry, 10
probable probable, 11
probablemente probably, 7
problema *m* problem, 14
profesor *m* professor, teacher, 1
profesora *f* professor, teacher, 1
pronto soon, 13
propina *f* tip, 11
proponer to propose, 14
proteger to protect, 14
protestar to protest, 14
próximo next, 13
psicología (sicología) *f* psychology, 1
pueblo *m* town, village, 7
puente *m* bridge, 10
puerta *f* door, 1; (airport) gate, 11
pulsera *f* bracelet, 5
punto de vista *m* point of view, 14
pupitre *m* desk (student), 1

Q

que that, which, who, 3; than, 12
¿qué? what?, 3; **¿qué tal?** how are you?, 1
¡qué! what!, what a. . .!, 10
quedarse to stay, remain, 12
quejarse (de) to complain (about), 9
querer (ie) to love, want, 4
queso *m* cheese, 3
¿quién(es)? who?, 3
química *f* chemistry, 1
quince fifteen, 5
quinientos five hundred, 5
quinto fifth, 12
quiosco *m* newsstand, 6
quitarse to take off, 9

R

radiograbadora *f* radio/tape recorder, 8
rápidamente rapidly, 7
rascacielos *m* skyscraper, 6
recado *m* message, 12
recepción *f* front desk, 12
recepcionista *m, f* receptionist, 12
recibir to receive, 6

recibo *m* receipt, 12
reciclar to recycle, 14
recientemente recently, 7
recoger to gather, pick up, 11
recomendar (ie) to recommend, 10
recordar (ue) to remember, 10
recto straight, straight ahead, 10
recurso natural *m* natural resource, 14
refresco *m* soft drink, 3
refrigerador *m* refrigerator, 8
regalar to give (a present), 7
regalo *m* gift, 5
registrarse to register, 12
regular fair, 1; regular, 13
reírse (i, i) to laugh, 9
relámpago *m* lightning, 7
religión *f* religion, 1
reloj *m* clock, watch, 5
reparar to fix, repair, 10
repetir (i, i) to repeat, 6
reservación *f* reservation, 11
resfriado *m* cold, 4
residencia *f* dormitory, residence,
  residence hall, 1
resolver (ue) to resolve, 14
respecto a regarding, with respect to, 14
respuesta *f* answer, 1
restaurante *m* restaurant, 6
revisar to check, 10
revista *f* magazine, 6
rico rich, 2
ridículo ridiculous, 11
río *m* river, 7
robar to rob, steal, 14
rojo red, 5
rollo *m* roll, 11; **rollo de película** roll of
  film, 11
ropa *f* clothing, 5; **ropa interior**
  underwear, 5
ropero *m* closet, 8
rosado pink, 5
rubio blonde, 2
ruido *m* noise, 9
ruso Russian, 2

S

sábado *m* Saturday, 1
sábana *f* sheet, 12
saber to know (facts, information), 4;
  (how to), 4
sacar to take out, withdraw, 6; **sacar
  fotos** to take photos, 11
saco de dormir *m* sleeping bag, 7
sal *f* salt, 3

sala *f* living room, 8; **sala de clase**
  classroom, 1; **sala de espera** waiting
  room, 11; **sala de reclamación**
  baggage claim room, 11
salchicha *f* sausage, 3
salida *f* departure, 11
salir (de) to leave, go out of, 4
saludo *m* greeting, 1
sandía *f* watermelon, 3
sandwich *m* sandwich, 3
se herself, himself, themselves, yourself,
  yourselves, 9
secador de pelo *m* hair dryer, 9
secar(se) to dry, 9
sed *f* thirst, 3; **tener (mucha) sed** to be
  (very) thirsty, 3
seguir (i, i) to continue, follow, 10
segundo second, 12
seguro *m* insurance, 10; sure, certain, 11
seis six, 1
seiscientos six hundred, 5
sello *m* stamp, 13
selva *f* jungle, 7
semáforo *m* traffic light, 10
semana *f* week, 1; **semana pasada** last
  week, 6; **semana próxima** next week,
  13; **semana que viene** next week, 13;
  fin de semana *m* weekend, 1
sentarse (ie) to sit down, 9
sentir (ie, i) to feel sorry, regret, 10; **lo
  siento mucho** I am very sorry, 10;
  sentirse to feel, 9; **sentirse bien/mal** to
  feel good/bad, 9
señor *m* gentleman, man, sir, Mr., 1
señora *f* lady, ma'am, Mrs., 1
señorita *f* lady, Miss, 1
septiembre September, 5
séptimo seventh, 12
ser to be, 1
serio serious, 2
serpiente *f* snake, 7
servicio *m* restroom, 11; service, 12;
  servicio de cuarto room service, 12
servilleta *f* napkin, 8
servir (i, i) to serve, 11
sesenta sixty, 2
setecientos seven hundred, 5
setenta seventy, 2
sexto sixth, 12
sí yes, 1
si if, 14
sicología (psicología) *f* psychology, 1
SIDA *m* AIDS, 14
siempre always, 5
siete seven, 1

silla *f* chair, 1
sillón *m* easy chair, 8
simpático nice (persons), 2
sin without, 3; **los sin hogar** *m* the
  homeless, 14
sinagoga *f* synagogue, 6
sobre *m* envelope, 13
sobrina *f* niece, 2
sobrino *m* nephew, 2
sociedad *f* society, 14
¡socorro! help!, 10
sofá *m* sofa, 8
sol *m* sun, 7; **hacer sol** to be sunny, 5;
  tomar el sol sunbathe, 7
soltero single, 9
sombrero *m* hat, 5
sonar (ue) to ring, sound, 9
sopa *f* soup, 3
sótano *m* basement, 8
su her, his, its, their, your, 4
subir to climb, go up, 7; **subir a** to get
  on, 7
sucio dirty, 5
suelo *m* floor, 8
suerte *f* luck, 10
suéter *m* sweater, 5
sufrir to suffer, 14
sugerir (ie, i) to suggest, 10
suyo hers, of hers, his, of his, theirs, of
  theirs, yours, of yours, 5

T

tabaco *m* tobacco, 14
talla *f* size, 5
también also, too, 4
tampoco neither, not either, 6
tan as, so, 12; **tan. . .como** as. . .as, 12;
  tan pronto como as soon as, 13
tanque *m* tank, 10
tanto as much, so much, 12;
  tanto(s). . .como as much (many). . .
  as, 12
taquilla *f* ticket window, 11
tarde *f* afternoon, 3; late, 3; **buenas
  tardes** good afternoon, 3; **más tarde**
  later, 3
tarea *f* assignment, homework, 1
tarjeta *f* card; **tarjeta de crédito** credit
  card, 6; **tarjeta de embarque** boarding
  pass, 11; **tarjeta postal** post card, 13
taxi *m* taxi, 6
taza *f* cup, 8
té *m* tea, 3

te you (fam., dir. obj.), 6; to you (fam.), 7; yourself (fam.), 9

teatro *m* theater, 6

techo *m* roof, 8

telefonear to telephone, 13

teléfono *m* telephone, 13; **teléfono público,** public telephone, 13

televisor *m* television set, 8

temer to fear, be afraid, 10

temprano early, 3

tenedor *m* fork, 8

tener (ie) to have, 2; **no tener razón** to be wrong, 14; **tener. . .años** to be. . .years old, 2; **tener cuidado** to be careful, 10; **tener ganas de** to feel like, 4; **tener hambre** to be hungry, 3; **tener miedo (de)** to be afraid (of), 7; **tener prisa** to be in a hurry, 10; **tener que** to have to, 4; **tener razón** to be right, 14; **tener sed** to be thirsty, 3; **tener sueño** to be sleepy, 9

tenis *m* tennis, 4

tercero third, 12

terminar to finish, 6

ti you (fam., obj. of prep.), 8

tía *f* aunt, 2

tiempo *m* time, 3; weather, 5; **a tiempo** on time, 3

tienda *f* store, shop, 5; **tienda de campaña** tent, 7

tierra *f* earth, land, 7

tío *m* uncle, 2

tiza *f* chalk, 1

toalla *f* towel, 8

tocar to touch, 4; to play (instrument), 4

tocino *m* bacon, 3

todavía still, yet, 9; **todavía no** not yet, 9

todo all, 3; **toda la mañana/tarde/noche** all morning/afternoon/evening, 3; **todo el día** all day, 3; **todo el mundo** everyone, 14; **todos los días** every day, 3

tomar to drink, take, 3; **tomar el sol** to sunbathe, 7

tomate *m* tomato, 3

tonto dumb, silly, 2

tormenta *f* storm, 7

torta *f* cake, 3

tos *f* cough, 4

trabajar to work, 3

trabajo *m* work, 2

traducir to translate, 4

traer to bring, 4

tráfico *m* traffic, 10

traje *m* suit, 5; **traje de baño** bathing suit, 5

tránsito *m* traffic, 10

tratar de to try to, 9

trece thirteen, 1

treinta thirty, 2

tren *m* train, 11

tres three, 1

trescientos three hundred, 5

triste sad, 2

tú you (fam., subject), 1

tu your (fam.), 4

tuyo yours, of yours (fam.), 5

U

u or (before *o, ho*), 2

un *m* a, an, 1

una *f* a, an, 1

unas *f* some (pl.), 1

universidad *f* university, 1

uno one, 1

unos *m* some (pl.), 1

urgente urgent, 11

usar to use, 4

usted you (subject), 1; you (obj. of prep.), 8

ustedes you (pl., subject), 1; you (pl., obj. of prep.), 8

uva *f* grape, 3

V

vaca *f* cow, 7

vacaciones *f* vacation, 7

valle *m* valley, 7

vaqueros *m* jeans, 5

vaso *m* glass, 8

vecino *m* neighbor, 8

veinte twenty, 1

velocidad *f* speed, 10

vender to sell, 3

venir (ie, i) to come, 4

ventana *f* window, 1

ventanilla *f* window (bank, cashier's, post office), 13

ver to see, 4

verano *m* summer, 5

verde green, 5

vestíbulo *m* lobby, 12

vestido *m* dress, 5

vestirse (i, i) to get dressed, 9

vez *f* occasion, time; **en vez de** instead of, 8; **próxima vez** next time, 13; **muchas veces** often, 8; **una vez** once, 8

viajar to travel, 7

viaje *m* trip, 7; **hacer un viaje** to take a trip, 7

víctima *f* victim, 14

vida *f* life, 14

vídeo *m* video, 8

viejo old, 2

viento *m* wind, 5

viernes *m* Friday, 1

vinagre *m* vinegar, 3

vino *m* wine, 3

violencia *f* violence, 14

visitar to visit, 6

vivir to live, 3

volar (ue) to fly, 11

voleibol *m* volleyball, 4

volver (ue) to return, 6

vosotras *f* you (fam. pl., subject), 1; you (fam. pl., obj. of prep.), 8

vosotros *m* you (fam. pl., subject), 1; you (fam. pl., obj. of prep.), 8

votar (por) to vote (for), 14

voz *f* voice; **en voz alta** aloud, 1

vuelo *m* flight, 11

vuestro your (fam. pl.), 4; yours, of yours (fam. pl.), 5

Y

y and, 1

ya already, 9

yo I, 1

Z

zanahoria *f* carrot, 3

zapatería *f* shoe store, 6

zapatos *m* shoes, 5; **zapatos de tenis** tennis shoes, 5

English–Spanish

A

a un, una, 1
about de, 1
above arriba, 8; encima (de), 8
accident accidente *m*, 10
ache dolor *m*, 4
address dirección *f*, 13
afraid (of), to be temer, 10; tener miedo (de), 7
after después de, 8; después de que, 13
afternoon tarde *f*, 3; **good afternoon** buenas tardes, 1
against contra, en contra de, 14
agency agencia *f*, 11
agree estar de acuerdo, 14
AIDS SIDA *m*, 14
air aire *m*, 10; **air conditioning** aire acondicionado *m*, 12
airline línea aérea *f*, 11
airmail correo aéreo *m*, 13
airplane avión *m*, 11
airport aeropuerto *m*, 11
alarm clock despertador *m*, 9
alcohol alcohol *m*, 14
algebra álgebra *f*, 1
all todo, 3; **all day** todo el día, 3; **all morning/afternoon/evening** toda la mañana/tarde/noche, 3
allow dejar, 12; permitir, 1
almost casi, 5
along por, 7
aloud en voz alta, 1
already ya, 9
also también, 4
always siempre, 5
American americano, 2
amusing divertido, 2
an un, una, 1
and y, 1; e (before *i*, *hi*), 2
angry enojado, 2; **get angry (with)** enojarse (con), 9
animal animal *m*, 7
another otro, 5

B

answer respuesta *f*, 1; contestar, 7
answering machine contestador automático *m*, 13
apartment apartamento *m*, 8
apple manzana *f*, 3
April abril, 5
area code clave de área *f*, 13; código de área *m*, 13
arm brazo *m*, 4
around por, 7
arrival llegada *f*, 11
arrive llegar, 3
art arte *m, f*, 1
as tan, 12; **as. . .as** tan. . .como, 12; **as many. . .as** tantos. . .como, 12; **as much. . .as** tanto. . .como, 12
ask preguntar, 7; **ask (for)** pedir, 4
assignment tarea *f*, 1
at a, en, 1; **at times** a veces, 5
attend asistir (a), 3
August agosto, 5
aunt tía *f*, 2
autumn otoño *m*, 5
avenue avenida *f*, 6
awful: how awful! ¡qué barbaridad!, 10

baby bebé, *m, f*, 2
back espalda *f*, 4
backpack mochila *f*, 7
bacon tocino *m*, 3
bad malo, 2
badly mal, 2
bag bolsa *f*, 5; **sleeping bag** saco de dormir *m*, 7
baggage equipaje *m*, 11; **baggage claim room** sala de reclamación *f*, 7
ball pelota *f*, 12
banana banana *f*, 3; plátano *m*, 3
bank banco *m*, 6
bar bar *m*, 6
barber shop peluquería *f*, 9
baseball béisbol *m*, 4

basement sótano *m*, 8
basketball baloncesto *m*, 4; básquetbol *m*, 4
bath baño *m*, 8; **bathe, take a bath** bañarse, 9
bathing suit traje de baño *m*, 5
bathroom baño *m*, 8
bathtub bañera *f*, 8
battery batería *f*, 10
be ser, 1; estar, 2
beach playa *f*, 2
beans frijoles *m*, 3; **green beans** judías *f*, 3
beautiful hermoso, 2
beauty shop peluquería *f*, 9
because porque, 3; **because of** a causa de, 14
bed cama *f*, 8; **double bed** cama de matrimonio *f*, 12; **make the bed** hacer la cama, 8; **single bed** cama individual *f*, 12
bedroom alcoba *f*, 8
beer cerveza *f*, 3
before antes de, 8; antes de que, 13
begin empezar (ie), 6
behind detrás (de), 8
believe creer, 11
bellboy botones *m*, 12
below abajo, 8
belt cinturón *m*, 5
bench banco *m*, 6
beneath debajo de, 8
beside al lado de, 8
best el mejor, 12
better mejor, 11
between entre, 8
beverage bebida *f*, 3
bicycle bicicleta *f*, 6
big grande, 2
bill cuenta *f*, 6
biology biología *f*, 1
bird pájaro *m*, 7
birthday cumpleaños *m*, 5
black negro, 5

blackboard pizarra *f*, 1
blanket cobija *f*, 12; **manta** *f*, 12
block (city) cuadra *f*, 10; manzana *f*, 10
blonde rubio, 2
blouse blusa *f*, 5
blue azul, 5
boarding pass tarjeta de embarque *f*, 11
boat barco *m*, 7
body cuerpo *m*, 4
book libro *m*, 1
bookshelf estante *m*, 8
bookstore librería *f*, 1
boots botas *f*, 5
border frontera *f*, 10
bored aburrido, 2
bother molestar, 7
bottle botella *f*, 3
boy chico *m*, 2; **muchacho** *m*, 2
boyfriend novio *m*, 2
bracelet pulsera *f*, 5
brake freno *m*, 10
bread pan *m*, 3
breakfast desayuno *m*, 3; **have breakfast** desayunar, 9
bridge puente *m*, 10
bring traer, 4
brother hermano *m*, 2
brown pardo, 5
brunette moreno, 2
brush cepillar(se), 9; cepillo *m*, 9
building edificio *m*, 6
bureau cómoda *f*, 8
bus autobús *m*, 6; **bus stop** parada de autobús *f*, 16
businessman hombre de negocios *m*, 2
businesswoman mujer de negocios *f*, 2
busy ocupado, 13
but pero, 2
butter mantequilla *f*, 12
buy comprar, 3
by para, 4; por, 7; **by way of** por, 7

C

café café *m*, 3
cafeteria cafetería *f*, 1
cake torta *f*, 3
calculator calculadora *f*, 6
calculus cálculo *m*, 1
call llamar, 4; llamada *f*, 13; **collect call** llamada a cobro revertido *f*, 13; **long distance call** llamada de larga distancia *f*, 13; **person to person call**
llamada de persona a persona *f*, 13; **local call** llamada local *f*, 13
camera cámara *f*, 11
camp acampar, 7
can poder (ue), 4
cancer cáncer *m*, 14
cap gorra *f*, 5
car auto *m*, 2; automóvil *m*, 10; carro *m*, 2; coche *m*, 2
card tarjeta *f*; **credit card** tarjeta de crédito *f*, 6; **post card** tarjeta postal *f*, 6
careful, to be tener cuidado, 10
carpet alfombra *f*, 8
carrot zanahoria *f*, 3
carry llevar, 5
cash efectivo *m*, 6; **cash (a check)** cobrar, 6
cassette cassette *m*, 8
cat gato *m*, 7
cathedral catedral *f*, 6
cause causa *f*, 14
center centro *m*, 6; **shopping center** centro comercial *m*, 6; **student center** centro estudiantil *m*, 1
cereal cereal *m*, 3
certain seguro, 11
certified certificado, 13
chair silla *f*, 1; **easy chair** sillón *m*, 8
chalk tiza *f*, 1
change cambiar, 6; cambio *m*, 6; **small change** cambio *m*, 6
chapter capítulo *m*, 4
charge cobrar, 6
check revisar, 10; (baggage) facturar, 11; cheque *m*, 6 **traveler's check** cheque de viajero *m*, 6
cheese queso *m*, 3
chemistry química *f*, 1
cherry cereza *f*, 3
chest pecho *m*, 4
chicken gallina *f*, 7; pollo *m*, 3
child niña *f*, 2; niño *m*, 2
chimney chimenea *f*, 8
Chinese chino, 2
choose escoger, 14
Christmas Navidad *f*, 5
church iglesia *f*, 6
city ciudad *f*, 2
class clase *f*, 1
classroom sala de clase *f*, 1
clean limpiar, 4; limpio, 5
climb subir, 7
clock reloj *m*, 5
close cerrar (ie), 6

closed cerrado, 2
closet ropero *m*, 8
clothing ropa *f*, 5
cloud nube *f*, 7
cloudy nublado, 5
coat abrigo *m*, 5
coffee café *m*, 3
coin moneda *f*, 6
cold frío, 3; resfriado *m*, 4; **to be cold (person)** tener frío, 5; **to be cold (weather)** hacer frío, 5
comb peine *m*, 9; **comb (one's hair)** peinarse, 9
come venir (ie), 4
commonly comúnmente, 7
compact disc disco compacto *m*, 8
complain (about) quejarse (de), 9
complete completar, 1
computer computadora *f*, 6; **computer science** computación *f*, 1
confirm confirmar, 11
congratulations felicitaciones *f*, 12
conservative conservador, 14
conserve conservar, 14
constantly constantemente, 7
construct construir, 14
contact lenses lentes de contacto *m*, *f*, 5
contain contener (ie), 13
contaminate contaminar, 14
contamination contaminación *f*, 14
continue seguir (ie, i), 10
cook cocinar, 4
cookie galleta *f*, 3
cool fresco, 5; **be cool (weather)** hacer fresco, 5
corn maíz *m*, 3
corner esquina *f*, 10
cost costar (ue), 5
cough tos *f*, 4
count contar (ue), 6
country campo *m*, 2; país *m*, 11
cousin primo *m*, 2
cow vaca *f*, 7
cream crema *f*, 3
crime crimen *m*, 14
criminal criminal *m*, 14
cross cruzar, 10
cry llorar, 9
cup taza *f*, 8
cure cura *f*, 14
currency moneda *f*, 6
curtain cortina *f*, 8
customs aduana *f*, 11
cut (oneself) cortar(se), 9

D

daily diario, 9
dance bailar, 4
danger peligro *m*, 14
dangerous peligroso, 14
date fecha *f*, 5
daughter hija *f*, 2
day día *m*, 1; **day before yesterday** anteayer, 6
death muerte *f*, 14
December diciembre, 5
decide decidir, 14
delay demora *f*, 11
demonstration manifestación *f*, 14
deodorant desodorante *m*, 9
department store almacén *m*, 6
departure salida *f*, 11
deposit depositar, 6
desert desierto *m*, 7
desire desear, 3
desk escritorio *m*, 1; pupitre *m*, 1; **front desk** recepción *f*, 12
dessert postre *m*, 3
destroy destruir, 14
dial marcar, 13; **dial direct** marcar directo, 13
die morir (ue, u), 6
difficult difícil, 2
dining hall cafetería *f*, 1
dining room comedor *m*, 8
dinner cena *f*, 3; **have dinner** cenar, 9
dirty sucio, 5
disagreeable antipático, 2
disarmament desarme *m*, 14
disc disco *m*, 8; **compact disc** *m*, disco compacto, 8
discrimination discriminación *f*, 14
dish plato *m*, 3
divorce: get divorced divorciarse, 9
do hacer, 4
doctor médica *f*, 2; médico *m*, 2
dog perro *m*, 2
door puerta *f*, 1
doorman portero *m*, 12
dormitory residencia *f*, 1
doubt dudar, 11
down(stairs) abajo, 8
downtown centro *m*, 6
dress vestido *m*, 5; **get dressed** vestirse (i, i), 9
drink beber, tomar, 3; bebida *f*, 3
drive conducir, manejar, 4
driver's license carnet de conducir *m*, 10
drug droga *f*, 14

dry secar(se), 9
dumb tonto, 2
during durante, 8

E

ear oreja *f*, 4
early temprano, 3
earn ganar, 6
earrings aretes *m*, 5; pendientes *m*, 5
earth tierra *f*, 7
Easter Pascua de Resurrección *f*, 5
easy fácil, 2
easily fácilmente, 7
eat comer, 3
economics economía *f*, 1
egg huevo *m*, 3; **scrambled eggs** huevos revueltos *m*, 3
eight ocho, 1
eighth octavo, 12
eight hundred ochocientos, 5
eighteen diez y ocho (dieciocho), 1
eighty ochenta, 2
either. . .or o. . .o, 12; **not either** tampoco, 6
elevator ascensor *m*, 12
eleven once, 1
eliminate eliminar, 14
employment empleo, *m*, 14
enchant encantar, 7
energy energía *f*, **nuclear energy** energía nuclear *f*, 14
engaged comprometido, 9; **be engaged (to)** estar comprometido (con), 9; **get engaged (to)** comprometerse (con)
engineer ingeniera *f*, 2; ingeniero *m*, 2
English inglés, 1
enough bastante, 1
enter entrar (en), 6
envelope sobre *m*, 13
environment medio ambiente *m*, 1
every day todos los días, 3
everyone todo el mundo *m*, 14
everywhere por todas partes, 14
exam examen *m*, 1
excellent excelente, 2
exchange cambio *m*, 6; **in exchange for** por, 7
excuse me con permiso, perdón, 1
exercise ejercicio *m*, 1
expect esperar, 6
expensive caro, 5
explain explicar, 7
eye ojo *m*, 4

F

face cara *f*, 4
factory fábrica *f*, 14
fair regular, 1
family familia *f*, 2
far (from) lejos (de), 8
farm granja *f*, 7
fascinate fascinar, 7
fasten abrocharse, 10
fat gordo, 2
father padre *m*, 2
fear temer, 10; miedo *m*, 7
February febrero, 5
feel sentir(se), 9; **feel good/bad** sentirse bien/mal, 9; **feel like** tener ganas de, 4
fever fiebre *f*, 4
few pocos, 3
field campo *m*, 2
fifteen quince, 1
fifth quinto, 12
fifty cincuenta, 2
fight luchar, 14
fill llenar, 10
film película *f*, 6
find encontrar (ue), 6
fine bien, 2; **(traffic)** multa *f*, 10
finger dedo *m*, 4
finish terminar, 6
fire fuego *m*, 7
fireplace chimenea *f*, 8
first primero, 12
fish pescar, 7; pescado *m*, 3; pez *m*, 7
five cinco, 1
five hundred quinientos, 5
fix arreglar, reparar, 10
flat (tire) desinflado, 10
flight vuelo *m*, 11
floor piso *m*, 8; suelo *m*, 8; **main floor** planta baja *f*, 12
flower flor *f*, 7
fly volar (ue), 11; mosca *f*, 7
follow seguir (ie, i), 10
food comida *f*, 3
foot pie *m*, 4
football fútbol americano *m*, 4
for para, 4; por, 7
forest bosque *m*, 7
forget (about) olvidar(se) (de), 10
fork tenedor *m*, 8
forty cuarenta, 2
four cuatro, 1
four hundred cuatrocientos, 5
fourteen catorce, 1
fourth cuarto, 12

French francés, 2
frequently frecuentemente, 7
Friday viernes *m*, 1
fried frito, 3
friend amiga *f*, 2; amigo *m*, 2
from de, 1
front frente *m*, 8; **in front (of)** delante
  (de), en frente (de), 8
fruit fruta *f*, 3
funny divertido, 2
furniture muebles *m*, 8
future futuro *m*, 3

G

garage garaje *m*, 8
garbage can cubo de basura *m*, 12
garden jardín *m*, 8
garlic ajo *m*, 3
gasoline gasolina *f*, 10
gate (airport) puerta *f*, 11
gather recoger, 11
generally generalmente, 7
gentleman señor *m*, 1
German alemán, 2
get (obtain) conseguir (i, i), 11; **get off**
  bajar de, 7; **get on** subir a, 7; **get up**
  levantarse, 9
gift regalo *m*, 5
girl chica *f*, 2; **muchacha** *f*, 2
girlfriend novia *f*, 2
give dar, 4; regalar, 7
glad, to be alegrarse, 10
glass vaso *m*, 8; **(goblet)** copa *f*, 8
glasses anteojos *m*, 5; gafas *f*, 5
gloves guantes *m*, 5
go ir, 1; andar, 7; **go down** bajar, 7; **go in**
  entrar (en), 6; **go out (of)** salir (de), 4;
  go shopping ir de compras, 5; **go away**
  irse, 9; **go to bed** acostarse (ue), 9; **go**
  up subir, 7
goblet copa *f*, 8
good bueno, 2; **good morning**
  (afternoon, evening/night) buenos días
  (buenas tardes, buenas noches), 2
good-bye adiós, chao, hasta luego, hasta
  mañana, 1; **say good-bye (to)**
  despedirse (i, i) (de), 9
gosh: oh my gosh! ¡caramba!, 10
government gobierno *m*, 14
grade nota *f*, 1
graduate graduarse, 9
granddaughter nieta *f*, 2
grandfather abuelo *m*, 2
grandmother abuela *f*, 2

grandson nieto *m*, 2
grape uva *f*, 3
grass hierba *f*, 7
gray gris, 5
green verde, 5
greeting saludo *m*, 1
guest huésped *m*, 12
gym gimnasio *m*, 14

H

hair pelo *m*, 4
hair dryer secador de pelo *m*, 9
half medio, 1
ham jamón *m*, 3
hamburger hamburguesa *f*, 3
hand mano *f*, 4
handsome guapo, 2
Hanukkah Janucá *f*, 5
happen pasar, 6
happy contento, 2
hard-working diligente, 2
hat sombrero *m*, 5
have tener (ie), 2; haber, 9; **have a good**
  time divertirse (ie, i), 9; **have just**
  acabar de, 9; **have to** tener que, 4
he él *m*, 1
head cabeza *f*, 4; **headache** dolor de
  cabeza *m*, 4
hear oír, 4
heat calor *m*, 5
heating calefacción *f*, 12
hello hola, 1; (on telephone) aló, diga,
  dígame, 13
help ayudar, 10; ¡socorro!, 10
her su (poss.), 4; la (dir. obj.), 6; le (ind.
  obj.), 7; ella (obj. of prep.), 8
here aquí, 2
hers suyo (de ella), 5
herself se, 9
hi hola, 1
high alto, 2
highway carretera *f*, 10
hill colina *f*, 7
him lo (dir. obj.), 6; le (ind. obj.), 7; él
  (obj. of prep.), 8
his su, 4; suyo (de él), 5
history historia *f*, 1
home hogar *m*, 8; **the homeless** los sin
  hogar *m*, 14
homework tarea *f*, 1
honeymoon luna de miel *f*, 12
hope esperar, 6
horse caballo *m*, 7
hose medias *f*, 5

hot caliente, 3; **be hot** (persons) tener
  calor, 5; **be hot** (weather) hacer
  calor, 5
hotel hotel *m*, 12
hour hora *f*, 1
house casa *f*, 2
housewife ama de casa *f*, 2
how ¿cómo?, 3; **how many?** ¿cuántos?, 3;
  how much? ¿cuánto?, 3; **how's it**
  going? ¿cómo te va?, 1
hug abrazar, 4
human humano *m*, 4
hundred cien(to), 2
hunger hambre *f*, 3; **be hungry** tener
  hambre, 3
hurry prisa *f*, 10; **be in a hurry** tener
  prisa, 10; **hurry up** darse prisa, 10
husband esposo *m*, 2
hut choza *f*, 7

I

I yo, 1
ice hielo *m*, 3
ice cream helado *m*, 3
if si, 14
immediately inmediatamente, 7
impatient, to become ponerse
  impaciente, 13
important importante, 11; **be important**
  to importar, 7
impossible imposible, 11
improbable improbable, 11
inexpensive barato, 5
in en, 1; **in case** en caso de que, 13; **in**
  order to para, 4
insect insecto *m*, 7
inside adentro, 8; dentro de, 8
insist (on) insistir (en), 10
instead of en vez de, 8
insurance seguro *m*, 10; **automobile**
  insurance seguro de automóvil *m*, 10
insure asegurar, 13
intelligent inteligente, 2
interest interesar, 7
introduce presentar, 1
invite invitar, 6
island isla *f*, 7
it la, lo (dir. obj.), 6
Italian italiano, 2
its su, 4

J

jacket chaqueta *f*, 5
jam mermelada *f*, 3

January enero, 5
Japanese japonés, 2
jeans blujeans *m*, 5; vaqueros *m*, 5
jewelry joyas *f*, 5; **jewelry shop** joyería *f*, 5
juice jugo *m*, 3
July julio, 5
June junio, 5
jungle selva *f*, 7

K

keep guardar, 8
key llave *f*, 12
kill matar, 14
kilometer kilómetro *m*, 10
kind amable, 2
kiss besar, 4
kitchen cocina *f*, 8
knife cuchillo *m*, 8
know (facts, information) saber, 4; (how to) saber, 4; (persons, places, things) conocer, 4

L

lady señora *f*, 1; señorita *f*, 1
lake lago *m*, 7
lamp lámpara *f*, 8
land aterrizar, 11; tierra *f*, 7
large grande, 2
last último; **last night** anoche, 6; **last week** semana pasada *f*, 6; **last year** año pasado *m*, 6
late tarde, 3; **later** más tarde, 3
laugh reírse (i, i), 9
lawyer abogado *m*, 2; abogada *f*, 2
lazy perezoso, 2
learn aprender, 3
leave salir (de), 4; **leave behind** dejar, 12
left izquierda *f*, 10
leg pierna *f*, 4
lemon limón *m*, 3
lend prestar, 7
less menos, 2; **less than** menos que/de, 12
lesson lección *f*, 1
let dejar, 12; permitir, 1
letter carta *f*, 13
lettuce lechuga *f*, 3
liberal liberal, 14
library biblioteca *f*, 1
license (driver's) carnet/licencia de conducir *f*, 10
life vida *f*, 14
light luz *f*, 8

lightning relámpago *m*, 7
like gustar, 3; **(a lot)** encantar, 7
line línea *f*, 13
lip labio *m*, 4
listen escuchar, 4
literature literatura *f*, 1
little (quantity) poco, 3; **(size)** pequeño, 2
live vivir, 3
living room sala *f*, 8
lobby vestíbulo *m*, 12
lobster langosta *f*, 3
long largo, 5
look mirar, 4; **look for** buscar, 4
lose perder (ie), 6
love amar, querer (ie), 4; encantar, 7; **be in love (with)** estar enamorado (de), 9; **fall in love (with)** enamorarse (de), 9
low bajo, 2
luck suerte *f*, 10
luggage equipaje *m*, 11
lunch almuerzo *m*, 3; **have lunch** almorzar (ue), 9

M

ma'am señora, 1
machine máquina *f*
magazine revista *f*, 6
maid criada *f*, 12
mail echar al correo, 13; correo *m*, 13
mailbox buzón *m*, 13
mail carrier cartero *m*, 12
make hacer, 4; **make a call** hacer una llamada, 13; **make the bed** hacer la cama, 8
make-up maquillaje *m*, 9
man hombre *m*, 2; **señor** *m*, 1
many muchos, 3
March marzo, 5
market mercado *m*, 3
married casado, 9
marry casarse, 10; **get married to** casarse con, 10
mathematics matemáticas *f*, 1
matter importar, 7
May mayo, 5
me me (dir. obj.), 6; me (ind. obj.), 7; mí (obj. of prep.), 8
meal comida *f*, 3
meat carne *f*, 3
mess lío *m*, 10
message recado *m*, 12
Mexican mexicano, 2
microwave oven horno de microonda *m*, 8

middle *m*, 1
midnight medianoche *f*, 1
mile milla *f*, 10
milk leche *f*, 3
million millón *m*, 5
mine mío, 5
minus menos, 1
mirror espejo *m*, 8
Miss señorita, 1
Monday lunes *m*, 1
money dinero *m*, 6; moneda *f*, 6
month mes *m*, 5
moon luna *f*, 7
more más, 3; **more than** más que/de, 12
morning mañana *f*, 3; **good morning** buenos días, 1
mosquito mosquito *m*, 7
mother madre *f*, 2
motor motor *m*, 10
mountain montaña *f*, 2
mouth boca *f*, 4
movies cine *m*, 6; **movie theater** cine *m*, 6
Mr. señor, 1
Mrs. señora, 1
much mucho, 3
museum museo *m*, 6
music música *f*, 1
my mi, 4
myself me, 9

N

name: my name is. . . me llamo. . . , 1
napkin servilleta *f*, 8
nation nación *f*, 14
nature naturaleza *f*, 7
near cerca (de), 8
necessary necesario, 11
necklace collar *m*, 5
need necesitar, 3
neighbor vecino *m*, 8
neither tampoco, 12; **neither. . .nor** ni. . .ni, 12
nephew sobrino *m*, 2
nervous nervioso, 2
never nunca, 5
new nuevo, 2; **New Year's Day** Año Nuevo *m*, 5; **what's new?** ¿qué hay de nuevo?, 1
news noticias *f*, 14
newspaper periódico *m*, 6
newsstand quiosco *m*, 6
next próximo, 13
nice amable, simpático, 2
niece sobrina *f*, 2

night noche *f*, 3; **good night** buenas noches, 1; **last night** anoche, 6
nine nueve, 1
nine hundred novecientos, 5
nineteen diez y nueve (diecinueve), 1
ninety noventa, 2
ninth noveno, 12
no no, 1
nobody nadie, 6
noise ruido *m*, 9
none ninguno, 12
noon mediodía *m*, 1
no one nadie, 6
normally normalmente, 7
nose nariz *f*, 4
notebook cuaderno *m*, 1
nothing nada, 6; **nothing much** nada de particular, 1
November noviembre, 5
now ahora, 3
number número *m*, 1
nurse enfermera *f*, 2; emfermero *m*, 2

O

ocean océano *m*, 7
October octubre, 5
of de, 1; **of course!** ¡claro!, ¡por supuesto!, 10
office oficina *f*, 1
often muchas veces, 8
oil aceite *m*, 3
old viejo, 2
older mayor, 2
olive aceituna *f*, 3
on en, 1; al, 8; **on account of** por, 7; **on behalf of** por, 7
once una vez, 8
one uno, 1
onion cebolla *f*, 3
open abrir, 6; abierto, 2
operator operador *m*, 13; operadora *f*, 13
opinion opinión *f*, 14
or o, 2; u (before *o*, *ho*), 2
orange naranja *f*, 3; (color) anaranjado, 5
other otro, 5
ought deber, 4
our nuestro, 4
ours nuestro, 5
outside afuera, fuera (de), 8
oven horno *m*, 8
owe deber, 4

P

package paquete *m*, 13

page página *f*, 1
pain dolor *m*, 4
paint pintar, 4
painting cuadro *m*, 8
pants pantalones *m*, 5
paper papel *m*, 1; **toilet paper** papel higiénico *m*, 9
pardon me con permiso, perdón, 1
parents padres *m*, 2
park estacionarse, 10; parque *m*, 6
participate participar, 14
pass pasar, 6
passenger pasajero *m*, 11
passport pasaporte *m*, 11
past pasado *m*, 6
pastry pastel *m*, 3
pay (for) pagar, 6
peas guisantes *m*, 3
peace paz *f*, 14
peach durazno *m*, 3; melocotón *m*, 3
pear pera *f*, 3
pen (ball-point) bolígrafo *m*, 1
pencil lápiz *m*, 1
people gente *f*, 6
pepper pimienta *f*, 3
per por, 7
person persona *f*, 2
personally personalmente, 7
pharmacy farmacia *f*, 9
philosophy filosofía *f*, 1
phone book guía telefónica *f*, 13
photo foto *f*, 11
physics física *f*, 1
pick up recoger, 11
picture cuadro *m*, 8
pie pastel *m*, 3
pig cerdo *m*, 7
pillow almohada *f*, 12
pilot piloto *m*, 11
pineapple piña *f*, 3
pink rosado, 5
pity lástima *f*, 10
place poner, 4; lugar *m*, 6
planet planeta *m*, 14
plant plantar, 14; planta *f*, 12
plate plato *m*, 3
platform andén *m*, 11
play jugar (ue), 4; (instrument) tocar, 4
plaza plaza *f*, 6
please por favor, 1
pleasure gusto *m*, 1; **pleased to meet you** mucho gusto, 1; **it's my pleasure** el gusto es mío, 1
point of view punto de vista *m*, 14
policeman policía *m*, 10
political science ciencias políticas *f*, 1

politics política *f*, 14
pollute contaminar, 14
pollution contaminación *f*, 14
pool piscina *f*, 12
poor pobre, 2; **poor me!** ¡ay de mí!, 10
pork chop chuleta de cerdo *f*, 3
porter maletero *m*, 11
Portuguese portugués, 2
possible posible, 11
possibly posiblemente, 11
poster cartel *m*, 8
post office casa de correos *f*, 13
post office box apartado postal *m*, 13
potato papa *f*, 3; patata *f*, 3
poverty pobreza *f*, 14
prefer preferir (ie), 4
prejudice prejuicio *m*, 14
prepare preparar, 3
pretty bonito, 2
prevent prevenir (ie), 14
price precio *m*, 5
private privado, 12
probable probable, 11
probably probablemente, 7
problem problema *m*, 14
professor profesor *m*, 1; profesora *f*, 1
propose proponer, 14
protect proteger, 14
protest protestar, 14
provided that con tal que, 13
psychology sicología (psicología) *f*, 1
purple morado, 5
purse bolsa *f*, 5
put poner, 4; **put on** ponerse, 9

Q

quarter (hour) cuarto *m*, 1
question pregunta *f*, 1
quiet (to be) callarse, 10
quite bastante, 1

R

radio/tape recorder radiograbadora *f*, 8
railroad ferrocarril *m*, 11
rain llover (ue), 5; lluvia *f*, 5
raincoat impermeable *m*, 5
rapidly rápidamente, 7
razor navaja *f*, 9
read leer, 4
receipt recibo *m*, 12
receive recibir, 6
recently recientemente, 7
receptionist recepcionista *m*, *f*, 12
recommend recomendar (ie), 10

record disco *m*, 8
recycle reciclar, 14
red rojo, 5
refrigerator refrigerador *m*, 8
regarding respecto a, 14
register registrarse, 12
regret sentir (ie, i), 10
regular fair, 1; regular, 13
relative pariente *m*, 2
religion religión *f*, 1
remain quedarse, 12
remember acordarse (ue) (de), recordar
    (ue), 10
rent alquilar, 8
repair arreglar, 6; reparar, 10
repeat repetir (i, i), 6
reservation reservación *f*, 11
resolve resolver (ue), 14
resource recurso *m*, 14; **natural resource**
    recurso natural *m*, 14
rest descansar, 4
restaurant restaurante *m*, 6
restroom aseo *m*, 11; servicio *m*, 11
return volver (ue), 6; **return (something)**
    devolver (ue), 6
rice arroz *m*, 3
rich rico, 2
ride (horseback) montar (a caballo), 7
ridiculous ridículo, 11
right (direction) derecha *f*, 10; (law,
    justice) derecho *m*, 14; **be right** tener
    razón, 14
ring anillo *m*, 5; sonar (ue), 9
river río *m*, 7
road camino *m*, 10
roasted asado, 3
rob robar, 14
roll rollo *m*, 11
roof techo *m*, 8
room cuarto *m*, 1; habitación *f*, 12;
    double room cuarto doble *m*, 12;
    single room cuarto sencillo *m*, 12
roommate compañera de cuarto *f*, 2;
    compañero de cuarto *m*, 2
rug alfombra *f*, 8
run correr, 4
Russian ruso, 2

S

sad triste, 2
salad ensalada *f*, 3
salt sal *f*, 3
sand arena *f*, 7
sandwich bocadillo *m*, 3; sandwich *m*, 3
Saturday sábado *m*, 1

sausage salchicha *f*, 3
save ahorrar, 6
say decir, 4
scale balanza *f*, 13
schedule horario *m*, 11
school escuela *f*, 2; **elementary school**
    escuela primaria *f*, 2; **high school**
    escuela secundaria *f*, 2
sea mar *m*, 7
seafood mariscos *m*, 3
season estación *f*, 5
seat asiento *m*, 11
second segundo, 12
see ver, 4
sell vender, 3
send enviar, 13; mandar, 7
sentence oración *f*, 1
September septiembre, 5
serious serio, 2
serve servir (i, i), 11
service servicio *m*, 12; **room service**
    servicio de cuarto *m*, 12
seven siete, 1
seven hundred setecientos, 5
seventeen diez y siete (diecisiete), 1
seventh séptimo, 12
seventy setenta, 2
shame lástima *f*, 10
shampoo champú *m*, 9
shave afeitarse, 9
shaving cream crema de afeitar *f*, 9
shaver (electric) máquina de afeitar *f*, 9
she ella, 1
sheet sábana *f*, 12
shelf estante *m*, 8
shirt camisa *f*, 5
shoes zapatos *m*, 5; **tennis shoes** zapatos
    de tenis *m*, 5
shoe store zapatería *f*, 6
shop tienda *f*, 5
shopping, to go ir de compras, 5
short (height) bajo, 2; **short** (length)
    corto, 5
shorts pantalones cortos *m*, 5
should deber, 4
shoulder hombro *m*, 4
show mostrar (ue), 7
shower ducha *f*, 8; **take a shower**
    ducharse, 9
shrimp camarones *m*, 3
sick enfermo, 2
sickness enfermedad *f*, 14
sign firmar, 6
silly tonto, 2
sing cantar, 4
single soltero, 9

sink (bathroom) lavabo *m*, 8; **(kitchen)**
    fregadero *m*, 8
sir señor, 1
sister hermana *f*, 2
sit down sentarse (ie), 9
six seis, 1
six hundred seiscientos, 5
sixteen diez y seis (dieciséis), 1
sixth sexto, 12
sixty sesenta, 2
size talla *f*, 5
ski esquiar, 4
skinny flaco, 2
skirt falda *f*, 5
sky cielo *m*, 7
skyscraper rascacielos *m*, 6
sleep dormir (ue, u), 4; **be sleepy** tener
    sueño, 9; **go to sleep** dormirse
    (ue, u), 9
slender delgado, 2
slowly despacio, 10; lentamente, 7
small pequeño, 2
smoke fumar, 4
snack (afternoon) merienda *f*, 3
snake serpiente *f*, 7
snow nevar (ie), 5; nieve *f*, 5
so así; tan, 12; **so much** tanto, 12; **so-so**
    así así, 1; **so that** para que, 11
soap jabón *m*, 8
soccer fútbol *m*, 4
society sociedad *f*, 14
socks calcetines *m*, 5
sofa sofá *m*, 8
soft drink refresco *m*, 3
some unos, 1; alguno(s), 12
somebody alguien, 6
someone alguien, 6; alguno, 12
something algo, 6
son hijo *m*, 2
soon pronto, 13
sorry, to feel sentir (ie, i), 10
sound sonar (ue), 9
soup sopa *f*, 3
Spanish español, 1
speak hablar, 3
speed velocidad *f*, 10
spend (money) gastar, 6; (time) pasar, 6
spider araña *f*, 7
spoon cuchara *f*, 8
sport deporte *m*, 4
spring primavera *f*, 5
stairs escalera *f*, 8
stamp sello *m*, estampilla *f*, 13
star estrella *f*, 7
station estación *f*, 10; **railroad station**
    estación de ferrocarril *f*, 11; **gas/**

service station estación de gas/servicio f, 10
statue estatua f, 6
stay quedarse, 12
steak bistec m, 3
steal robar, 14
stepfather padrastro m, 2
stepmother madrastra f, 2
stereo estéreo m, 8
steward auxiliar de vuelo m, 11
stewardess azafata f, 11
still todavía, 9
stockings medias f, 5
stomach estómago m, 4; **stomachache** dolor de estómago m, 4
stop parar(se), 10; **stop** (doing something) dejar de, 12
store tienda f, 5
storm tormenta f, 7
story (building) piso m, 8
stove estufa f, 8
straight (ahead) derecho, recto, 10
strange extraño, 11
strawberry fresa f, 3
street calle f, 6
strong fuerte, 2
struggle luchar, 14
student alumna f, 1; alumno m, 1; estudiante m, f, 1
study estudiar, 3
subway metro m, 6
suffer sufrir, 14
sugar azúcar m, 3
suggest sugerir (ie, i), 10
suit traje m, 5
suitcase maleta f, 11; **pack the suitcase** hacer la maleta, 11
summer verano m, 5
sun sol m, 7; **be sunny** hacer sol, 5; **sunbathe** tomar el sol, 7
Sunday domingo m, 1
sunglasses gafas de sol f, 5
supper cena f, 3; **have supper** cenar, 9
support apoyar, 14
sure seguro, 11
sweater suéter m, 5
swim nadar, 4
synagogue sinagoga f, 6

T

table mesa f, 1; **set the table** poner la mesa, 8
take tomar, 3; **take** (persons) llevar, 5; **take off** (airplanes) despegar, 11; **take off** (clothes) quitarse, 9; **take out** sacar,

6; **take photos** sacar fotos, 11
tall alto, 2
tank tanque m, 10
tape cinta f, 8
tax impuesto m, 12
taxi taxi m, 6
tea té m, 3
teach enseñar, 14
teacher profesor m, 1; profesora f, 1
telephone telefonear, 13; teléfono m, 13; **public telephone** teléfono público m, 13
television set televisor m, 8
tell decir (i), 4
ten diez, 1
tennis tenis m, 4
tent carpa f, 7; tienda de campaña f, 7
tenth décimo, 12
test examen m, 1
than que, 12
thanks gracias, 1
that aquel, aquella, ese, esa, 5; que, 3; **that which** lo que, 3
the el, la, los, las, 1
theater teatro m, 6
their su, 4
theirs suyo (de ellos), 5
them las, los (dir. obj.), 6; les (ind. obj.), 7; ellas, ellos (obj. of prep.), 8
there allí, 2; **there is/are** hay, 2; **there was/were** había, 8
these estas, estos, 5
they ellas, ellos, 1
thing cosa f, 5
think pensar (ie), 6
third tercero, 12
thirst sed f, 3; **be thirsty** tener sed, 3
thirteen trece, 1
thirty treinta, 2
this esta, este, 5
those aquellas, aquellos, esas, esos, 5
thousand mil, 5
three tres, 1
three hundred trescientos, 5
throat garganta f, 4; **sore throat** dolor de garganta m, 4
through por, 7
Thursday jueves m, 1
ticket billete m, 11; boleto m, 11; **round-trip ticket** billete de ida y vuelta m, 11; **traffic ticket** multa f, 10
ticket window taquilla f, 11
tie corbata f, 5
time hora f, 1; tiempo m, 3; vez f, 8; **on time** a tiempo, 3
tip propina f, 11

tire llanta f, 10
tired cansado, 2
to a, 1
toast pan tostado m, 3
tobacco tabaco m, 14
today hoy, 3
toilet inodoro m, 8
toilet paper papel higiénico m, 9
tomato tomate m, 3
tomorrow mañana, 3
tongue lengua f, 4
tonight esta noche, 3
too también, 4; demasiado, 9; **too many** demasiados, 9; **too much** demasiado, 9
tooth diente m, 4
toothbrush cepillo de dientes m, 9
toothpaste pasta de dientes f, 9
top: on top of encima de, 8
touch tocar, 4
towel toalla f, 8
town pueblo m, 7
traffic tráfico m, 10; tránsito m, 10
traffic light semáforo m, 10
train tren m, 11
translate traducir, 4
travel viajar, 7
travel agency agencia de viajes f, 11
tree árbol m, 7
trip viaje m, 7; **take a trip** hacer un viaje, 7
truck camión m, 10
try to tratar de, 9
T-shirt camiseta, 5
Tuesday martes m, 1
turn doblar, 10; **turn off** apagar, 8; **turn on** encender (ie), 8
twelve doce, 1
twenty veinte, 1
two dos, 1
two hundred doscientos, 5
type escribir a máquina, 6
typewriter máquina de escribir f, 6

U

ugly feo, 2
umbrella paraguas f, 5
uncle tío m, 2
under debajo de, 8
undershirt camiseta, 5
understand entender (ie), 4
underwear ropa interior f, 5
unemployment desempleo m, 14
university universidad f, 1
unless a menos que, 13
unpleasant (persons) antipático, 2

until hasta, 13; hasta que, 13
up arriba, 8
upon al, 8
upstairs arriba, 8
urgent urgente, 11
us nos (dir. obj.), 6; nos (ind. obj.), 7; nosotras, nosotros (obj. of prep.), 8
use usar, 4

V

vacation vacaciones f, 7
valley valle m, 7
vegetable legumbre f, 3
very muy, 2
victim víctima f, 14
video vídeo m, 8
village pueblo m, 13
vinegar vinagre m, 3
violence violencia f, 3
visit visitar, 6
volleyball voleibol m, 4
vote (for) votar (por), 14

W

wait (for) esperar, 6; **wait in line** hacer cola, 6
waiter camarero m, 2
waiting room sala de espera f, 11
waitress camarera f, 2
wake up despertarse (ie), 9
walk andar, 7; caminar, 4
wall pared f, 8
wallet cartera f, 5
want querer (ie), 4
war guerra f, 14
wash (oneself) lavar(se), 9; **wash dishes** lavar los platos, 8
waste desperdicio m, 14; **toxic waste** desperdicio tóxico m, 14
watch reloj m, 5
water agua f, 3; **mineral water** agua

mineral f, 3; **carbonated mineral water** agua mineral con gas f, 3; **plain mineral water** agua mineral sin gas f, 3
watermelon sandía f, 3
wave ola f, 7
we nosotras, nosotros, 1
weak débil, 2
weapon arma f, 14; **nuclear weapons** armas nucleares f, 14
wear llevar, 5
weather tiempo m, 5; **be good/bad weather** hacer buen/mal tiempo, 5
Wednesday miércoles m, 1
week semana f, 1; **last week** la semana pasada, 6; **next week** la semana próxima, la semana que viene, 13
weekend fin de semana m, 1
weigh pesar, 13
welcome bienvenido, 12; **you are welcome** de nada, 1
well bien, 2; fine, 1
what ¿qué?, 3; lo que, 3; **what a. . . !** ¡qué. . . !, 10
when ¿cuándo?, 3
where ¿dónde?, 3; **(from) where** ¿de dónde?, 3; **(to) where** ¿adónde?, 3
which ¿cuál?, ¿cuáles?, 3; que, 3; **that which** lo que, 3
white blanco, 5
who ¿quién(es)?, 3; **who (shall I say) is calling?** ¿de parte de quién?, 13
why ¿por qué?, 3
wife esposa f, 2
win ganar, 6
wind viento m, 5; **be windy** hacer viento, 5
window ventana f, 1; (bank, cashier's, post office) ventanilla f, 13
windshield parabrisas m, 10
windshield wiper limpiaparabrisas m, 10
wine vino m, 3
winter invierno m, 5
with con, 3; **with me** conmigo, 8; **with**

you (fam.) contigo, 8
withdraw sacar, 6
without sin, 3
woman mujer f, 2
word palabra f, 1
work trabajar, 3; (machine) funcionar, 10; trabajo m, 2
world mundo m, 11
worried preocupado, 2
worry preocuparse (de, por), 9
worse peor, 12
worst el peor, 12
write escribir, 3
wrong, to be no tener razón, 14

Y

yard jardín m, 8
year año m, 5; **be. . .years old** tener. . .años, 2; **last year** año pasado m, 6; **next year** año próximo m, año que viene m, 13
yellow amarillo, 5
yes sí, 1
yesterday ayer, 6
yet todavía, 9; **not yet** todavía no, 9
you usted, ustedes, tú, vosotras, vosotros (subject), 1; la, las, lo, los, te, os (dir. obj.), 6; le, les, te, os (ind. obj.), 7; usted, ustedes, ti, vosotras, vosotros (obj. of prep.), 8
young joven, 2
younger menor, 2
your su, tu, vuestro, 4
yours suyo (de usted, de ustedes), tuyo, vuestro, 5

Z

zero cero, 1
zip code código postal m, 13

Photo Credits

Chapter 1

Opener: Stuart Cohen/Comstock, Inc. Page 15: Peter Menzel/Stock, Boston. Page 16 (top): Robert Frerck/Odyssey. Page 16 (bottom): Joan Liftin/Actuality. Page 35 (far left): Owen Franken/Stock, Boston. Page 35 (center left): Suzanne Murphy/D. Donne Bryant. Page 35 (top right): Vince Heptig/Picture Group. Page 35 (bottom right): Richard Pasley/Stock, Boston. Page 35 (far right): David Alan Haney/Woodfin Camp & Associates.

Chapter 2

Opener: Byron Augustin/D. Donne Bryant. Page 50: Stephanie Maze/Woodfin Camp & Associates. Page 51: Ronnie Kaufman/The Stock Market. Page 71: Susan Greenwood/Gamma Liaison. Page 72: Bob Daemmrich/The Image Works.

Chapter 3

Opener: Robert Frerck/Woodfin Camp & Associates. Page 81: Chip Peterson/Rosa Maria de la Cueva Peterson. Page 92 and Page 98 (top left): Robert Frerck/Odyssey. Page 98 (top right): Arlene Collins/Monkmeyer Press Photo. Page 98 (bottom): Marcello Brodsky/Focus. Page 106: Department of Health & Human Services. Page 107 (top): Brian Smith/Outline. Page 107 (bottom): Shooting Star Release. Page 108 (top left): Frank Romero. Page 108 (top right): Bobbie Kingsley/Photo Researchers. Page 108 (bottom): Christopher Little/Outline.

Chapter 4

Opener: Tony Duffy/Allsport. Page 121: Cary Wolinsky/Stock, Boston. Page 136 (top): Luis Castaneda/The Image Bank. Page 136 (bottom): Robert Frerck/Odyssey. Page 137 (top): Greg Ludwig/Woodfin Camp & Associates. Page 137 (bottom): Robert Frerck/Odyssey. Page 139 (top left): David Ball/The Picture Cube. Page 139 (top right): Rob Crandall/Picture Group. Page 139 (bottom left): Robert Frerck/Odyssey. Page 139 (bottom right): Owen Franken/Stock, Boston. Page 140: Robert Frerck/Woodfin Camp & Associates.

Chapter 5

Opener: Robert Frerck/Odyssey. Page 153: Owen Franken/Stock, Boston. Page 161 (left): Robert Frerck/Woodfin Camp & Associates. Page 161 (right): Candace Freeland/D. Donne Bryant. Page 173 (top left): Museo del Prado. Page 173 (top right): AP/Wide World Photos, Inc. Page 173 (center left): EFE/Sipa Press. Page 173 (center right): Erica Lansner/Black Star. Page 173 (bottom left): Massimo Mastrorillo/The Stock

Market. Page 173 (bottom right): Cesar Lucas/The Image Bank.

Chapter 6

Opener: Robert Frerck/Woodfin Camp & Associates. Page 190: Andy Levin/Photo Researchers. Page 211 (top left): Logan Bentley/Globe Photos, Inc. Page 211 (top center): Weinberg-Clark/The Image Bank. Page 211 (top right): Robert Frerck/The Stock Market. Page 211 (center left): Museum of Modern Art. Page 211 (center right): Gerry Goodstein. Page 211 (bottom left): Erich Lessing/Magnum Photos, Inc. Page 211 (bottom right): Photofest. Page 213 (top left): Museum of Modern Art. Page 213 (top right) and (left center): Art Resource. Page 213 (bottom right): Giraudon/Art Resource. Page 213 (bottom left): Museum of Modern Art.

Chapter 7

Opener: Englebert/Photo Researchers. Page 226: Virginia Ferrero/D. Donne Bryant. Page 230: Stuart Cohen/Comstock, Inc. Page 248 (bottom): David Ball/The Picture Cube. Page 248 (top left): Bill Parsons/D. Donne Bryant. Page 248 (top right): Robert Frerck/Woodfin Camp & Associates. Page 249: Robert Frerck/Odyssey.

Chapter 8

Opener: D. Donne Bryant. Page 263 (left): Robert Frerck/Odyssey. Page 263 (right) and Page 271: Robert Frerck/Woodfin Camp & Associates. Page 280: Kal Muller/Woodfin Camp & Associates. Page 281 (top): Robert Frerck/Odyssey. Page 281 (bottom): Loren McIntyre. Page 282: Bryan Hemphill/Photo Researchers. Page 283: Filmteam/D. Donne Bryant.

Chapter 9

Opener: Nancy Brown/The Image Bank. Page 304 (bottom right): Robert Frerck/Odyssey. Page 304 (left): Larry Mangino/The Image Works. Page 304 (top right): Robert Frerck/The Stock Market. Page 314 (left): Rob Crandall/Stock, Boston. Page 314 (right): Vautier/Woodfin Camp & Associates. Page 315 (bottom): Owen Franken/Stock, Boston. Page 315 (top): Wesley Boxce/Photo Researchers. Page 316 (bottom): D. Donne Bryant. Page 316 (top): Susan McCartney/Photo Researchers. Page 317: Will & Deni McIntyre/Photo Researchers.

Chapter 10

Opener: Charles Harbutt/Actuality. Page 338: Mike Mazzaschi/Stock, Boston. Page 349: Paul Conklin/Monkmeyer Press Photo. Page 350: Rob Crandall/Stock, Boston. Page 351 (left): J.W. Mowbray/Photo Researchers. Page 351 (right): Max & Bea Hunn/D. Donne Bryant. Page 352 (top) and (bottom): Robert Frerck/Odyssey. Page 352 (center): Stephanie Maze/Woodfin Camp & Associates.

Chapter 11

Opener: Hugh Rogers/Monkmeyer Press Photo. Page 380: Jim Daniels/The Picture Cube. Page 387 (left): Victor Englebert/Photo Researchers. Page 387 (right): Chip Peterson/Rosa Maria de la Cueva Peterson. Page 388 (left): Erik Svensson/The Stock Market. Page 388 (right): Joseph Standart/The Stock Market. Page 389 (left): Daniel Komer/D. Donne Bryant. Page 389 (right): Hugh Rogers/Monkmeyer Press Photo. Page 389 (bottom): Russell Mittermeier/Bruce Coleman, Inc. Page 390 (left): Algaze/The Image Works.

Page 390 (right): Russell Mittermeier/Bruce Coleman, Inc.

Chapter 12

Opener: W. Spunbarg/The Picture Cube. Page 408 (right): Joe Viesti/Viesti Associates, Inc. Page 424 (left): Kenneth Murray/Photo Researchers. Page 424 (right): Robert Frerck/Odyssey. Page 424 (bottom): Ted Kevasote/Photo Researchers. Page 425: Robert Frerck/Odyssey. Page 426 (top left): Victor Englebert/Photo Researchers. Page 426 (rop right): William Jahoda/Photo Researchers. Page 426 (bottom): Claudia Parks/The Stock Market.

Chapter 13

Opener: Dallas & John Heaton/Stock, Boston. Page 443: Mangino/The Image Works. Page 458 (left): Harold Sund/The Image Bank. Page 458 (right): Peter Menzel/Stock, Boston. Page 460 (top left): Robert Frerck/Odyssey. Page 460 (top right): Claudia Parks/The Stock Market. Page 460 (bottom left): Loren McIntyre. Page 460 (bottom right): Robert Fried/D. Donne Bryant. Page 461: Max & Bea Hunn/D. Donne Bryant. Page 462 (left): Haroldo & Flavia de Faria Castro/FPG International. Page 462 (right): Carlos Sanuvo/Bruce Coleman, Inc.

Chapter 14

Opener: D. Donne Bryant. Page 467 (right): David Ryan/D. Donne Bryant. Page 476: Robert Frerck/Odyssey. Page 485: Cameramann/The Image Works. Page 497 (top left): P. Burgridge/Later Stock/D. Donne Bryant. Page 497 (top right): Robert Frerck/Odyssey. Page 497 (bottom left): Erwin & Peggy Bauer/Bruce Coleman, Inc. Page 497 (bottom right): Jeff Gnass/The Stock Market.

Index